ちくま学芸文庫

責任と判断

ハンナ・アレント
ジェローム・コーン 編
中山 元 訳

筑摩書房

RESPONSIBILITY AND JUDGMENT
Hannah Arendt
Edited by Jerome Kohn

Japanese translation published by arrangement
with The Hannah Arendt Bluecher Literary Trust c/o Georges Borchardt,
Inc. through The English Agency (Japan) Ltd.

目次

第二部　判断――357

責任と判断

凡例

行間の注番号のうち＊を付したものはアレントによる原注を、（　）は編者による編注を、〔　〕は訳者による訳注を示す。

また本文中の［　］は訳者によって補われたものである。

小見出しはすべて訳者によるものである。また読みやすいように適宜改行を加えている。

引用文は原文に照らして手を加えているところが多い。

アレントが講義や講演で聴衆に語りかけた文章はですます調で訳し、エッセーなどはである調で訳している。

プロローグ（ソニング賞受賞スピーチ）

晴れがましい出来事

わたしのヨーロッパ文明に対する貢献をお認めいただいて、ソニング賞を授賞してくださるというご決定の知らせをいただいたときから[1]、どのようにお礼を申し上げればよいのかと、ずっと考えあぐねていました。これまでこうした晴れがましい出来事のおりには、わたしはさまざまな感情と感想をいだいてきました。こうした感情や感想には、部分的には矛盾するものがあったのも事実です。そしてこのことと〈折りあい〉をつけるのは、難しいことでした。

それでも、幸運の女神がほほ笑みかけて、世界がほんものの贈物をくださるとき、まったくの好意から贈物が与えられるとき、そんなときにはわたしたちはどうする術もなく、穏やかな感謝の思いにひたるしかないのもたしかです。こうしたときに幸福の女神は、わたしたちが意識して、あるいはそれほど意識することもなく、それまで自分の目的や期待や目標として大切にしてきたものをあっさりと無視するかのようです。

さてそれでは、わたしがどのような目的や期待や目標を抱いていたか、少し整理してお話ししてみようと思います。まず純粋に自伝的なところから始めましょう。わたしは三五年前に、自分の希望からではなしに、ヨーロッパを後にした者です。そして十全な意図と意志をもって、共和国であるアメリカ合衆国の市民となった者です。共和国とは、人間ではなく、法の支配するところです。このような者に、ヨーロッパ文明に対する貢献をお認めくださるというのは、些細なことではありません。

わたしがアメリカに移住してから帰化するまでの最初の重要な時期に行ったのは、アメリカの建国の父たちの政治哲学について、独力で学ぶことでした。そしてアメリカ合衆国には、ヨーロッパの国民国家とはまったく異なる政治体が、事実として存在することを確信するようになったのです。ヨーロッパの国民国家には、均質な国民があり、歴史にたいする有機的な見方があり、かなりはっきりとした階級対立があり、国家理性《レゾンデタ》の観念のもとで、国家主権が存在します。

かつてはヨーロッパでは、緊急の際には多様性を犠牲にしても、国家の「聖なる統合《ユニオン・サクレ》」を維持すべきだと考えられていました。しかし支配的なエスニック集団の同化力が偉大な勝利を収めた後では、すべての政府が官僚機構に転落するという脅威のもとで、いまではこうした考え方は崩壊し始めました（アメリカ合衆国の政府も例外ではありません）。こうした官僚機構で支配するのは、法でも人間でもなく、非人格的な役所やコンピュータです。まったく人間の手から逃れた制度による支配は、これまで経験されてきた独裁政治のもっとも法外な専制よりも、人間の自由と最低限の礼儀に対する大きな脅威となりかねないものです。

しかし当時はまだ、国家が巨大になることそのものによる危険性とテクノクラシーの脅威は、まだ日常的に政治の舞台には登場していませんでした（テクノクラシーが支配すると、あらゆる形式の統治が消滅し、「溶解」してしまいかねません）。このような統治の「消滅」のおそれは、当初はイデオロギー的な善意に基づく非現実的な夢にすぎませんでした。その悪夢のような性質は、批判的に検討してみなければ、認識できなかったのです。それよりもわたしがアメリカ合衆国に移住してきたときにもっとも大きな感銘をうけたのは、同化という代価を支払わずに、市民になる自由があるということだったのです。

同化と言語

ご存じのようにわたしはユダヤ人であり、ご覧のとおり女性《フェーミニーニー・ゲネリス》であり、訛をお聞きいただければおわかりのように、ドイツで生まれ、教育をうけた者です。そしてフランスで過ごした八年間という長く、かなり幸福な日々からも大きな影響をうけました。わたしがどのような意味でヨーロッパ文明に貢献したのかはわかりませんが、これまでの一生をつうじてわたしは、ヨーロッパで生まれ育ったという背景に、細部にいたるまでこだわってきたことはたしかです。

そしてこの背景にあくまでも固執してきたことは、わたしの頑固さを示すものとして、非難を浴びるようなこともありました。ともに暮らしている人々、そして古き友人の多くは、まさにその反対のことを目指して必死に努力していたからです。友人たちの多くは「真のアメリカ人」として行動すること、人々からそのように思われ、自分でもそのように感じることに、全力を尽くしてきたのです。そのために必要なのは、習慣の力にしたがうだけでした。アメリカという国民国家は、そこに所属しようと願うならば、愛国的にふるまうという習慣にしたがう必要のある国なのです。

わたしがこうしたときにこだわっていたのは、わたしはどこの国にも所属したくないと考えていたからです。これはドイツで暮らしていたときからすでに抱いていた願望でした。そのためわたしには、移民がホームシックの感情で動かされるということがなかなか理解できませんでした。

このホームシックという感情は、アメリカ合衆国に住む移民のうちでとくに顕著にみられました。移民たちの間では、母国が政治的な意味を失った後にも、社会でも私生活でも、同じ国で生まれたという事実がきわめて強固な絆となっていたのです。ですからわたしの周囲の人々にとって何よりも大切だったのは生まれた国であり、おそらくは風景であり、さまざまな習慣と伝統の組み合わせであり、ある特別な心性でした。

しかしわたしにもっとも大切だったのは言語でした。そしてヨーロッパ文明のために何かを意識的に行ったことがあるとすれば、それはわたしがドイツから逃げだしたときから、母語としてのドイツ語を決して失わないようにしようと決意していたことでしょう。どんな言語を使えるようになったとしても、使わざるをえなくなったとしても、それを母語とはしないという固い決意をいだいていたのです。

多くの人々にとって、すなわち言語を習得する特別な才能に恵まれていない人にとっては、成長してどんな言語を学んだとしても、信頼できる基準になるのは母語だけだろうと思います。その理由は単純です。日常の会話でわたしたちが使う単語にはそれぞれに固有の重みがあり、それがわたしたちの言語の用法の導きの糸となり、つまらない決まり文句《クリシェ》となることを防いでくれるのです。そしてほかの言語ではなくまさにその特定の言語だけが、祝福された偉大な詩作品の財産からごく自然に、しかもかけがえのない形で、さまざまな連想を紡《つむ》ぐことができるのです。

デンマークへのこだわり

わたしの生涯を振り返ってみて、この賞が特別な意味をもつ別の理由は、この賞を授けてくださった国にかかわるものです。わたしはデンマークの国民と政府が、ナチスによるヨーロッパの征服によって生じたきわめて危険な問題を巧みに処理し、解決してきたことに、つねに魅惑されてきました。この特別な物語については、もちろんわたしよりも皆さまのほうがよくご存じだと思いますが、権力《パワー》と暴力の関係を考察するすべての政治科学の講義で、この物語の学習を必修にすべきだと思うほどです。権力と暴力は同じものと考えられることが多いのですが、これは基本的な誤謬の一つです。この違いを認識することは、政治理論だけでなく、実際の政治的な実践においても重要なことなのです。

暴力の大きさでは比較にならないほどの巨大な第三帝国にたいして、デンマークは非暴力の行動で抵抗したのでした。デンマークの歴史におけるこの小さな逸話は、非暴力には潜在的に巨大な権力が秘められていることを示すきわめて興味深い一例なのです。ナチスとの戦いにおいてデンマークは、「最終解決」を打ち破り、生まれた国を問わず、デンマーク国籍をもつ市民であるかドイツから避難してきた無国籍の難民であるかを問わず、デンマークの領土にいたほとんどすべてのユダヤ人を解放するという偉大な事業をなしとげたのです。この災厄を生き延びたすべてのユダヤ人が、デンマークと特別な関係で結ばれていると感じるのは、ごく自然なことでしょう。

デンマークの二つの特異性

この逸話でとくに印象的だったことを二つだけお話ししたいと思います。第一に、戦争前にデンマークは、難民をとくに優遇していたわけではないという事実があります、ほかの国民国家と同じように、難民の帰化を認めず、労働も許可していませんでした。反ユダヤ主義的な感情はありませんでしたが、ユダヤ人は外国人としては歓迎されていませんでした。しかしヨーロッパのほかの国ではどこでも認められていなかった亡命権が、デンマークでは〈不可侵なもの〉として認められていたようです。というのは、ナチスの最初の要求は、無国籍の人々、すなわちナチスが国籍を奪ったドイツの難民だけを国外追放することでした。しかしデンマークは、これらの難民はもはやドイツ国籍の市民ではないのだから、ナチスはデンマークの同意なしには、これらの人々の国外追放を要求することはできないと回答したのです。

第二に、ナチスが占領したヨーロッパにおいて、多数のユダヤ人をなんとか救うことのできた国はいくつかあります。しかし支配者であるナチスに向かってこの問題で発言する勇気のあったのは、デンマークだけだと思います。デンマークは武装抵抗やゲリラ戦による脅威を与えることなく、世論の力だけで、ドイツから派遣された役人たちに見解を修正させたのでした。ドイツの役人たちはもはや優位を確保することができず、自分たちがもっとも軽蔑してきたもの、すなわち言葉によって、公的な場で自由に語られた言葉によって圧倒されたのです。このようなことが起きたのはデンマーク以外にはどこにもありません。

公的な場に現れること

さて、わたしがこの賞を受賞したことの別の側面についてお話ししましょう。本日の授賞式が公的な催しであるのはたしかです。受賞者には公的な名誉が授けられるのであり、受賞したという事実によって、受賞者は公的な人物となるのです。これについてはじつは皆さまの選択が適切なものだったかどうか、わたしには疑問があります。しかしここで、わたしが授賞に値するかどうかという微妙な問題をとりあげるつもりはありません。

わたしの理解するところでは、名誉はわたしたちに謙虚さについて印象的な教訓を与えてくれるものです。名誉というものは、わたしたちを判断するのは自分ではないこと、わたしたちは他人を判断するように、自己の業績を判断することはできないことを教えてくれます。わたしが他人にたいしてどのように〈現れる〉かは、自分にどのように現れるかとは重ならないものであり、ほんとうにみずからを知ることのできる者はいないというのが、わたしの確信です。ですからこの賞を授与されたことは、謙虚さをもってうけいれるつもりがあります。鏡に映った自分の顔にだまされ、鏡の像に恋してやつれるのは、哀れなナルシスだけなのです。

しかし誰も自分の裁きで判事になることはできないという自明な事実を前にして、わたしは謙虚になるつもりはありますが、みずからの判断力をすべて放棄してしまうつもりはありません。そして真のキリスト教徒であればつねに自問するように、「わたしはどのような資格で裁くことができるか」と問うでしょう。純粋に個人的な問題として、個人的な好みとして、わたしは詩人のW・H・オーデンの次の詩句に同意したいと思います。

公的な場所での私的な顔は
私的な場所での公的な顔よりも
賢く、好ましい。〔2〕

そして個人的な謙遜という理由からも、たんなる好みからも、わたしは公的な領域から身を隠すことを望んできたのです。そしてこの個人的な謙遜と好みという内なる心的な特性こそが、たとえ最終的な判断を下すことはないとしても、わたしたちの先入観や本能的な衝動を決めるものなのです。わたしの著書をお読みになった方なら、わたしが政治的な発言を行い、行動すべき場として公的な領域を高く評価し、ときには称えてきたことをご存じでしょう。ですからこのようにお話ししても、嘘なのではないか、本心からの言葉ではないのではないかと思われるかもしれません。

外部の人々やたんなる観客のほうが、実際に行動している者や参加している者よりも、自分の周囲で、自分の前で何が起きているかを理論的に鋭く把握し、そして深く洞察できる場合があるのは珍しいことではありません。実際に行動し、参加している者たちは、その出来事に完全に心を奪われていますし、そうでなければならないのです。ですからいわゆる政治屋《ポリティカル・アニマル》でなくても、政治について理解し、考察することは実際に可能なのです。

公的なものに背を向ける流れの一つ——思考の優先

わたしにはこのように、公的な場から身を隠したいという基本的な衝動があるのですが、これは〈生まれつきの欠陥〉といえるかもしれません。しかしこの衝動は、わたしが生涯において経験してきた二つの異なる社会的な流行に支えられているのです。この二つの流行はどちらも公的なものに背を向けようとするもので、一九二〇年代、そして第一次世界大戦終了の直後という時期に、ごく自然に重なって起こったものです。

この時期はその当時から、少なくともその時代の若者の世代にとっては、ヨーロッパの衰退を印象づけるものと感じられてきました。わたしが哲学を学ぼうと決めたのは、その当時ではごくふつうのことでしたが、それほどありきたりのことというわけではありませんでした。

哲学という観想の生活《ビオス・テオーレーティコス》の道に進もうという決意は、わたしはその時点ではまだ自覚していなかったかもしれませんでしたが、すでに公的なものにはかかわらないことを暗黙のうちに意味していたのです。古代のエピクロスは、哲学者たちに「隠れて生きよ《ラテ・ビオーサース》」と戒めました。これは思慮と分別をもって生きよと教えたものと誤解されることが多いのですが、じつは思索者の生き方としてはごく自然なことなのです。というのは思考という営みそのものは、人間のその他の活動とは異なり、外から見分けられないという意味で、不可視な活動です。そしてそれだけでなく、思考は現れるための促しを持たず、他者に伝達するごくわずかな衝動すら持たないという奇妙な性格をそなえているのです。

プラトンからというもの、思考はわたしと自己とが沈黙のうちで交わす対話として定義されてきました。思考は、わたしが自己とともにあり、自己に満足していることのできるただ一つの方法なのです。哲学は孤独な営みです。哲学が求められるようになったのが、もはや人々が世界の安定性に、そして世界における自分の役割に頼ることができなくなった過渡期だったのは、ごく自然なことに思えます。こうした過渡期にあっては、人生の一般的な条件についての問い、人間が地上に登場したときに誕生した問いが、異例なほどに緊急なものとなるのです。「ミネルヴァの梟は、黄昏になってから飛び立つ〔3〕」と語ったヘーゲルの言葉は正しいのです。

しかし黄昏の訪れも、公的な場の黄昏であるときには、いかなる形でも沈黙のうちには起こりませんでした。反対にこうした公的な場の〈夕暮れ時〉ほど、ほとんどが楽観的な公式の声明で満ちあふれるときはないほどです。空気を揺るがすこうした騒音は、二つのたがいに対立し、異なる未来を約束するイデオロギーのプロパガンダ的なスローガンであることも、左派や右派や中道の尊敬すべき政治家や政治屋が語る地道な発言であることもあります。しかしこうした騒音はどれも、主題となる事柄の重要性を失わせ、言葉に耳を傾ける人々の心を混乱させるという効果しか発揮しなかったのです。

公的なものに背を向ける流れの一つ——時代の流行

一九二〇年代のヨーロッパにおいて、「失われた世代《ロスト・ジェネレーション》」と称していた若者たちの間には、公的な事柄をほとんど自動的に拒否する傾向が広がっていました。こうした若者たちはもちろん、どの国でも少数派だったり、前衛だったり、あるいはエリートだったりします（どう評価されるかによって変わるわけです）。こうした若者は決して多くはなかったのですが、それでもその時代の〈空気〉を象徴していたのです。こうした世代を「狂騒の二〇年代《ロアリング・トゥエンティーズ》」と呼ぶのは、奇妙なまでによくみられた誤解です。三〇年代の巨大な災厄の前触れとなったすべての政治的な制度の分解をほとんど忘却して、二〇年代をもちあげる傾向があったのは、その兆候かもしれません。

この時代に公的な領域を嫌う雰囲気があったことは、詩、芸術、哲学のさまざまな作品が証言しています。ハイデガーが「本来的な自己」[4]と対立した「彼ら」としての「世人《ダス・マン》」を発見したのは一九二〇年代のことです。フランスでベルクソンが「社会一般、とくに言語の要求」[5]から、「基本的な自己を発見する」必要があると主張したのも、一九二〇年代のことです。イギリスでオーデンが、次の四行の詩を書いたのも一九二〇年代のことでした。この四行は当時の人々にはごくありきたりのことに思えたはずです。

平和や愛などのすべての言葉が
すべてのまともな演説が
汚され、冒瀆され、おとしめられた
忌まわしい機械的な金切り声に[6]

これまでこうした流行について歴史的に位置づけながら説明してきました。こうした好みは（あるいは特異体質と呼ぶべきでしょうか、それとも趣味の問題でしょうか）、それが人生の旅立ちの年齢で獲得したものであるときには、その後もずっとその人を特徴づけるものとなることが多いのです。それがときに隠遁と匿名性への情熱となることもあります。まるで秘密にしておくことのできたものだけが個人的に重要であるかのように――「汝は愛を告げるなかれ／愛は決して語りえない」とか「汝が心われに与えずや／かくて秘密のうちに始まる」と。[7]

そして公的に名を知られること、すなわち名声《フェーム》を獲得することさえ、ハイデガーのいう本来性の欠如、「彼ら」によってみずからを汚すこと、ベルクソンのいう「社会的な自己」によってみずからを汚すこと、オーデンの「忌まわしい機械的な金切り声」という俗っぽさによって、みずからの言葉を腐敗させることであるかのように感じてきたのです。

「著名人の集まり」

第一次世界大戦後に、ヨーロッパにある奇妙な社会階層がありました。専門的な文学批評家や歴史家も、社会科学者も見逃してきたものですが、これは国際的な「著名人の集まり」とでも呼べるものなのです。現在でもこうした集まりのメンバー・リストを作成するのは、それほど困難なことではありません。ただしそのメンバーには、やがてもっとも影響を発揮することになる作家たちは含まれないのです。一九二〇年代のこうした「国際派」のうちには、一九三〇年代の連帯という集団的な期待に、うまく応じることができる人はいなかったのでした。そしてこの非政治的な集まりのメンバーは、「栄誉の輝ける力」にスポイルされてしまい、有名でない多数の人々、パスポートの保護さえうけることのできない難民たちほどにも、災厄にうまく対処できなかったことは否定できない事実なのです。そしてこの集まりの全体は突然のように崩壊し、あっという間に崩れ、残りの人生を巨大な絶望のうちに投げ捨ててしまったのです。

こうした人々については、シュテファン・ツヴァイクの自伝『昨日の世界』が生き生きと描いています。[8] この自伝はツヴァイクが自殺する直前に書かれ、出版されたものですが、この把握しがたく、人目を欺く現象の証言としては、この自伝しか残されていないと思います。この現象のたんなるアウラだけで、名誉の輝き（最近の用語では「アイデンティティ」と呼ばれるものです）の恩恵に浴することができたのです。

名誉という謎

もしもわたしがこれほど年老いていなくて、まだ若い世代の最近の話し方をしても下品にならないのであれば、この賞がもたらすもっとも直接的な帰結、わたしの場合にはもっとも論理的な帰結は、「アイデンティティの危機」の誘発だとまじめに申しあげたいところです。たしかに「著名人の集まり」はもはや脅威ではありません。幸いなことに、もはや存在していないのです。わたしたちの世界にあっては、名誉をもたらす成功ほど移ろいやすく、安定性と固定性に欠けたものはないのです。忘却よりも素早く訪れるものはありません。わたしの世代、それは十分に年老いてはいても、まだ死に絶えていない世代ですが、この世代にとってふさわしいのは、こうした心理学的な考察には背を向けて、一切れの幸運として、名誉というこの神聖で幸ある生への侵入を、うけいれることかもしれません――ただし神々、少なくともギリシアの神々は皮肉で、騙《だま》す神であることを決して忘れずに。

デルフォイの神託が、ソクラテスは生ける者のうちでもっとも賢い人間であると告げてからというもの、こうした神託には謎に満ちた両義性があることはよく知られています。ソクラテスが不安になって、懐疑的な問いかけを始めたのは、そのことを熟知していたからです。ソクラテスはこの神託が危険な誇張にすぎず、賢い人間などいないことを教えているのではないかと考えました。そして「神託を与えた」アポロンはソクラテスに、同時代の市民たちを困惑させることで、この洞察を現実のものとする方法を教えたかったのだと考えたのです。同じように、公的な人物ではなく、公的な人物になることを望みもしなかったわたしのような人間に、公的な名誉を与えることを選んだ神々は、いったい何を考えていたのでしょうか。

ペルソナ

この受賞という問題は、わたしという人物《パーソン》にかかわるものですが、ここで名誉ではなく、公的な認知という否定できない力で、唐突に公的な人物に変えられてしまうという問題を、パーソンという別の視点から考えてみましょう。まず「人物《パーソン》」という語の語源を検討してみましょう。ヨーロッパの諸言語はどこでも、ラテン語のペルソナという語をほとんどそのまま採用したのでした。「政治《ポリティックス》」という語が、ギリシア語のポリスを語源としているのとよく似ています。きわめて多様な法的、政治的、哲学的な諸問題を考察するために、ヨーロッパ全土で使われているパーソンというこれほど重要な語が、どれも古代のペルソナという語を語源としているということは、意味がないわけではありません。この古代の語彙は、西洋人の知的な歴史を通じて、多数の変調とヴァリエーションが演奏される際の通奏低音のような役割をはたしているのです。

ペルソナとはもともとは、役者の仮面を意味していました。仮面は役者の顔を隠し、観客にその劇において役者が演じる役割と立場を教えるのです。しかしそれぞれの劇が指定し、決定するこの仮面には、口にあたる場所に大きな穴が開いていて、そこから役者は変装することのないみずからの声を響かせることができたのでした。この響きから、ペルソナという語は生まれたのです。仮面、ペルソナという名詞は、「個人的な《パーソナル》」「響かせる《ペルソナーレ》」という動詞から派生した語なのです。

そしてこのペルソナという名詞を比喩的な意味で使い始めたのは、ローマ人でした。ローマ法ではペルソナという語は、市民権を所有している人を指し、ホモという語は人類の一人である人を指しました。ホモは動物とは違いますが、特別な資格や名誉のない人であり、ギリシア語のアントローポスという語と同じように、どんな法律によっても保護されていない人々を軽蔑的に示すために使われることが多かったのです。

ここで検討している問題を理解するには、ラテン語ではペルソナとは何を意味していたかを考えると役立つでしょう。ラテン語の比喩的な用法を検討するのは重要なことです。比喩はすべての概念的な思考の日々の糧だからです。ローマ時代の仮面は、わたしたちが市民としての権利をもたない社会に登場する仕方と正確に一致します。その場合にはわたしたちはまだ、確立された公共空間のもとで、政治的な発言と行為のために用意された公共空間のもとで、平等な存在となっていません。わたしたちは個人としてはうけいれられていますが、人間そのものとしてはうけいれられていないのです。

わたしたちはつねに舞台としての世界に登場するのですが、そこでわたしたちは自分の職業で割り当てられた役割にしたがって認知されるのです——医者として弁護士として、著者として出版者として、教師として学生としてです。この役割を通じて、いわばこの役割において声を響かせることによって、何かまったく別のものがあらわになります。これはそれぞれの個人に特有のものであり、定義できないもの、それでいて間違いなく特定可能なものなのです。ですから急にこの役割が変わると、わたしたちは混乱してしまいます。たとえば学生が教師になりたいという願いを成就して、教師になった場合や、あるいは社会的には医者として知られている人のもとに客となって迎えられて、患者として診断されるのではなく、飲み物を注いでもらったりした場合です。

言い換えると、わたしが検討している問題でペルソナという観念を採用するのが便利なのは、わたしたちは世界で割り当てられている仮面や役割をうけいれざるをえないからです。そして世界という舞台でなんらかの役割をはたすために、こうした仮面や役割を獲得しようとさえするのですが、こうしたものは交換可能なものなのです。わたしたちは「譲渡することのできない権利」という言葉を使いますが、この意味で譲渡することのできないものではないのです。多くの人は良心の声は、魂がたえず自分のうちに響かせているものだと考えていますが、ペルソナはそのようなかたちで、内的な自己に永続的に結びついたものではないのです。

わたしが公的な催しにおいて「公的な人物」として登場することを納得したのは、この意味においてです。仮面が割り当てられた催しが終われば、そして仮面をかぶったままで声を響かせるというわたしの個人的な権利を行使し、濫用することが終われば、物事はふたたびもとの状態に戻るのです。そうすれば、今は大きな名誉を感じ、深く感謝しているわたしも、世界という偉大な舞台が提供してくれた役割と仮面を自由にとりかえることができるだけでなく、わたしの裸の「このもの性」において、その演劇の場においても自由に移動することもできるようになります。「このもの性」は（願わくは）識別可能なものですが、定義できるものではなく、認知されるという大きな誘惑に誘われることもないものです。これはいかなる形でも、これこれのものとしてわたしたちを識別できるようにするものであり、しかもわたしたちが基本的にそうでないものを識別できるものでもあるのです。

コペンハーゲン
一九七五年四月一八日

訳注
〔1〕ソニング賞は、一九三七年に亡くなったデンマークの作家カール・ヨハン・ソニングの遺言で、

一九四九年に正式に設立された賞であり、「ヨーロッパ文明の進歩に傑出した貢献を行った男性または女性」に授与される。最初の受賞者はウィンストン・チャーチル卿（一九五〇年）である。A・シュヴァイツァー（一九五九年）、B・ラッセル（一九六〇年）、K・バルト（一九六三年）などが受賞しており、アレントが受賞した一九七五年の前はK・ポパーが受賞。一九八七年にはJ・ハーバーマスも受賞している。

〔2〕オーデン「短詩」(Shorts)。オーデン『短詩集』(W. H. Auden, *Collected Shorter Poems 1927-1957*, 1966) 収録。

〔3〕ヘーゲル『法の哲学』序説。「哲学がその理論の灰色に灰色をかさねてえがくとき、生の一つのすがたはすでに老いたものとなっているのであって、灰色に灰色ではその生のすがたは若返らさせはせず、ただ認識されるだけである。ミネルヴァのふくろうは、たそがれがやってくるとはじめて飛びはじめる」(『世界の名著 ヘーゲル』藤野渉・赤沢正敏訳、中央公論社、一七四ページ)。

〔4〕ハイデガーが「世人」の概念を提示した『存在と時間』は一九二七年刊行である。

〔5〕ベルクソンは人間には自由である自我と、社会化された自我のふたつがあると次のように語る。「だから相異なる二つの自我があるわけだ。一つの自我は、もう一つの自我のいわば外的な投影であり、空間的な、いわば社会的な表現である。第一義的な自我に到達するのは深い反省によるのである。……しかし自己自身をこのように捉える瞬間はごくまれであり、人間が自由であるのがまれなのはそのためである。多くの場合にはわれわれは、自己自身にたいして外的に生きていて、自我についての色あせた幽霊、純粋の持続が等質的な空間に投じる影しか認めない」(アンリ・ベルグソン『時間と自由』服部紀訳、岩波文庫、二二〇ページ。かなり改訳している)。ただしこの書物（原書のタイトルは『意識の直接与件について』）の刊行は、一八八九年である。また一九三二年に発表された『道徳と宗教の二源泉』では、すべての人を自己自身に向かわせる個人的な原動力と社会的自我の錯綜した関係が分析され

ている。
〔6〕オーデン「わたしたちにも黄金時代はあったのだ」(We too had known Golden Hours)。オーデン『アキレスの楯』(Auden, *The Shield of Achilles*, 1955)所収。
〔7〕「汝は愛を」の詩はブレイクの同名の詩の冒頭の二行。「汝が心」は古くからある歌曲で、作者不詳。バッハがこの詩で独唱の歌曲を作曲している(BWV五一八)。なおアレントはこの歌曲をドイツ語で"Willst du dein Herz mir schenken, / So fang es heimlich an"と引用している。
〔8〕ツヴァイク『昨日の世界』、『ツヴァイク全集』一九、二〇巻、原田義人訳、みすず書房。この書物でツヴァイクは、有名人になって町の人々からあこがれられ、敬意をもって扱われることの「恍惚」を描いている。「成功の場合には、この名前がいわばふくらむのだ。それはそれを担っている人間から離れ、それ自身がひとつの勢力、力、物自体、取引品目、資本となる。更に内部に向っては激しい反動で、それを担っている人間に影響を与え、その人間を支配し、変貌させ始める力となるのである」(全集二〇巻、四七六ページ)。こうした虚栄の名前は、その持ち主を支配するようになるのである。

第一部　責任

独裁体制のもとでの個人の責任

アイヒマン論争の奇妙さ

　まずわたしの著書『イェルサレムのアイヒマン』がまき起こした嵐のような議論について一言申し上げたいと思います。「ひき起こした」ではなく、「まき起こした」という語を使ったのは考えがあってのことです。というのも、議論の大半は、書かれてもいないことについてだったからです。ですからわたしの最初の反応は、オーストリアの有名な冗談「誰も読んだことのない書物について議論するほど、楽しいものはない」にあやかって、すべての議論を無視しようとするものでした。でも議論がつづいて終盤にさしかかると、奇妙なことにわたしが語ってもいないことを攻撃するだけではなく、反対にわたしが語ってもいないことを弁護する意見が増えてきたのです。

　この議論はなんとも不気味なものでしたが、わたしはやがてこの議論はたんなるセンセーションでも娯楽でもなく、もっと別の要素を含むものではないかと考えるようになりはじめました。ここに込められているのはたんなる「感情的な反応」だけではないのではないかと感じはじめたのです。たんに誤解があっただけではなく、この論争が原因となって、著者と読者のコミュニケーションが完全に崩壊してしまうことすらあったのです。わたしは最初はこれは、直接に利益がかかわる集団が事実を偽造し、歪曲していたことによるものだと考えていたのですが、それではすまないものがあったのです。こうした利益集団はわたしの著書そのものよりも、これがきっかけとなって、議論の対象となった時代について公正で詳細な吟味が行われるようになるのを恐れていたのでした。

この問題についての議論では、いつでもさまざまな種類の道徳的な問題が提起されました。こうした道徳的な問題の多くは、わたしの著書では一言も言及していませんでしたし、たんに軽くふれただけのものもありました。わたしはこの裁判について事実に基づいて説明しただけです。そして「悪の凡庸さについての報告」という著書のサブタイトルも、実際の事実によってきわめて明らかに証明されていることであり、これについてさらに説明が必要だとは感じませんでした。わたしは自分が衝撃をうけた事実を指摘しただけですが、わたしが衝撃をうけたのは、その事実が悪についてのわたしたちの理論に矛盾するからであり、もっともらしくはなくても、ともかく真理だったからです。

わたしたちはソクラテスと同じように、自分が悪をなすよりも、悪をなされるほうがましであると考えていますし、それはごく自明なことだと考えていました。しかしそれは自明などではないことが明らかになったのです。いまでは多くの人々が、どんな種類の誘惑にも抵抗できないし、結局のところ人間は誰も信頼できず、信頼に値しないものであり、誘惑されることと強制されることはほとんど同じことだと考えるようになっているのです。

この考え方の間違いを最初に指摘したメアリー・マッカーシーの言葉をご紹介しましょう。「誰かがあなたに銃を向けて、〈お前の友人を殺せ、さもなくばお前を殺すぞ〉と言ったとすると、その人はあなたを誘っているのです。それだけです」。もしも自分の命が危うくなっていたとすると、法的にはこの誘惑は犯罪を犯したことの言い訳にはなりますが、道徳的に正当化する理由にはなりません。そしてきわめて驚くべきことですが、アイヒマン裁判は最後にかならず判決が下される裁判であったのに、判決を下すことそのものが間違いだと主張されたのです。その論拠は、その場にいなかった者には判決を下すことはできないからだというのです。

ちなみにアイヒマンがイェルサレム裁判の判決に異議を申し立てる際に利用したのは、この論拠でした。ほかにもやり方があったはずだし、殺人を犯す義務から逃れることもできたはずだと指摘されると、アイヒマンはそれは戦後になって考えだした〈後智恵〉にすぎず、実際に起きたことを忘れたか、知らない人々だけが信じているのだと主張したのです。

誰に裁く権利があり、裁く能力があるかという問題には、はるかに重要な道徳的な問題がかかわってきます。それにはいくつもの理由がありますが、ここでは次の二つを指摘しておきましょう。第一に、大多数の人々、またはわたしの周囲のすべての人々が、善と悪の問題をあらかじめ裁いていたとしたら、わたしはいかにして善と悪を区別できるでしょうか。裁くわたしとは誰なのでしょうか。第二にわたしたちは、自分がまだ生まれてもいなかった過去の出来事や事件を、裁くことができるのでしょうか、裁けるとすれば、どこまで裁けるのでしょうか。

この第二の点については、もしもわたしたちが自分には裁く能力はないと考えるとしたら、歴史書を書くことも、裁判の手続きそのものも、まったく不可能になるのは、どうみても自明なことでしょう。さらに一歩を進めて、わたしたちが裁く能力を行使するときに、そもそも〈後智恵〉を使わずに裁かないことはできるものだろうかと考えてみてください。これは歴史書の著者にも、裁判所の判事にもあてはまることです。現場にいた証人やそこに立ち会っていた人々の証言や説明を疑問とする理由はいくらでもあるからです。

さらに現場に立ち会わない者に裁けるかという問題には、こうした裁きをするのは傲慢であるという非難がつきものです。悪を裁くということは、わたしは自分では悪をなしえないことを想定しているのではないかという問いが投げ掛けられるのです。殺人の罪で裁く判事ですら、神の恩寵なしには自分も罪を犯していたかもしれないと自問することはできるのです。

このように一見したところでは、これらはどれも手の込んだナンセンスのようにみえますが、多くの人々が他人に操《あやっ》られずにナンセンスを語り始めるときには、そして知的な人々までもがナンセンスを語り始めるときには、そこにはたんなるナンセンスとして片づけられないものが潜んでいるのです。わたしたちの社会には、裁くことに対する恐れが広まっています。これは聖書にある「裁くなかれ、裁かれぬように」[1]という戒めとはまったく別の問題です。こうした恐れから「罪のない者がまず石を投げよ」[2]という表現を使うとしたら、それはこの言葉を間違って使っているのです。というのも、裁きたくないという意志の背後には、誰も自由に行動する者はいないのではないかという疑念が潜んでいるのですし、どんな人もみずからの行為について責任がないのではないか、自分の行為を説明することはできないのではないかという疑いが控えているのです。

ごく簡単なものでも、道徳的な問題が提起された瞬間から、その問題を提起した人物は、この恐るべき自信の欠如に、誇りの欠如に、そして「裁くわたしとは誰なのか」と語るまがいものの謙虚さに直面することになるのです。この謙虚そうにみえる姿勢は、じつは〈われわれは誰も似たもの同士であり、誰もが悪者なのだ。どっちつかずの上品さを保とうとする人は、あるいはそのふりをする人は、聖人か偽善者なのだ。どうかわれわれを放っておいてくれ〉と主張するものなのです。

こうして、歴史的な傾向と弁証法的な運動に基づいて、すなわち人間の背後で作動していて、人間の行為にある種の深い意味を与える神秘的な必然性に基づいて、すべての行為や出来事を非難しているうちはまだましなのですが、もしも誰かが特定の事柄について、特定の人物を非難した瞬間から、激しい抗議が起こるのです。ですからヒトラーの行ったことの根源を探りながら、プラトンやフィオーレのヨアキムやヘーゲルやニーチェにさかのぼっているあいだは、あるいは現代の科学技術、ニヒリズム、フランス革命にその原因をみいだしているかぎりは、まったく無難なのです。[3]

しかしヒトラーが大量殺人を実行した殺人者であったと指摘すると、急に問題になります。たとえこの殺人者が政治的にはきわめて豊かな才能に恵まれていること、そしてヒトラーが誰であったか、そしてヒトラーが人々にどのような影響を及ぼしたかという理由だけでは、第三帝国のすべての現象を説明できないことを認めたとしても、このように一人の個人を裁くのは俗っぽいことであり、精密さに欠けることであり、歴史の解釈に干渉する許しがたいことだと、多くの人が感じてしまうのです。

『神の代理人』論争

最近の論争から別の例をあげましょう。ロルフ・ホーホフートの『神の代理人』[4]という戯曲では、ローマ教皇ピウス一二世が東欧でユダヤ人の大虐殺が行われたときに奇妙な沈黙を守っていたことが描かれていますが、そこでホーホフートがあげた論拠にたいしてはすぐに反論が出されました。しかもカトリック教会組織が激しく抗議しただけではないのです(これは十分に理解できることです)。ホーホフートは、生まれながらの虚像の作り手だと、非難されたのでした。ホーホフートは、ヒトラーとドイツ国民の罪を免除するために、真犯人として教皇を非難したのだという意見もありました(これはまったくの偽りです)。これよりもっと重要に思われたのは、教皇への非難は「もちろん」表面的なものにすぎず、じつはすべてのキリスト教徒が非難されているのだという主張でした。きわめて要点をついた言葉を紹介しましょう。「深刻な非難を行うだけの根拠があるのはたしかだ。しかし被告であるのは人類全体なのだ[1]」

もちろんすでに指摘されているように、ドイツの国民とその集団的な過去に初めて適用された集団責任の概念には誤謬があります。この集団責任においては、すべてのドイツ国民が責任を問われ、ルターからヒトラーにいたるドイツの歴史全体の責任が問われたのですが、この概念は実際には、悪しき行為を実行した人々をきわめて効果的に免責する結果となったのです。すべての人に罪があるのであれば、誰にも罪はないことになるからです。

ここで責任の主体の位置におかれているドイツ人を、キリスト教や人類全体に置き換えてみれば、この概念の不合理さはすぐにご理解いただけるはずです。というのは今ではもはや罪があるのはドイツ人だけではなくなっているからです。わたしたちは集団的な罪についてて考えるのではなく、個人の名前を示す必要があるのです。それでなければこの論理によって、誰にも罪はなくなってしまうからです。

ただしここでこうした問題に加えてわたしが指摘したいのは、このような知識人による絶望的な誘導《マヌーバー》の助けを必要とするほどまでに、判決を下すこと、固有の名前を示すこと、そして罪を定めることに対する人々の恐怖は根の深いものとなっているということです〈そして悲しいことに、生きているか死んでいるかを問わず、権力と高い地位をえている人々の罪を問うことにたいする恐怖はとくに強いのです〉。キリスト教の教会が、ピウス一二世よりも悪質な多くの教皇を平然と見逃してきたことは明らかなことです。だからといって、キリスト教のすべてを告発すべきだということにはならないでしょう。そして高位にある一人の人間を救済するために、罪を犯したという告発ではなく、重大な不作為の罪の告発からその人を救済するために、いわばすべての人類をまるで〈窓から放り捨てる〉ように告発するような試みについて、いったい何を、どう言えばよいというのでしょうか。

不作為の罪を定める法律が存在せず、不作為について判決を下す法廷が開かれないことは、幸運なことであり、賢明なことでもあります。しかし反対に、個人的な責任の問題を回避することをほとんど不可能にする制度が社会のうちに存在するのも、幸運なことなのです。この裁判という制度においては、時代精神《ツァイトガイスト》からエディプス・コンプレックスにいたるまで、個別のものにかかわらないすべての抽象的な根拠づけは力を失います。ここで裁かれるのは、さまざまなシステムや、傾向性や、原罪などではありません。わたしたちのような肉と血のある人間が裁かれるのです。法廷で裁かれるのは、人間の行為なのです。すべての人に共通する人間性の健全さを維持するために不可欠とみなされている法に違反した行為が裁かれるのです。

法的な問題と道徳的な問題は、決して同一のものと考えることはできませんが、どちらも判断の力を想定しているという意味では、共通するところがあるのです。法廷での裁判を報道しようとすれば（自分のしていることを知っているならば）、この問題にかかわるのを避けることはできません。わたしたちは法の知識をもたずに、どのようにして善と悪を区別するのでしょうか。そしてまったく同じ状況に身をおいていないのに、どのようにして、他者について判決を下すのでしょうか。

道徳の自明性

ここで、わたしの二番目の個人的な記憶について語りたいと思います。わたしがアイヒマン裁判の「判決の場にいあわせたこと」がもたらしたこの騒動が証明したのは、いかにわたしたちの多くが、道徳的な問題に直面すると居心地の悪さを感じるかということでした（わたしはこれは証明済みのことだと思います）。そしてわたし自身も、居心地の悪さを感じた一人だったことは認めるべきでしょう。わたしが知的な営みを始めた環境においては、誰も道徳の問題にはそれほど注目しませんでした[5]。というのも、道徳性ということは自明のことであるという想定のもとで、育てられたからです。

わたしは若い頃には、道徳的な厳密さを〈性格〉という言葉で呼んでいたことを思いだします。道徳の問題などにこだわるのは、ファリサイの徒のように思えました[6]。徳ということは当然のことであり、なんら重要な意味をもたないと考えていたからです。そしてこの徳は、たとえば一人の人物を評価する際には、決定的な意味をもつ特性ではなかったのです。

たしかにわたしたちはときおり圧力のもとで、とくに世論の圧力のもとで、道徳的な弱さに、確固とした信念や忠誠心の欠如に、ほとんど自動的に屈してしまうことがあります。これはわたしたちの奇妙な弱点なのです。いわば特定の社会の教養のある層の〈症候〉とでも呼ぶべきものでした。それでもわたしたちは、こうした事柄がどれほど深刻なものであるか、少なくともそれがどのような帰結をもたらす可能性があるかについては、まったく想像もしていなかったのです。わたしたちはこうした現象の性格についてほとんど知識がありませんでしたし、それほど気にもかけなかったというのが正直なところです。

そしてその後、わたしたちはこれについて学ぶ豊富な機会を与えられたのでした。わたしたちの世代とわたしが生まれた土地の人々がこのことを学び始めたのは一九三三年のことでした。そしてドイツのユダヤ人だけでなく、世界の全体が、初めは誰も信じようともしなかった奇怪なことを告げられるにいたるまで、学びつづけたのでした。それ以後にわたしたちが学んだことは（ただしこれは決して些細なことではありません）、一九三三年から一九四五年にいたるまでの最初の一二年間に学んだ知識を追加し、発展させることだけだったと考えることができます。わたしたちの多くは、一九三三年ではなく、一九四一年に、一九四二年に、一九四三年に、そして辛い最後の年に起きた事柄と〈折りあい〉をつけるために、その後の二〇年を必要としたのです。

わたしはたんに自分で感じてきた悲哀と悲嘆だけではなく、恐怖そのものについて語りたいと思います。これに関与したどんな当事者も、この恐怖といまだに和解できていないことは、ご存じのとおりです。ドイツ人はこの全体の事柄を示すために、「制御されていない過去」というかなり疑問のある表現を作りだしました。まるで、これほどの年月がすぎたあとで、このドイツの過去が文明世界のかなりの人々にとって、まだ〈制御できない〉ものでありつづけているかのようです。

そしてこの時期にわたしたちを襲った恐怖は、そのむきだしの怪物性において、すべての道徳的なカテゴリーを超越し、すべての法的な基準を破裂させてしまうかに思われました。わたしも、ほかの多くの人々も、そう感じたのです。この恐怖は、人間が決して適切な形で罰したり、赦したりすることができないものでした。言葉を失うような恐怖のうちで、わたしたちはそれ以前に学んでいたはずの厳密に道徳的で制御することのできる教訓を忘れてしまったかのようです。そして法廷と法廷の外で交わされる無数の議論のうちに、こうした教訓をふたたび教えられることになるのではないでしょうか。わたしはそのことを恐れます。

「協調」の道徳的な問題

わたしたちがそこからは何も学ぶことのない、言葉を失うようなこの恐怖は、人々の行動に対して通常の判断を行うことができるような経験とは、しばしば忌まわしいものでありますが、恐るべきものではない経験とは、はっきりと異なるものです。この違いを際立たせるために、自明ではありながら、ほとんど言及されることのない事実をとりあげたいと思います。わたしが若い頃にうけた（理論立っていない）道徳についての教育で重要なテーマだったのは、真の犯罪者の行動などではありませんでした。その頃でも普通に考えれば、こうした犯罪者が最悪のことをするのは、当然予測されることでした。わたしたちは強制収容所におけるナチスの突撃隊員の野獣のような行動や、秘密警察の拷問者たちの行動に激しく憤慨しますが、それで道徳的に困惑したりはしないものです。そして権力についたナチスの重要人物の演説の内容について、いまさら道徳的に憤ったりするのは、おかしなことだと言うべきでしょう。こうした人々の見解は、すでに長年の間に一般の人々にも知られていたのですから。

それよりも新しい体制がわたしたちユダヤ人に提起したのは、きわめて複雑な政治的な問題にほかなりませんでした。その一つは、犯罪が公的な領域に進出してきたということです。わたしたちは過酷なテロルは覚悟していましたし、こうしたテロルの恐怖に直面すると多くの人々が臆病になることは、よくわかっていました。どれも恐ろしいこと、危険なことではありましたが、道徳の問題ではなかったのです。
道徳の問題が発生するのは、「強制的同一化」[7]の現象が発生してからのことです。恐怖に怯えた偽善からではなく、歴史の〈列車〉に乗り遅れまいとする気持ちが、早い時期に生まれるようになってからです。この気持ちが生まれたからこそ、生活のすべての分野において、文化のすべての領域において、公的な人物の大部分がまさに一夜にして、自分の意見を変えたのです。それも信じられないほど簡単に意見を変えたのです。それは、生涯にわたる友愛の絆を断ち、破壊したのでした。要するにわたしたちを困惑させたのは、敵の行動ではなく、こうした状況をもたらすために何もしなかった友人たちのふるまいだったのです。

こうした友人たちは、ナチスが権力を握ることについては責任は負っていませんでした。ナチスの成功に感銘をうけただけであり、目前にした歴史の〈判決〉に抗して、独自の判断を下すことができなかっただけだったのでした。ナチス体制のこの初期の段階において、個人的な責任ではなく、個人的な判断力がほとんどすべての人において崩壊したことを考えなければ、実際に起きたことを理解することはできないのです。

こうした人々の多くが、すぐに幻想から醒めたのはたしかです。そして一九四四年七月二〇日に、ヒトラー暗殺の共謀のために生命を失った人々の多くは、それ以前のある時点で、ナチスの体制に参加していたことはよく知られています[8]。それでもドイツ社会において早い時期にこのような道徳的な崩壊が起きていたことは、外部からはほとんど認識することのできないものでした。それでもこれは戦時中に起こる道徳の完全な崩壊の〈リハーサル〉のようなものだったと考えられます。

この個人的な問題をお聞かせしたのは、わたしが傲慢だという非難にたいしてではなく（この非難は的外れだと思います）、道徳的な問題にはこれほど知的にも、概念的にも準備ができていなかったわたしのような人間には、こうした問題を検討する資格はそもそもないのではないのかという疑いについて弁明するためです（こちらはかなり正当な疑いだと思います）。わたしたちはすべてを白紙の状態から、いわばありのままで学ぶ必要がありました――わたしたちの経験を包摂しうる一般的な規則も、カテゴリーもなしでということです。

わたしたちの〈向こう側〉には、道徳性については文句をつけようがなく、みずからを道徳的な人物として高く評価している人々がいました。ところがこれらの人々は何も学ぶことができないだけでなく、さらに悪いことに、ごくたやすく誘惑に屈することが明らかになったのです。こうした人々は、誘惑に屈するときも、屈したあとでも、伝統的な概念と基準を適用しつづけていたのでした。そしてそのことで、こうした伝統的な概念や基準がいかに不適切なものとなってしまっていたか、実際に発生した条件に適用するにはいかに不適切な枠組みであったか、こうした条件に適用されるべく意図されたものではなかったかを、きわめて説得力のある形で証明してみせたのです。これらの問題について検討を重ねるごとに、わたしたちはまったくいわば進退極まる状況に置かれていることに気づかされるのです。

戦争犯罪の特異性

ここで、これらのすべての問題について、わたしたちがいかに困惑したかを示す一例をご紹介しましょう。その前に、法的な処罰はどのような理由から正当なものと判断されるかを考えてみてください。さまざまな理由があげられますが、ふつうは社会を犯罪者から保護する必要があるとか、犯罪者を矯正するためとか、潜在的な犯罪者に実例を示して警告を与えることで、犯罪を阻止する力を発揮するためとか、報復的な正義の営みを行うためなどの理由があげられるものです。しかし少し考えてみればお分かりのように、これらのどの根拠も、いわゆる戦争犯罪人の処罰には無効なのです。

戦争犯罪人はふつうの犯罪者ではありませんし、ふたたび犯罪を犯す妥当な可能性がある人など、ほとんどいません。社会をこうした人々から保護する必要はないのです。ふつうの犯罪者と比較すると、戦争犯罪人を投獄することで矯正できるかどうかは、さらに疑問です。またこうした犯罪が犯されたか、あるいは将来において犯されるようになる異例な状況を考慮してみると、将来においてこうした犯罪を阻止する力があるとは、ほとんど期待できません。報復という観念は、法的な処罰のうちで功利性の観点から考えられていない唯一の根拠であり、現在の司法の思想の流れからはずれたものですが、犯罪の深刻さを考えると、これもほとんど適用できないのです。

このように、戦争犯罪人にはふだん指摘される処罰の根拠がどれも適用できないとしても、わたしたちの正義感は、処罰せずにすませること、数千の、数十万の、数百万の人々を殺害した犯罪者に、その罪を逃れさせることは、許しがたいことだと考えるのです。法律と法が定める処罰は、復讐の悪循環の連鎖を断ち切るために考案されたものであるという事実は別としても、これがたんに復讐の欲望にすぎないとしたら奇妙なことと言わざるをえません。こうしてわたしたちは、一方では正義感に基づいて処罰を要求し、刑罰を宣告しながらも、他方では同じ正義感が、処罰とその根拠についてわたしたちがこれまで抱いていたどのような観念も、戦争犯罪には妥当しないことを告げているのです。

判断のアポリア

それではこうした問題を検討する資格のある者は誰かというわたしの個人的な省察に戻りたいと思います。それは、経験にそぐわない基準や規格をそなえた人物でしょうか。それとも経験にしか頼れない人、しかもあらかじめ考えられた概念とは一致しない経験にしか頼るもののない人物でしょうか。しかし特定の事例や事象を包摂することのできるあらかじめ考えられた基準、規格、一般的な規則なしで、いったいどのようにして思考することができるのでしょうか。さらにこの問題に関して重要なのは、こうしたものなしでいったいどのようにして判断できるのかということなのです。

別の言い方をしてみましょう。すべての習慣的な基準を崩壊させるような前例のない出来事、すなわち一般的な規則によっても、こうした規則からの例外によっても予見できなかった出来事に直面したとき、人間の判断力はどうなるのでしょうか。この問いに妥当な回答を示すためには、人間の判断力のきわめて神秘的な性格について、人間の判断力は何をなすことができ、何をなしえないかについての分析から始める必要があるでしょう。

というのも、人間には感情や自己の利益に左右されずに、合理的に判断を下すことができるための能力がそなわっていると想定しないかぎり、そしてこの能力が自発的に機能するものであり、特定の事例をたんに包摂するような基準や規則によっては拘束されておらず、判断という活動そのものの力で独自の原則を作りだすことができると想定しないかぎり、わたしたちはこのきわめて〈滑りやすい〉道徳という大地の上で、しっかりとした足場を確保できると期待するのは、危険なことだからです。

政治的な責任

幸いなことに、今夜のテーマは判断についての哲学を提示しようとするものではありません。しかし道徳性とその土台という問題を、かぎられた視点から考察するためには、ある一般的な問いについて、そして残念ながらまだ一般的にうけいれられているとは思えないある区別について、明確にしておく必要があるのです。この一般的な問いは、わたしの今晩の講演のタイトルの後半の部分、すなわち「個人の責任」にかかわるものです。この個人の責任という語は、政治的な責任とは違うものです。

すべての政府は、それ以前の政府のあらゆる行為と過誤に、政治的な責任を負います。すべての国は、自国が過去になしたすべての行為と過誤に、政治的な責任を負うのです。ナポレオンは革命の後にフランスの政権を掌握した時点で、「わたしは聖ルイからフランス革命の公安委員会にいたるまで、フランスのなしたすべてのことに責任を負う」と発言しましたが、これはすべての政治的な生活の基本的な事実の一つを強調して語ったにすぎません。そして国家については、すべての世代は、歴史的な継続のもとで誕生したという事実によって、その父親の世代の罪を背負い、祖先の行為の恩恵をこうむるのは当然のことです。政治的な責任をひきうける人は誰でも、ハムレットと同じ立場に立たされるのです。

時のたががはずれた、呪われよ
それを正すためにわたしが生まれたことは。[9]

〈たが〉のはずれた時間を正すということは、世界を作り直すということですが、わたしたちにこれができるのは、わたしたちがある時点において新参者として世界に到来するからです。そして世界はわたしたちの到着する以前からあり、わたしたちがあとを継ぐ者たちに世界の重荷を委ねて姿を消すときにも、まだ存在しつづけるからです。しかしこの政治的な責任は、今夜ここで検討しようとする個人の責任とは異なる種類のものです。政治的な責任は厳密には個人の責任ではありません。わたしたちが父祖の罪について、自国の国民の罪について、人類の罪について、すなわちわたしたちがみずから実行しなかった行為について、罪を感じると言うことができるのは、比喩的な意味においてだけなのです。道徳という観点からは、何も罪を犯していないのに自分が有罪だと感じるのは、実際に罪を犯しておきながら、自分は無罪だと考えるのと同じように、間違ったことなのです。戦後のドイツにおいて個人としてはまったく無実である人々が、他者と世界一般にたいして、自分たちに大きな罪があると感じていることを認める一方で、ごくわずかでも後悔の念を告白した犯罪者はきわめて少数だったことは、道徳的な混乱のきわみであると、わたしはずっと考えてきました。

このように集団的な罪を自発的に認めることは、その意図とは反対に、何かを実際に行った人々の罪を免除するうえできわめて効果的に働いたのです。すでに説明しましたように、すべての人に罪があるのなら、誰にも罪はないからです。最近ドイツでは、ナチスの殺人者に適用される出訴期限法を延長すべきかどうかが議論されました。その際に司法大臣は、ドイツ人が「われわれのうちの殺人者」と呼ぶ人々を探す試みを熱心につづけることは、殺人者でなかったドイツ国民の間に、道徳的な共犯関係を作りだすことにしかならないとして、延長に反対したのでした。[*1] こうした無実の人々のうちで、この道徳的な混乱がどれほど危険なものとなりうるかは、この実例からもお分かりのことと思います。

この論拠は新しいものではありません。数年前のことですが、アイヒマンに死刑が執行される際に、強い反対がだされました。その理由は、死刑がふつうのドイツ人の良心を宥《なだ》め、マルティン・ブーバーの表現では、「ドイツの多くの若者の感じている罪の感情を消滅させる役割をはたす[10]」からだというのです。しかしまだ若く、戦争中に何かをなすことはありえなかった世代の青年たちが、罪を感じると主張するとしたら、その青年たちは間違っているか、混乱しているか、知的なゲームを演じているかのいずれかなのです。集団的な罪とか、集団的な無実のようなものはありません。罪と無実の概念は、個人に適用されなければ意味をなさないのです。

「歯車理論」の虚偽

最近、アイヒマン裁判の議論のさなかで、このようにかなり単純な事柄が、「歯車理論」とでも呼びたい理論のために混乱したものになってきました。わたしたちが政治的なシステムについて説明するときには、そのシステムがどのように機能するか、政府のさまざまな部門の関係はどのようになっているか、命令を伝達する経路の一部を構成する巨大な官僚機構がどのように機能するか、市民の力と軍や警察の力はどのような相互的な関係にあるかなどを説明するものです（もちろんこれでは主要な特徴だけしかあげていませんが）。

政府が機能しつづけるとき、政治システムはすべての人々を〈歯車〉や〈車輪〉として利用するものです。それぞれの歯車、すなわち各個人は、システムを変更しなくても、別のものに取り替えることができるものでなければなりません。官僚機構、公務員、適切な意味でのすべての機能の背景では、このことが前提されています。これが政治科学による見方なのです。そして標準的な枠組みとしてのシステムを非難したり、評価したりするときには、それが良いシステムだとか、悪いシステムだとか語ります。そのときに評価の基準となるのは、自由や幸福や市民の参加水準などであり、このシステムの全体を運営する人々の個人の責任は、末端的な問題にすぎません。戦後の戦争犯罪人の裁判においてすべての被告は、自分がやらなければ、ほかの人でもできただろうし、やったに違いないと言って弁明しましたが、この弁明はこれについては正しいのです。

通常の政府であれば、かなり少数の人間を最終的な意志決定者として特定することができますが、全体主義の独裁だけでなく、どんな独裁体制でも、最終的な意志決定者は一人だけに絞られます。そして執行部の決定を管理したり承認したりするすべての制度と団体は、すでに廃止されているものです。いずれにしても第三帝国では、決定を下し、実行する人間はただ一人で、この人が政治的に完全に責任を負っていたのです。それがヒトラー自身でした。ヒトラーは、ドイツで取り替えがきかない人間は自分だけだと語ったことがありますが、これは誇大妄想の発作に駆られた言葉だったわけではなく、まったく正しい評価だったのです。高官から末端の役人にいたるまで、公的な問題を処理していたほかのすべての人々は実際に〈歯車〉にすぎませんでした。だからといって、誰も個人の責任を負わないということになるでしょうか。

裁判で裁かれるもの

わたしがイェルサレムを訪れてアイヒマンの裁判を傍聴していたときに実感したのは、裁判所の手続きというものには、この歯車理論がその設定からしてもまったく無意味であり、すべての問題をもっと別の視点から考察する必要があることを明らかにするというとても大きな意味があるということでした。たしかにアイヒマンは小さな歯車にすぎなかったと弁護側が訴えるのは予測できたことでした。そして被告自身がこのように考えていることは、ありうることでしたし、実際にそう主張しました。ただし検察側がアイヒマンをこれまでにない巨大な歯車に仕立てあげようと努力したのは、予測できなかった奇妙なことでした（ヒトラーよりも巨大で重要な歯車にしようとしたのです）。

しかし判事は正しく適切に行動し、こうした考え方のすべてを否定しました。そしてすべての非難と賞賛とは反対に、わたしもこの歯車理論は間違っていると考えていました。判事たちが大きな努力を払って明らかにしたことは、法廷で裁かれるのはシステムではなく、大文字の歴史でも歴史的な傾向でもなく、何とか主義（たとえば反ユダヤ主義）でもなく、一人の人間なのだということでした。もしも被告が役人であったとしても、役人としてではなく、一人の人間として裁かれるのです。役人としての地位においてではなく、人間としての能力において裁かれるのです。

もちろん多くの犯罪組織では、小さな歯車が実際には大きな犯罪を犯しています。第三帝国の組織的な犯罪の特徴の一つは、組織の下部にいる人々だけではなく、すべての役人に、みずから犯罪に関与している明確な証拠を示すように求めたことだと言えるかもしれません。このため、法廷が被告に尋ねたのは次のようなことでした。「あなたは、かくかくしかじかの名前と誕生日と出生地をもち、そのことによって識別でき、そのしるしによって他者と替えがたい人物であるあなたは、あなたが告発されている犯罪を犯しましたか。犯したとしたら、その理由は何ですか」

被告が次のように答えたとします。「それを実行したのは個人《パーソン》としてのわたしではありませんでした。わたしにはみずからの発意でいかなることを行う意志もなく、その力もありませんでした。わたしは単なる歯車で、他者に替えることができるものであり、わたしの地位にあればどんな人でも同じことをしたでしょう。わたしがこの法廷に立たされているのは偶然の結果なのです」。しかしこの回答は意味のないものとして拒否されるでしょう。被告があるシステムを代表するものとして有罪または無罪を申し立てることを許されるならば、その人は実際にスケープゴート（身代わりの贖罪者）になるのです（ところでアイヒマンはみずからスケープゴートたろうとしていました。公開の場で絞首刑になることを望み、すべての「罪」をみずからかぶろうとしたのです。これは感情を高揚させようとするアイヒマンの最後のチャンスでしたが、法廷はこれを拒みました）。

どのような官僚的なシステムでも、責任逃れは日常的な事柄です。たしかに政治科学という視点から、すなわち統治という視点から官僚制を定義しようとすれば、官僚制とは役所による支配であって、人間による支配、一人、数人、多数の人による支配とは対立するものです。官僚制はあいにくと誰も支配する者のいないシステムであり、まさにそのためにもっとも非人間的で、もっとも残酷な支配形態なのです。しかし法廷では、こうした定義は利用できないのです。というのは、「わたしではなく、わたしがそのたんなる歯車にすぎなかったシステムが実行したのです」という被告の答えにたいしては、法廷はただちに次の問いを提起するからです。「それではあなたは、そのような状況において、なぜ歯車になったのですか、なぜ歯車でありつづけたのですか」

もしも被告がそれでも責任逃れをしたければ、ほかの人物のせいにするしかないのです。そして別の人物の名前をあげるしかないのです。その場合にはこれらの人々に共犯者の嫌疑がおよびます。しかしこうした人々も、官僚制やその他の必然性を体現するものではありません。アイヒマン裁判は、すべての多くの裁判と同じように、たんなる歯車を、あるいは第三帝国治安最高事務所の四Ｂ４課の「係官」を一人の人間として裁くものでなければ、なんの興味ももてないものでしょう。

裁判が始まる前からすでに、歯車ではなく個人を裁く営みが作動し始めていたからこそ、個人的な責任と、法的な有罪性の問題を提起することができたのです。そして歯車を個人に変えるこのプロセスが存在していたからといって、「歯車性」とでも呼ぶべき事実、すなわちシステムが人々を歯車に変えたという事実、そして全体主義というシステムが他のどのシステムよりも完全に人々を歯車に変えたという事実が裁かれることを意味しません。この解釈もまた、裁判の手続きの厳密な制約の外部にあるのです。

＊

全体主義の特徴——犯罪性

このように、法廷の手続きや独裁体制のもとでの個人の責任という問題は、人間からシステムに責任を転嫁することを許さないものなのですが、システムの責任そのものがまったく問われないということも許されないことです。法的な観点からも道徳的な観点からも、情状という形でこのシステムの責任が問われるのです。恵まれない立場にある人々には、情状酌量するという意味で、たとえば貧困のさなかで犯罪を犯した場合などでは、口実としてではなく、こうした情状を考慮にいれることがあります。同じように戦争犯罪人の場合にも、こうしたシステムの存在を斟酌するのです。

今回の講演のタイトルの前半部分で、「独裁体制《ディクテーターシップ》における」という限定をしているのはそのためなのです。ここでこうした体制における〈情状〉の問題を理解するために役立ついくつかの特徴をあげておきたいと思います。全体主義的な統治と独裁政治はふつうは同じものではありません。そしてこれまでお話ししてきた状況の多くは、全体主義にあてはまるものです。共和制ローマで使われた「独裁者《ディクタートル》」という語は、ある人物に、その有効期間と行使できる権力の内容を厳密に制限した上で、法律に基づいた合法的な緊急手段として独裁的な権力を与えることを意味したのであり、そのようなものでありつづけました。現在でも天災の起こった地域や戦時中に宣言される戒厳令や緊急事態宣言が、これに相当します。また近代的な新しい独裁政治とは、軍が権力を掌握し、文官による政府を廃止し、市民の政治的な権利と自由を奪うか、あるいは一つの党が国の統治装置を掌握して、ほかのすべての党と、すべての組織された政治的な野党を弾圧するものです。

どちらの独裁体制でも、市民の政治的な自由は奪われますが、個人の私生活や非政治的な活動までも抑圧されるとはかぎりません。通常はこれらの体制は、きわめて残酷な方法で政治的な反対派を処刑するものですし、わたしたちがふつうに理解している法による統治とはかけ離れた支配が行われます（反対する権利が法的に認められないところでは、法による統治は存在しえません）。しかしこの体制は通例の意味での〈犯罪的〉な統治ではありません。こうした体制が犯罪を犯すとしたら、それは権力を掌握した統治者の敵であることが明確な人物にたいしてです。ところがこうした独裁体制とは違って、全体主義的な体制の犯罪は、権力を握る党からみても「無実な」人々に向けられるのです。戦後になって多くの国は、ナチス・ドイツから逃亡してきた戦争犯罪人に、政治的な難民としての地位を認めないという条約に署名しましたが、それは戦争犯罪者のこうした犯罪性のためなのです。

全体主義の特徴――公的な地位の犯罪性

さらに全体主義の支配は、政治的な領域だけでなく、人々の生活のすべての領域を対象とするものでした。全体主義的な政府と区別される全体主義的な社会は、一枚岩のようなものです。すべての公的な行事、文化的、芸術的、学問的な公的な行事、あらゆる組織、福祉サービスと社会サービス、さらにはスポーツや娯楽にいたるまで、「強制的同一化」させられました。広告会社から司法にいたるまで、演劇からスポーツ・ジャーナリズムにいたるまで、小・中学校から大学、そして学会にいたるまで、あらゆる役人と公的に重要な職務にある人々は、体制の支配原則を明確な形でうけいれることを要求されたのです。

体制のエリート組織に参加しているかどうかにかかわりなく、そもそも公的な地位に就いている人なら誰でも、全体としての体制の行為に、なんらかの形で関与することを強いられていたのです。戦後の戦争犯罪裁判で法廷が要求したのは、政府が合法的なものとして認めた犯罪に、被告は手を染めるべきではなかったということです。そして有罪と無罪を決めるために、このような不参加が基準とされたために、まさに責任という問題について大きな問題がひき起こされました。政府の犯罪に手を染めずにいられた人、法的な責任と道徳的な責任を問われずにいられた人は、公的な生活から完全に身をひいた人々、いかなる種類の政治的な責任も拒んだ人々だけでした。これはごく自明な事実だったのです。

ナチス・ドイツの体制において、公的な地位についた人々は、その地位の高さにかかわらず、誰もが犯罪の共犯となっていたこと、そして通常の道徳的な基準が完全に崩壊していたことが戦後に明らかになってからは、道徳の問題が激しく議論されてきました。そしてこの議論では、次の論拠がさまざまに変奏されながら、提示されたのでした。「わたしたちはいまでは有罪にみえるかもしれません。でも職務を離れなかったのは、さらに悪い事態が起こるのを防ぐためだったのです。内部にとどまった者だけが、事態を悪化させないことができ、少なくとも一部の人々を助けることができたのです。わたしたちは魂を悪魔に売ることなく、悪魔の持ち分をそのようなものとして認めただけです。何もしなかった人々は、どんな責任もひきうけようとせず、自分のことだけ、自分の大切な魂の救済のことだけを考えていたのです」

政治的な意味では、もしもヒトラー体制が転覆されたか、ごく初期の段階で転覆の試みが行われていれば、この論拠にはそれなりの意味があったかもしれません。全体主義的な体制は、もちろん戦争によって敗れる場合を除いて、内部からしか転覆されないし、革命ではなく、クーデターによってしか覆ることはないというのは正しい主張だからです。ところでスターリンの死の前あるいはその直後には、ソ連でもこの種のことが起きたと想定できるかもしれません。秘密警察のボスのベリヤが殺害された後に、[11]完全な全体主義的なシステムから、一党独裁体制または一党抑圧体制に転換していたかもしれないのです。ところがこのような論拠を主張する人々は、成功したかどうかにかかわらず、ヒトラー体制の転覆を計画した人々ではありませんでした。これらの人々は原則として文官であり、こうした役人の専門的な知識なしでは、ヒトラー体制も、戦後のアデナウアー体制も、政権を維持することはできなかったはずです。ヒトラーはワイマール共和国からこうした役人たちをさほどの困難もなしにうけつぎ、ワイマール共和国はドイツ帝国からひきついできたのでした。同じようにアデナウアー体制は、ナチス・ドイツからさほどの困難もなしに、こうした役人たちをうけついだのでした。

「より小さな悪」の論拠

ここで、体制に心からしたがった人々には、法的な説明責任とは異なる意味での個人的な問題や道徳的な問題は、ほとんど生じないことを思いだしていただきたいのです。こうした体制派の人々にとっては、改心して後悔しないかぎり、罪を感じることはありません。たんに敗れたにすぎないのであり、これは自明のことなのです。しかしこのごく単純な事実にさえ、混乱が生じたのでした。裁きの日がついに訪れると、体制に心からしたがった人は誰もいないとか、少なくも裁かれる犯罪計画に心からしたがった人は誰もいないと主張されるようになったからです。これは嘘でしたが、困ったことに、単純な嘘でもなかったし、まったくの嘘というわけでもなかったのです。

ナチス党員ではなく、ナチスに協力しただけの政治的に中立の人々が早い時期に主張していたことを、後の段階ではナチス党員や、親衛隊《エスエス》のエリート隊員までも主張するようになったのでした。第三帝国においてすら、体制の後期になって犯された犯罪に心から納得していた人はごく少数でした。それでも多数の人々が、いわば喜んで罪を犯したのです。そしてこうした人々はみな、どんな立場にあり、どんなことを実行したとしても、なんらかの口実をみつけて私生活に身をひいた人々を非難する道をみつけたのです。そして公的な生活から身をひいた人は、安易で無責任な形で逃げだしたのだと主張したのです。もちろん、私生活に身をひいたのは、積極的な抵抗活動をするための見せかけだった人は別です。聖人や英雄になるのは誰にでもできることではないのですから、そんな人はいなかったと考えることができるでしょう。それでも個人の責任や道徳的な責任は、誰もが負うべき事柄であり、そこでどんな状況であろうと、どんな帰結をもたらそうと、仕事をつづけるほうが「責任をひきうけている」と主張されたわけです。

この「より小さな悪」という論拠は、道徳的な正当化をめざす試みとして重要な役割をはたしました。この論拠によると、二つの悪に直面している場合には、より小さな悪を選択する義務があり、どちらも選択しないというのは無責任だということになります。この論拠が道徳的には誤謬であると反論すると、〈きれい好きの道徳論〉だと非難されます。

政治的な状況とは無縁であろうとする人、手を汚したくない人だと指摘されるのです。

この〈より小さな悪〉という議論に伴うすべての妥協を疑問の余地なく否定してきたのは、政治哲学でも道徳哲学でもなく、宗教的な思想だというのはたしかです（ただしカントだけは例外です。このためにカントの哲学は道徳的な厳格主義《リゴリズム》という非難をあびることが多かったのです）。たとえばタルムードでは、人々が共同体の安全のために一人の人を犠牲にすることを求めても、その者を差しだしてはならないと教えます。一人の女性の身を汚せば、ほかのすべての女性の純潔を守ることができたとしても、その一人の女性に身を汚させてはならないと教えます（これは、この問題についての最近の論争で聞いたことです）。そしてローマ教皇ヨハネス二三世が、「慎重さの必要な行為」について、教皇と司教の政治的な行動について、「いかなる形でも誰かの役に立つという期待から、悪と共謀しないように……配慮せよ」と語ったのも、この観点からです。

「より小さな悪」の論拠の実例

政治的にはこの論拠の弱点は、〈より小さな悪〉を実行した人は、すぐに自分が悪を選択したことを忘れてしまうというところにあります。第三帝国の悪はあれほど怪物的なものだったのですから、どんなに想像力を働かせても、それを〈より小さな悪〉と呼ぶことはできないし、ナチスの犯罪についてはこの〈より小さな悪〉の論拠は完全に破綻しただろうと思いたいところですが、驚いたことにそうではないのです。さらに全体主義政府のやり口を調べてみれば、体制を支配するエリートには含まれないアウトサイダーだけ、この〈より小さな悪〉という論拠を使ったのではないことがわかります。第三帝国のテロルと犯罪の機構に、この論拠が組み込まれていたのです。政府の役人とすべての住民に、悪を悪としてうけいれさせるように条件づけるために、〈より小さな悪〉という論拠が意識的に利用されていたのです。

多くの実例がありますが、一つだけ例をご紹介します。ユダヤ人の絶滅措置が実行される前に、次第に激しさを増しながら、一連の反ユダヤ主義的な措置が採用されました。これらの措置はどれも、協力しないと事態が悪化するという理由からうけいれられたのですが、ついに最後にはもはやこれ以上の悪いことが起こりえない段階が訪れたのです。しかしこの最後の段階にいたってもこの論拠が放棄されなかったこと、そしてその誤謬が誰の目にも自明なものとなっている現在でも、この論拠がまだ利用されているということには驚かされます。ホーホフートの戯曲をめぐる最近の議論でも、どんな形であれ、ローマ教皇が抗議していたら、事態はもっと悪化したに違いないという抗議を聞かされているのです！

人間の心というものはこれほどまでに、基準とする枠組みからまったく逸脱するような現実には直面したがらないものなのでしょうか。残念ながら諺も教えているように、経験に学ばせるよりも、人間の行動を条件づけておいて、予想もできないようなおぞましい形で行動させるほうが、はるかにたやすいことなのです。経験から学ぶということは、わたしたちの心の中の深いところに植えつけられたカテゴリーやきまりきった定式を適用するのではなく、みずからの力で考え、判断するようになるということなのです。こうしたカテゴリーやきまりきった定式にも最初は経験的な土台があったものなのですが、それもすっかり忘れ去られ、それが妥当に思われるのは、実際の出来事にふさわしいからというよりも、知的な一貫性があるからにすぎないのです。

国家理性《レゾンデタ》

さて、一般に認められた規則を適用するだけでなく、みずからの力で判断するのがいかに困難であるかについて説明するために、道徳的な基準から法的な基準の問題に話を移したいと思います。法的な基準は一般に、明確に定義されているからです。戦争犯罪人の裁判と、個人の責任に関する議論で、被告とその弁護人が利用した論拠は、こうした犯罪は「国家の行為である」というものであり、被告は「上官の命令」にしたがわされたのだというものだったことは、ご存じのことと思います。ただしこの二つのカテゴリーを混同しないようにしてください。「上官の命令」は、特定の法的な管轄のもとでは合法的なものです。被告が「命令に服従しなければ、軍法会議にかけられて射殺される。しかし命令にしたがえば、判事と陪審員によって絞首刑にされる」兵士という古典的な「苦境」に立たされたとしてもです（この苦境についてはダイシー『憲法序説』で述べられています[12]）。しかし国家の行為は、法的な枠組みの外部にあります。これは主権者の行為であり、裁判所は司法権をもたないのです。

ところで、国家の行為という弁明の背後にある理論は、主権を所有する政府は、異例な状況にあっては、犯罪的な手段を利用せざるをえないということにあります。主権国家の存続または維持が左右されるからだというのです。これは国家理性《レゾンデタ》という理論です。この理論は、法的な制約や道徳的な配慮は国家のうちに生きる市民には妥当するが、国家のうちのすべてのものの存続が危険な場合には、国家はこれに制約されないと主張するものです。

この理論においては国家の行為は、個人が正当防衛のために犯さざるをえない「犯罪」と、暗黙のうちに結びつけられています。個人は、みずからの生存そのものが脅かされる異例な状況においては、正当防衛のための「犯罪」を犯しても罰せられないことになっています。しかしこの論拠は、全体主義の政府とその役人が犯した犯罪には適用できません。それは何よりもこうした犯罪が、なんらかの必然性のために犯されたものでないからです。ナチス政府がこうした周知の犯罪を犯さなくても存続できたこと、おそらく戦争に勝利することすらできたことは、かなりの根拠をもって主張できることなのです。

それよりも、少なくとも理論的にさらに重要なことは、国家の行為であるから正当であるという論拠の背景にある「国家理性《レゾンデタ》」の理論は、こうした犯罪が合法性の枠組みの内部で犯されたものであることを想定しているということです。こうした国家の犯罪は、合法性の枠組みを維持し、国家を政治的に存続させるために役立つとみなされているのです。法律を施行するためには、政治的な権力が必要ですから、法的な秩序を維持することの背景には、つねに権力の政治学が存在しているのです（ここで問題にしているのは、他の国にたいして犯された犯罪ではありませんし、戦争がニュルンベルク裁判の用語で「平和に対する犯罪」として定義できるかどうかについてでもありません）。

　ですからこうした「国家理性《レゾンデタ》」という政治的な理論も、国家の行為という法的な概念も、合法性が完全に失われる状態は想定していないのです。ところがヒトラー体制の場合には、国家の機構が実行したことは、ふつうは（たとえ穏やかに表現しようとしても）法的に犯罪活動とみなされるものでした。通常の法的な基準にしたがって、犯罪的なものとみなされないような国家の行為はほとんどなかったほどです。イタリアのムッソリーニ時代[13]のマッテオッティの殺害や、ナポレオンによるアンギャン公爵の暗殺などの有名な犯罪は、権力を掌握している者の支配を維持するために役立つと考えられ、支配するための例外とみなされた犯罪行為でしたが、ヒトラーの犯罪はこのような性質のものではありません。たしかに絶滅計画をやめさせようとしたヒムラーの命令のように、犯罪的でない行為もときおりみられましたが、これはナチス・ドイツの「法律」の例外であり、急を要する必然的な理由のために認められた譲歩なのです。

　ここで全体主義的な政府とその他の独裁体制の違いという以前の問題にしばらく戻って

みましょう。イタリアのファシスト独裁と、完全に発展した全体主義的な独裁との違いは、ファシスト体制では公然とした犯罪がかなり稀だったことにあります。ファシスト独裁やその他の軍政による独裁が、立憲政府で予想されるよりも多くの犯罪を犯しているのはたしかです。しかしわたしたちの検討している問題で重要なのは、こうした犯罪は例外であることが明確に認識されていたこと、独裁体制がこうした犯罪を公然と認めることはなかったということです。

合法性のアポリア

同じような意味で、「上官の命令」の論拠も、または上官が命令したという事実は、犯罪を犯したことの言い訳にはならないという判事側の反対の論拠も、不適切なものです。こうした論拠では、命令はふつうは犯罪的なものではないこと、そのため命令された者は、下された命令が犯罪という性格をそなえていることを認識できると想定されているのです。たとえば上官が狂気に冒されて、他の士官を射殺するように命じた場合や、戦時中に囚人の虐待や殺害が命じられた場合などです。法的には、服従してはならない命令は「明らかに非合法なもの」でなければなりません。命令の非合法さが「これにしたがうことが〈禁じられている〉ことは、禁止を示す黒旗のように明確なものでなければならない」のです。ということは、服従するかどうかを決めなければならない人にとっては、服従しない命令には、例外的な命令という明確な刻印が押されている必要があるということです。しかし問題なのは、全体主義体制、とくにヒトラー体制の最後の数年間には、この犯罪的でない命令にこそ、非合法という明確な刻印が押されていたということです。このため、第三帝国の法律を守る国民であろうとし、そうした国民でありつづけたアイヒマンにとっては、ユダヤ人の国外追放を中止し、死の強制収容所施設を解体することを命じた一九四四年秋のヒムラーの命令にこそ、明確な非合法性の刻印が押されていたのです。

わたしが引用した「黒旗」についての文章は、イスラエル軍事法廷の判決文からとったものです[14]。ドイツのヒトラー体制が合法的でありながら、しかも犯罪的な性格のものであるのは顕著なことだったために、イスラエル軍事法廷は世界のどの法廷よりも、この「合法性」という語に含まれる固有の難問を認識していました。そのためこの判決文では通例の表現を超えて、「合法性の感情は……、すべての人間の意識の深いところに根ざすものであり、法律書に詳しくない人々も感じるものである」と述べています。そして「人間の目が盲目ではなく、人間の心が腐って石のように堅くなっていないかぎり、非合法的なものは人間の目にあざやかに認識され、人間の心の反発を生むものである」というのです。うまい表現ではありますが、結局のところは何かが欠如しているのではないかと思わざるをえないのです。

というのも、こうした事例では、悪を行った人々は、自分の国の法律の精神と文面を熟知していたからです。のちに彼らが責任を問われるようになった時点でわたしたちが求めているのは、こうした人々の心の奥深くにある「合法性の感覚」が、自国の法律と法律に対する知識に逆らうことだったのです。このような状況では、こうした人々が命令の「非合法」を確認するためには、たんなる「盲目でない目」と「腐って堅くなっていない心」だけでは足りないということになります。これらの人々は、すべての道徳的な行動が非合法であり、すべての合法的な行為が犯罪であるような状況で行動することを迫られていたからです。

ナチス体制の異例性

ですから、アイヒマン裁判の判事の判決文だけでなく、戦争犯罪を裁く戦後のすべての法廷の判決文には、人間性についてかなり楽観的な見解があらわに示されていることになります。こうした見解では、行動の必要性が生じるたびに、すべての行為とその意図を完全に自発的に判断するような独立した人間の能力が存在していて、これは法律や世論の裏づけなしでも機能するものだということが暗黙のうちに想定されているのです。

もしかしたらわたしたちにはそのような能力がそなわっているのかもしれませんし、行動するときにはわたしたちの誰もが立法者であるのかもしれません。しかし判事たちはこのようなことを信じていたわけではありません。どのような修辞にもかかわらず、判事たちが主張していたのは、こうした事柄に対する感情が長年の間、わたしたちのうちで育っていて、それを急に失うことはできないはずだということにすぎなかったのです。しかしわたしたちの目の前にある証拠から判断するかぎり、これはきわめて疑問です。ナチスのドイツでは毎年のように、次々と「非合法な」命令がだされました。こうした命令はどれも、すべての犯罪がたがいに関連のないものであることを偶然のように求めるのではなく、すべてが完全な一貫性のもとに構築され、いわゆる〈新しい秩序〉を求めるものだったのです。この「新しい秩序」とは、その意味するとおりのことです。ぞっとするほどに新奇であるだけではなく、何よりも秩序（オーダー）であり、命令（オーダー）だったのです。

この裁判で裁かれたのは、共謀してどんな犯罪でも犯す用意のあった犯罪者集団にすぎないという考えが広まっていますが、これは悲しいほどの誤解です。たしかにナチス運動のエリート層には、犯罪者がいましたし（その数はつねに変動していました）、さらに多数の人々が野蛮な行為を犯しています。しかしこうした野蛮な行為が政治的に明確な目的をそなえていたのは、体制の初期の時代と、ナチスの突撃隊の監督下にあった強制収容所においてだけでした。組織された野党を標的にして、恐怖を広げ、言葉にすることのできないテロルの波で覆いつくすことが試みられたのです。

しかしこうした野蛮な行為は典型的なものではなく、さらに重要なことは、こうした行為を許容する姿勢がみられたとしても、実際に許可された行為ではなかったことです。盗みは許されず、賄賂をうけとることも許されていませんでした。逆に、アイヒマンが繰り返し強調するように、「不必要な虐待は避けること」が命じられていました。そして警察の取り調べの際には、確実に待ち構えている死へと送り込まれる人々に対処するには、こうした命令の表現がいくらか皮肉に聞こえたことを、アイヒマンは回想しています。アイヒマンの良心は、殺人には平気だったのですが、残虐な行為には反発したのでした。

また、こうした行為は近代的なニヒリズムの突発であるという考えも広まっていますが、一九世紀のニヒリズムのモットー「すべては許される」という意味では、これも誤解です。人々の良心がすぐに鈍くなってしまったのは、ある程度までは、すべてのことが許されているわけではないという事実の直接の帰結なのです。

起きたことを「大量殺戮《ジェノサイド》」という言葉で呼んだり、数百万に達した犠牲者の人数を数えたりすることによっては、この問題を道徳的な視点から考察することはできません。ある民族を絶滅させるという行為は、古代でも、近代の植民地でも実行されています。第三帝国における殺戮の新しさは、それが合法的な秩序の枠組みで実行されたこと、この「新しい法律」の要《かなめ》が、「汝殺すべし」という命令にあったこと、しかも敵ではなく、危険をもたらす可能性もない人々を、何らかの必要性のためではなく、反対にすべての軍事的な配慮やその他の功利的な配慮に反してまでも、殺害することにあったことです。この事実を認識することが、道徳的な考察において重要な意味をもつのです。

ナチスの殺戮計画は、地上の最後のユダヤ人が殺害されれば終焉するという性質のものではありませんでした。この絶命計画は戦争とかかわりのないものでした。戦争とかかわりがあるとすれば、それはこの軍事的な目的をもたない殺戮作戦を実行するための煙幕として、戦争が必要であるとヒトラーが考えていたためなのです。この作戦そのものは、戦争が終わったのちにはさらに巨大な規模で実行される予定でした。そしてこうした殺戮行為は、無法者、怪物、狂乱したサディストが実行したのではなく、尊敬すべき社会で、もっとも尊敬されていた人々が手を下したのです。

最後に、こうした大量殺戮者たちは、つねに人種差別主義や反ユダヤ主義、あるいはいずれにせよ人口統計学的なイデオロギーに基づいて行動していたのはたしかです。しかし殺害者とその直接の共犯者たちが、こうしたイデオロギー的な根拠を信じていないことも多かったのです。彼らにとっては、すべてが国の法律である「総統の意志」にしたがって行われ、すべてが法律の力である「総統の言葉」にしたがって行われるだけで十分だったのです。

どの党に所属するか、直接に関与するかにかかわりなく、現実の事態となっているというだけの理由から、国民の全体が「新しい秩序」を信じていたことを示す最善の証拠は（まだそんな証拠が必要だとしてのことですが）、アイヒマンの弁護人が語った次のような信じがたい言葉でしょう。ナチス党に所属したことのないこの弁護人は、イェルサレムの裁判において二度、アウシュヴィッツなどの強制収容所で起きたことは、「医学的な問題」だったという意味の発言をしたのです。古くからの高度の文明をもつドイツという国で、道徳性が完全に崩壊した瞬間に、道徳という語の本来の意味があらわになったかのようです。道徳性《モラリティ》という語は、習慣や習俗の集まりを示すモーレースというラテン語から派生したものであり、国民全体のテーブルマナーを変えるのと同じようなたやすさで、別の習慣や習俗の集まりに変えることができるかのようです〔15〕。

二つの問い

この全体的な状況についてかなり長く考察してきましたが、それは事実の背景についての正確な知識なしでは、個人の責任について議論してもあまり意味がないからです。ここで二つの問いを提起したいと思います。最初の問いは、一生を通じて、ナチス体制に協力せず、公的な生活に関与することを拒んだ数少ない人々は、どのような形で他の人々と違っていたのかというものです(もちろんこうした人々は叛乱に加わることはできず、叛乱を起こすこともなかったのですが)。もう一つの問いは、いずれかの次元で、いずれかの方法で、こうした悪に寄与した人々は、決して怪物のような存在ではないとしたら、これらの人々がこのようにふるまったのはどうしてなのかというものです。ナチス体制のもとで犯罪を犯した人々は、体制が倒壊し、「新しい秩序」と新しい価値が崩壊したのちに、法的な根拠ではなく、どのような道徳的な根拠から、自分たちの行動を正当化したのでしょうか。

最初の問いに対する答えはかなり簡単なものです。公的な生活に関与しなかった人々は、大多数の人々からは無責任と非難されたのですが、あえて自分の頭で判断しようとした唯一の人々だったのです。そして自分で判断することができたのは、より善い価値の体系を確立していたからでも、心と良心のうちに昔ながらの善悪の基準がまだしっかりと根をはっていたからでもありません。わたしたちのあらゆる経験が教えているのは、ナチス体制の初期の知的かつ道徳的な大変動に影響を受けず、それでいて最初にこれに屈したのが、尊敬すべき社会の人々にほかならなかったということです。これらの人々は、ある価値の体系を別の価値の体系に置き換えたにすぎないのです。

ですから逆に、公的な生活に関与しなかった人々は、良心をこのようにいわば自動的な形で機能させなかった人々だと言えるのです。良心が自動的に機能する場合には、あたかもわたしたちの心のうちに、すでに習得した規則や内的な規則がそなわっていて、特定の事例が発生すると、この規則を適用するだけでよいのです。その場合にはすべての新しい経験や状況は、あらかじめ判断されていて、習得していたか、あらかじめ所有していた規則にしたがって行動するだけでよいわけです。

自分との仲違い

しかし良心が自動的に機能しない人々は、もっとも別な基準にしたがっていたようです。こうした人々は、特定の行為を実行したあとでも、自分と仲違いせずに生きてゆける限度はどこにあるかと問うのです。[16]そしてこれらの人々は、公的な生活にはまったく関与しないことを決めたのですが、それはこのことで世界がより善くなるからというのではなく、そうしなければ、自分と仲違いせずに生きていくことができないことを見極めたからです。ですから公的な生活に参加することを強制された場合には、これらの人々は死を選びました。残酷な言い方ですが、こうした人々が殺人に手を染めることを拒んだのは、「汝殺すなかれ」という古い掟をしっかりと守ったからではなく、殺人者である自分とともに生きていることができないと考えたからなのです。

道徳的な判断の際に、あらかじめこのような基準を定めておくというのは、思考の緻密さを示すものでも、高度の知性を示すものでもありません。むしろこれは、自己とともに生きていきたいという望みであり、自己と交わりたい、すなわちわたしと自己の間で無言の対話をつづけたいという好みを示すものです。これはソクラテスとプラトン以来、わたしたちが思考と呼んでいる行為です。こうした思考は、すべての哲学的な思考の〈根〉のところにあるものです。この思考は技術的なものではなく、理論的な問題にかかわるものでもありません。思考することを望み、自分で判断しなければならない人々と、そうでない人々を隔てる〈溝〉は、社会、文化、教育などのどのような違いによっても定められません。

ヒトラー体制において「尊敬すべき」社会の人々が、道徳的には完全に崩壊したという事実が教えてくれたのは、こうした状況においては、価値を大切にして、道徳的な規格や基準を固持する人々は信頼できないということでした。わたしたちはいまでは、道徳的な規格や基準は一夜にして変わること、そして一夜にして変動が生じた後は、何かを固持するという習慣だけが残されるのだということを学んでいます。

このような習慣にしたがう人々よりも信頼できるのは、疑問を抱く人々、懐疑的な人々です。懐疑主義が善いものだとか、疑うことは健全なことだとか言いたいわけではありません。懐疑や疑念は、物事を吟味して、自分で決心するために使えるのです。最善なのは、ただ一つのことだけが確実だと知っている人々です。すなわちどんなことが起ころうとも、わたしたちは生きるかぎり、自分のうちの自己とともに生きなければならないことを知っている人々なのです。

それでは、自分の周囲で起きていることに手を貸すことを拒んだこうした人々を無責任だと咎める非難については、どう考えればよいでしょうか。わたしは、世界に対する責任というもの、この何よりも政治的な責任というものを、もはや負うことができなくなる極端な状況というものが、おこりうるということを認める必要があると思います。政治的な責任というものは、つねにある最低限の政治的な権力を前提とするものだからです。そして自分が無能力であること、あらゆる力を奪われていることは、公的な事柄に関与しないことの言い訳としては妥当なものだと思うのです。

このような力のなさを認識するためには、ある道徳的な特質が必要となります。幻想のうちに生きるのではなく、現実と直面するための善き意志と善き信念を必要とするのです。

それだけにこの言い訳の妥当性は強められると思います。どんな絶望的な状況においても、強さと力をわずかながらも残すことができるのは、まさに自分の無能力をみずから認めることによってなのです。

服従の概念

この最後の点は、第二の問いに注目すると、そしていわば不決断のうちに参加しなかったのではなく、必要と感じたことを実行するのを義務と考えた人々と対比してみると、もっとはっきりしてくると思います。こうした人々が示した論拠は、「より小さな悪」という論拠でも、時代精神《ツァイトガイスト》のせいにして、人間の判断能力を暗黙のうちに否定する論拠でもありません。あるいはごく稀な事例ですが、全体主義政府においてあれほど広まっていた恐怖のためだとする論拠でもありません。

ニュルンベルク裁判からアイヒマン裁判まで、そして最近のドイツでの戦争犯罪人の裁判にいたるまで、どこでも同じ論拠が使われてきました。どんな組織も上官に対する服従を求めるのであり、自国の法律に対する服従を求めるのだというものです。服従は政治的には重要な徳であり、服従なしにはどんな統治体も存続できないというわけです。良心に無制限の自由を認めると、組織的な共同体は滅亡してしまうしかないのであり、このような自由が認められる場所はないというのです。

たしかにこの論拠はもっともらしく聞こえるので、その誤謬を確認するにはある程度の努力が必要です。この論拠がもっともらしいのは、マディソンの表現では「すべての政府は」、もっとも独裁的な政府でも、専制政治でも、「合意の上になりたつ」という真理に依拠しているからですが[17]、これが誤謬であるのは、合意を服従と同じものと考えているところにあります。合意するのは成人であり、服従するのは子供です。成人が服従する場合には、実際には組織や権威や法律を支持しているにすぎず、それを「服従」と呼んでいるのです。これは非常に長い伝統をもつ悪質な誤謬なのです。厳密に政治的な状況に「服従」という語を使うのは、政治科学のきわめて古い観念にさかのぼるのであり、プラトンとアリストテレス以来、すべての統治体は支配する者と支配される者で構成され、支配する者が命令を下し、支配される者は命令に服従するとされたことによるのです。

　もちろん本日は、こうした古い概念が西洋の政治思想の伝統にはいりこんできた理由を立ち入って説明する余裕はありません。ただここではこうした観念は、協調のとれた行動の圏域における人間関係というもっと正確な観念をうけついだものであることを指摘しておきたいと思います。ごく初期の概念では、複数の人間が実行するすべての行動は、二つの段階に分割できるとされていました。「指導者」が始める端緒の段階と、多くの人々が参加する実現の段階であり、多数者が参加することで、この行為は共通の営みとなるのです。

　わたしたちの検討している問題の枠組みでは、どれほど強い人でも、他者の支援なしには、善きことも悪しきことも何も実行することはできないという洞察が重要になります。ここにあるのは平等性という観念であり、それが「指導者」という観念、指導者とは平等な者のうちの第一人者《プリームス・インテル・パーレース》にすぎないという観念です。指導者に服従しているようにみえる人々も、実際には指導者とその営みを支援しているのです。こうした「服従」なしでは、指導者も無援なのです。このような成人の営みとは対照的に、育児と隷属の条件のもとでは、子供や奴隷は「協力」することを拒むと無援になるのです。服従という観念が意味をもってくるのはこの育児と隷属という二つの圏域であり、そこから服従という観念が政治的な問題に転用されたのです。

固定された階層秩序をもつ明確に官僚制的な組織でも、「歯車」や車輪が共通の営みに対する全体的な支援という視点から、どのように機能しているかを調べるほうが、上官への服従という通常の視点から考察するよりも有益なのです。わたしが自国の法律に服従するとしたら、それは実際にこの法律を支持していることを意味します。このことは、革命と叛乱の際には、人々はこの暗黙的な同意を撤回するために、服従しなくなることを考えてみると、はっきりします。

この意味では、独裁体制のもとで公共生活に参加しなかった人々は、服従という名のもとにこうした支援が求められる「責任」のある場に登場しないことで、その独裁体制を支持することを拒んだのです。十分な数の人々が「無責任に」行動して、支持を拒んだならば、積極的な抵抗や叛乱なしでも、こうした統治形態にどのようなことが起こりうるかを、一瞬でも想像してみれば、この〈武器〉がどれほど効果的であるか、お分かりいただけるはずです。二〇世紀に発見されたのは、こうした非暴力行動と抵抗のさまざまな形式の一つなのです（たとえば市民的な不服従のもつ力をお考えください）。

それでもわたしたちがこうした新しい種類の戦争犯罪人、すなわち自発的にはいかなる犯罪にも手を染めなかった人々にも、やはりみずから行ったことにたいして責任を問うことができるのは、政治的な問題と道徳的な問題に関しては、服従などというものは存在しないからです。奴隷でない成人において、服従という概念が適用できる唯一の圏域は、宗教的な圏域であり、宗教の場では人々は神の言葉と命令に服従すると語ります。というのは、神と人間の関係は、大人と子供の関係で考えるのがもっとも正しいからです。

ですから、公的な生活に参加し、命令に服従した人々に提起すべき問いは、「なぜ服従したのか」ではなく、「なぜ支持したのか」という問いです。たんなる「言葉」が、ロゴスをもつ動物である人間の心にどれほど強く、奇妙な影響を与えるかをご存じであれば、服従から支持へと言葉を変えることは、意味論的に無意味ではありません。この「服従」という悪質な言葉をわたしたちの道徳的および政治的な思想の語彙からとりのぞいてしまえば、どれほど事態がすっきりとすることでしょう。この問題を考え抜いてみれば、わたしたちはふたたびある種の自信と、ときには誇りをもてるようになるでしょう。かつては、人間の尊厳と名誉と呼ばれていたものをです――おそらく人類の尊厳と名誉ではなく、人間であるという地位に固有の尊厳と名誉を。

（一九六四年）

原注

＊1 『シュピーゲル』誌、一九六三年第五号、一二三ページ。

編注

（1）ロバート・ウェルチ「ドイツ人による教皇の告発」から。これはF・J・ラダーツ編『最高の害悪あるいは教皇は沈黙していることができたか 公的な批判にみるホーホフートの〈神の代理人〉』(Fritz J. Raddatz, *Summa iniuria oder Durfte der Papst schweigen? Hochhuths "Stellvertreter" in der öffentlichen Kritik*, Rowohlt, 1963, p. 156）に収録されている。

訳注

〔1〕『マタイによる福音書』第七章一〜二節。「人を裁くな。あなたがたも裁かれないようにするためである。あなたがたは、自分の裁く裁きで裁かれ、自分の量る秤で量り与えられる」。（本書での聖書の引用はすべて新共同訳による）。

〔2〕『ヨハネによる福音書』第八章七節。姦淫を犯した女への処罰を問われたイエスは「あなたたちの中で罪を犯したことのない者が、まず、この女に石を投げなさい」と答える。

〔3〕フィオーレのヨアキム（一一三二頃〜一二〇二）は中世イタリアの神秘思想家。終末論的な千年王国説を唱えた。ヒトラーの第三帝国の思想はこれに影響されているという説もある。

〔4〕ロルフ・ホーホフート（一九三一年生まれ）はドイツの劇作家。ローマ教皇ピウス一二世がナチ

スの戦争犯罪を黙認した責任を問うた作品『神の代理人』(一九六三年刊行。邦訳は森川俊夫訳、白水社)は大きな反響を起こした。
〔5〕アレントはここでドイツ語を引用している(Das Moralische versteht sich von selbst)。これは一八世紀のドイツの哲学者のテオドール・フィッシャーの言葉として人口に膾炙している。森鷗外も「仮名遺意見」という文章で次のように語っている。「一体正邪と云うことを説きまするは甚だ聴苦しいとでありまして、所謂芳賀博士の言われた愛国説などにも関係を有って来る。一体道義のことなどを口にすることは聴苦しい。口で忠義立をする程卑しいことはありませぬ。哲学者の Theodor Vischer が云いましたことに das Moralische versteht sich von selbst と云うことがある。道義上のことは言を俟たない。これを口癖に Vischer は言って居ました」(『歴史其儘と歴史離れ 森鷗外全集 一四』ちくま文庫、一六九ページ)。
〔6〕ファリサイは古代のユダヤ教の一つの宗派。パリサイと訳されることも多い。キリスト教の立場からは、細かな戒律の規則にこだわって、イエスを弾圧する側に回ったとされている。しかしその後のユダヤ教の伝統を担ったのはこのファリサイ派だった。
〔7〕強制的同一化(グライヒシャルトゥング)はナチスが権力を掌握した後に採用した政策で、政治や社会全体を均質化することを目指した。これはすべての国民にナチスの精神を浸透させようとするものだった。
〔8〕七月二〇日事件は、ドイツ軍の首脳がヒトラーの暗殺を計画した事件である。軍はロンメルの決起を期待していたが、ロンメルが重傷を負ったために、総統本営でのヒトラーの爆殺計画に踏み切る。しかしヒトラーは奇蹟的に生き延びていたために、軍の叛乱はその日のうちに鎮圧され、二百名近くが処刑された。そして国民の多くはヒトラーへの「爆弾テロ」に憤慨したのだった(この項目は『ドイツ史』3、山川出版社、三〇八~三〇九ページによる)。

〔9〕シェイクスピア『ハムレット』一幕五場。三神勲訳では「この世の関節がはずれてしまった、ああ、いやなことだ、／こんな世に生まれあわせて、それを直す務めを負わされることは！」となっている（『シェイクスピア全集』六巻、筑摩書房、二三六ページ）。

〔10〕ブーバーがこのように語りながら、アイヒマンの処刑を「歴史的な規模の失策」と批判したことについてのアレントのブーバー批判は、アーレント『イェルサレムのアイヒマン』（大久保和郎訳、みすず書房）の一九四〜一九五ページを参照されたい。

〔11〕ラヴレンチー・パーヴロヴィチ・ベリヤ（一八九九〜一九五三）はスターリン体制のもとでの内務人民委員部の長官で、大粛清の実行責任者でもある。一九五三年のスターリンの死後に書記長に就任したフルシチョフは、スターリン体制の「残党」であるベリヤが、保安部を手がかりに権力を握るのではないかと恐れていた。そのためにベリヤは一九五三年にスパイの口実で逮捕され、処刑されている。アレク・ノーヴ『スターリンからブレジネフまで』和田春樹・中井和夫訳、刀水書房、一八九〜一九一ページ参照。

〔12〕この著書は憲法についての教科書的な地位を確立している書物であり、ダイシーはこのジレンマをとりあげながら、軍人は「司令官の命令に誠実に従った結果、法を破ることになったと主張することによって、法の違反に対する責任を避けることはできない」と指摘している（A・V・ダイシー『憲法序説』伊藤正己訳、学陽書房、二九二ページ）。なおイスラエルのアイヒマン裁判の判決文も、これに関してこの書物を引用している。

〔13〕ジャコモ・マッテオッティ（一八八五〜一九二四）はイタリア社会党の党首を経験した社会主義者で、一九二四年五月三〇日にローマでムッソリーニ体制を激しく糾弾するスピーチを行った。その後六月一〇日に行方不明になり、八月一八日に死体が発見された。これはムッソリーニが同年初めに設立したセカという秘密行動組織の犯罪とみられる。またアンギャン公爵はブルボンのコンデ家のルイ・ア

ントワーヌ・アンリ（一七七二～一八〇四）で、ドイツのバーデンで暮らしていたが、フランス国内の陰謀にかかわりがあるという嫌疑でフランス国内に拉致され、ナポレオンの命令で銃殺された。ナポレオンの生涯の汚点の一つとされており、これをきっかけにヨーロッパで反ナポレオン同盟が設立される。

〔14〕これは一九五六年に、戒厳令をしいたイスラエル領土内の小さな村で、違反する者を射殺するように命じたマリンキ三等陸佐の虐殺事件を裁いたイスラエルの軍事裁判所の判決で指摘されている事柄であり、一九六一年のアイヒマン裁判の判決の分析意見書で引用し、考察されている。

〔15〕ここでは簡単に触れられているにとどまる習俗《モーレース》と道徳性の深いかかわりについては、本書の「道徳哲学のいくつかの問題」の第一講を参照されたい。

〔16〕この自分との仲違いのテーマについては、次の「道徳哲学のいくつかの問題」の講義で詳細に展開される。

〔17〕ジェームズ・マディソン（一七五一～一八三六）はアメリカ建国の父の一人で、第四代の大統領をつとめた。『ザ・フェデラリスト』に多くの論文が掲載されている。「すべての統治は人々の意見、すなわち同意による」というアメリカ憲法の原則を構築する上で貢献した。これは「究極的な権威は、それに基づいた政府がどこにみいだされようとも、人民のみに存する」（『ザ・フェデラリスト』斎藤眞／中野勝郎訳、岩波文庫、二〇二ページ）という原則に依拠している。

道徳哲学のいくつかの問題

第一講

チャーチルの言葉

この数週間というもの、ウィンストン・スペンサー・チャーチルのことに思いを馳せられた方が多かったのではないでしょうか。今世紀最大の偉大な政治家であるチャーチルは、信じられないほどの長寿の後に、このほど死を迎えたのでしたが、最大の業績は、老年になってからのものでした。チャーチルのいだいていた信念と、書き残した文章と、雄大ではありますが仰々しいところのない演説において示された彼らしさ、そして彼の業績は、現代の〈時代精神《ツァイトガイスト》〉と考えられるものとはきわめて対照的でした。チャーチルの偉大さについて考察するときに、わたしたちにもっとも深い感銘を与えるのは、この対照の強さではないでしょうか。

チャーチルは、二〇世紀に迷い込んできた一八世紀の人物であるかのように語られてきました——過ぎ去った時代の徳が、このもっとも絶望的な危機の時期にあって、わたしたちの運命の肩代わりをしたかのようです。たしかにそうかもしれません。でもそれだけではありません。世紀の交《こう》のごく短い歴史的な瞬間において、人間の精神の失われることのない高邁さが輝いたのです。偉大なもの、すなわち高貴さ、尊厳、手堅さ、ある種のほほえましい勇気のようなものは、時代の変遷を超えて変わらないものであることを、わたしたちに教えてくれたのです。

チャーチルはたしかに昔気質の人物で、すでにふれましたように、時間の気紛れを超越した存在でした。それでも自分が生きている時代の決定的な潮流やその背後を流れる動きを自覚していなかったわけではありません。まだ二〇世紀の真の怪物性が露呈していなかった一九三〇年代に、チャーチルは次のような言葉を書き残しています。「物質的なものであっても、確固として地位を獲得して、わたしが永続的で生命力があると信じるように育てられてきたものであっても、長続きするものはほとんどなかった。わたしが不可能であると信じてきたか、そう教えられてきたことで、起こらないことはなかった」[1]

わたしがチャーチルのこの簡潔な表現をとりあげようと思いましたのは、この言葉が語られてからわずか数年後には、残念ながらそれがまったくの現実となったからだけではなく、こうした言葉の背後あるいは背景にたえず控えている基本的な経験について考えたかったからです。今世紀の初めの頃にわたしたちがまだ「永続的で生命力がある」と信じていたものの多くは、長もちしませんでした。そのうちでも今回は、道徳の問題に焦点をあてたいと思います。すなわち個人の行動やふるまいにかかわるもの、人間が善悪を判断するために利用してきたいくつかの規則と基準、他者や自己を判断し、その正しさを見分けるために利用してきた規則や基準についてです。これらはまっとうな人物であれば誰もが、聖なる法あるいは自然法の一部として、ごく自明なものと考えてきたものでした。

道徳性の崩壊

ところが、これといった前触れもなしに、これらのすべてがほとんど一夜にして崩壊してしまったのです。まるで「普遍的なものであるはずの」道徳性《モラリティ》が突然、その語源的な意味で、すなわち「たんに場所によって異なるものにすぎない」習俗や習慣の全体を示す言葉であるモーレースとしての意味で、理解されるようになったかのようです。ある個人や人々のテーブルマナーが変わるのと同じように容易に、道徳を別のモーレースに、別の習俗や習慣の全体に替えることができるかのようでした。

わたしたちは道徳的な規則や基準を示すために、ラテン語の語源「モーレース」に由来する道徳性《モラリティ》という語と、ギリシア語の語源「エートス」に由来する倫理《エシックス》という語を使ってきましたが、道徳がいずれにしても、たんなる慣例や習慣を意味するにすぎないことが明らかになるとは、なんとも奇妙で、恐ろしいことではないでしょうか。

考えてみれば西洋の思想、文学、哲学、宗教に、二五〇〇年もの歴史がありながら、この社会は道徳性《モラリティ》と倫理《エシックス》のほかには、道徳を意味する言葉を発明してこなかったのです——すべての人間に同じ声で語りかける良心の存在については、さまざまな大仰な文句が発明され、さまざまな主張やお説教が告げられてきたにもかかわらずです。何が起きたのでしょう。わたしたちはついに夢から覚醒したとでもいうのでしょうか。

たしかに「汝、偽誓すべからず」という掟が、「二足す二は四である」という文と同じような妥当性をそなえていると信じるのは間違いであること、道徳的な命令というものは誰にでも自明で当然のものであると考えるのは間違いであることを示す兆候が、いくつかなかったわけではありません。たとえばニーチェは「新しい価値」を模索していましたが、これはニーチェの時代に「価値」と呼ばれていたもの、それ以前の時代にはもっと正確に〈徳〉と呼ばれていたものの価値が低下していることを示す明確な兆候でした。

ニーチェが認めることのできた唯一の基準は〈生命〉だけでした。ニーチェが伝統的で、基本的にキリスト教的な〈徳〉を批判するにあたって依拠していた洞察は、すべてのキリスト教的な倫理とすべてのプラトン主義的な倫理が利用している基準と尺度は、世俗的な世界だけからえられたものではなく、この世界を超越した場からえられたものであるというものでした。この超越した場とは、プラトンの哲学では厳密に人間的な事柄に満ちた暗い洞窟の上にそびえるイデアの天空でしたし、キリスト教では、神が支配する彼岸という真の超越的な世界でした。

ニーチェはみずからモラリストと名乗っていました。そして実際にモラリストだったのは間違いありません。しかし倫理に関するかぎり、生命を最高善とすることには問題があります。キリスト教的であるかどうかを問わず、すべての倫理は、死すべき人間にとっては、生命が最高善ではないことを前提とするものだったからです。そして人間の生においては、個別の生命体の存続と繁殖よりも重要なものがつねに存在するのです。

何が重要とされるかには、時代ごとに大きな違いがありました。ソクラテス以前の古代ギリシアで重要だったのは、偉大さと名誉でした。ローマで〈徳〉とされたのは、国家の永続でしょう。現世での魂の健康さと来世での魂の救済が重要だった時代もあります。自由や正義が、あるいはその他のさまざまな理念が生命よりも重要とされることもありました。

どのような〈徳〉も、こうした事柄や原則に依拠するのですが、これらは人々が考えを変えれば、すぐに別のものに代えられてしまう価値にすぎなかったのでしょうか。ニーチェが指摘したように、〈生命〉そのものという究極のものの前では、これらは放り捨てられてしまうものなのでしょうか。たしかに一部の人々の行動によって、人類の存続そのものが脅かされることもありうるなど、ニーチェは想像もしていなかったでしょう。そしてこの稀な出来事を前にしては、人間にとっての最高善は、〈生命〉の維持であり、世界と人類の存続であると主張することもできるでしょう。

しかしそれは、いかなる倫理も道徳性も、もはや存在しなくなるということにほかならないでしょう。そして原則としてこの思想は、ラテン語の古い疑問、「世界が滅ぶとも、正義はなされるべきか」[2]という問いで、すでに予測されていたものです。カントはこの問いに、「正義がなくなれば、人間が地上で生きていく価値はなくなる」[3]と答えたのです。

このように、近代において唱えられた唯一の新しい道徳的な原則は、「新しい価値」を主唱するものではなく、道徳性そのものを否定するものとなったのでした。もちろんニーチェにはそのことは知りえなかったことです。とはいえ、道徳性というものがどれほどお粗末で、意味のないものとなってしまったかをはっきりと示したのは、ニーチェの変わらぬ偉大さです。

全体主義の二つの体制

チャーチルの言葉は、事実を確認するために語られたものですが、その後の歴史を学んだ者としての洞察をもつわたしたちは、予言の言葉として読みたくもなります。ただ、たんに予言の言葉を探すだけであれば、一八世紀の最初の三〇年間までさかのぼれば、驚くほどの数の予言を引用することができるでしょう。しかしここで重要なのは、わたしたちはたんなる予言の言葉ではなく、赤裸な事実に直面しているということなのです。

わたしたちは、少なくとも年輩の人々は、一九三〇年代と一九四〇年代において、公的な生活と私的な生活の両方において、それまで確立されていたすべての道徳的な基準が完全に崩壊するのを目撃してきました。ヒトラーのドイツでの道徳の崩壊は周知のことですが、スターリン時代のソ連でも同じ事態が発生していたのです。しかしこの二つの体制における違いは重要であり、ここで指摘しておくべきでしょう。

ロシア革命で発生した変動とロシアの社会全体の変革の激しさは、ナチス時代の過激なファシスト独裁の時代を上回るものだったことは、よく指摘されることです。一方でナチスのドイツでは、所有関係はほとんどそのままで維持されましたし、社会の支配的な集団が廃絶されることもありませんでした。そのために、第三帝国は歴史的な出来事としてだけでなく、その本質からして、ロシア革命ほど永続的なものでも、極端なものでもなかったと結論されることが多いようです。政治的な出来事だけにかぎれば、これは正しいとも、間違っているとも言えますが、道徳性に関しては間違った評価です。

道徳性だけの視点からみますと、スターリンの犯罪はいわば旧いタイプのものです。普通の犯罪人と同じように、スターリンは自分の犯罪を認めることなく、偽善と人を煙にまく言葉で覆い隠していました。そしてスターリンの追従者たちは、これを「善なる」大義の推進のための一時的な手段として正当化したのでした。もう少し巧みな政治家たちは、革命家も歴史の法則にしたがわざるをえないし、必要であればみずからを犠牲に捧げなければならないと主張したのです。マルクス主義は「ブルジョワ道徳」についてご託宣を述べますが、じつはマルクス主義そのものには新しい道徳的な価値の理論はありません。職業的な革命家の代表としてのレーニンやトロツキーに特徴的にみられるのは、革命によって社会的な状況が変革されれば、人類は歴史の最初から反復されてきたわずかな数の道徳的な掟に、自動的にしたがうものだという素朴な信念にすぎないのです。

これにたいしてドイツでの出来事ははるかに極端であり、はるかに多くのことを教えてくれます。ナチス体制では〈死の工場〉がきわめて巧みに作りだされたのは残酷な事実です。そして大量殺戮計画に関与したかなりの数の人々には、偽善的なものはまったくありませんでした。同じく重要なのは、ナチスによって被害をうけなかった年輩のエリート層を含めて、自分をナチス党と同一化して考えもしなかったドイツ社会のすべての階層の人々が、あたかも当然であるかのように、こうした殺戮計画に協力したという事実です。そしてこちらの事実のほうが、わたしたちをぞっとさせるのです。

事実に基づいて最悪の状態にあるスターリン体制と比較して、ナチス体制は社会的にではなく道徳的に、はるかに極悪であると主張できると思います。ナチス体制は新しい価値体系を提唱し、こうした価値体系に基づいて考案された法的な体系を導入したのです。さらにドイツ社会のいかなる人も、まったく強制もされないのに、ナチス体制に同調して、自分の社会的な地位ではなく、それまでこうした社会的な地位に伴っていた道徳的な信念を、あたかも一晩のうちに葬り去ったのでした。

こうした問題の議論において、とくにナチスの犯罪を一般的な形で道徳的に非難しようとする際に忘れてならないのは、真の道徳的な問題が発生したのはナチス党員の行動によってではないということです。いかなる信念もなく、ただ当時の体制に「同調した」だけの人々の行動によって、真の道徳的な問題が発生したことを見逃すべきではないのです。誰かが自分の「悪党ぶりをあらわに」しようと決心し、折さえあらば、モーセの十戒の掟を逆転させて、「汝、殺すべし」という命令から始めて、「汝、嘘をつくべし」という掟で終わるような行動を試みることがありうることを理解することは、それほど難しいことではありません。[4]

どんな社会にも犯罪者がいるのは周知のことです。犯罪者の多くは、かなり想像力に欠けた人々のようですが、なかにはヒトラーやその取り巻きに劣らぬ才能をそなえた犯罪者もいるかもしれません。ヒトラーとその取り巻きがやったことは悍《おぞ》ましい犯罪ですし、これらの人々がまずドイツを、次にナチスによって占領されたヨーロッパを組織した方法は、政治科学においても、統治形式の研究においても重要なものです。しかしこうした犯罪はどれも、道徳的な問題を提起するものではありません。

道徳性がたんなる習俗の集まりに崩壊してしまい、恣意的に変えることのできる慣例、習慣、約束ごとに堕してしまうのは、犯罪者の責任ではなく、ごく普通の人々の責任なのです。こうした普通の人々は、道徳的な基準が社会的にうけいれられている間は、それまで教え込まれてきたことを疑うことなど、考えもしなかったでしょう。この問題、この事実が提起する重要な事態は、ドイツの国民がナチスの教義を信じつづけたわけではないこと、わずかな期間の予告だけで、「歴史」がドイツの敗北を告げただけで、もとの道徳性にもどったことです。この問題はいまだに解決されていないのですし、わたしたちはこの事実に直面しなければならないのです。

ですからわたしたちは、「道徳的な」秩序の崩壊を、一回だけではなく、二回、目撃したのだと言わざるをえません。戦後に「通常の道徳性」に唐突に回帰したことは、ごく当たり前のようにうけいれられていますが、このことは道徳性そのものへの疑念を強めるだけなのです。

道徳性の崩壊の〈怪物性〉

終戦以来の二〇年間のことをふりかえってみますと、この道徳的な問題は解決されないままに残されていると感じざるをえません。これを隠蔽する何かがあるのです。この何かについては語るのは困難で、それでいてこれと〈折りあい〉をつけるのは、ほとんど不可能だと感じるのです。あからさまなまでの怪物性のうちにひそむ恐怖になじめないのです。わたしたちが初めてこの怪物性に直面したとき、わたしだけではなく多くの人々が感じたのは、これはすべての道徳的なカテゴリーを超越しているという思いでした。なんといっても、すべての法的な基準を〈破裂〉させていたからです。

これはさまざまな言い方で表現できます。わたしはよく、このような出来事は人間にとって罰することも赦すこともできないものであるために、そもそも起きてはならなかったことだと言ったものでした。わたしたちはこの出来事と和解することも、〈折りあい〉をつけることもできないでしょう。これまでは過去のすべての出来事とは〈折りあい〉をつける必要があったのでした。悪しき出来事については、それを克服する必要があったからですし、善き出来事については、これを手放すのは耐えられなかったからです。

しかしこの過去の出来事は、年月が経過するとともにますます〈折りあい〉をつけにくくなっていくのです。その理由の一つは、ドイツの国民がこれほど長い間、みずからとともに暮らしている殺人者を訴追することを拒んだことにあります。しかしそれだけではなく、この過去は誰にとっても「制御する」ことのできないものだからでもあります。〈時間には癒す力がある〉と言いますが、この有名な治癒力も、わたしたちを癒してはくれなかったのです。反対にこの過去は、時がすぎゆくほどに悪しきものになってゆくのです。すべての人が死に絶えるまで、この過去は絶対に終わることがないのではないかと考えたくなるほどです。もちろんその理由の一つは、ドイツのアデナウアー体制の無頓着さにあります。ドイツ政府は有名な「わたしたちのうちに暮らす殺人者」たちを、これほど長い間まったく放置していたのであり、ヒトラー体制に参加していた人物でも、犯罪者に近いふるまいをしていないかぎり、公職から追放しなかったのでした。

しかしこうした理由も、説明としては満足できるものではありません。ドイツ国民だけではなく、すべての人にとって、この過去は「制御されない」ものとなったという事実があるからです。そして洗練された裁判手続きも、その法的な形式と調和することができないこの新しいスタイルの犯罪者の特異性を認識しえないままに、彼らを普通の犯罪者とまったく同じように扱い、同じような動機から行動したとみなしつづけていることは、こうした事態の一つの帰結にすぎないのです（ただ、長期的にはもっとも運命的な帰結をもたらすことでしょう）。

ここでは法的な問題ではなく、道徳的な問題をとりあげたいので、この問題にはふれないことにします。ただし言葉に言い表されることのないこの恐怖心、考えられないものを考えまいとする姿勢が、まさに必要とされている法的なカテゴリーの再評価を妨げたのだということだけを指摘しておきたいのです。この恐怖心のためにわたしたちは、ナチスの出来事にはもっと厳密に道徳的で、（願わくは）処理しやすい教訓が結びついていることを忘れてしまっているのです。それはこうした側面は、恐怖と比較すると無害にみえるためでもあります。

あいにくなことに、わたしたちの試みを妨げる別の側面があります。人々は、息もできないほどに怯えさせ、言葉を失わせるような出来事と〈折りあい〉をつけるのは困難だと考えるので（これはもっともなことです）、言葉を失った状態を表現するために、すぐに頭に浮かんだ感情的な表現に飛びつくというわかりやすい誘惑に屈しがちなのです。このため現在では、すべての物語が情緒的な言葉で語られるようになっています。しかしこうした感情的な表現はどれも不適切なものです。こうした情緒的な言葉は、そのものとしては〈チープ〉ではないとしても、物語を情緒化して、〈チープな〉ものにしてしまう傾向があるのです。これがあてはまらない事例はごく例外的で、しかも多くが見分けられないか、認識できないものになってしまうのです。

この問題が討論される全体の雰囲気は、現在では過剰なまでに感情的なものとなっていますし、しかもあまり好ましくない感情で満たされていることが多いものです。この問いを提起する人は誰でも（提起することがそもそも可能だとしてのことですが）、真剣な議論など不可能な次元に引きずり降ろされることを覚悟しておかなければなりません。いずれにしても言葉で表現できない恐怖においては、直接に伝えることのできるものしか学ぶことができません。しかし恐ろしくはなくても、嫌悪を催すような経験では、人々の行動には通常の判断が適用され、道徳と倫理の問題が提起されるのです。これを言葉で表現できない恐怖と区別することを忘れてはなりますまい。

司法の偉大さ

すでに指摘しましたように、道徳問題はかなり長い期間にわたって、まるで冬眠したような状態にありましたが、この数年の間に、急に復活してきました。それではなぜ復活したのでしょう。わたしにはそれは、いくつものたがいに結びついた要因が、しかも累積的に働いたからだと思えます。その何よりも重要な要因は、戦後になって、いわゆる戦争犯罪人の裁判が行われたことです。この裁判が決定的な意味をもったのは、裁判所の手続きのために、政治学者を含むすべての人が、この問題を道徳という観点から考えざるをえなくなったためです。

司法の世界では、すべてを正義という視点から検討しながらも、道徳の基準については厳しく判断され、懐疑をいだかれていることはよく知られていることだと思います。このような懐疑的な姿勢を広めるにあたって、現代の社会科学と心理学が貢献したのは明らかなことです。しかし犯罪の裁判における法廷の手続きという単純な事実が、そしてさまざまな種類の法的なシステムのどこにでもみられる告発・弁護・判決という手順が（これは記録された歴史の開闢《かいびゃく》以来の古い手順です）、すべてのためらいや疑念を否定するのです。もちろんこうしたためらいや疑念がなくなるという意味ではありません。一方ではこの法的な手順は、個人には責任と有罪性があることを前提としているからですし、他方では良心が正しく機能することを信じているからです。法的な問題と道徳的な問題は同じものではありませんが、システムや組織ではなく人を裁くという意味では、共通した要素があるのです。

司法の否定できない偉大さ、それは誰もが自分のことをある種の機械の〈歯車〉にすぎないと考えがちな大衆社会にあっても、責任を問われた個人の人格に注目せざるをえないことにあります。この大衆社会にあっては人々は、自分が巨大な官僚機構、社会的、政治的、専門的な機構で機能する円滑な機械の一つの〈歯車〉だと考えたり、誰もがうまく調整されていない混沌とした偶然的なパターンのうちで生きることを強いられていると考えたりしがちなのです。しかし個人が法廷に足を踏みいれた瞬間から、現代社会では通例のように行われていること、すなわち自分の責任を他人になすりつけることが急に許されなくなるのです。人々はふだんは時代精神《ツァイトガイスト》やエディプス・コンプレックスなどのさまざまな理由を口実にして、自分は人間というよりも、何かの機能にすぎず、一人の人であるよりも、他人と交換することのできる部品のようなものであると主張し、自分を抽象的で特定できないものであるかのように語りたがるものですが、法廷ではそれが急にできなくなるのです。

時代の科学的な流行がどのようなものであろうとも、またそれがどれほど世論に浸透していようとも、そして検事や弁護士などの司法の担当者に強い影響を及ぼしているとしても、司法という制度そのものは、こうした流行を否定して、これがあたかも存在しないかのようにふるまわねばならないのです。そして人が一人の個人となった瞬間から、問われる問いはもはや「このシステムはどのように機能するか」ではなく、「被告がこの組織の一員になったのはなぜか」というものに変わるのです。(1)

だからと言ってもちろん、政治学や社会科学が全体主義的な政府と官僚機構の本質を理解すること、そして官僚機構が人間をたんなる〈一員〉に、管理するマシンのたんなる〈歯車〉にしてしまい、人間らしさを奪ってしまう不可避的な傾向があることを考察するのが重要であることを否定したいわけではありません。大切なのは、司法の運営においてこうした要因を考慮することができるのは、血も肉もある人間が実行した事柄においてであり、こうした行為の責任を緩和する状況と判断された場合にかぎるということです。完璧な官僚制では、誰も支配しないということが原則となり、裁判所の法廷など無用の長物になるでしょう。うまく機能しない歯車を、きちんと動く歯車に交換すればよいだけのことです。ヒトラーは、いつかドイツにおいては法律家であることは恥辱とみなされる日が訪れるとよいと語ったことがあります。そのときヒトラーは、完璧な官僚制という夢想を忠実に語っていたのです。

裁判で問われるもの

すでに指摘した〈言葉にならない恐怖〉というものは、システム全体にたいする反応としては妥当なものですが、告発、弁護、判決という秩序立った演説の世界におかれた人間に向き合うとき、こうした言葉にならない恐怖は姿を消すのです。通常の犯罪の裁判ではできないことなのに、こうした戦争犯罪人の裁判の手続きでは、特定の道徳的な問題をよみがえらせることができるのです。この裁判で裁かれるのは通常の犯罪者ではありません。命じられたことを熱意をもって、あるいは熱意もなしに実行することで、犯罪を犯したごくありきたりの人々なのです。もちろんその中には、通常の犯罪者もいます。ナチス体制では、犯罪者が以前からやりたいと考えていた犯罪的な行為を安全に実行できたからです。こうした戦争犯罪人の裁判の宣伝では、サディストや性倒錯者に注目が集まるとしても、わたしたちの考察の枠組みでは、こうした人々は重要ではありません。

こうした裁判で問われるのは、犯罪者としては分類することができない人々が、それでもナチス体制で与えられた役割をはたしたことについて、違法な行為に声をあげて抗議すべき立場にあったのに沈黙を守り、すべてのことを許容してしまったことについて、どこまで有罪性を問えるかという一般的な問題なのです。ローマ教皇ピウス一二世に対するホーホフートの告発や[5]、わたしのアイヒマンについての書物『イェルサレムのアイヒマン』にたいして、どれほど激しい反発が生じたか、まだ記憶に新しいところです。ローマ教皇庁やユダヤ人団体などの直接の当事者からの反発を除外してみると、こうした「論争」のうちで何よりも目立つのは、厳密に道徳的な問題に圧倒的な関心が集まっていたことです。それよりもさらに驚かされるのは、この公衆の関心において、信じられないほどの道徳的な混乱があらわになったことです。この論争ではさらに、誰であろうと、その時点で告発されている罪人の味方をしようとする奇妙な傾向があることも明らかになりました。

道徳的な混乱

わたしに向かっては、「わたしたちすべてのうちにアイヒマンが潜んでいる」と断言する人々がコーラスのように声をそろえ、ホーホフートに向かっては、ピウス一二世に罪があるのではなく、キリスト教の全体、人類の全体に罪があるのだと声をそろえたのです。ピウス一二世も結局は一人の人間であり、教皇であるにすぎないというわけです。そして本当の罪人は、ホーホフートやわたしのように、判決を求めて告発しようとする人々だけなのだと言わんばかりでしたし、実際に口に出してそう主張されたこともあるのです。同じ状況におかれたことのない人が裁くことはできないし、誰もがほかのすべての人と同じように行動したはずだというわけです。奇妙なことにこの見解は、この問題に対するアイヒマンの意見とまったく同じだったのです。

言い換えると、道徳的な問題がさかんに議論されたのに、同時に同じ熱心さをもって道徳の問題は迂回され、回避されたのでした。そしてそれは議論されていた問題の性格によるものではないようでした。一般的にではなく、具体的な事例として道徳の問題が議論されるたびに、同じことが起きたからです。

いまでも思いだすのは、数年前にテレビの有名なクイズショーで起きた出来事です。〔6〕『ニューヨーク・タイムズ・マガジン』に掲載されたハンス・モーゲンソーの記事は、[*1]ごく明白なことを指摘していました。現金のためにごまかしをするのは悪いことであり、知的な問題でごまかしをするのは二倍に悪いことであり、大学教師が知的な問題でごまかしをするのは三倍に悪いことであると語っていたのでした。この記事には憎悪に満ちた憤慨の声が沸きおこりました。こうした判断はキリスト教の慈愛の精神に反するし、聖者でもない普通の人が、こうした現金の誘惑に抵抗できるはずがないと主張されたのです。しかも人間愛を主唱する有名人をひやかすシニカルな気分でこうした批判の言葉が語られたのではなく、ニヒリスティックな議論として提示されたのでもないのでした。

少なくとも三〇年前か四〇年前のヨーロッパでしたら、ごまかしが楽しいことだとか、徳の高い人は退屈だとか、道徳的な人はつきあいにくいなどとは、誰も決して口にもしなかったでしょう。またテレビのクイズ番組は悪いものだとか、六万四〇〇〇ドルの賞金をかけるのは、詐欺まがいの行動を誘うようなものだと口にする人もいなかったでしょうし、学ぶことの尊厳を力説したり、ごまかしが実際には行われなかったとしても、大学の教師が明らかに職業的な倫理に反する行動に走るのを防がなかったからといって、大学を批判したりする人もいなかったでしょう。

この記事に関連して投書された多数の手紙では、大学生を含む公衆の全体は、咎められる人物がただ一人であることで、意見がまったく一致していたのです。咎められるべきなのは、悪しき行為をした人物でも、制度や社会全般でも、特定のマスメディアでもありません。それは判決を下した人物だというのです。

道徳の源泉

ところでこれまで確認してきた事実から明らかになってきた問題点を一般的な問いとし

て簡単に列挙してみましょう。最初の結論は、真面目に考えてみれば、道徳性ということは自明なものだとは誰も主張できないということです[7]——わたしたちの世代は、まだこれを自明な前提として育ったのですが。この前提のもとでは、合法性と道徳性は明確に区別されていました。そして道徳の法が要求するものは、一般にその人の住む土地の法でも定められているということが、不明確で曖昧な形ではありましたが、合意されていました。しかしこの二つの法が対立する場合には、道徳的な法則が高次の法であり、これにまずしたがう必要があることは、疑問の余地がないこととされていました（ただしこの主張が意味をもつには、わたしたちがふつう人間の良心のことを考えるときに念頭にあるすべての現象を、ごく当然なものとしてみなしておく必要があります）。

道徳的な知識の源泉がどこにあるとしても、それが神の命令であるにせよ、人間の理性にあるにせよ、健全な人間であれば、みずからのうちで、ある〈声〉が語りかけていて、その土地の法にかかわらず、また仲間たちの意見にかかわらず、この声がその人に善と悪の区別を教えるものだと想定されていたのです。カントはかつて、そこには困難な問題があることを示唆していました。「まったくの悪党どもと暮らしていたのでは、どんな人でも徳の概念をもつことはできないだろう」[8]と。

カントが言いたかったのは、道徳の問題については、人の心は模範によって導かれるということでした。人が徳の模範を目にしたならば、理性に基づいて何が善であるかを認識し、そして善の反対が悪であることを認識できることを、一瞬たりとも疑わなかったのです。そしてカントは、人間の心が善を悪から区別するために利用する方式を明確に確認したと考えていました。この方式は定言命法と呼ばれるようになります。しかしカントは自分が道徳哲学において新たなものを発見したという幻想を抱いたことはありませんでした。カント以前に何が善であり、何が悪であるかは誰も知らなかったと主張するのは愚かしいことだからです。

カントはこの定言命法という方式を、航海で船乗りが使うコンパスに譬えていました（定言命法については今後の講義でさらに詳しく説明する予定です）。このコンパスを使えば、人間は容易に「善と悪を区別できる。……共通の理性に何も新しいものを教えないとしても、わたしたちはソクラテスと同じようにその原則に注目するだけでよい。だから正直で善良であるためには、……科学も哲学も必要としないのである。……これは実際に誰もがなすべきものについての知であり、ごく平凡な人にもかかわりのある知である[9]」というのです。

もしも誰かがカントに、この「ごく平凡な人にもかかわりのある知」というものはどこにあるのかと尋ねたら、人間の精神の合理的な構造のうちにあると答えたでしょう。それまでも人間の心のうちにはこのような知識があると考えられていました。カントが自明のものとして前提することができなかったのは、人間が自分の判断にしたがって行動するということでした。人間は合理的な存在であるだけではありません。人間は感覚の世界にも属するのであり、自分の理性や心ではなく、傾向性に屈するように誘われるのです。このため道徳的な行動は自明なものではありません。自明であるのは道徳的な知識、善悪に関する知識なのです。

傾向性や誘惑は人間の理性ではなく、人間の本性に根ざすものですから、人間が自分の傾向性にしたがって、悪しきことをなすように誘われるという事実を、カントは「根源悪」と呼んだのです。[10] カントもその他の道徳哲学者も、人間が悪それじたいを目的として悪をなすとは考えることもできませんでした。人間が道を間違えて悪をなしたとしても、それは人間が通常であれば正しいと認識している法則から逸脱するように誘われた例外的な事態だと、カントは説明します。盗人も所有を守る法律を認識しており、自分もこうした法律で保護されたいと願っているが、自分の利益のために、こうした法則の一時的な例外を自分に認めるのだというわけです。[11]

誰も邪悪であろうと願うことはない、それでも邪悪な行動をする人は、道徳的な不条理《アブスルドゥム・モーラーレ》に陥っているというわけです。実際に邪悪なことをする人は、自分自身と矛盾していることになります。ですからカントによれば、邪悪なことをする人は自分を軽蔑すべきなのです。この自己への軽蔑の恐れだけでは、合法性が自明のものであることを保証するには不十分かもしれません。しかし人が法律を守る市民の社会のうちに暮らしているということは、この自己への軽蔑の恐れが機能していることを、なんらかの形で想定していることを示すものです。

もちろんカントは、自己への軽蔑、というよりも自己を軽蔑しなければならなくなることへの恐れが機能しない場合が多いことを自覚していました。そしてその理由として、人は自分に嘘をつけるからだと説明しています。このためカントは、人間性の何よりの「悲しむべきところ、あるいは忌まわしいところ」は、虚言、嘘をつける能力にあると、繰り返し語っているのです。[12]

一見したところこの指摘はとても意外なものに思えます。ゾロアスター教を除くと、世界の倫理的な掟や道徳的な掟で、「汝、嘘をつくなかれ」という命令を定めているものはないのです。それに西洋でも文明国のどの掟でも、人間の犯罪のリストで第一にあげられるのは殺人なのです。奇妙なことにドストエフスキーは、もちろんそれと知ることなしに、カントと同意見だったようです。『カラマーゾフの兄弟』において、ドミートリー・カラマーゾフはスタロフに「救われるにはどうすればよいでしょう」と尋ねるのですが、スタロフは「何よりも、自分に嘘をつかないことですな」と答えるのです。[13]

宗教と道徳

このきわめて図式的で予備的な考察においては、宗教や道徳にかかわる具体的な掟や信念については考察してきませんでしたが、それはこうしたものが重要ではないからではありません。こうしたものは重要ではありますが、問題なのは道徳性が崩壊した瞬間には、これらがほとんどどんな役割もはたさなかったことなのです。もはや罰を与える神を恐れる人はいないでしょう。具体的には、あの世で待ち構えているかもしれない処罰を恐れている人はいないでしょう。ニーチェはかつて次のように語ったことがあります。「あたかも道徳は、制裁を加える神がいなくても残存しつづけるがごとく考える幼稚さ！　道徳への信頼が保たれるためには、〈彼岸〉が絶対に必要なのだ」[14]

国の司法当局が犯罪を処罰するようになったいまでは、教会も信者をこのような方法で脅すことはなくなりました。そしてナチス体制において、聖職者であろうとなかろうと、犯罪に手を染めることを拒んだ数少ない人々は、宗教的な信念や恐れから、これを拒んだわけではありません。こうした人々は信者だったかもしれませんが、たんにほかの人々と同じように、こうした行為の責任を負うことはできないと表明しただけでした。これは奇妙な印象を与えますし、戦後になってから教会が発表した数えきれないほど敬虔な声明とも調和しないように思えます。そして宗教に戻らなければ、何もわたしたちを救うことはできないという警告が、さまざまなところで繰り返されていたのもたしかです。

しかしこれは確固とした事実であり、今では宗教が社会的なビジネスになっているか、あるいは私的な営みのうちでもきわめて私的な事柄となっていることを示すものです。というのは、こうした人々が天国と永遠の呪詛を恐れたのではないかとか、心の中でどう考えたのかを知る術はないのです。わたしたちが知っているのは、ほとんど誰もが、こうした昔からの信念は、公的な場で自分の行動の根拠として示すものとしてはふさわしくないと考えているということです。

宗教の掟と道徳

わたしはこの考察において宗教をとりあげずに、道徳問題におけるカントの重要性を示すことから始めましたが、これには別の理由もあります。宗教、とくにユダヤ教とキリスト教のような啓示宗教が人間の行動の有効な基準であり、人間の行動を判断するための有効な基準となっているところでは、道徳哲学にはいかなる役割もないのです。もちろん宗教的な文脈だけで語られている特定の教義が、道徳哲学にとって重要な意味をもたないというわけではありません。そもそも近代以前の伝統的な道徳哲学は、キリスト教という宗教の枠組みの中で発展してきたのですし、哲学のうちで道徳哲学という分野がとくに独立して存在していたわけではないことは、すぐにお分かりのことと思います。

中世哲学は、宇宙論、存在論、魂の理論、理性神学などに分けられていました。すなわち、自然と宇宙についての学、存在についての学、人間の精神と魂についての学、神の存在の理性的な証明などに分類されていました。「倫理的な」問題が考察される場合には（とくにトマス・アクィナスなどにおいてですが）、倫理学が政治哲学の一部に含められていた古代哲学と同じ方法で、すなわち市民としての人間の行動を定義しながら検討されてきたのです。古代哲学ではアリストテレスが『ニコマコス倫理学』と『政治学』という二つの書物を残していますが、この両方で〈人間にかかわる哲学〉が構成されていたのです。

『ニコマコス倫理学』はポリスの市民について論じたものですし、『政治学』はポリスの構成について論じたものです。倫理学が政治学の前に考察されているのは、ポリスの市民の「善き生活」を実現することが、ポリスという組織の存在理由だったからです。アリストテレスが目的としたのは、ポリスの最善の構成とはどのようなものかをみいだすことでした。ですから人間の善き生活に関する書物である『ニコマコス倫理学』の最後で、『政治学』という書物の概要が語られているのです。

アリストテレスの忠実な弟子であり、キリスト教徒だったトマス・アクィナスは、師のアリストテレスと対立するところまで議論を進めるのがつねでしたが、すべての過誤や罪は、神的な理性が自然に定めた法に違反するところから生じると語るときほど、アリストテレスとの違いがはっきりとしてくるところはありません。たしかにアリストテレスも神的なものについて語っていますし（神的なものとは、滅びることのないもの、不死のものでした）、死すべき存在である人間の最高の徳とは、できるだけ神的なものの近くで過ごすことにあると考えていました。しかし人間が服従したり服従しなかったりするような掟も命令もありませんでした。すべての考察は「善き生活」を軸として展開されました。人間のつとめは、最高の生活はどのようなものであるかをみつけ、それについて判断することでした。

古代の末期になると、すでにポリスは衰退しており、ストア派やエピクロス派などのさまざまな学派が、多様な道徳哲学を構築しました。それだけでなく、少なくともローマ時代の後期になると、哲学そのものを道徳的な教えにしようとする傾向がありました。そして善き生活の模索はそのまま続けられました。地上で最高の幸福を実現するにはどのようにすればよいかという問いが、哲学のもっとも大切な問いだったのです。ただしこの問いはいまや政治的な脈絡をまったく失っています。人々はこの問いを、自分の個人的な能力の問題として提起したのです。

この問いを軸としたすべての文章には、さまざまな賢い助言が語られていますが、アリストテレスの場合に劣らず、議論の余地なく命じられている掟のようなものはありません。しかしすべての宗教的な教えでは、このような掟が命じられるものなのです。キリスト教の世界でもっとも合理的な思考をする傾向のあったトマス・アクィナスにおいても、なぜ特定の掟が善いものであり、なぜ特定の命令にしたがわなければならないかを定める最終的な理由は、神が定めたものだからということにありました。神がそう語ったから、これにしたがわなければならないのです。

神の命令と道徳の命令

神がそう語ったから、という答えが決定的な意味をもつのは、啓示宗教の枠組みの中だけなのです。この枠組みの外では、わたしたちは「神が敬虔を愛するのは、それが敬虔であるからなのか、それとも神を愛するからこそ、それは敬虔なのか」という問いを提起せざるをえないのです。この問いを初めて口にしたのはソクラテスで、対話篇『エウテュプロン』で語られています。[15] これを次のように言い換えてみましょう。神が善を愛するのは、それが善だからなのか、それとも神が愛するものを、われわれは善と呼ぶのか。ソクラテスはこの問いに答えを与えません。そもそも信者たるものは、善き原則が神的なものであるからこそ、善は悪と区別されるのだと主張せざるをえないはずです。こうした原則は、神が自然に定めた法則と一致するものであり、そして神が創造したもののうちで最高の存在である人間に定めた法則とも一致するものだというわけです。

同じことですが、人間は神の創造物なのですから、神が「愛するもの」は人間にとっても善きものと思われるのはたしかです。かつてトマス・アクィナスは、まるでソクラテスの問いに答えるかのように、神は善が善であるからこそ、人間に善を行うことを命じるのだと主張しました。これにたいしてドゥンス・スコトゥスは、善が善であるのは、神が命じるからだと考えていたのです。しかしこのようにもっとも合理化した形でも、人間にとって善が義務としての性格をもつのは、神が命じたからなのです。

ここから宗教においては、罪は主として不服従として理解されるという重要な原則が生まれますが、これは道徳の原則ではありません。カントはソクラテスのこの問いにたいして、「ある行動が人間にとって義務となるのは、神が命じたからだと考えてはならない。人間が内的な義務と感じるものこそを、神的な命令とみなすべきである」[16] という明確でラジカルな答えを示していますが、厳密な意味での宗教的な伝統においては、カントのこうした回答は生まれるべくもないのです。

宗教的な命令からの解放が実現しなければ、カントが『倫理学講義』で語っているように、「人間はみずから啓示について判断する[2]……」ようにならなければ、すなわち道徳が厳密な意味で人間の事柄にならないかぎり、道徳哲学というものは存在しないのです[17]。カントは、人間は神的なものについては何も知りえないことを示したあとでも、理論的な哲学において宗教とのつながりを断たないように細心の注意を払っていたのですが、実践哲学、すなわち道徳哲学においては、宗教に立ち戻るようなすべての通路をふさぐことに、同じように細心の注意を払っていたのでした。「三角形に三つの角があるという事実は、神によるものではない」。だから「道徳［の原則］」も、神によるものではない[3]」

この明確な意味では、古代からカントにいたるまで、道徳哲学は存在していなかったのです。もちろんスピノザの主著は倫理学を意味する『エティカ』と名づけられています。しかしスピノザはこの著作を「神について」という章で始めています。この著作のすべての内容は、この章に依拠しているのです。そしてカント以降には道徳哲学が存在していたかどうかは、議論の余地のあるところなのです。

道徳と自己

［ここで道徳的な行動について二つの点を指摘しておきたいと思います。第一に、］これまで主

張されてきたところでは、道徳的な行動は主として、わたしたちが自己とどのような交わりを結ぶかに左右されるようです。わたしたちは自分だけに有利な例外を認めることで、自己と矛盾した行動をしてはならないし、自分を軽蔑するようなところに身をおいてはならないのです。道徳的にはこの原則だけで善と悪を区別することができるはずですし、悪しき行いを避け、善き行いをすることができるはずです。カントは人間は他人にたいする義務を負う前に、自分にたいする義務を負うことを指摘しましたが、[18]カントのこの一貫性のある論理は、偉大な哲学者に特有なものです。しかしこの原則はよく考えてみると、なんとも意外なものです。というのは、わたしたちがふつう道徳的な行動として理解しているのは他者とのかかわりに関するものですから、こうした理解とはきわめて矛盾しているからです。カントのこの原則は、他者とかかわる事柄ではなく、自己とかかわる事柄であり、人間の行動の卑しさにかかわるのではなく、人間の尊厳と誇りに関する原則なのです。隣人愛でも自己愛でもなく、自己にたいする敬意が基準となっているのです。

この原則は、カントの『実践理性批判』の有名な文章でもっともはっきりと、そしてもっとも美しく表現されています。「考察をつづけるほど、そして一層継続的に考察するほどに、いよいよ新たに感嘆と畏敬の念が高まって心を満たすものが二つある。わが頭上なる星繁き天空とわがうちなる道徳法則である[19]」。この「二つのもの」は同じ水準にあり、同じ方法で人間の心に働きかけるものだと考えたくなるかもしれません。でも実際はそうではないのです。というのは、カントは次にこう続けるのです。「第一の無数の世界群の光景は、動物的な被造物としてのわたしの重要性を無とする。……これに反して第二の光景は、英知体としてのわたしの価値を、わたしの人格性によって無限に高める。この人格性において、道徳的な法則が動物の世界から、そしてすべての感性的な世界からも独立した生命を、わたしに開示するのである」[20]

ですから、わたしを無限の宇宙において「たんなる点」にすぎない存在ではないものとしてくれるのは、そしてわたしの価値が無になるのを防いでくれるのは、この「みえざる自己」なのであり、これによって宇宙にすら対抗できるのです。カントの原則におけるこの〈誇らしさ〉という要素を、とくに強調しておきたいと思います。それはこの要素にはキリスト教の倫理に反する性格がそなわっているからだけではなく、現代において道徳について考察している人々、とくにキリスト教の謙虚という徳に訴えかける方法を知らない人々において、この誇りという感覚の欠如がとくにあらわに感じられるからです。

ただしこれは、自己にたいするこの道徳的な配慮にはきわめて重要な問題が存在することを否定するものではありません。この問題がどれほど困難なものであるかをご理解いただくために、宗教的な掟といえども、自己を究極の基準としなければ、普遍的な道徳の掟を定めることができないという事実に思いをめぐらせていただきたいと思います。「隣人を自分と同じように愛せ」という掟や「みずからになされたくないことを他者になすな」という掟を考えてみてください。どちらも基準となるのは自己なのです。

第二に、道徳的な行動というものは、神の法にせよ、人間の法にせよ、外部から与えられた法への服従とはまったくかかわりがないということです。カントはこの違いを表現するために、適法性と道徳性という用語を使っています。適法性は道徳的にみると中立的な立場です[21]。制度化された宗教と政治では、適法性が問題になりますが、道徳性とはかかわりがないのです。政治的な秩序において求められるのは、道徳的な健全さではなく、法を守る市民にすぎません。そしてキリスト教の教会はつねに罪人の教会でした。これらは特定の共同体の秩序を定めるものであり、すべての人間、あるいはすべての理性的な存在者を義務づける道徳的な秩序を定めるものではないのです。

カントはこれを次のように表現しています。「国家の樹立の問題は、たとえどれほど困難なものと感じられようとも、解決できる問題である。悪魔たちであっても、知性さえそなえていれば国家を樹立できるのだ[22]」。同じような文脈で、悪魔はよき神学者になると語られたこともあります。政治的な秩序でも、宗教的な秩序でも、服従は重要な要素となるでしょう。制度化された宗教では、彼岸での罰という脅しによって服従がもたらされます。そして法的な秩序が生まれるのは、制裁が存在するからです。罰することができないものは、許されるのです。

ところが、わたしが定言命法にしたがっていると言いうるのは、みずからの理性にしたたがっている場合だけです。そしてわたしがみずから定めるこの理性の法は、すべての理性的な生物に、どこに住んでいるかを問わず、すべての知的な生物に妥当する法なのです。というのも、わたしが自分と矛盾したくなければ、わたしはみずからの行為の格律が普遍的な法則となりうるように行動するからです。わたしは立法者としてふるまうのです。他者の定めた法にしたがわないから罪や犯罪が生まれるのではありません。わたしが世界の立法者としてふるまうことを拒むときに、罪や犯罪が生まれるのです。

神の命令による義務

カントの道徳哲学にはこのように反逆的な要素があるのですが、一般的な表現で述べられているので、この側面は見逃されることが多いのです。道徳的な行為とは、普遍的に妥当する法を定める行動であり、〈命題〉としてではなく〈命法〉として表現される法であるとされているのです。カントはその際にある誤解に陥っているのですが、その大きな理由は、西洋の思想の伝統では「法」という語がきわめて多義的に使われてきたことにあります。

カントが道徳的な法と語るとき、政治的な意味で「法」という語を使っています。ある土地の法は、その土地に住むすべての住民がしたがわなければならない法です。ところが土地の法に服従しなければならないというこの政治的な定めに、宗教的な法の用語が加わって、ある転換が生じたのです。「汝……せよ」という命令の形だけで人間に語りかける神の法という宗教的な意味で使われたために、「法」という語の用法が変化してきたためなのです。すでに指摘しましたように、この義務は、法が定める事柄によるのではありませんし、わたしたちが服従することに同意したために生まれるのでもありません。神がわたしたちに命じたからこそ、この義務が生まれるのです。この場合には、重要なのは服従することだけです。

自由の法

「法」という語はこのように、政治的な意味と宗教的な意味の両方で使われてきたのですが、さらに法の概念を自然の概念と結びつけるという非常に重要で異なった用法があることにも注目する必要があります。ある意味では自然の法も、わたしたちに義務を課すのです。わたしが死ぬとき、わたしは自然の法に〈したがって〉いるのですが、たとえ比喩的な意味でも、わたしが自然の法に〈服従している〉とは言えません。ですからカントは、「自然の法」と道徳的な「自由の法」を区別しています。道徳的な自由の法には必然性ではなく、義務だけが伴います。

しかし法という語で、わたしが服従しなければならない命令を考えるか、わたしがいずれにせよしたがわねばならない自然の必然性を考える場合には、「自由の法」という語には矛盾がありません。わたしたちにこの矛盾が自明のものとみえないのは、法という語を使うときに、古代のギリシア、とくにローマの時代から伝えられた古い文脈がまだ響いているからです。この古い文脈はさまざまなものを意味するのですが、命令や服従、そして必然性とはまったくかかわりがないのです。

命法

カントは定言命法を定義するために、これを仮言命法と対比して考えました。仮言命法とは、ある目的を実現するために実行する必要のある命令です。目的を実現するための手段を示すのです。ですから道徳的な意味での命法ではありません。これにたいして定言命法は、他の目的を考慮せずに、わたしたちに実行すべきことを命じるのです。この区別は道徳的な現象を分析して定められたものではなく、カントが『純粋理性批判』においていくつかの命題を分析する際に定められたのです。『純粋理性批判』をごらんになれば、判断表[23]に定言命題、仮言命題、選言命題という分類が示されていることがお分かりになると思います。定言命題というのは、たとえば「この物体には重さがある」というようなものです。これに対応する仮言命題では、「わたしがこの物体をもったなら、重さによろめくだろう」というようなものです。

カントは『実践理性批判』で、この二つの命題を命法に表現し直して、義務としての性格を明確にしたのです。命法の内容は理性からえられたものであり、理性はわたしたちに強制するかもしれませんが、命法のような形で強制することはありません。「二足す二は四である」と語れと、他人に命じる人はいないでしょう。命法の形式が必然的なものとして感じられるのは、合理的な命題が〈意志〉に訴えかけるからです。カントはこれを次のように表現しました。「客観的な原則の表象は、これが意志を強制するかぎりで、(理性の) 命令と呼ばれ、この命令の形式は命法と呼ばれる」[24]

意志の自由

それでは理性は意志に命令するのでしょうか。意志が理性に命じられるとしたら、意志はもはや自由ではなく、理性の強制に服していることになります。理性は命令するのではなく、「理性的に考えると、これは善いことだ。これを実現するためには、それにふさわしく行動すべきである」と、意志に語りかけるだけです。カントの用語ではこれが仮言命法と呼ばれるのですが、これはそもそも命法と言えるものではありません。これは困惑させられる事態です。そしてカントが「意志とは実践理性にほかならない」とか、「理性は過つことなく意志を決定する」と語るのを聞くと、困惑は深まるのです。理性がみずからを決定するのか、それともカントが言うように、「意志とは、理性が……善として認識したものだけを選択する能力である」[25]のかを決めなければならなくなるのです。

しかしカントの言うとおりだとすると、意志とは理性が定めたことを実行する器官にすぎなくなります。意志は人間の諸能力の執行機関だということになりますが、これは引用したばかりの著書『人倫の形而上学の基礎づけ』の冒頭の有名な一句「この世界において、それどころかこの世界の外においてさえ、無制限に善いとみなされうるのは、ただ善い意志だけである」[26]という文章と、まったく矛盾してしまうことになるのです。

意志の概念の発見

このようにこの問題をめぐっては、いくつもの困惑した事態が生まれますが、これは意志するという人間の能力につきものの複雑な状況のためなのです。意志という能力は、古代の哲学ではまったく知られていませんでした。パウロとアウグスティヌスが考察するまでは、意志という能力のもつおそるべき複雑さが発見されていなかったのです。これについてはいずれ考察するつもりですが、ここではカントが理性的な命題に、義務という性格を与える必要があると感じていたことに注目していただきたいのです。というのも、意志のもつ複雑な性格とは対照的に、道徳的な命題に義務という性格がそなわっていることは、ソクラテスに始まる道徳哲学を苦しめる難問となってきたからです。

ソクラテスは、悪をなすよりは、悪をなされるほうがましであると語ったのですが、そのときソクラテスは理性的な命題を語っていると考えていたのでした。しかしこの命題の困ったところは、ソクラテスの後で誰もこの命題を証明できないでいるということです。理性的な議論の枠組みの外に出なければ、この命題の妥当性を証明することはできないのです。カントにおいても、古代以来のすべての哲学においても、これとは別の難問に苦しめられました。それは理性の命令を受け入れるように意志を説得するにはどうすればよいかという難問です。

こうした矛盾を別としても、カントの言わんとしたところにしたがって、自分に語りかけてみれば、「汝なすべし」と言われて、意志が「はい、そうします」と答える善い意志であると考えていたのは明らかです。しかし理性と意志は明確に異なる能力であり、片方が他方を自動的に決定してしまうことはないのですから、カントは理性と意志の関係を説明するために、命法という形式を使って、あたかも裏口からもぐりこむように服従の概念に戻ったのです(4)。

宗教と悪

さて最後に、すでにとりあげましたもっとも衝撃的な困惑をもたらす問題を検討してみましょう。カントは人間の邪悪さの問題を避け、柵上げし、説明するのを逃げています。宗教思想の伝統とは異なり、道徳哲学の伝統においてはソクラテスからカントにいたるまで、そして現在にいたるまで、ある点で意見が一致しています。それは、人間はそれが悪であることを認識しておいて、しかもみずからの意志で悪をなすことはないということです。人は悪のために悪をなすことはないとされてきたのです。

たしかに人間の悪徳のリストは長く、しかも古いものです。しかしこの悪徳のリストには奇妙なことに、大食や怠惰も（たしかに微罪ではあります）、サディズムも、すなわち苦痛と苦悩を与え、それをみて楽しむ快楽もあげられていないのです。このサディズムという悪徳は、すべての悪徳のうちでも最大の悪徳とみなす理由があるものですが、思いだせないほどの昔から、ポルノグラフィーや倒錯者を描いた絵画などにしか登場しないのです。たしかにこうした悪徳はありきたりのものでしょうが、寝室の中に封じ込められていて、裁判所にひきだされることはごく稀なのです。

わたしの知るかぎりでは、人間のあらゆる悪徳が登場すると言ってよいほどの聖書にも、人間に苦悩を与え、それを眺めて楽しむというこの悪徳は登場しません。［キリスト教の教父の］テルトゥリアヌスが、そしてトマス・アクィナスがまったく知らん顔で、天国での楽しみの一つとして、地獄での苦悩を眺めることをあげているのもそのためかもしれません。この問題をスキャンダルとしてとりあげた最初の哲学者はニーチェです（『道徳の系譜』一章一五節をごらんください[27]）。ところでアクィナスはこの天国での楽しみについてある限定を加えています。聖人にとっては苦痛そのものが楽しいのではなく、神の正義が存在する証拠として、罪人に苦痛が与えられるのが楽しいのだというのです。

しかしこれらは悪徳にすぎません。『聖書』では哲学ではなく宗教的な思想として、原罪と人間性の堕落が語られています。しかしその場合にも、人間が意図して悪をなすことはないのです。カインが弟を殺しにでかけたときにも、それはみずから望んでのことではありません。ユダによるイエスの裏切りは、人間にとっての最大の罪とされていますが、このイスカリオテのユダとても、裏切りの後でみずから首をくくったのです。宗教的には(ただし道徳的にではありません)、これらの罪人は、みずからのなしていることを知らなかったのですから、赦されねばならないのです。

その唯一の例外は、ナザレのイエスの教えにみられます。イエスは人間の弱さのために犯されるすべての罪、すなわち原罪による人間性の堕落のために犯されるすべての罪にたいする赦しを説きました。しかし罪人を愛したイエスとても、スカンダロン、すなわち躓《つまず》きの石となる人々には、「大きな石臼を首に懸けられて、深い海に沈められる方がましである」[28]と語るのです。こうした人は生まれなかった方がよかったのです。でもイエスはこの「つまずき」の性格については語っていません。イエスの言葉の真理は感じとれるのですが、明確に定義することはできないのです。

文学作品における悪

文学作品も考慮にいれることが許されるなら、もう少し楽になります。シェイクスピア、メルヴィル、ドストエフスキーなどの作品には、偉大な悪人が登場します。こうした悪人も、悪の性格そのものについては詳しく教えてくれないかもしれませんが、悪についてわたしたちをはぐらかしたりはしません。こうした悪人の心のうちに、悪徳がどのようにつきまとったか、こうした人物が人間の邪悪さの可能性についてどれほど自覚していたか、わたしたちにはわかります。心の中を〈見る〉ことができるほどです。

それでも悪についての考察で、こうした人物がそれほど役立つかどうかは疑問です。偉大な悪人の心の深みにおいて、「シェイクスピアの『オセロー』に登場する」イアーゴーや（マクベスやリチャード三世ではありません）、メルヴィルの『ビリー・バッド』のクラッガートの心の深みにおいて、ドストエフスキーの作品のすべてにおいて、つねに絶望と、これに伴う嫉妬がみられます。すべての根源的な悪が絶望の深みから訪れることは、キルケゴールが明確に示してくれました。そしてミルトンのサタンや他の多くの人物からも、このことをわたしたちは学んできたのでした。[29]

悪魔は、偽証する中傷者であるディアボロスであり、人間を誘惑するサタンであるだけでなく、光を運ぶルシファー、堕天使でもあると教えられてきたのですが、こうしてみるとこの教えはきわめて説得力があり、もっともらしいものだと言わざるをえません。すなわち、ヘーゲルの弁証法と否定の力によらずとも、最高の善と最大の悪を結びつけることはできるのです。嘘をつき、ゲームでごまかす小さな悪人は別として、真の邪悪をなす者には、つねにどこか高貴さが漂うものです。クラッガートとイアーゴーは嫉妬から、自分よりも優れていることが明らかな者たちに悪をなすのです。イアーゴーが妬むのは、神から与えられたムーア人の素朴な高貴さですし[30]、クラッガートが妬むのは、社会的にも職業的にも自分より低い地位にある同僚の素朴な純粋さと無辜なのです[31]。キルケゴールの洞察力や、キルケゴールの主張を裏づける文学作品の心理学的な洞察力はたしかなものだと思います。

しかし絶望から生まれた嫉妬のうちにも、なんらかの高貴さがあるかどうかは、それほど自明なことではありません。現実の世界には、こうしたものはないからです。ニーチェによると、自分に絶望する人間は、少なくとも絶望している自分には尊敬を抱いていることになります。しかし真の悪とは、わたしたちから言葉を奪う恐怖に陥れるもの、わたしたちがただ「これは決して起きてはならなかったことだ」と言うしかない状態に陥れるものなのです。

第二講

道徳と良心

いま検討している問題についてわたしたちは、「倫理《エシックス》」とか「道徳《モラル》」という語を使っていますが、これらの語には語源的な意味よりもはるかに深い意味があります。これらの語の語源は、習慣、習俗、風習のような意味をそなえていますが、わたしたちの問題はこうしたものではありませんし、ギリシアでの厳密な意味での〈徳〉でもありません。徳とはなんらかの訓練や教育の結果として生まれるものだからです。わたしたちが問題としているのは、まず善と悪は違うものであり、この違いは大きな物と小さな物、重い物と軽い物のような相対的な差異ではなく、ある絶対的な差異であるという主張であり、第二にまともな人間であれば誰でも、こうした違いをみわけることができるという主張です。この主張については、道徳を考察したすべての哲学者が同意しているのです。

この前提から考えると、道徳哲学においては新たな発明のようなものはないということになります。何が善であり、何が悪であるかは、つねに知られていることになりますから。ところが道徳哲学がその真の名前で呼ばれていないことは、なんとも驚くべきことです。すべての道徳的な基本的な前提は、悪をなすよりも悪をなされるほうがましであるということ、そしてこのことはすべてのまともな人間には自明のことであるという確信だったからです。

ところでわたしたちが過去において経験したことは、この確信が時代の試練に耐えられなかったということです。だとすると、習慣、習俗、風習を示すにすぎない昔からの呼び名（モーレースとエートス）が、ある意味では哲学者たちが考えてきたよりも、道徳についての適切な呼び名だったということです。だからと言って、道徳哲学を投げ捨ててしまうわけにはゆきません。わたしたちが使っている言葉の語源的な意味と、わたしたち自身の経験に同じだけの重さがあるという意味では、哲学的な思想も宗教的な思想も一致しているのです。

あらゆる掟や命令を要約して示しているように思える道徳的な命題がいくつかあります。たとえば「汝自身と同じように、隣人を愛せ」とか、「みずからになされたくないことを他人になすな」とか、カントの有名な命題「汝の行動の格律が、すべての理性的な存在者の普遍的な法則となるように行動せよ[32]」などです。これらはどれも〈自己〉を、すなわち自分とのつきあいを基準としています。たしかにユダヤ教とキリスト教の掟では基準となるのは自己への愛であり、カントの命題では自己を軽蔑することへの恐れが基準になっていますが、この違いはわたしたちの考察においては重要ではありません。

道徳律の基準が自己であることが、わたしたちにとって意外なのは、道徳とは他者に対する人間の行動を律するものであると思われているからです。善について考えるとき、そしてナザレのイエスでも、アッシジのフランチェスコでも、そのほかの誰でも、歴史において善人とされている人々について考えるときには、わたしたちはその無私な心を称えるものですし、人間の悪を、ある種の利己主義、エゴイズムなどとして考える傾向があるのです。

しかしここでも言葉の使い方においては〈自己〉に依拠しています。道徳のすべての問題は習慣と習俗の問題だと考える人が、言葉の伝統に依拠していたのと同じです。どんな言語でも良心（コンシャンス）という語はもともとは善と悪について知り、判断する能力をさすものではなく、わたしたちがいま意識（コンシャスネス）と呼ぶもの、すなわちわたしたちがみずからを認識し、自覚する能力を指すものでした。ラテン語でもギリシア語でも、意識を意味する言葉が同時に良心を意味するようになりました。フランス語ではいまでも、意識と良心、〈認識する意識〉という意味と〈道徳的な心〉という意味が、同じ語（コンシアンス）で表現されます。英語の「良心」という語が特別な道徳的な意味をもつようになったのは、最近のことです。

デルフォイのアポロン神殿には、グノーティ・サウトン（汝自身を知れ）という格言が掲げられていました。その側には、メーデン・アガーン（過ぎたるものを望むなかれ）という格言がありました。この二つは、哲学以前の最初の普遍的な道徳的な掟と考えることができますし、実際にそうみなされてきたのです。

道徳的な命題は、真理であると主張するすべての命題と同じように、それだけで自明であるか、証拠や証明によって支えられる必要があります。自明な命題は、人々に強制する性格があります。人間の心はそれをうけいれずにいることはできません。理性の命令にしたがうしかないのです。その場合にはその自明性は強制的なものであり、これを支えるためのいかなる議論も不要です。詳しく説明し、説き明かすだけで、ほかには議論はいらないのです。

そのとき「正しき理性」のようなものが前提されているのはたしかです。そしてすべての人間にこうした理性がそなわっているわけではないと反論することもできるでしょう。ただし科学的な真理とは違って、道徳的な真理の場合には、ごくふつうの人間も、きわめて高尚な人間も同じように、自明な証明には説得されることを前提としています。すべての人間には、この種の合理性が、カントの表現では「わが内なる道徳の法則」がそなわっていることが想定されているのです。

道徳の命題はつねに自明なものとみなされてきましたし、これはいわば定理のようなものであり、証明することができないことは、すでに古代において発見されていたことです。だとすると道徳の命題には義務、すなわち「汝、なすべし」とか「汝、なすべからず」というような命令は不要だということになります。わたしはこれまでカントの定言命法は、定言命題として語られてきたという歴史的な理由を明確にしようとしてきました。悪をなすよりも、悪をなされるほうがましであるというソクラテスの命題については、「汝、悪をなすよりも、悪をなされるべし」という命令ではないことを示してきました。

ソクラテスは、十分な根拠があれば、人間はそれにしたがわないでいることはできないと考えていたのです。しかしカントは、人間には意志という能力があり（古代にはこの意志という概念は知られていなかったのです）、人間の意志は理性的な根拠にも「ノー」と言うことができることを知っていたので、義務の概念を導入する必要があると考えたのです。しかしこの義務はいかなる意味でも自明のものではありません。そして理性的な議論の枠組みのうちでは、これを証明できないのです。「汝、なすべし」と「汝、なすべからず」という命令の背後には、「さもなくば」という脅しが控えています。報復する神、コミュニティの一致した意見、あるいは良心が、制裁を加えると脅すのです。こうしたものがみずからを罰すると脅すのです（これは悔悛と呼ばれます）。

カントの場合には、良心は自己への軽蔑という形でわたしたちを脅します。ソクラテスの場合にはこれから説明しますように、自己との不一致という脅しがあります。そして自己への軽蔑や自己との不一致を恐れる人は、やはり自己との交わりのもとにある人です。こうした人々は道徳的な命題を自明なものと考えるのであり、義務は不要なのです。

「できない」という確信

このことをはっきりさせるために、ごく最近の実例を考えてみましょう。道徳が崩壊したナチス時代のドイツにも、ごく少数ではありますが、まったく健全で、あらゆる種類の道徳的な罪をまぬがれていた人々がいました。こうした人々は、大きな道徳的な矛盾や良心の危機のようなものをまったく経験していません。「より小さい悪」とは何かとか、国や誓いにたいする忠誠を守るべきかなど、問題になりそうないかなる事柄についても、悩んだりしなかったのです。まったく悩まなかったのです。行動することが好ましいかどうかについては議論したかもしれません。しかし行動して成功を収めることはできないことを示す多くの理由があったのです。そして怯《おび》えていたかもしれません。怯えるだけの十分な理由はあったのです。

これらの人々は、たとえ政府が合法的なものと認めた場合にも、犯罪はあくまでも犯罪であることを確信していました。そしていかなる状況にあれ、自分だけはこうした犯罪に手を染めたくないと考えていたのです。言い換えると、こうした人々は義務にしたがってこのようにふるまったのではなく、周囲の人々にとってはもはや自明ではなくなったとしても、自分にとっては自明と思われたものにしたがって行動したのです。ですからこうした人々の良心は（良心と呼ぶべきものだとして）、義務という性格はおびていませんでした。「わたしはこんなことをすべきではない」と考えたのではなく、「わたしにはこんなことはできない」と考えたのです。

この「わたしにはできない」という考え方には、道徳的な命題が自明なように、その本人にとっては自明なものであるというわかりやすさがありました。「二足す二は五である」と言うことが〈できない〉のと同じように、「わたしには無辜な人々を殺すことはできない」ことは自明なことだったわけです。「汝、なすべし」とか「あなたはそうすべきである」という命令にたいしては、「わたしはどんな理由があろうとも、そんなことはしない、またはできない」と言い返すことができるのです。いざ決断を迫られたときに信頼することのできた唯一の人々は、「わたしにはそんなことはできない」と答えた人々なのです。[5]

このように、道徳的な真理や道徳的な命題の自明性という議論はきわめて妥当なものなのですが、欠点もあります。どこまでも否定的な性格にすぎないのです。どのように行動すべきかについては何も示すことができず、たんに「そんなことをするくらいなら、苦しめられる方がましだ」と言うだけなのです。政治的にみると、すなわちわたしたちが生きているコミュニティや世界という観点からみると、このようなふるまいは無責任なものにみえます。基準となるのは世界ではなく自己であり、世界の改革も変革もめざさないからです。これらの人々は英雄でも聖者でもありません。殉教者になることはあるでしょうが、それはその人の意志に反してなのです。そして能力が重視される世界では、こうした人々は無能な人にみえます。

わたしたちはこうした人々を、道徳的な人格のある人と呼ぶでしょう。しかしいずれ検討しますが、このように呼ぶのはほとんど冗語なのです。たんなる人類ではなく、人間としての人格をそなえているということは、人々が生まれもった個人の特性、賜物、才能、欠陥などとは別のものです。こうした才能などは、人々が利用したり、誤用したりすることができるものです。でも個人の人格としての特質は、「道徳的な」特質を意味するのです。もちろんこれは語源的な意味でも、伝統的な意味でもなく、道徳哲学からみてということですが。

悪の誘惑

ところで、哲学の思想にも宗教の思想にも、悪の問題を考察することを避けようとする傾向があり、これが複雑な問題をひきおこしています。西洋の伝統では、人間の邪悪さというものはいずれも人間の盲目と無知、または性格の弱さ、誘惑に屈する傾向によって説明されてきました。わたしたちは暗黙のうちに、人間というものは、それだけで善き存在でもないし、意図的に悪しき存在でもないと考える傾向があります。人間は悪をなすように誘惑されるので、善をなすには努力が必要だと考えるのです。この観念はきわめて根深いものなので、わたしたちは善というのは、ほんとうはみずからは行いたくないことだと考えがちです。そして行いたいと誘惑されるものは、すべて悪であると考えがちなのです。これはナザレのイエスの教えでなく、キリスト教の道徳哲学の教義からの影響なのです。

この昔からの偏見を明言したのがカントです。カントは善きことをするように誘われるのも、悪しきことをするように誘惑されるのもたんなる傾向性にすぎず、すべての傾向性は本来は誘惑であると定義しました。この有名な定義は、哲学的にもきわめて影響力の強いものとなっているのです。

このことをはっきりと示す逸話があります。カントは毎日まったく同じ時間にケーニヒスベルクの街路を散歩したのは有名ですが、散歩の途中にであった乞食に施しをする習慣があったことはあまり知られていないでしょう。そのためにカントは、真新しい硬貨をいつも用意していました。使い古しのみすぼらしい硬貨を与えたのでは、乞食を侮辱することになると考えたからです。そしてふつうの三倍の額の施しをするのがつねでした。もちろん乞食たちはカントに群がりました。

ついにカントは散歩の時間を変えねばならなくなりました。でもその理由を告げるのを恥じて、ある肉屋の店員に乱暴されたからだという話をでっちあげました。でも散歩の時間を変えたほんとうの理由は、施しをするという習慣が、カントの道徳的な格律、すなわち定言命法にふさわしくなかったからです。「施しをねだる人には誰にでも与えよ」という格律から、可能なすべての世界と知的な生物に妥当する一般的な法を作りだすことなど、できないのです。

善の誘惑

この逸話をお話ししたのは、ここに人間性というものへの洞察が含まれているからでもあります。これは道徳思想の歴史において、理論的に表現されることがごく稀な洞察です。それはすでに確認したのとは反対に、人々は善をなすことを誘惑されることが多く、悪をなすには努力が必要であるという単純な事実です。マキアヴェッリが『君主論』において、君主は「善人であらぬこと」を学ぶ必要があると語ったときには、このことを熟知していたのです。[33] マキアヴェッリがこう語ったからといって、君主が悪人となり、邪悪であることを学ぶ必要があると言っているわけではありません。たんにどちらの傾向性も避ける必要があること、道徳的および宗教的な原則や、犯罪の原則とは異なる政治的な原則にしたがって行動する必要があることを指摘しているだけなのです。

マキアヴェッリにとっては、判断を下す基準は世界であって、自己ではありません。マキアヴェッリの採用する基準は完全に政治的なものです。ここに道徳哲学においてマキアヴェッリがこれほど重要な地位を占めている理由があります。マキアヴェッリにとっては自分の魂の救済よりもフィレンツェの方が大切でした。そして世界よりも魂の救済が大切な人々は、政治には手を出すべきではないと考えていたのです。

思想の水準としてはマキアヴェッリよりも低くなりますが、ルソーが人間は本来は善良であり、邪悪になるのは社会においてであり、そして社会のためにであると主張して、マキアヴェッリよりもはるかに大きな影響を与えました。ただしルソーが主張しているのは、社会のために人は他者の苦悩に無関心になるが、人間の本性としては「他者の苦痛を見ることに生まれつきの嫌悪感」[34]を感じるものだということにすぎません。ルソーが考えているのは自然でほとんど身体的な特性であり、人間は他の動物たちとこの特性を共有しているのです。この特性に対立するのは堕落ですが、これも同じく人間の動物的な性格の一部であり、やはり身体的なものとして考えられているのであり、悪や意図した邪悪さではありません。

傾向性と自由

ただここで、傾向性と誘惑の問題に戻りましょう。カントはなぜ傾向性と誘惑を同じものと考えようとしたのでしょうか。カントはすべての傾向性のうちに誘惑がひそんでいて、そのために人間は正道から逸れてしまうと考えたのですが、それはなぜでしょうか。そのことを考えるには、まず傾向性というものはすべて〈内側から外に向かう〉という方向性をそなえていることに注目しましょう。外の世界はわたしに影響を与えます。わたしは自分の傾向性によって、外の世界と直面するのです。窓から顔を出して街路を眺めるように、まさしく傾向性によって、わたしは内部から外の世界と接触するのです。

わたしの傾向性が、自己との交わりによって決定されるということは決してありません。わたし自身が問題になるとき、自分について考えるときには、わたしの傾向性はいわば対象を失うのです。自分を愛することができるという奇妙な観念は昔からあるものですが、この観念はわたしがほかのもの、さまざまな事物や人々に傾向性を向けるのと同じように、自己にも傾向性を向けることができるということを前提としているのです。

カントの用語では、傾向性とは自分の外部にある事物によって、自分が望む事物や自然な親近性を感じる事物によって、触発されるということを意味しています。そしてわたしの自己、理性、意志に由来しないものによって触発されているということは、カントにとっては人間の自由にそぐわないものなのです。もしもわたしが何かに惹きつけられたり、何かに反発を感じたりするならば、もはや自由な行為者ではありません。

これにたいして、記憶しておられると思いますが、遠い惑星に住んでいるかもしれない者や天使を含めて、すべての知的な生物に妥当するはずの道徳的な法は、みずからだけによってしか触発されないのです。そして自由とは、外的な原因によって決定されないことだと定義されていますから、傾向性に触発されない意志だけが善良で自由だということができます。カントの哲学で悪の問題の考察が避けられているのは、人間は自由であると同時に邪悪であることはできないという想定があるからです。カントの用語では邪悪さは道徳的な不条理《アブスルドゥム・モーラーレ》なのです。(6)

*

法と神話

プラトンの『ゴルギアス』ではソクラテスは次のようなきわめて逆説的な命題を三つ提示します。(一) 悪しきことをなすよりは、悪しきことをなされるほうが望ましい。(二) 悪しきことをなした者にとっては、処罰されないよりも処罰されるほうが望ましい。(三) 罰せられずに自分の望むことを行うことができる僭主は不幸な人間である。ここでは第三の逆説はとりあげず、第二の逆説を簡単に考察するにとどめましょう。わたしたちはこうした命題が逆説的なものであることを感じる〈耳〉を失ってしまったのです。

ソクラテスの対話相手の一人であるポロスは、ソクラテスが「世のどんな人も言わないようなことを言っている」(四七三E)と指摘し、ソクラテスもこのことは否定しないのです。[35]反対にソクラテスは、アテナイのすべての人がポロスに同意するだろうと認め、それでも自分が「ただ一人であっても、君に同意しない」(四七二B)と語ります。それでもソクラテスは、偉大な王と悪しき僭主は、すべての人間の中でもっとも惨めな者であると主張し、誰もが自分では気づかないとしても、やがて知らぬ間にこの主張に同意するようになると考えているのです。

どんな人間も自分にとって最善と思うことを望み、実行するということについては、この対話のすべての参加者が同意しています。ある個人にとって善きことは、ポリスの全体にとっても善きことであることが前提とされているので、個人の善とポリスの善が対立した場合にはどうするかという問題は、はっきりとした形ではとりあげられていません。対話に参加している人々が決めようとしているのは、幸福とは何か、悲惨とは何かということです。そしてこの問題について多数者の意見を尋ねることは、まるで健康を守るべき医者は造船所にいるし、食事を作るべき料理人は起訴状を作成しようとしている状態で、健康と食事に関する裁判は子供たちに任せるようなものだというわけです。[36]

ソクラテスがこの逆説の根拠として語るものは、一瞬たりとも対話の相手を納得させることができません。そして全体の試みは、これよりもはるかに大きな対話篇である『国家』の場合と同じような結末を迎えます。ソクラテスは最後に「神話」を語るのですが、みずからはこれを根拠のある議論、「ロゴス」だと考えているのです。ソクラテスはカリクレスに、この神話が真理であるかのごとくに語ります[37]（五二三A～五二七B）。

それから死後の生について、「老婆が語る物語」を聞かされることになります。死とは身体と魂が分離することであり、身体を抜けだした魂は、同じように身体のない裁判官の前に裸で立たされることになります。「それぞれの人が死んだ、そのすぐのときに、その魂だけを自分の魂だけによって観察する」（五二三E）のです。この裁きの後で魂の進む道は分かれ、ある魂は幸福者たちの島へと赴き、ある魂は地下のタルタロスへといたります。そして犯罪の傷痕で汚された醜い不正直な魂は、そこで罰を受けるのです。

罰せられた魂のうちには、治癒されるものもありますが、最悪な魂はほかの魂のためのみせしめとされ、ある種の煉獄のうちにとどめおかれ、ほかの魂が見て、「恐怖を感じて、もっと善い人間になるようにと」されるのです（五二五B）。このタルタロスにいたる魂が多いこと、そして幸福者たちの島にいたる魂はほとんどないことは明らかです。この幸福者たちの島に住むのは、「その生涯において自分のなすべきことを行って、余計なことには手出しをしなかった哲学者の魂」（五二六C）だけだということになるでしょう。

ここで問題となっているのは、次の二つの命題です。第一は、悪しきことをなすよりも、悪しきことをなされるほうが望ましいことです。第二は、悪しきことをなした者は、罰せられないでいるよりも、罰せられたほうが望ましいことです。この二つの文はまったく異なるカテゴリーのものであり、しかも神話は厳密には、罰することについての第二の逆説だけにかかわるものです。これは対話においてすでに導入されていた隠喩をさらに詳しくしたもので、この対話篇では健康な魂と不健康な（またはゆがんだ）魂が身体の状態をうけつぐものであるとされていました。これに基づいて、プラトンは処罰を薬の服用にたとえることができたのです。魂についてこのように隠喩で語るやりかたは、ソクラテスのものとは思えません。魂についての理論を初めて発展させたのはプラトンだからです。また、プラトンと違って詩人ではなかったソクラテスが、このような美しい物語を語ったとも思えません。

ただしわたしたちの主題に関して、この神話については次の三つの点に注目したいと思います。まずこうした神話が語られるのは、対話の相手を説得するあらゆる試みが失敗に終わったことが明らかになってからです。いわば理性的な推論に代わる手段として、初めて神話が語られるのです。第二に、この神話は対話のいわば基調低音のようなものとして鳴り響いているということです。ソクラテスが語ることに納得がいかないのなら、この物語を信じることが望ましいと、暗黙のうちに語りかけているのです。第三に、すべての人々の中で、幸福者たちの島にたどりつくのは哲学者だけだということです。

まず、あらゆる説得の試みが失敗に終わったという事実と、世界のすべての人々に反対されても、自分の考えていることは正しいというソクラテスの確信について考えてみましょう。対話の最後のところでは、ソクラテスはさらに極端な言葉を語ります。自分が愚かで、無教養《アパイデウシア》であることを認めるのです（五二七D～E）。しかもいかなる皮肉も交えずに。

ソクラテスは、これらの問題を議論する自分たちは、ある問題についてずっと同じ意見を維持していることができず、いつでも心変わりする子供のようだと語っています。「なぜなら、わたしたちが、いま明らかにされたような状態にありながら、何かひとかどの人間であるかのように、若者みたいにきおいたつのは恥ずかしいことだから。つまり、わたしたちは同じことについて、それも最も大切なことについて、ずっと同じ考えを保っていることができなかったのだ——わたしたちの無教養ときたら、もうこれほどまでの救いようがない状態にある」（五二七D）。でもここで問題になっているのは子供のゲームではありません。「最も大切なこと」が賭けられているのです。

　わたしたちが道徳の問題について絶えず心変わりするというソクラテスのこの指摘は、とても深刻なものです。ソクラテスはここで対話の相手の議論、すなわち力は正義であるという理論だけが「自然な」ものであり、他のすべてのもの、とくにあらゆる法律は、習慣だけによるものであり、習慣は時と所によって異なるものであるという議論に同意しているようにさえみえます。ですから「正しいもの《タ・ディカイア》どもはまったく自然によってあるのではなく、〔立法する者たちは〕たえずたがいに言い争いながら、それらのものをいつも置き換えるのです。そして置き換えながら、何を置き換えようとも、それがその時から権威のあるものになると言うのです[38]」（『法律』八八九E〜八九〇A）ということになります。

道徳性とイデア

最後の文章はプラトンの晩年の著作『法律』からの引用です。この対話篇にはソクラテスは登場しませんが、この言葉が『ゴルギアス』で行われた対話の内容をほのめかしているのは明らかです。『法律』ではプラトンは、対話が相手に好ましい効果を及ぼすというソクラテスの信念を放棄しているだけではなく、大衆に恐れの気持ちを抱かせる神話を、いわば発明する必要があるというみずからの以前の信念も放棄しています。プラトンは、これらの事柄は、「信じられないほどの長い時間が必要であることを別としても」、理解するのが困難であるために、説得するのは不可能だと語ります。そのために、「法律を書き下ろす」ことを提案するのです。そうすれば法律は「つねにそこにある」からです。

もちろん法はその場合にはふたたび人為的なものとなり、「自然な」ものではなくなるでしょう。しかしこれで法は、プラトンがイデアと呼ぶものにふさわしいものとなるのです。そして賢者は、法は人間が模倣によって作成したもので、「自然な」ものでも、永続するものでもないことを知っていますが、大衆は法が「そこにあり」、変わらないために、自然で永続するものだと信じるようになります。こうした法は真理ではありませんが、たんなる習慣だけによるものでもありません。習慣は同意により、市民の合意により生まれるものです。『ゴルギアス』ではソクラテスの対話相手が「民衆《デーモス》を愛する者」と呼ばれていたことを思い出してください[39]。民衆を愛する者は、いわば真の民主主義者たちですが、ソクラテスはこれにたいして自分のことを、哲学を愛する者と称していました。哲学を愛する者は、今日はこう主張し、明日はまた別のことを主張するのではなく、つねに同じことを主張するのです。しかし変動せず、つねに同じであるのはソクラテスではなく、哲学です。そしてソクラテスは叡智を愛することを告白しますが、自分が賢者であることは、強く否定します。ソクラテスの智恵は、人間は賢者ではありえないことを知っていることだけにあるのです。

まさにここにおいてプラトンはソクラテスと袂を分かつのです。イデアの理論はソクラテスではなく、プラトンが唱えたもので、『国家』でもっとも詳細に語られています。『国家』ではプラトンは、生成する事物の領域とは別にイデアの領域が存在しており、正義や善などのイデアは「独自のものとして自然に存在する」と主張しています。哲学者は議論によってではなく、心の眼にみえるイデアをまなざすことによって、魂によって〈真理〉を認識するのです。魂は不可視で消滅することのないものです。これにたいして身体は眼にみえ、消滅するもので、つねに変動するものです。哲学者はこの魂によって、不可視で消滅することがなく、変動しない〈真理〉に参与するのです。哲学者は推論や議論によってではなく、みること、みつめることによって、真理に参与するのです。

ところが普遍的な道徳命題は自明なものであるという性格をそなえていること、こうした命題を理解する者にとっては強制的なものでありますが、これを理解しない人々にたいして、こうした命題が定理のような真理としての性格をそなえていることは証明できないことをお話ししましたが、この語り口はソクラテスではなく、プラトンのものなのです。ソクラテスは語られた言葉を信じていました。推論による議論の力を信じていたのですし、こうした推論は、語られた文のつながりで構成されるのです。そのため、語られる文はたがいに論理的につながりあう必要があり、そこに矛盾があってはなりません。『ゴルギアス』で指摘されているように、議論の目的はさまざまな議論の進みかたを「鉄と鋼《はがね》の論理によってしっかりと結びつけて、君もほかの誰もこれを壊すことができなくする」ことにあります[40]。このように議論が展開されれば、話すことができ、矛盾の規則を知っている人なら誰でも、最後の結論を否定できなくなります。プラトンの初期の対話篇は、こうした信念を反論するための偉大な試みとして読むことができます。

ところが問題はまさに、言葉や議論が「鉄と鋼の論理で結びつける」ことができないところにあります。それは言葉や議論が「歩き回る」(『エウテュプロン』)からではなく、推論のプロセスはそれ自体が終わりのないものだからです[41]。言葉の領域では(プロセスとしての思考はすべて言葉で語るプロセスです)、何が善であり、何が悪であるかを決定するために、鉄と鋼の論理を発見することはできないのです。プラトンあるいはソクラテスの実例を借りると、わたしたちは数によって大きなものと小さなものを決定することができますし、重さによって重いものと軽いものを決定することができます。こうしたものについては基準や尺度がつねに同じなのですが、言葉の領域はそれとは異なるのです。

プラトンのイデアの理論は、哲学にもこうした基準と尺度があると主張するものであり、善と悪を区別する方法についての議論は、結局はわたしがその事例にたいして適用すべき基準となる「イデア」を所有しているかどうかという問題になります。こうしてプラトンにおいては、道徳的な掟にしたがって行動するのは誰であり、これにしたがって行動しないのは誰であるかという問題は、その人が所有している「魂」の種類によって決定されることになります。そして処罰の脅しによって、この魂をより善きものにすることができるというわけです。

まなこで見る真理

これは『国家』ではきわめて明確に語られています。この対話篇でソクラテスはトラシュマコスと議論するうちに、『ゴルギアス』でカリクレスとの対話で直面したのと同じ難問にであうことになります。トラシュマコスは支配者の利益に適うものが「正義」と呼ばれると主張します。権力を所有する者が、支配される者たちにたいして、法の名のもとで実行することこそが、「正義」と呼ばれるというのです。これにたいして『ゴルギアス』ではカリクレスは、法とはたんなる取り決めにすぎず、弱い大衆が強力な少数者から身を守るために採用したものにすぎないと説明していました。この二つの理論は対立しているようにみえますが、それもみかけだけのことです。どちらの場合にも善と悪は権力の問題として解釈されているので、これについては『ゴルギアス』から『国家』へと議論を移すのは難しいことではありません（他の問題については議論を転用するのは難しいのですが）。

『国家』では、ソクラテスがトラシュマコスと対話する場面に、ソクラテスの二人の弟子、グラウコンとアデイマントスが立ち会っています。そして二人とも、トラシュマコスに劣らず、ソクラテスの議論に納得できないのです。そこで二人はトラシュマコスの主張は正しいのではないかと反論します。するとソクラテスは、二人の異議に耳を傾けたのちに、「それほど不正義の正しさを主張することができるのに、それでも不正義が正義よりも優れたものではないと信じているとしたら、君たちの本性（フュシス、三六七Eをごらんください）には〈神的なもの〉が授けられているのだね[42]」と語るのです。

ソクラテスは、二人の弟子ですら説得することができなかったので、あとはどうすればよいか途方に暮れるのです。そして（現代風に表現すると）道徳性についての厳密な探求をやめて、最善の統治とはどのようなものかという政治的な問いに移るのです。その理由としてソクラテスは、小さな文字よりも大きな文字の方が読みやすいからだと弁明します。国家は大きな文字で語られた人間であるから、個人で分析しようとする特徴を、国家のうちで検討することができると想定しているのです。

わたしたちの文脈でみると、グラウコンとアデイマントスが、正義が不正義にまさるという真理を確信しているのは、この二人の〈本性〉のためだと語られていることは決定的に重要です。ところがこの問題についての議論となると、二人はソクラテスの推論によっては説得されず、自分で真理と信じているのとは正反対の内容をごく巧みに、しかも説得力のある形で議論として展開できることを示してみせるのです。二人を納得させるのはロゴスではありません。自分の心の〈まなこ〉でみたものを信じているのです。そして『国家』で描かれる洞窟の寓話も、このように〈まなこ〉でみた真理を、言葉や議論で説得力のある形で表現できないことを示す物語の一つなのです。

こうした問題を深く考えてみれば、すぐにプラトンの解決にたどりつきます。その魂の本性からして、真理をみることのできる人には何が善であるかは自明なことであり、義務は不要であり、「汝……せよ、さもなくば」は不要になります。そして真理をみることのない者は、議論で説得することができないので、説得されなくても、あたかも真理を「みた」かのようにふるまい、行動するように強制する何らかの手段が必要になります。こうした手段としてはもちろん、彼岸についての神話があります。プラトンは道徳と政治の問題を考察した多くの対話篇の最後を締めくくるために、こうした神話を語っています。最初はかなりおずおずと、たんなる老婆の物語として神話を語りだすのです。ただしすでに指摘しましたように、最後の著作の『法律』ではこうした神話はまったく放棄されています。

良心の失墜

プラトンの理論を詳しくご紹介したのは、良心にまったく信をおかない場合には事態がどのようになるか（あるいはなってきたかというべきでしょうか）を示すためでした。良心という語の語源的な意味にはかかわらず（最初は意識と同じことだったのでした）、良心が特別に道徳的な性格をおびるようになるのは、人間が自分の言葉ではなく、神の言葉を聞くための器官となってからのことです。このため、世俗的な用語でこの問題について検討しようとする場合には、キリスト教以前の古代哲学のほかには、ほとんど依拠するものがないのです。そして古代の哲学においても、いかなる宗教的な教義にも縛られていないこの哲学思想の要《かなめ》のところに、地獄、煉獄、天国の教義があり、最後の審判と、報いと処罰の理論があり、微罪と死に値する罪の区別などがあるということは、驚くべきことではないでしょうか。キリスト教の教義との違いは、古代では罪が赦されるという観念がないということだけなのです。

この驚くべき事実をどのように解釈するにせよ、次の点だけは明確にしておきましょう。西洋でキリスト教が興隆してからというもの、少数のエリート層だけでなく、大衆がもはや「将来の国家」を信じなくなったのは（「将来の国家」というのはアメリカの建国の父たちの言葉です）、そして報いの望みも、処罰の恐れもなしで反応する〈器官〉であるはずの良心を信じない（と思える）世代が登場したのは、現代が初めてのことだということです。

人々がいまだに、良心は神的な声に耳を傾けると信じているかどうかは、（ごく控え目に表現しても）〈疑わしい〉と言わざるをえないのです。西洋のすべての法的な制度は、犯罪行為に関しては、すべての人間に善と悪の区別を教える器官がそなわっていると想定しているのは事実です（もちろんすべての人間が法律文書に詳しいとは限りません）。しかしこの想定は、こうした器官が実際に存在することを示すものではありません。制度というものは、それが依拠していた基本的な原則が失われても、長持ちのすることが多いものなのです。

ソクラテスにおける自己

ところでソクラテスに戻りましょう。ソクラテスはプラトンのイデアの教義など知りませんでしたし、心の〈まなこ〉でみる定理のような自明な真理、推論に依拠しない真理についてもまったく知らなかったのです。『ゴルギアス』ではソクラテスは、自分の主張が逆説的であり、しかも他人を説得することができないという事実に直面して、次のように語ります。まずカリクレス自身が「みずからと意見が違うことになり、その生涯のすべてにわたって不協和な状態のうちにすごす」ことになると指摘します。そしてソクラテスは、自分が「わたしのリュラ［琴］やわたしが後援しているコーラスの調子が合わず、不協和な状態にあっても、そして大多数の人々がわたしと意見が合わずに、反対のことを言うとしても、そのほうが、わたしというたった一人の人間がわたし自身と不調和であり、矛盾したことを言うよりは、まだましだ」[43]と語るのです。

このソクラテスの言葉で重要なのは、「わたしというたった一人の人間」というところです——残念なことに多くの英語訳ではこの言葉は無視されているのですが。この意味するところは明確です。わたしは一人なのですが、たんに一人なのではなく、わたしには自己というものがあり、この自己はわたしの自己として、わたしにかかわりがあるということです。この自己は幻想などではありません。この自己はわたしに語りかけてきて、みずからの意見を語るのです。わたしは自分自身と語りあうのであり、自分自身をたんに意識しているだけではないのです。この意味ではわたしは一人ですが、わたしという一人のうちに二人の人がいるのです。そしてわたしはこの自己と調和したり、調和しなかったりするのです。もしわたしが他の人々と意見を異にするならば、相手との議論をやめて歩み去ることができます。でもわたしは自己と議論をやめて歩み去ることはできないのです。ですからほかのすべてのものを考慮にいれる前に、まず最初に自己と意見が一致するように努めるのが望ましいのです。

この同じ文章は同時に、悪しきことをなすよりも、悪しきことをなされるほうが望ましいという主張の実際の根拠を示しています。悪しきことを行うと、わたしは自分のうちに悪しきことを行った者をかかえこんでしまい、この者と耐えられないほどの親しい間柄で一生を過ごすことを強いられるのです。この者を追いだすことは絶対にできないのです。ですからすべての神々と人間の眼を逃れる極秘の犯罪とか、誰も知る者がない犯罪などはないのです。プラトンで何度も言及されるように、その事実を知る者が一人もいない犯罪というものは、実際には存在しません。ものを考えるときは、わたしの自己がパートナーとなり、行動するときには、わたしの自己がみずからの証人となるのです。わたしは自己のうちに住む人を知っていて、その者とともに暮らさざるをえません。この自己は黙していません。ソクラテスが悪しきことをなすよりも、悪しきことをなされるほうがましであるという主張を裏づけるために示した唯一の論拠は、このことです。問題なのは、この論拠ではなぜ、ソクラテスは対話相手を説得することができなかったのか、そしてプラトンが『国家』において「高貴な本性を与えられている」と呼んでいる人々にとっては、なぜこの根拠だけで十分なのかということです。

ここで注意してほしいのは、ソクラテスがここでは［イデアの理論とは］まったく違うことを語っているということです。わたしたちを囲む外部の可視の世界をみるためには、眼という器官が必要です。それではわたしたちの外部に、神的で滅びることのないものが存在しているとすれば、これを知覚するために特別な器官が必要となるでしょうか。ソクラテスはそのために特別な器官は不要だと考えていました。わたしたちは自己のうちにとどまっているだけです。わたしたちの外部に超越的な基準のようなものがあり、心の〈まなこ〉でそれをみることで、善と悪を区別できるようになるわけではないのです。

たしかに、命題の真理について語りながら、こうしたことを他人に納得させるのは、不可能ではないとしても困難なことです。それでもわたしたちは、自己のうちに住むものとのかかわりにおいて、この命題の正しさを確信しているのであり、わたしたちが自己と話しあうことで、それがはっきりとしてくるのです。もしもわたしたちが自己と調和できなければ、自分のうちにいわば敵をかかえこんでしまいます。そしてこの敵とともに暮らし、日々つきあわなければならなくなります。こんなことを望むことのできる人はいません。悪しきことを行うと、悪しきことを行った者とともに暮らすのです。悪しきことをなされるよりも、自分の利益のために悪しきことをなすことを選んだ人でも、盗人や殺人者や嘘つきとともに暮らすことを望む人はいないでしょう。殺人と詐謀によって権力を握った僭主を称《たた》える人は、このことを忘れているのです。

『ゴルギアス』では〈わたし〉と〈自己〉、わたしとわたし自身の関係がどのようなものであるかについては、ごく短くとりあげられているにすぎません。ですから別の対話篇でこれを考察してみたいと思います。『テアイテトス』では、知識の問題がとりあげられていて、ソクラテスがこの問題について明確に説明しています。ソクラテスは徹底的に考える（ディアノエイスタイ）というのはどういうことかを説明して、「心が、ひとり自分だけを相手に、何であれ考察の対象となっていることがらについて、事を分けて詳《つまび》らかに述べる、その言論のことだ。でもいいかね、わたしはよく知っていて、それを君に披露しているわけではないのだよ。そう、じつのところ、わたしの目には、思考しているときの心はこういうものとしか、つまり、心がひとり自分自身に問いかけたり答えたり、肯定したり否定したりして、問答をしている（ディアレゲスタイ）としかみえないのだ。そして心がひとたび判定を下せば（それはかなりゆっくりしていることも、かなり速く、一気にそこまでたどりつくこともあるのだが）、もはやその主張は同じ一つのものであって、そこに食い違いをみせないような場合、それをわれわれは心の思いなしと定めるのである。だから思うことというのは、言論を述べることであり、思いなしとはその述べられた言論のことを呼ぶのだ。ただしここでいう言論は、他人に向かってなされた言論ではなく、また声にだして語られる言論でもない。沈黙のうちに自己自身に向かってなされるものなのだ」と語っています[44]。また『ソフィスト』でもほとんど同じような説明があります。思考と語られた言葉（言表）は同じものであり、思考は心が沈黙のままに自己と行う対話です[45]。そしてこの対話の最後に判断が生まれるのです。そして悪しきことをなした者が、この沈黙のままに行う対話において、すぐれたパートナーでありえないことは、かなり自明のことに思えます[7]。

対話の重要性

歴史的なソクラテスについて知られている事実から明らかなように、アゴラで議論の日々を過ごす者にとっては（プラトンの哲学者はアゴラに赴くことをはっきりと避けています。『テアイテトス』を参照してください[46]）、すべての人間が良心の内的な声をそなえているわけではなく、さまざまな問題を詳細に検討する必要があると考えていたに違いありません。そしてすべての人間は自己と話しあう必要があるのです。もっと技術的な用語で言い換えると、すべての人間は〈一人における二人〉なのです。これは良心と自己意識という点からだけではなく（わたしが何をするにしても、わたしは同時に自分がしたことについての意識をもつという事実からだけでなく）、この沈黙のうちに行われる対話のきわめて特有で能動的な意味において、すなわち自己と絶えず対話を交わし、自己と話し合う間柄にあるという意味においてです。

ソクラテスは、人々が自分のしていることを認識するようになれば、みずからを汚すようなことは絶対に避けるようになると考えていたはずです。人間がほかの動物と違うのは、会話をする能力がそなわっているというところにあるとすれば（古代のギリシア人は実際にこう考えていましたし、アリストテレスの有名な人間の定義は、これに基づいています[47]）、わたしが人間であることを示すのは、まさにこのわたし自身との沈黙の会話であるということになります。すなわちソクラテスは、人間はたんに理性的な動物であるだけではなく、思考する存在であり、この能力を手放すくらいなら、ほかのすべての野心を放棄するはずであり、そのことで傷つけられたり、侮蔑されたりしても、それを甘受するはずだと考えていたのです。

このソクラテスの考えに最初に異論を唱えたのがプラトンでした。すでに説明しましたようにプラトンは思考を専門とする哲学者だけが、幸福者たちの島にたどりつくと考えていました。そして沈黙のうちでの思考の対話ほど、わたし自身における自己との交わりを強要する不可避な活動はないのですし、結局のところ思考は、人間のもっとも頻繁でふつうの活動であるとはいえないのですから、プラトンに同意したくなるのは自然なところなのです。

ただし思考が人間に一般にみられる習慣であることを信じられなくなっているわたしたちでも、ごくふつうの人間でも善と悪の違いを認識できるべきであり、悪をなすよりも、悪をなされるほうがましであるというソクラテスの意見に同意すべきであるということも、忘れるべきではありません。政治的に重要なのは、誰かを不正に刺し殺すのと、誰かに不正に刺し殺されるのを比較して、どちらが不名誉であるかを決めることではありません。政治として重要なのは、こうした行為が行われない世界を作りだすことだけなのです（『ゴルギアス』五〇八をごらんください[48]）。

＊

哲学の条件としての無言の対話

さてこの講義の最初で申しあげた複雑な事態に関して、これまで検討してきた事柄によってわたしたちがどのような方向に進もうとしているのか、要約したいと思います。

道徳哲学は、「もっとも重要な事柄」を考察するものでありながら、その高貴な目的を示すための適切な名称をみつけることができなかったのですが、それは哲学者たちは、道徳哲学のことを論理学、宇宙論、存在論のような別の部門としては考えることができなかったことによるものと思われます。道徳的な掟が思考という活動そのものから生まれるのだとすると、そして問題となる事柄を問わず、思考の暗黙の条件がわたしとわたしの自己との間で沈黙のうちに交わされる対話にあるとすると、これは一つの哲学の部門というよりも、哲学が成立するための前・哲学的な条件だということになります。これは哲学にも、技術的でない意味での思考の方法にも共通する思考の条件なのです。

そして当然のことですが、この活動の対象はとくに哲学だけに限られるものではなく、科学的なテーマだけに限られるものでもありません。思考はいかなる場合でも行われる可能性のある活動です。道を歩きながらある出来事を目撃したか、何かの事件に巻き込まれたとしましょう。するとわたしは何が起きたのかと考え始めます。そしてわたしは自分にある種の物語を考えだして、それをあとで他人に伝達するための準備を始めるのです。わたしが自分で行った事柄について、沈黙のうちに考える場合もまったく同じです。

しかしわたしが悪しきことをなしてしまうと、この能力が損ねられるのです。犯罪者が決して発見されず、処罰されないためのもっとも安全な方法は、犯罪そのものをすべて忘れて、自分のなしたことについてまったく考えないことです。同じ意味で、後悔するということは、まず何よりも自分が行ったことを忘れず、ヘブライ語の shuv という動詞が示しているように、「それに立ち戻ること」にあります。道徳哲学を考察する際には、この思考と記憶の結びつきがとくに重要です。自己と対話せずには、自分が考えなかったことを思いだすことはできないのです。

この技術的でない意味での思考は、哲学者や科学者など、特別な種類の人間の特権のようなものではありません。どんな生き方をしていても、このような思考はみられるのでしょうし、知識人と呼ばれる人々にも、こうした思考がまったく欠如していることもあるのです。ただしソクラテスが想定したほど、こうした思考は頻繁に行われるものではないのもたしかです（プラトンが懸念していたほど稀ではないことを望みたいものですが）。

もしもわたしが思考し、記憶することを拒んだとしても、ごくふつうの人間として暮らせないわけではありません。ただし危険なのは、わたしはそうすることで、人間の活動をもっとも高度に実現する能力であるみずからの発言の能力を傷つけ、自分の発言の意味をなくしてしまうことです。それだけではなく、ほかの人々にとっても、本来なら高度の知性をそなえているはずでありながら、まったく思考というものを欠如した人間とともに暮らさざるをえないことになります。わたしにとっても他人にとっても、これは大きな危険をもたらすものです。そしてわたしが記憶することを拒むなら、わたしはどんなことでもやりかねません。たとえば苦痛という経験をすぐに忘却してしまうなら、わたしの勇気はきわめて無謀なものとなるでしょう。

*

悪と記憶

記憶の問題を検討することで、悪の性格という面倒な問題の考察を、わずかではあってもさらに進めることができます。哲学が、そしてすでに指摘しましたように、偉大な文学作品がわたしたちに教えてくれるのは、悪漢《ヴィラン》とは絶望に駆られ、絶望のために自分のある種の高貴さを投げ捨てた人間だということです。このような悪漢が実際に存在することを否定したいわけではありません。ただ、わたしたちが知っている最大の悪人とは、自分に直面せざるをえず、自分のしたことを忘れることができないことを呪いつづけるような人ではありません。最大の悪者とは、自分のしたことについて思考しないために、自分のしたことを記憶していることのできない人、そして記憶していないために、何をすることも妨げられない人のことなのです。

人間にとっては、過去の事柄を考えるということは、深いところに向かって進むということであり、自分の〈根〉をみいだし、自分を安定させることです。そうすることで、時代精神《ツァイトガイスト》や〈歴史〉やたんなる誘惑などの出来事によっても、押し流されないようになるのです。最大の悪は根源的《ラジカル》なものではありません。それには〈根〉がないのです。[49] 根がないために制限されることがなく、考えのないままに極端に進み、世界全体を押し流すのです。

人格と根源性

＊

さきに、たんなる個人であることと、一人の人格であることは違うことだと申しました。ギリシア人は異邦人（バルバロイ）との違いを、自分たちが言語をもつ（ロゴン・エコーン）存在であることにみいだしていました。そして道徳的な人格性という語は、同語反復に近いものであることも指摘しました。ソクラテスが道徳性についてあげた根拠を手がかりにしながら、思考というこのプロセスにおいては、発言するという人間に特有の能力が実現されるのであり、わたしは自分をはっきりと人格として構築できる限りで、そして何度でも新たに自分を人格として構築することができる限りで、人格でありつづけることを指摘してきました。これが一般に人格と呼ばれるものであり、才能や知性とはまったくかかわりのないものだとすると、人格とは〈考え深さ〉からそのままもたらされる結果だということになります。言い換えると、赦しを与えるということは、罪ではなく人格を赦すということです。そして根を失った悪においては、赦すことのできる人格がもはや残されていないのです。

＊

人間の複数性

あらゆる道徳的な思想と宗教的な思想において、自己との結びつきを重視するのは奇妙なことだと申しましたが、このことを考えるとこの奇妙な謎が少しは解けてくるように思います。わたしが他者を愛するように自分を愛するかどうかという問題ではないのです。わたしがほかの誰よりも、自己のうちに住むこの沈黙したパートナーに依拠していて、この〈わたしのうちの自己〉の言いなりになるということなのです。自己を失うことにたいする恐れは正当なものです。自己を失うということは、自分自身と対話できなくなるということだからです。そしてわたしたちがみずからと語ることができず、自己のありかもわからなくなってしまったら、わたしたちは悲痛と悲哀を失うだけでなく、あらゆる喜びと幸せを、すべての感情を失ってしまうのです。

これにはさらに検討すべき別の側面があります。ソクラテスとプラトンが提示したこの思考というプロセスについての考察が重要なのは、たとえ暗黙的な形でも、人間が単数ではなく複数で存在すること、地球で暮らしているのは大きな文字で書かれた〈人類〉ではなく、人々であることを示しているからです。わたしたちが孤独であり、単独に存在していることを了解し、それが現実であることを確認したとしても、わたしたちはつねに誰かと〈ともに〉あるのです。少なくとも自己とともに。

孤立《ロンリーネス》とは、ご存じのように群衆のうちでもわたしたちを圧倒することがある悪夢ですが、孤立するというのは自己から捨てられること、いわば誰もわたしたちと〈ともに〉あることができない状況において、一時的に〈一人のうちの二人〉であることができなくなることです。この観点からみると、他者にたいするわたしのふるまいは、自己に対するわたしのふるまいに応じたものとなるというのは正しいのです。ここで問題となるのは、特定の内容、特別な義務と責務ではなく、たんに思考と記憶という能力がそなわっているか、それとも失われているかということなのです。

*

知的な殺人者たち

最後に、第三帝国の殺人者たちのことを思いだしていただきたいのです。彼らは非難の余地のない家庭生活を送っていただけでなく、余暇にはヘルダーリンの詩を読み、バッハの音楽に耳を傾けるのを好んでいました。そしてほかの誰にも劣らず、知識人にも犯罪を犯す傾向がそなわっていることを証明したかのようでした（それまではこのことは証明されていなかったかのようにです）。でも知的な能力よりも感受性のほうが、人生においていわゆる高貴な事柄を感じとる能力のほうが、大切なのではないでしょうか。そのとおりなのですが、この感じとる能力というものは、思考とはまったく関係がありません。思考は受け身な形で何かを享受することではなく、一つの活動なのです。

思考は活動として、詩、音楽、絵画などの作品を作りだすことができます。家具や日用品が〈利用・対象〉と呼べるように、これらの作品は〈思考・物〉と呼べるのです。〈思考・物〉は思考によって、〈利用・対象〉は用途や、人間の必要性と欲求によって生まれたものです。こうした高い教養のある殺人者たちで注目されるのは、記憶に値するただ一つの詩を書いた人も、耳を傾けるに値するただ一つの音楽を作曲した人も、誰もが部屋に飾っておきたくなるようなただ一枚の絵を描いた人もいないということです。優れた詩を書き、音楽作品を作曲し、絵を描くには、たんなる〈考え深さ〉だけでは足りないのです。それには特別な才能が必要なのです。そして道徳的な健全性を失った場合には、才能も失われるのです。そして人間にとってもっともありふれた思考と記憶という能力を喪失した場合には、道徳的な健全性も失われるのです。

第三講

孤独《ソリテユード》

道徳性とは、個人をその単独性においてみる視点です。善と悪の基準、〈わたしは何をなすべきか〉という問いに対する答えは、究極的にはわたしが周囲の人々と共有する習慣や習俗にかかわるものではありませんし、神の命令や人の命令によるものでもありません。わたしが自分に下す決定によるものなのです。ということは、わたしがあることをなしえないのは、それをなした場合にはもはや、わたしがみずからとともに生きることができなくなるからなのです。この〈みずからとともに生きること〉は、たんなる良心を意味するものではありませんし、わたしが何かをするたびに、あるいは何らかの状態にあるたびに、つねにわたしに伴っている自己意識でもありません。

わたしがみずからとともにあり、自己によって判断することは、思考のプロセスにおいて了解され、実現されるものです。そしてすべての思考のプロセスは、わたしが自分に起こるすべてのことについて、みずからとともに対話する営みなのです。この沈黙のうちでみずからとともにあるという存在のありかたを、わたしは孤独と呼びたいと思います。ですから孤独《ソリテユード》とは、一人であるその他の存在様態、とくにもっとも重要な孤立《ロンリーネス》と孤絶《アイソレーション》とは異なるものです。

孤立《ロンリーネス》

孤独は一人でいるのに、それでいてほかの誰か（すなわちわたしの自己です）とともにいることです。それは〈一人のうちで二人〉であることです。これにたいして孤立や孤絶にはこのような自己における分裂はありません。この分裂した状態では、わたしはみずからに問いかけ、答えをうけとることができます。この孤独と孤独のうちでの活動、すなわち思考の営みは、ほかの誰かから話しかけられると中断されます。そしてほかのどの活動とも同じように、ほかのことをするために、あるいはたんに疲れたために、中断されることがあります。いずれにしても思考において〈二人〉だったわたしは、ふたたび一人に戻ります。誰かがわたしに話しかけたら、その人に答えねばなりません。そしてみずからと対話するのではなく、ほかの誰かと対話するとき、わたしは変わります。わたしは一人の人間になり、もちろん自己意識を所有し、自分を意識しています。でもみずからを完全に、了解しながら所有している状態ではなくなります。

　もしも別の人から話しかけられて、ときどき起こるように、わたしたちのどちらも孤独のうちに気にかけていた同じ事柄について、その人と対話を始めた場合には、わたしはあたかも別の自己と話しあうような気持ちになることがあります。そしてこの他なる自己《アロス・アウトス》を、アリストテレスは適切にも〈友〉と名づけていました。他方で、なんらかの理由で孤独のうちでの思考のプロセスが中断された場合には、わたしはふたたび一人になります。するとそれまでわたしが〈ともに〉いたパートナーがいなくなるので、わたしはほかの何かと〈ともに〉あろうとするかもしれません。ほかの人々や書物や音楽などと、〈ともに〉あろうとするのです。そしてこうしたほかのものをみつけられないとき、ほかのものと接触できない場合には、わたしは退屈と孤立に悩まされることになります。そのためには一人である必要はありません。わたしは群衆のさなかにあってもきわめて退屈し、きわめて孤立していることができます。でも実際に孤独であることはできません。わたし自身とともにあることも、他なる自己としての〈友〉とともにあることもできないからです。エックハルトがかつて指摘したように、群衆のうちで孤立していることは、孤独であることよりも辛いのはそのためです[50]。

孤絶《アイソレーション》

さて、一人であることの第三の存在様態は孤絶です。これはわたしがみずからとともにあることも、ほかの人とともにあることもできず、何かの作業に従事している状態です。どんな種類の仕事でも、仕事にたずさわっているときには孤絶しているのがふつうのありかたです。仕事に熱中しているときには、わたし自身を含めて、ほかの人は仕事の邪魔になるだけです。仕事は生産的なものであり、新しい対象を実際に創造することがありますが、つねにそうだというわけではありません。何かを学んだり、一冊の書物を読んだりするためにも、ある程度の孤絶の状態が必要です。他の人の存在から守られていることが必要になるのです。

孤絶はまた否定的な現象となることもあります。世界について特定の関心を共有している他者が、わたしを見捨てることもあるのです。政治的な生ではこれはよくあることです。

政治家が休暇をとらざるをえないときや、市民が他の市民との接触を失ったときがそうです。この第二の否定的な意味での孤絶は、これを孤独に変えることだけによって耐えることができます。ラテン文学に詳しい人なら、ギリシア人ではなくローマ人が孤独を発見したこと、これによって公的な事柄から身をひくことを強いられた休暇における生き方として、哲学を発見したことはご存じだと思います[51]。

仲間たちとともに過ごす活動的な生という視点から孤独を発見するとき、「何もしていないときほど、活動的なことはない。みずからとともにあるときほど、孤立していないときはない」というカトーと同じ視点に立つのです[52]。この言葉のうちには、もともとは孤立していなかった活動的な人間が、孤独のうちに、何もしないことではなく孤独の喜びと、思考という〈一人における二人〉の活動を発見したときの驚きの反響がまだ聞こえます。

これにたいして、孤立の悪夢のうちから孤独を発見してみると、哲学者のニーチェがこの問題についての思考を詩という形で表現した理由が理解できるようになるはずです（『善悪の彼岸』の最後に掲げられている「高き山々から」をご覧ください）。この詩でニーチェは生の正午を祝います。生の正午とは、「正午には一人が二人になった」から、孤立のうちに友人と仲間を求める絶望的な憧れが終焉を告げるときなのです[53]。

もっと早い時期のアフォリズムでも、ニーチェは詩の形で、この思想を提示しています。『人間的な、あまりに人間的な』[54]では、「詩人はリズムの車によって思想を提示する。それはふつうは思想は歩けないからだ」と語っているのです。哲学者が思想を提示するときにはどうするのですかと、つい礼儀正しくニーチェに尋ねたくなります。

単独性のさまざまなありかた

このように一人であることにはさまざまなありかたがあり、人間の単独性を了解し、実現するためのさまざまな方法があることをご説明してきました。それはこれらの単独性の概念はとても混同しやすいものだからです。というのは、わたしたちがだらしなくて、きちんと区別するのが面倒になるからですし、一つの〈一人である〉ありかたがすぐに、そしてほとんど気づかないうちに、別の〈一人である〉ありかたに変わってしまうからでもあります。そして道徳的な行動の究極の尺度となる自己への配慮は、もちろん孤独のうちだけに存在するのです。

これが妥当なものであることを示しているのが、「悪しきことをなすよりも、悪しきことをなされるほうがましである」という一般的な表現です。すでに検討してきましたように、この表現は一人であってみずからと対立しているよりも、世界の全体と対立しているほうがましであるという洞察に基づくものです。ですからこの表現が妥当なものとなるのは、人間がみずからを思考する存在であるとみなす場合にかぎられるのですし、思考のプロセスのためのパートナーを必要とする場合にかぎられるのです。わたしたちが検討してきたことはいずれも、孤立や孤絶にはあてはまりません。

これまで説明してきましたように、思考と記憶は、人間が〈根〉をもち、わたしたちの誰もが異邦人として訪れるこの世界に、自分の場所を占めるための方法です。ある人をたんなる人間ではなく、誰でもない者でもなく、個人や人格と呼ぶものは、現実にはこの思考という〈根〉をもつプロセスから生まれるのです。この意味では、道徳的な人格という表現は、ほとんど同義反復に近い冗語であることは繰り返し強調してきたとおりです。たしかにある人物をすぐれた本性の人物とか、劣った本性の人物と呼ぶことはできますし、寛大な傾向性をもっているとか、吝嗇だとか、攻撃的であるとか、和合しやすいとか、開放的であるとか、秘密主義的であると形容することはできます。ある人物が知的であったり愚かしかったり、美しかったり醜かったり、友好的だったり不親切だったりするのと同じように、あらゆる種類の悪徳をそなえていることもあります。

しかしこれらのすべては、わたしたちがここで考察している事柄とはほとんどかかわりがありません。ある人物が思考する存在であり、自分の思考と記憶に根ざしているかぎり、すなわちみずからとともに生きていかねばならないことを承知しているかぎり、みずからなしうると考える行為には限りがあります。この限界は、外部から定められたものではなく、みずから定めるものです。こうした限界は人によって、場所によって、そして時代によってかなり、ときには不愉快なほどに大きく異なることもあります。しかしなしうることに自動的に限界を設けるこうした〈自己に根ざした根〉がまったくなくならないかぎり、無制限で極端な悪は起こりえないのです。

人々が出来事の表面だけにしか注目せず、あたうかぎりの深みにまで降りてみようとせず、ただたんに出来事に押し流されている場合には、こうした〈自己に根ざした根〉がなくなってしまいます。もちろんこの根の深さは、その固有の質においても、その次元においても、人によって、そして時代によって違いがあります。

ソクラテスは、人々にいかにして思考するか、いかにしてみずからと語りあうかを教えることで、アテナイの人々をより善くすることができると信じていました。このソクラテスが教えた方法は、他人をいかに説得するかという弁論家の方法とも、何を思考し、いかにして学ぶかを教えようとする賢者の野心とも異なるものでした。でもソクラテスのこの信念をうけいれて、神々の眼からも人間の眼からも隠された犯罪には、どのような制裁が加えられるのかと尋ねてみると、次のように答えるしかなかったのです。その場合には人間はこの能力を喪失し、孤独を喪失してしまう。そしてすでに説明してきましたように、人間は創造性を失う、すなわち人格《パーソン》を構成する自己を失うのだと。

道徳哲学と土地の法

道徳哲学とは結局のところ哲学の一つの分野ですし、哲学者は自己の喪失と孤独の喪失には耐えられないものですから、他者に対する行動の究極の基準が、つねに自己にあったことはもはや意外なことではないでしょう。これは哲学思想においてだけでなく、宗教思想についても言えることです。ニコラウス・クザーヌスの『神を観ることについて』の第七章では、キリスト教的な思考とキリスト教以前の思考の典型的な混合がみられますが、ここでは神がデルフォイの神殿の「汝自身を知れ」とほとんど同じような表現で人間に語りかけています。「汝が汝自身のものであれば、われ（神）は汝自身のものであろう」[55]。クザーヌスは、すべての行動の基礎となるのは、「わたしはみずからであることを選ぶ」[56]ことであり、人間がこのように意志する場合には、神は人間に自由にみずからであることを認めるので[57]、人間は自由だというのです。

クザーヌスのこの教えについてすぐに指摘しておく必要があるのは、この基準は経験において確認できるものであり、これが思考の本質的な条件であるのはたしかですが、この基準は特定の行動の法則や掟としては定めることができないということです。ですから、何世紀もの長い期間を通じて道徳哲学でほとんどいつでも前提とされてきたこの想定は、わたしたちの現在の信念とは奇妙なまでに対立するのです。というのは、わたしたちはいま、人々の住む土地の法こそが基本的な道徳の規則を定めるのであり、こうした規則は神が命じたから、または人間の本性から導くことのできるものであるから、その土地に住むすべての人間が合意すると考えているからです。

わたしたちがいま道徳性と呼んでいるものは、人間の単独性にかかわるものであり、これは市民としての人間をより善くするものであるとソクラテスは考えていたわけですが、ここでその頃すでに提起され、今でもまだ提起することのできる政治的な反論を検討しておくべきでしょう。市民をより善くするというソクラテスの主張にたいして、アテナイのポリスはソクラテスが若者たちを腐敗させており、道徳的な行動が依拠する伝統的な信念を掘り崩したと非難したのでした。『ソクラテスの弁明』などで語られ、引用されているこの反論を調べてみましょう。

ソクラテスの「罪」

ソクラテスは生涯を自己と他者の吟味に費やし、思考において他者と自己に教えを与えたのですが、既存のすべての基準と尺度を疑問にせずにはいられなかったのです。ソクラテスは他人を「道徳的にする」どころか、道徳性を切り崩し、それまで疑問とされていなかった信念と、それまで疑問とされていなかった服従のありかたを揺るがしたのです。ソクラテスが新しい神々をポリスに持ち込もうとしたという非難はおそらく適切ではないでしょう。ソクラテスがやったことは、もっと悪いことだったからです。ソクラテスは「わたしは何かを教えたことも、何らかの知識を教えると称したこともない」と弁明しています。さらにソクラテスは、自分の使命のために人々との広いつきあいの世界、公的な世界を避けて、私的な世界にとじこもるようになったとみずから認めています[58]。

アテナイの世論では、哲学というものはまだ市民としての活動をするにいたっていない若者だけのものであり、哲学は教育には必要だとしても、それが魂の柔弱さ(マラキア)

をもたらすために、注意して実践する必要があるとされていたのですが、(59)ソクラテスもこの世論が正しいことをほとんど証明しているのです。最後に、これらのすべてのことに加えて、ソクラテスは自分の内部から聞こえる「声」にしたがって実際に行動したのですが、その声は何かをするように促すのではなく、何かをしないように抑制するものだったことを認めています。

これらの反論はどれも無意味なものとして退けることのできないものです。思考するということは、吟味し、疑問とするということです。ニーチェ好みの〈偶像の破壊〉という意味が含まれるのです。ソクラテスが徹底して疑問として問いかけると、そのままで保持できたものは何もなかったのです。ソクラテスは一般大衆の基準をうけいれることも、その当時うけいれられていたソフィストの基準を認めることもありませんでした。孤独のうちでの自己との対話あるいは他なる自己との対話は、アゴラで行われるとしても、群衆を避けるのです。

そしてソクラテスが、アテナイという「大きくて血統はいいが、しかしその大きさのためにややのろま(60)」な馬のようなポリスを目覚めさせることよりも善なることはないと主張したときには、実際には大衆をそれぞれが独自性を発揮することのできる個々の人間に分解することが最大の善であると主張することになったのです。これが可能であれば、そしてすべての人間がみずから考えて、判断できるようにすることができれば、定められた基準や規則のようなものはなしで済ませることができるようになるはずです。

そしてこの可能性が否定されるならば（そしてソクラテス以降のほとんどすべての哲学者によって、この可能性は否定されてきたのです）、ポリスがソクラテスを危険人物と考えた理由はすぐに理解できます。思考せずに、思考のプロセスに入ることなしに、ソクラテスの言葉だけに耳を傾ける人は、腐敗した人間になる可能性が高いのです。こうした人からは、それまで考えることもなしに採用していた道徳的な基準が失われているからです。ということは、腐敗する可能性のあったすべての人に、いまや腐敗の危険性がさしせまっているのです。同じ営みによって、善き人々はさらに善くなり、悪しき人々はさらに悪くなるというこの両義性については、かつてニーチェがある女性を誤解していたと不満を述べたことがあります。「彼女は自分には道徳というものはないと語っていた。しかしわたしは、彼女にはわたしと同じように厳しい道徳性があると感じた[8][61]」

この特定の女性（ルー・アンドレアス・ザロメ）についてのニーチェの不満はまったく的外れですが、こうした誤解はよくみられるものです。わたしたちがふつう生きるために頼りにしている決まりごととか、規則とか、基準とかいうものは、じつは吟味してみると、頼りになるものではないことが明らかになり、緊急の際にはこうしたものに依拠するのは愚かしいことが明らかになるからです。こうしてみるとソクラテスの道徳性は、政治的な危機の時期だけに該当するものであること、自己を道徳的なふるまいの究極の基準とするのは、いわば危機における緊急の措置にすぎないということがわかります。

すなわち日常のふるまいにおいて道徳的な原則が適用されるという主張は、正しくない場合が多いということです。つねに高い道徳的な原則と定められた基準に基づいて行動すると自称する狭義のモラリストは、それがどんなものでも、与えられた最初の基準を遵守しているにすぎないのです。フランス語で熟慮《レ・ビヤン・パンサン》の人と呼ばれる敬うべき人々はじつは、ボヘミアンやビート族の若者たちと比較しても、尊敬に値せず、ときには犯罪的な人となる傾向があるのです。

わたしたちがこれまで検討してきた事柄は、例外的な状況だけで重要な意味をもつのです。そしてこうした例外的な状況がその土地の規則となり、こうした状況でいかに行動すべきかという問題が、もっとも焦眉の問題となったドイツという国は、まさにこのことだけでも、統治に問題がある（控え目な表現ですが）と言わざるをえません。しかしまったくの通常の条件のもとで、高貴な道徳的な基準に訴える人は、神の名を無用に唱える人に似ているのです。

思考と行動

この道徳的な問題の性質は、政治的にはボーダーライン的な現象です。そのことは、「自己と対立するよりも、世界全体と対立するほうがましである」という信念からとりだすことができる勧告は、まったく否定的な性格のものであることをお考えいただけば、はっきりすると思います。この信念に依拠しても、どう行動すべきかはわかりません。ただある行為を〈しない〉ことを決められるだけです。たとえ周囲のすべての人々がしている行為だとしてもです。思考のプロセスはほかのすべての活動に対立したものであることを忘れてはなりません。よく「立ち止まって考えよ」と言いますが、これはまったく正しいのです。わたしたちが思考するときは、それまでしていたどんなこともやめて考えるのです。そしてわたしたちが〈一人のうちの二人〉の状態にあるかぎり、わたしたちにできるのは思考することだけです。

このため、思考と行動はたんに異なる営みであるだけではありません。この二つの行為の間には内的な緊張のようなものがあります。プラトンは、歩みつづけて決して立ちどまることを知らないおせっかいな人々を軽蔑していますが、真の哲学者であれば誰でも同じような気持ちを感じるものです。ただしどんな哲学者も、思考というのはある種の活動であるという観念を抱いているので、この緊張がごまかされてしまうのです。思考はある種の「内的な活動である」とよく言われるのです。こうした混同が生まれるにはいくつもの理由があります。行動する人々や市民の側から非難された哲学者がでっちあげるあまり根拠のない理由もあれば、思考の性格そのものから生まれた、しかるべき根拠のある理由もあります。そして〈思考〉は、同じような性格の行為である〈省察〉とは違って、実際には活動であり、この活動から道徳的な成果が生まれるのです。思考する人間は、思考することで誰かに、何らかの人物または人格になるからです。

しかし活動と行動は同じものではありません。思考という活動の成果は、活動そのものからみると、ある種の副産物のようなものです。行為はある目的を目指して、これを意識しながら計画して実行されますが、思考の活動の成果は目的ではないのです。思考と行為の違いは、〈魂〉と〈力〉の違いと表現されることがよくあります。そして〈魂〉はすぐに〈無能力〉と等しいものとされるのですが、この表現にはそれなりの根拠があるのです。

人間の単独性と複数性

政治的にみると〈思考〉と〈行為〉の主な違いは、思考するときにはわたしは自己か、他なる自己とともにあるだけですが、行為を始めた瞬間から、わたしはほかの多数の人々とともにあるということにあります。全能ではない人間の力は、人間の複数性が示すさまざまな形態のどれかに宿ります。そして単独な人間のあり方は、それがどのような形をとろうとも、定義からして無能なものなのです。

このように思考のプロセスは単独であるか、双数的なものですが、思考においてわたしは一人でありながら、二人に分裂して考えざるをえないという意味では、そこにすでに複数性が孕まれているのです。しかし人間の複数性という視点からみると、この〈一人における二人〉は、〈ともにあること〉の最後の痕跡のようなもので、わたしはみずから一人であっても二人であるのですし、二人であることができるのです。その重要性は、わたしたちが複数性をまったく予測していないところでも、複数性をみいだすということだけにあるのです。しかし他者という視点からは、これはごく周縁的《マージナル》な現象にすぎません。

こうした問題を考えてみると、否定的で周縁的な性格をおびたソクラテスの道徳性が、ボーダーラインの状況において、すなわち危機において、緊急事態において機能する唯一の道徳性である理由が、理解できると思います。前五世紀の最後の三〇年間と前四世紀のアテナイのように、あるいは一九世紀の最後の三〇年間と二〇世紀のヨーロッパのように、もはやどんな道徳的な基準もなくなった状況では、ソクラテスの示した実例しか残されていなかったのです。ソクラテスは最大の哲学者ではなかったかもしれませんが、それでも卓越した哲学者ではありました。

そしてこの哲学者は思考するだけでなく、異様なまでに思考することを好み、同時代の多くの市民からみても、ソクラテスの思考することへの熱意は、常軌を逸していたほどでした。そしてソクラテスにとっては、思考の道徳的な副産物はそれほど重要なものではありませんでした。ソクラテスはみずからをより善い人間にするため、または他者をより善い人間にするために、物事を吟味したのではありません。ソクラテスに疑念を抱いていた同時代の市民たちが「吟味に日を送ることも、哲学することもやめるならば、放免してやろう」と言ったとすれば、ソクラテスはつねに彼らしい答えをするのでした。「わたしは諸君をたいへん敬い愛してはいるが、……息の根があって、力の及ぶ限りは、哲学をして、諸君に忠告し、……そのたびにわたしの考えを示してやることを、断じてやめないだろう」と。(62)

良心と道徳性

さて良心の問題にもう一度立ち戻りたいと思います。最近のわたしたちのさまざまな経験から、そもそも良心というものが存在するのかどうか、疑問とされてきたのです。良心とは、理性と議論を超えて感じとる方法であり、感情の力で善と悪について知る方法であるとされてきました。ところでこうした感情が実際に存在すること、人々は罪を感じたり、無実であることを感じたりするのは、疑いの余地のないことと確認されています。しかし残念なことに、こうした感情は、善と悪についての信頼できる指標ではありませんし、実のところそもそも指標となりうるものでもないのです。

古い習慣と新しい命令が対立した場合、たとえば「殺してはならない」という古い習慣と「殺せ」という新しい命令が対立した場合に、罪の感情は生まれます。しかしその正反対の場合、すなわち古い習慣では「殺せ」と命じていたのに、新しい道徳性が「殺すな」と命じ、すべての人がこれをうけいれた場合にも、これにしたがわないと罪の感情が生まれるのです。ということは、こうした罪の感情は道徳性によって生まれるのではなく、習慣や命令に適合するかどうかによって生まれるということです。

すでに指摘しましたように、古代においては良心という現象は知られていませんでした。良心という〈器官〉が発見されたのは、人間が神の声を聞くようになってからです。そしてその後に、世俗の哲学がこの〈器官〉を再発見したのですが、この〈器官〉の正統性には疑問が抱かれてきました。宗教的な経験の領域では、良心の対立というものはありません。神の声は明確であり、これにしたがうかどうかだけが問題とされます。ところが世俗的な意味での良心の葛藤は、わたしと自己の間での省察の問題にすぎません。この対立は感情によってではなく、思考によってしか解決できないのです。しかし良心とはわたしが自分と対立しないでいることであり、これが思考のために必須の条件である限りでは、現実的なものです。ただし良心は、「わたしにはそれはできない」とか「わたしはそれをしたくない」と語るだけです。良心はみずからの自己にかかわるものであり、そこから行動のための刺激は生まれないのです。(9)

道徳性の空虚さ

ところでこの厳密に哲学的な道徳性の考察という視点から、悪の問題がどのようにみえるかは、すでにいくつか指摘しておきました。自己との関係と、わたしと自己との思考における交わりという観点からみると、悪とは形式にかかわるものであり、内容のないものです。カントの定言命法の内容のなさと形式主義は、批判者から激しく攻撃されることが多かったのです。カントは、普遍的に妥当な法として表現することのできないあらゆる格律は間違っていると主張しましたが、これは〈わたしがその行為者とともにいることができないようなすべての行為は間違っている〉という［ソクラテスの］文と同じように、内容が欠如しているのです。

しかし［ソクラテスと］カントの表現を比較してみれば、カントの表現のほうが形式主義的でなく、はるかに厳密にみえます。盗みと殺人、詐欺と偽証は、同じ強さで禁じられています。殺人者とともに生きるよりも、盗人とともに生きるほうがましであるかどうかという問題、そして詐欺師とともに生きるほうが、偽証した人とともに生きるよりもはるかにましであるかどうかという問題は、提起されてもいません。

この違いが生まれた理由は、カントは道徳性と適法性を明確に区別すると繰り返し強調しているのですが、実際にはこの二つをそれほど区別していないことにあります。カントは道徳性がいかなる介在もなしでそのまま法律の源泉となることを望んだのであり、人間がどこにあっても、何をしても、みずからにたいする立法者となり、完全に自律した人物となることを望んでいたのです。カントの表現では、人間が盗人となるか、殺人者となるかは、同じ悪によるものであり、人間の本性にみられる致命的な弱さという同じ原因によるのです。人間が犯してはならない罪を列挙しながら、その間にいかなる段階づけもしていない別の（もっと重々しい）実例があります――十戒です。これも土地の法律の基礎となると考えられていたのです。

最初にご紹介したソクラテスの三つの表現の一つ、「悪しきことをなすよりも、悪しきことをなされるほうがましである」を考えてみると、カントと同じように悪の程度については奇妙なまでに無関心であることがわかります。しかしソクラテスの第二の基準、すなわちみずからとともに生きることができるかどうかという基準を追加してみると、この無関心さは姿を消します。これは法的な原則ではなく、純粋に道徳的な原則だからです。行為する者の視点からは、「わたしにはこれはできない」と言うことができるだけです。そしてそれを行為した後であれば、「わたしはこれをなすべきではなかった」と言えるだけです。これは行為者が以前に悪しきことを行ったが、致命的な結末は生じていないことを示しています。

この時点では悪しき行為の程度が区別されているようにみえます。処罰や赦しによって、わたしたちが〈折りあい〉をつけることができるか、排除することのできる日常的な悪しき行為と、「これは決して起きてはならないことだった」としか言いえない悪しき行為は区別されているようです。そしてここから、こうした行為をなした者は生まれるべきではなかったという結論まではあと一歩です。明らかにこの区別は、ナザレのイエスの有名な区別とよく似ています。イエスは「一日に七度」赦せと言われた罪を犯した者と、「大きな石臼を首に懸けられて、深い海に沈められる方がまし」だった罪を犯した者を区別したのでした。

スカンダロンと二つの実例

イエスのこの言葉については次の二つのことが重要です。というのは、ここでこの罪に使われている言葉は躓きの石（スカンダロン）ですが、これはもともとは敵のためにかけた罠を意味しました。イエスはヘブライ語で躓きの石を意味する mikhshol または zur mikhshol に相当する言葉として使っています。たんなる悪しき行為と致命的な躓きの石とのこの区別は、微罪と重罪についての現在の区別を超えたものを示しています。たんなる悪しき行為とは違って、こうした躓きの石をわたしたちの道からとりのぞくことはできないことが暗示されているのです。

　またこの表現では、生まれないほうがよかったのは、その者にとってであることに注目していただきたいと思います。これは一貫性が欠けているようにみえるかもしれませんが、そんなことはないのです。この言葉は、罪を犯した者がみずからを滅ぼしたかのように読めるのです[63]（そして罪の性格については、これが克服しえない障害物であることしか示されていません）。

　このように、悪の性格についての考察において、わたしたちが洞察をえることのできるわずかな数の表現に固有の帰結にどれほどこだわろうと、次のことだけは否定できません。こうした表現で提案されているすべての基準は、あくまでも個人的で、いわば主観的な性質のものなのです。これはわたしの考察においてももっとも異議の提示されうるところであり、次回の講義で判断の性格について考察する際に、この問題に立ち戻るつもりです。

　本日の講義では、いわば弁明として、まったく別の種類の人物が、別の文脈において同じ思想を表現している二つの例をご紹介しておきたいと思います。この人物の違いから、わたしが暗黙のうちに目指しているものが明らかになるかもしれません。最初の表現はローマ時代のキケロのもので、第二の表現は一四世紀の偉大な神秘思想家であるマイスター・エックハルトのものです。

キケロは『トゥスクルム荘対談集』で、ある問題について哲学者たちの対立する議論を検討しています（その問題がどのようなものかは、ここでは立ち入りません）。そしてキケロはどの哲学者の議論が正しく、どの議論が間違っているかを決定しようとして、急に、そしてまったく予想に反して、別の異なる基準を提示します。客観的な真理はどれかという問いを放棄して、ピュタゴラス派の哲学者とプラトンの見解のどちらを選択するかを迫られて、「神かけて、これら人々の真なる見解をうけいれるよりは、プラトンとともに迷うほうを選ぶ」と語るのです。そして対話の相手にこれを認めさせて、この点をふたたび強調します。プラトンとともにであれば、迷って途方に暮れてもまったく構わないと[64]。

このキケロの主張は議論を呼ぶものですが、この驚くべき申し立てよりもさらに異端的に聞こえるのが、エックハルトの主張です。記録されたいわゆる説教において（実際には説教というよりも逸話ですが）、エックハルトは乞食でありながら、きわめて幸福な男にであったとされています。議論はさまざまに展開されますが、最後に乞食の男に、もしも地獄にいるとしてもそれでも幸福なのかと尋ねます。その乞食は、自分が幸福なのは神への愛をもっているからだと語りながら、自分は愛するものとともにいるという前提のもとで、「もちろんです。神なしで天国にいるよりも、神とともに地獄にいるほうが幸福です」と答えるのです。[65] この二つの実例では、キケロもエックハルトも真理、報い、彼岸での処罰などの客観的な基準ではなく、自分がともにいたい、またはともに暮らしたい人物という「主観的な」基準を採用しているのです。

人格の喪失

悪の性質の問題にこれらの実例をあてはめて考えてみると、問題なのは行為そのものやその最終的な結果ではなく、行為者の定義と、行為の方法にかかってくることが明らかになります。現代の西洋の法的な体系においても、誰が何をしたかという客観的な問いから、行為者は誰かという主観的な問いへの移行が起きているのです。もちろん現代の法律でも、ある行為について誰かを裁くのですが、もしも殺人者が赦免された場合には、もはやその行為について問われることはありません。赦免されたのは殺人という行為ではなく、殺害した人物であり、さまざまな状況と意図における殺人者の人格なのです。ナチスの犯罪者の裁判で困惑が生じたのは、これらの犯罪者たちがすべての人格的な性質を自主的に放棄していて、まるで罰する人も赦免すべき人も残されていないかのようだったからです。ナチスの犯罪者たちは、みずから自主的に行ったことは何もないこと、善にせよ悪にせよ、いかなる意図もなかったこと、たんに命令にしたがったにすぎないことを繰り返し強調して、処罰に抗議したのです。

言い換えると、犯された最大の悪は、誰でもない人によって、すなわち人格であることを拒んだ人によって実行されたことになります。これらの問題を考察する概念の枠組みにおいては、自分が何をしているかをみずから思考することを拒んだ悪人、後になって自分のなしたことを回顧することを拒み、過去に立ち返って自分のしたことを思いだすこと(これがヘブライ語の teshuvah、悔悛です)を拒む悪人は、自分を〈誰か〉として構築することに失敗したのです。これらの犯罪者は、〈誰でもない人〉でありつづけることによって、他者とのつきあいにふさわしくないことを証明したのです。他者とは、善きにせよ、悪しきにせよ、あるいはそのどちらでもないにせよ、少なくとも人格ではあるのです。

新しい二つの問い

これまで確認してきたのはすべて否定的な結論です。わたしたちは行為ではなく活動について検討してきました。そして究極の基準は、他者との関係ではなく、みずからの自己との関係でした。そこでこれからは、活動とは異なる意味での行為に、そして自己との交わりとは異なる意味での他者とのかかわりに注目したいと思います。このどちらについても、道徳だけに問題を限定しましょう。すなわち人間の単独性にあくまでも着目しようと思います。そして政治体や政府の構成、自国の法律にたいする市民の支持、または同時代の市民たちと協力して共通の事業を実行する行為など、政治的な問題にはかかわらないようにします。

ですから今回の講義で語りたいのは、公的な場で行われない非政治的な行為についてであり、他者との非政治的な関係についてです。この他者との非政治的な関係とは、〈友〉のような他なる自己との関係でもなく、あらかじめなんらかの世俗的な関心を共有している人々との関係でもない他者との関係です。そしてこの講義では、二つのたがいに関連のある現象に注目したいと思います。最初の現象は意志であり、これは西洋の伝統では人を行為へと動かすものです。第二の現象は、悪を防ぐ方法という否定的な意味ではなく、まったく肯定的な意味での善の性格の問題です。

意志の概念

すでに申しあげましたように、意志の現象は古代では知られていませんでした。しかし意志の歴史的な起源の問題を検討する前に、人間のほかの能力と比較して意志がどのような機能をはたすのか、簡単に要約してみたいと思います。まず目の前に苺を載せた皿があって、わたしが苺を食べたいと望むと考えてみてください。この欲望はもちろん古代においてもよく知られていました。欲望とは、わたしが外部にある何かに惹かれることを意味します。これは自然な現象で、それほど高次のものではなく、どちらかといえば人間の動物的な部分に属するものです。古代の哲学者たちは、わたしがこの欲望に屈するかどうかは理性が決定すると考えました。

たとえばわたしが苺アレルギーを起こす体質だとしましょう。するとわたしの理性は、苺の皿に手をださないように戒めるのです。それでもわたしが苺を食べてしまうかどうかは、わたしの欲望の強さと、理性が欲望に及ぼす力の強さによって決まります。わたしが苺を食べてしまうとすれば、それはわたしにはまったく理性が欠けているか、わたしの欲望が理性よりも強いからです。理性と情熱という周知の対比と、理性が情熱の奴隷であるか、それとも情熱は理性の制御のもとにあるべきであり、制御しうるものであるかという問いは、人間の能力の階層構造という古い図式的な観念にまでさかのぼるのです(10)。

意志の能力がかかわってくるのは、この理性と欲望が対立する場面です。かかわってくるというのは、欲望も理性も廃絶されることはなく、低い地位に落とされることもないからです。欲望も理性もそのままで力を維持します。しかしここで新たな事実が発見されます。人間のうちには、理性の掟にイエスと答えることも、ノーと答えることもできる何かが存在していること、わたしが欲望に屈するのは、知識の欠如によるものでも、弱さによるものでもなく、第三の能力である意志によるものだということです。理性だけでも、欲望だけでも決めることができないのです。というのは、「欲しさえしなければ、魂は動かされることはない」からです[66]。これが新たな発見の核心です。

わたしは欲望の対象のたんなる魅力に抗することを決めることができるのと同じように、

理性の慎重な助言にしたがわないと決めることもできるのです。そしてわたしが何をするかを決定するのは、理性でも欲望でもなく、この意志なのです。ですからわたしは自分が欲望しないものを意志によって求めることができるのですし、理性が正しいと告げることを否定し、これに意識的に抵抗することもできるのです。そしてすべての行為において、この〈わたしは意志する〉と〈わたしは意志しない〉が決定的な意味をもつのです。

意志は理性と欲望の調停者であり、この役目においては意志だけが自由なのです。またすべての人間に共通なものを明らかにするのが理性であり、すべての生物に共通なものを明らかにするのが欲望です。しかし完全にわたしだけに固有なものは意志なのです(11)。

自由の発見

この簡単な分析からも、意志が発見されるためには、自由が政治的な事実としてではなく、哲学の問題として発見される必要があったことは明らかでしょう。キリスト教が登場した後のすべての哲学と宗教の思想にとって、これほど巨大な役割をはたすことになる自由の概念、とくに意志の自由の概念が(12)、古代哲学ではまったく問われていないとは、なんとも奇妙なことと言わざるをえません。しかしこの奇妙さは、自由のいかなる要素も、理性のうちにも欲望のうちにも存在しえないことを考えてみれば、すぐに解消されます。理性とはわたしに訴えて、わたしを説得しようとしたり、強制しようとしたりするものです。

そして欲望は、外部からわたしに影響するすべてのものにたいして、わたしがある望みをもって反応するものなのです。

古代哲学における自由とは、〈わたしはできる〉と堅く結びついていました。「自由であること」というのは、自分の望むことをなしうるということでした。たとえば全身が麻痺して移動の自由を失った人や、主人の命令にしたがっている奴隷を考えてみてください。こうした人も、意志の力をもっているかぎりは自由であるというのは、言葉の矛盾に思えるかもしれません。後期のストア派の哲学者、とくに解放奴隷のエピクテトスにおいては（最初のキリスト教の思想家といえるパウロと同時代の哲学者です）、外的で政治的な状況とはかかわりのない内的な自由の問題が繰り返し提起されていますが、それは欲望から意志へ、〈わたしはそれができる〉から〈わたしはそれを望む〉に問題が移行していることを示すものではなく、わたしの欲望の対象における移行がみられるだけなのです。

もしもわたしが奴隷であっても自由であろうとするには、自分の欲望を訓練して、わたしが手にいれることのできるもの、わたし自身に依存しているもの、わたしの権限のうちに所属するものだけを望むようにする必要があります。この解釈では、全身が麻痺した人も、自分の四肢を使うことを望みさえしなければ、ほかの誰とも同じように自由なのです[13]。

エピクテトスの例をだしたのは、誤解を避けるためです。エピクテトスに代表されるような自由の内面化は、〈わたしはそれができる〉の対象を、現実の領域からわたしの内的な生の領域に制約することです。これはまさに現実とはかかわりがないためにその可能性においては無限ですが、ここで検討している問題とは共通するところがほとんどないのです。ニーチェがキリスト教を批判して語ったことの多くは、古代哲学の最後の段階だけにあてはまるものです。エピクテトスは、ルサンチマンを抱いた奴隷のメンタリティの好例として理解することができるでしょう。主人に「おまえはこれができず、あれもできないから自由ではない」と言われて、「わたしはそんなものを望みもしません。だから自由なのです」と答えるのです。

自己から他者へ

エリック・フォーゲリンだったと思いますが、プラトン以前にはわたしたちが「魂」と呼んでいるものはまったく知られていなかったと語ったことがあります。それと同じ意味で、考えられるかぎりの複雑な内容を伴う意志の現象は、パウロ以前に知られていなかったと言いたいと思います。そしてパウロによる意志の発見はナザレのイエスの教えと、きわめて密接に結びついていました。前に「汝自身のように隣人を愛せ」というイエスの言葉を紹介しました。しかし福音書におけるこの言葉は、実際には旧約聖書からの引用なのです。この教えの起源はキリスト教ではなく、ヘブライの宗教にあるのです。

この言葉を引用したのは、ここでもわたしが何をなすべきか、何をなすべきでないかを決定するための究極の基準が、やはり自己にあることを示すためでした。しかし一方でイエスはこの基準に反して、「敵を愛し、自分を迫害する者のために祈りなさい」（『マタイによる福音書』五章四四）と語っていることも記憶しておられると思います。イエスは、昔からのすべての掟と命令をさらに過激なところまで進めながら、この教えを語ったのでした。少し前のところでは次のように語っています。「あなたがたも聞いているとおり〈姦淫するな〉と命じられている。しかし、わたしは言っておく。みだらな思いで他人の妻を見る者はだれでも、既に心の中でその女を犯したのである」（同、五章二七～二八）。そしてこの言葉も、他の言葉と同じように、ユダヤ教の教えにとって異質なものではありません。イエスは戒めをたんに強めただけなのです。

また「汝の敵を愛せ」という命令についても同じことが言えます。旧約聖書でも同じような戒めが語られているのです。「あなたを憎む者が飢えているならパンを与えよ。渇いているなら水を飲ませよ」（『箴言』二五章二一）。イエスの言葉との違いは、『箴言』では次のように語られるのですが、イエスはこれを省いているだけです。「こうしてあなたは炭火を彼の頭に積む。そして主があなたに報いられる」（ところでパウロはこの部分を『箴言』から文字どおり引用します）[67]。イエスはたんに「あなたがたの天の父の子となるためである」とつけ加えるだけです。

ところでこのように表現された「敵を愛せ」は、旧約聖書の掟をたんに強めたものではありません。そのことは、同じ文脈で語られた言葉をいくつか想起してみれば明らかになるでしょう。「求める者には与えなさい」（『マタイによる福音書』五章四二）とか、「あなたを訴えて下着を取ろうとする者には、上着をも取らせなさい」（同書、五章四〇）などです。このようなふるまいかたの勧めほど、わたしとわたしの自己との交わりがもはや決定的な行動基準ではなくなっていることをはっきりと示すものはないと思います。こうした勧めの目的は、悪しきことをなすよりも、悪しきことをなされるほうがましだということにはありません。まったく違うことが意図されているのです。その目的は他者に対する善であり、その唯一の基準は他者なのです。

　ここには奇妙なほどの自己の喪失があります。神と隣人のために自己を消滅させようとするこの意図的な試みは、キリスト教の倫理と呼ばれるに値するもののまさに核心なのです。そして現代でも善であることは、無私であることと考えられています（そしてわたしたちはそこから、邪悪さと利己心は同じものだと結論したのでした。この結論は愚かなものだと思いますが）。そしてここに、ソクラテスが思考の活動を愛したのと同じように、善なる行為を愛したイエスという人物の真の経験の遠い残響が聞こえるのです。ソクラテスは、自分が叡智を愛するのは誰も叡智をもっている人などいないという事実にしっかりと根を降ろしているのを知っていました。同じようにイエスも、自分が善を愛するのは、善なる人などいないという事実に基づいていることを、しっかりと確信していたのです。「なぜ、善いことについて、わたしに尋ねるのか。善い方は［天におられる父］おひとりである」（『マタイによる福音書』一九章一七）。

　思考のプロセスは〈一人のうちに二人〉なしでは考えられず、この分裂において自己が現実のものとなり、了解されているのでした。しかしそれとは反対に、善をなすのが可能なのは、自分が善をしているのを了解していない場合にかぎられます。「右の手のすることを左の手に知らせてはならない」のですし、「あなたは施しをするときには、偽善者たちが人からほめられようと会堂や街角でするように、自分の前でラッパを吹き鳴らしてはならない」のです（『マタイによる福音書』六章二～三）。善をなす場合には、わたしはいわば自己から不在でなければならず、わたしが自分の善を目撃しないことが望ましいのです[68]。

この意味では、そしてすでに孤独について検討してきた意味では、善をなすことを愛するようになった人は、きわめて孤立した生涯に入ったのです。その人にとっては、ともにあり、証言をしてくれる人は、神しかいないのですから（キリスト教の信徒だとしてですが）。たんに悪をなすことを避けるという消極的な試みだけではなく、善をなすというすべての積極的な試みにおいても、このような激しい孤立がつきまとうのです。道徳哲学から、神とすべての宗教的な掟を排除することに細心の注意をはらっていたカントですら、ほかの形では確認することもみつけることもできない善なる意志の証人として、神をもちださざるをえなかったのです。

パウロの意志の概念

さて、ソクラテスの主張の異例なほどに逆説的な性格と、習慣と伝統のために、こうした言葉に誰も耳を傾けなくなってしまったことについて、簡単にご説明してきました。イエスの教えにおいて、古いヘブライの掟がどれほど根底的《ラジカル》なものとされているかについては、これをさらに強調しておく必要があります。イエスが、彼にしたがう使徒たちに与えた緊張は、おそらく耐えがたいほどのものだったでしょう。わたしたちがこの緊張をもはや感じないのは、イエスの教えをわたしたちが真面目にうけとめなくなったためだけなのです。イエスの教えの緊張を誰よりも強く感じていたのは、おそらくキリスト教に突然に改宗した後のパウロでしょう。

キリスト教を作りだしたのは、ナザレのイエスではなく、タルソスのパウロであるという主張は何度も繰り返されてきました。たしかにキリスト教の哲学を創設したのはパウロであり、パウロこそが自由の問題と自由な意志の問題を特異な形で強調したのでした。自由の問題についてのパウロのもっとも重要な文章は、『ローマの信徒への手紙』であり、とくに中世を通じて、この文章は議論の中心となってきました。有名な第七章は律法についての議論で始まり、神の恩寵によって人間が救われる必要性についての議論で終わります。律法を採用するにあたっては、人間が意志をもっていることが前提になります。すべての「汝、なすべし」という掟に、信者たちは「そういたします」という言葉で応じたのです。ご存じのように律法によって人は善と悪を区別することができます。「律法のないところには違犯もありません」（同書、四章一五）。こうして「律法によっては、罪の自覚しか生じない」（同書、三章二〇）のです。

たしかに律法は善と悪を明確に区別するものですが、それだけでは目的を実現することはできません（これがその後の議論の前提となります）。パウロは『詩篇』を引用しながら、「悟る者もなく、神を探し求める者もいない。……善を行う者はいない。ただの一人もいない」（同書、三章一一～一二）と語ります。どうしてそうなったのでしょうか。パウロはみずからを例としながら、次のように説明します。みずからは「律法を善いものとして認めている（シュンフェーミ）」のですし、さらに善を行いたいと望んでいることを知っているのですが、それでも「わたしは自分の望んでいないことをする」のです。「わたしは自分の望むことを行わず、自分の望まないことを行っている」。こうして「わたしは自分の望む善は行わず、望まない悪を行っている」（同、七章一九）のです。

このことからパウロは次のように結論します。「善をなそうとする意志はあるが、その善を（わたしたちはここに「行いたいのに」とつけ加えることができるでしょう――アレント）なすための方法がわからない」。そしてパウロは、自分が望むことを実行できないのは、人間が魂と肉に分裂しているためだと考えます。「わたしの五体にはもう一つの法則があって心の法則と戦」っているのであり、「わたし自身は心では神の律法に仕えていますが、肉では罪の法則に仕えている」と考えるのです。

意志の無力

この文章は、真剣に検討する価値があるものだと思います。この文章が示しているのは、行動するためのすべての刺激をもたらす強力な装置とみなされたこの意志の力が発見されたのは、じつは意志の無力においてであるということなのです。わたしが自分の欲望を認識していて、しかも欲望を抑えようとしながらも、それでも「わたしには抑えることができない」と言わざるをえない状況を経験することで、この意志の力が発見されたのです。

　こうして意志についてわたしたちがまず学ぶのは、「わたしは［欲望を抑えようと］意志するが、それでも［欲望を抑えることが］できない」という状況があることです。この〈わたしは意志する〉は、〈わたしはできない〉という経験で圧倒されてしまうわけではありません。でも意志しつづけていても、いわば意志しつづけるほどに、意志だけでは不十分であることが明らかになってくるのです。

　ここに登場した意志は、知っている心と欲望する心の間で調停するもの《アルビテル》であり、選択意志（リーベルム・アルビトリウム）です。調停者としての役割において、意志は自由です。意志はみずからの自発性のもとで決定するのです。一三世紀の哲学者であるドゥンス・スコトゥスは、アクィナスに反論して、人間のすべての能力のうちで意志が至高の能力であると主張しました。「意志だけが、意志において望むもののすべての原因である」[69]のです。このように意志は自由ではありますが、肉なる人間は、自由という能力をもちながらも、まったく自由ではないのです。人間には、自分の意志することをなす強さがないのです。人間のすべての罪と違反は、弱さとして、微罪または赦すことのできる罪として理解することができます（聖霊にたいして、死に値する罪を犯した場合は除きます）。

さらにスコトゥスは、すべての哲学者に抗して、霊的な人間もまた自由ではないと主張します。〈わたしはできる〉だけが自由であるならば、肉なる人間も霊的な人間も、どちらも自由ではないのです。肉的な人間は、欲望に強制されるために〈できない〉ので、自由ではないのですし、霊的な人間は、真理によって強制されるために、悪しきことを行うことは〈できない〉ので、同じく自由ではないのです。ここではすべての〈わたしはできる〉は、〈わたしはしてはならない〉を想定していることになります。

この意志という現象の最初のであいについては、〈わたしは意志するのに、できない〉という表現に注目しておきましょう。そして意志がみずからのうちに生じさせるこの最初の分裂は、思考における分裂とはまったく異なるものであることに着目しましょう。意志における分裂は、思考の分裂とは異なり、平和的なものではありません。わたしと自己との対話ではなく、死にいたるまでつづけられる過酷な闘いなのです。また意志の無力も注目に値します。そして人間のあらゆる能力のうちで、もっとも〈貪欲な〉能力である意志に注目したのがニーチェであるわけも、推察できるようになります。ニーチェは〈力への意志〉という概念で、この全体の動向を最高の力をもって擁護した最後の哲学者と言えるでしょう。

意志の問題についてのこの最初の段階の考察を閉じるにあたって、アウグスティヌスから二つの文を引用しておきましょう。『告白』からと書簡からです。パウロがはっきりと示したように、アウグスティヌスは「しようと「欲する」ことがすなわち「できる」ことではありませんでした」ということを確認します。[70] そして書簡では、「人間に意志がなければ、律法は掟を定めることができない。意志に十分な力があれば、恩寵の意味がない」[71]と語っています。

アウグスティヌスにおける意志の哲学

意志の問題の第二段階は、アウグスティヌスの哲学で展開されます。パウロの表現を超えて、アウグスティヌスは決定的な一歩を進めます。パウロは人間が魂と肉に分裂しているために意志という難問が発生すると考えたのですが、アウグスティヌスは、意志が捉えられる罠はこの分裂から生まれるものではないことを洞察したのです。意志そのものは心的な能力であり、身体に関しては絶対的な力をもっているのです。アウグスティヌスは「精神が身体に命令すると、身体はただちにしたがうのに、精神が自分に命令すると、さからうとは」[72]と指摘しています。このように、パウロが絶望した人間の肉という現象については、アウグスティヌスは意志の力をしっかりと信じているのです。「意志それ自身ほどわれわれの権能のうちにあるものは、ほかにない」[73]ということになります。

そしてパウロが語っていたのも、この意志がみずからに抵抗するという現象でした。意志には「部分的には意志し、部分的には意志しない」という本性があるのです。意志がみずからに抵抗するのでなければ、命令をだして、服従を要求する必要はないでしょう。「しかしながら精神は、この場合、全心をあげて意志したのではなく、したがってまた、全心をあげて命令したのでもありません。じっさい、精神は、意志する度合いにおうじて命じますが、意志しない度合いにおうじて、命じたことは実現しません。……もしもそれがまったき意志であったならば、意志がおこるようにと命ずることもなかったでしょう。なぜならば、この場合には、意志はもうすでにおこってしまっているはずですから。それゆえなかば意志しながらなかば意志しないということは、奇怪なことでもなんでもなくて、じつは精神の病にほかなりません。……そこで二つの意志が存在することになります[74]……」

ということは、意志そのものが二つに分裂しているのです。なかば善を意志し、なかば悪を意志するだけではなく、わたしのうちに二つの対立する原則が競いあっていて、わたしはその争いの戦場であるかのようです。「両方の意志が悪である」場合にも、同じことが起こります。同じ人が、劇場に行きたいと望み、またサーカスに行きたいと望み、また他人の馬を奪いたいと望み、また姦淫を犯したいと望み、しかもこれらのどの悪も、実行できる機会が与えられているとしましょう。その場合には四つの対立する意志が同時に競いあうことになります。

この実例でもほかの多くの実例でも、この意志は思案に近いものとなること、そして思案は意志とは同じではないことを指摘しておく必要があります。しかしアウグスティヌスが『告白』の第八巻で試みているように、意志の至高性という前提に基づいて人間のすべての心的な能力を検討してみると、思案は意志の一つの形式として登場することになります。「いずれをまずとろうかと思案する場合、いくつかの異なる意志が人間の心をいろいろ異なる方向にひっぱるのではないでしょうか」[75]。明らかにこのような「ひっぱりあい」においては、意志そのものが三つ、四つ、あるいはもっと多くの部分に分割されて、身動きがとれなくなります[14]。

意志の分裂の特徴

次回の講義では、この問題についてさらに考察を進めたいと思いますが、今回は次の点だけを確認しておきましょう。ここで発見された意志という人間の能力は二つに分裂しているのですが、それは人間の本性の異なる部分と対立しているからではなく、その本性として〈一つにおける二つ〉としてしか存在しないからです。しかし意志そのものにおける分裂は、思考の場合のような対話ではなく、〈競いあい〉です。

もしも意志が一つであれば、命令する相手はどこにもいないことになるのですから、意志というものは余計なものになるでしょう。ですから意志がもっとも重要な現れかたをするのは、ほかのものに命令を与えるときです。そしてほかのものが、この意志の命令にしたがわない場合には、意志はその抵抗を許すか、あくまでも服従を求める必要があります。

思考における対話の場合には、二つの対等なパートナーの間に分裂が発生したのですが、意志においては命令する者と服従する者の間で分裂が起こるのです。

そして服従することを望む者はいませんし、意志はそれじたいにおいて分裂していて、みずからの命令を実行させるために外部の力や意志よりも上位にある力を利用することはありません。ですから意志への抵抗がいつでも非常に強くなるのは、ごく自然なことでしょう。また思考の活動では、精神は二つに分裂していますが、この分裂には対話という形がもっとも適したものになるでしょう。しかし意志の場合には、まったく状況が違います。意志は人間を行為させるものであり、行為する目的においては人間は〈一人〉でなければならないことを強調しておきたいと思います。ですから行動するためには、意志がみずからに抵抗する形で分裂していることは、あまり好ましくないわけです。ところが思案するという課題をはたすには、心がみずから分裂していることは好ましいことです。それではこのようなありかたをしている意志は、どのような善をなすことができるでしょうか。そして意志することなしに、人間はどのようにして行動へと進めるというのでしょうか。

思考

これまでソクラテスの道徳性について考察してきたところでは、消極的な成果しかえられず、わたしたちが悪をなすことを防ぐ条件だけが解明されたのでした。たとえ世界全体と対立しようとも、みずからと対立しないようにすることが、悪をなすことを防ぐ条件でした。このソクラテスの考えは、理性に基づいたものです。この理性は思考する活動であり、好みのままに自由に行使できるたんなる知性ではありませんし、省察でもありません。省察とは、あらわになったか啓示された真理を、〈心の眼〉でみることのできる能力であり、思考する活動としての理性に依拠しているのです。そしてこの思考という活動からは、行動するための刺激はまったく生まれないのでした。

この〈みずからと対立しないこと〉という原則は、疑う余地のない妥当なものであり、実践においても重要であるのはたしかですが、ここで明らかになるのは、この原則が意味をもつのは、緊急な状況や危機の時代においてだということ、わたしたちが追い詰められた状況においてだということです。この原則がこうした異例な状況やボーダーライン的な状況における掟であるからといって、思考という営みもまたこの種のものであると言いたいわけではありません。思考の道徳的な側面は、思考というプロセスそのものにとってはそれほど重要なものではないのです。思考は孤独な場で営まれるので、他者とともに行動するための積極的な掟を示すことはできないものなのです。

そこでこの講義では思考ではなく、〈意志〉という人間の別の能力について考察を進めてきました。意志という概念は、宗教的な文脈で発見されてからというもの、すべての行動の原因であるという名誉を与えられてきましたし、何を〈しない〉かだけでなく、何を〈する〉かを決定する力があるとされてきたからです。そして、思考の活動に基づいたソクラテスの道徳性は、主に悪を避けることにかかわるのにたいして、意志の能力に基づくキリスト教の倫理は、善をなすこと、善を遂行することだけを重視するものであることに注目してきました。さらに悪をなすことを避けるというソクラテスの道徳性において究極の基準となるのは、他者ではなく自己であること、わたしとわたしの自己との交わりであることにも注目してきました。すなわち自己と矛盾しないことという掟が最終的な基準となるのですが、この基準は「矛盾律として」論理学においても妥当するものであり、カントがキリスト教的でない世俗的な道徳性を確立する際にも、この基準が重要な役割をはたしたことを確認してきました。

これにたいして、積極的に善をなすための究極の基準は、〈無私〉であり、自己に対する関心を捨てることにありました。このような重点の移行が行われたことは驚くべきものですが、こうした移行が行われた理由は、愛する対象が自己から隣人に移動したためですし（たとえ敵であっても隣人です）、さらに誰も自分がなしていることを認識しながら善をなすことはできないという単純な事実にありました。「右の手のすることを左の手に知らせてはならない」からです。

このように善をなす場合には、二つに分裂していること、思考の活動に顕著にみられる〈一人のうちの二人〉であることは許されないことなのです。少しおおげさに表現すると、わたしが善をなそうと願うならば、わたしは自分がしようとしていることについて考えてはならないということになります。この問題は当初は宗教的な文脈で考察されたのですが、ここでこの問題を宗教とは別の分野で考察するために、きわめて美しく、きわめて典型的なニーチェの文章を引用しておきましょう。この問題についての考察の最後の残響のように聞こえる言葉です。

> いともやさしい質《たち》の出来事でも、粗野な行為によって、これを埋《うず》めてわからなくしてしまう方がいいものがある。愛や途方もなく寛大な行為でも、そのあとでは、棍棒をとって目撃者をさんざんに殴りつけ、こうしてその記憶を曇らせてしまうにこしたことのないようなものもある。たいていの人は、自分の記憶を濁らせたり虐待したりして、この唯一の関知者に復讐するすべを心得ている。羞恥は工夫の才にたけているのだ。人がもっとも深く恥じいるのは、自分のなした最悪の行為だとかぎらない……。何か高価なもの、傷つきやすいものを隠しもっている人は、重い〈たが〉をはめられた緑色の古いワイン樽のように、まるまるとして姿が荒っぽく、人生を転げてゆくものだ……[76]

ソクラテスの悪の定義

またこれらの問題の背景として、わたしたちはこれまでソクラテスの考え方と、ナザレのイエスの教えと生き方に基づいて、悪を定義しようと試みたのでした（まだそこにいたるほどに考察を深めていないかもしれませんが）。ソクラテスによると、悪とはもしもわたしがそれを行ったならば、自分を耐えがたく思うようなものでした。悪をなした者とは、交わりを結ぶべきではないのであり、その者は自己との間でも、交わりを結べなくなるのです。引用されることの多いニーチェの有名な文章にも、ほぼ同じ考え方がみられます。「〈これはわたしがやったことだ〉とわたしの記憶が言う。〈そんなことをわたしがやったはずがない〉とわたしの自負が言い、そして頑としてゆずらない。ついに記憶が譲歩する[77]」

このニーチェの文章では、記憶された悪行と理性の対立という古い構図を解決するために、記憶の〈抑圧〉がもちだされますが、わたしたちはこの解決策は採用しないことにしましょう。古代の魂には、こうした〈抑圧〉のようなものは棲みついてはいなかったからです。わたしたちにとって決定的に重要なのは、記憶という能力が悪をなすことを防ぐ力があるということです。

さてすでに確認しましたように、この悪の定義は次の二つの意味で、きわめて主観的なものでした。第一にわたしが人格としての健全性を失わずに行うことができるとされているものは、人によって、国によって、時代によって異なります。さらにこの問題は、「客観的な」基準や規則によって決まるのではなく、わたしが誰と〈ともにすごす〉ことを望むかという主観的な問いによって、最終的に決定されるのです。

さらにキケロとマイスター・エックハルトの奇妙な言い回し、不思議なほどにぴったりと重なる言い回しをご紹介しました。キケロは、風変わりな人々とともに真理を共有するくらいなら、プラトンとともに迷うことを選ぶと宣言したのでした。そしてマイスター・エックハルトは神なしに天国で暮らすくらいなら、神とともに地獄で暮らすと言い放ったのでした。もっと人口に膾炙した表現を選ぶなら、「神に許されることも、牛には許されない[78]」というローマの諺があります。ある人が何をするかは、その人がどんな人であるかによるのです。ある人に許されるものでも、別の人には許されないものがあります。牛には許されても、神には許されないことだってあるのです。

イエスの悪の定義

イエスは悪を「躓きの石」（スカンダロン）と定義しました。これは人間の力ではとりのぞくことができないものであり、真の悪者とは、生まれなかったほうがよかった人間、「大きな石臼を首に懸けられて深い海に沈められる」ほうがましだった人間です。ここでの善悪の基準はもはや自己や、自己がともに暮らすことができる人物ではありません。大きな意味での行為の遂行とその結果です。スカンダロンは人間の力では、すなわち人間が赦すことや罰することでは修復することのできないものであり、すべての営みと行為にとって障害物でありつづけるものです。

そしてこの悪を行う者は、プラトンの語るような形で罰を加えて矯正できる者ではありませんし、矯正の余地のない場合には罰を与えて苦しませ、その苦しむさまをみせて、ほかの人々に悪を避けさせる見本として利用できる者でもありません。悪を行う者は、世界の秩序そのものを乱す者なのです。イエスの別の比喩を借りれば、悪人とは雑草のようなもの、「野の毒麦」なのです。これは破壊するか、火に投じて燃やすしかないものです[79]。

イエスは人間や神が赦すことのできない悪とは何かについては説明していません。聖霊に対する罪である躓きの石（スカンダロン）とは何かについても、教えてくれるものはあまりありません。その行為をなす者が心から同意し、意図して実行する悪であると語るだけです。この解釈は、福音書での教えとは矛盾しているように思います。福音書では自由意志の問題はまだ提起されていないからです。でもここで疑問の余地なく強調されているのは、それが信徒の共同体の全体に対する罪であることと、その罪から生まれる危険の大きさです。

行動する人間の地位が、思考に関心をもち、これに配慮する人間の地位とは異なるのは、わたしには自明なことに思えます。悪の問題におけるイエスの過激《ラジカル》な姿勢は、わたしの知るかぎりでは、悪の問題について考察したどの哲学者からも、うけいれられることはありませんでした。この過激な姿勢は、イエスが姦通者、娼婦、盗人、徴税人など、すべての種類のいわゆる悪人にたいしては、最大限の心の広さを示していたことと密接な結びつきがあるだけに、興味深いものです。

たとえばスピノザのことを考えていただきたいのですが、スピノザは人間の眼にみえるすべてのものは疑問の余地なく善であり、悪もその一つの側面にすぎないと考えました。またヘーゲルにとっては悪という否定性は、生成の弁証法を動かす強い力でした。ヘーゲルの哲学において悪人は、麦の間に隠れた毒麦などではなく、野を肥沃にするものでした。形而上学の複雑な手口ではつねに、邪悪と不運という二重の意味で、悪が正当化されたのです。伝統的な意味での哲学においては、〈存在〉の問題を全体として考察してきたのですが、存在するすべてのものを肯定し、それなりの場所をみつける必要を感じてきたのです。

悪の問題のこの側面を要約するために、ふたたびニーチェの文章を引用してみましょう。

非難すべき行為という概念はわたしたちを困惑させる。総じて生起するすべてのもののうち、それ自体で非難すべきものは何一つとしてありえない。なぜなら生起しなかったらよかったのにと願うことは許されないからである。というのはあらゆるものはほかのすべてのものと結びついているので、何かを排除したいと願うことは、すべてのものを排除することにほかならないからである。ある行為を非難することは、総じて世界を

非難することと同じことである。〔80〕

ニーチェがここで語っている非難すべき行為《フェアヴェルフリッヒエ・ハンドルング》という概念は、「これは起きてはならないことだった。彼は生まれてくるべきではなかった」という意味で、特定の出来事や特定の人物に絶対的なノーをつきつけるものであり、すべての哲学者たちが忌み嫌ってきた観念です。そしてニーチェが「真理のある部分を発見するには、悪人や不幸な人々のほうが有利である」〔81〕と語るとき、この伝統のうちにしっかりと根を降ろしていたのです。ニーチェはそれ以前に語られていた抽象的な概念を具体的な用語に言い換えたにすぎないのです。そしてプロテスタントの牧師の息子だったニーチェの耳にこの思想が異端的に響いたとしても、それは別の問題です。

ただし、ニーチェが同じアフォリズムで、「幸福な悪人たち、これは道徳家によって黙殺される種族である」と語るとき、こうした伝統を超えているのもたしかです。この洞察はそれほど鋭いものではなく、ニーチェはこのテーマをこれ以上はとりあげていないようですが、じつは伝統的な用語で提起されたならば、このテーマは全体の問題の核心をつく性質のものなのです。

意志の概念の逆説

前回の講義では、伝統的な哲学では、人々を行動に動かすのは理性でもたんなる欲望でもなく、意志だとされていることを指摘しましたが、これは半ばしか真実を告げていません。たしかにすでに確認したように、意志はさまざまな対立する欲望を調停するものであり、理性と欲望の対立の調停者でもあるために、理性によっても欲望によっても決定されず、自由なものでなければなりません。アウグスティヌスからドゥンス・スコトゥスにいたる哲学者が指摘したように、そしてカントとニーチェが指摘したように、意志は自由であるか、それでなければ存在しないかです。意志は「それ自体の全体の原因」(ドゥンス・スコトゥス)でなければならないのです。というのは、意志に別の原因を与えようとすると、それぞれの原因について、その原因を尋ねるという無限遡行に陥るからです。アウグスティヌスはこのことを『自由意志』の第三巻一七章で指摘しています。[82] 意志はパウロが発見し、アウグスティヌスが精緻に考察し、それ以降は、ほかのいかなる人間の能力には例がないほど、繰り返し解釈されつづけてきたものなのです。

そして理性、欲望、およびそのほかの人間の能力と比較して、意志の実際の経験の問題は、大きな議論の対象となってきました。意志には簡単にまとめると、次のような逆説があるからです。人間の自由を宿す器官としての意志が発見されたことで、自然の力や、運命や、ほかの人間によって強制されないときにも、じつは人間は自由などでは〈ない〉かもしれないことが発見されたのです。もちろん人間は自分の欲望の奴隷となる場合があること、そして欲望を抑制でき、自己を制御できることが、自由な人間のしるしであることは、前からわかっていたことでした。自分の欲望を制御できない人は、魂が奴隷的なのだと考えられていました。戦争で敗れて捕虜になり、自殺せずに奴隷に売られた人間と同じような存在と考えられたのです。人間が臆病であったり、愚かだったりする場合には、強制に屈して、自由な存在としての地位を失うこともあるのです。

すでに確認しましたように、外部の状況にかかわらず〈わたしは意志する〉と〈わたしはできる〉は同じものではないことが発見されると、この問題が発生するのです。全身が麻痺した人が、「わたしは自分の四肢を動かしたいが、動かすことはできない」と語るときには、身体が精神に抵抗するのです。しかし〈わたしは意志するが、実行できない〉と語るときは、精神に抵抗するのは身体ではありません。精神が精神に命令し、精神が精神の命令に抵抗するのであり、ここで意志の問題の複雑さがあらわになります。

意志が意志すると同時に意志しない場合には、意志は〈破壊された〉とみなされます。すると次のような問題が起きてきます。わたしが他者や必然性によって強制されずに、自分の意志しないことをなす場合にも、わたしは自分を自由だと主張することができるでしょうか。あるいは反対に次のように問うこともできます。わたしが自分の意志することをなすことができるならば、自分は自由だと主張することができるのでしょうか。

さて行動し始めたときに人間は自由なのかどうかという問題は、納得のできる形では証明できなくなります。行為そのものはつねに一連の出来事のうちに入りこむのであり、こうした出来事はほかの出来事によって発生するものとして、因果性の枠組みのうちに落ちこむのです。他方では、道徳的な掟も宗教的な掟も、人間が自由であるという前提なしには意味をもたないことが、たびたび強調されてきたのですが、これは真実で自明なことです。しかしこれは証明されているわけではなく、仮説にすぎません。

わたしたちがこれについて語りうるのは、ニーチェが語っている次の二つの仮説にすぎないのです。ニーチェは、科学では自由な意志は存在しないと仮定する一方で、常識は自由な意志が存在すると仮定していることを指摘しながら、常識の「仮定は、たとえ科学のあの仮説が証明されたとしても、わたしたちの手放すことのできない支配的な感情である」と指摘しているのです。〔83〕

言い換えると、わたしたちが行為を始めた瞬間から、人間に自由があるかどうかという問題の真理とはかかわりなく、わたしたちは自分が自由であることを想定するのです。それはそれで構わないことですし、わたしたちが行動するだけの生き物であれば、自由が存在することの十分な証拠だと言えるでしょう。しかし問題は、わたしたちは行動するだけの生き物ではないということ、そして行動を停止し、他者に何をしてきたかを考え始めるとき、あるいは自分の行為が人生においてどのような意味をもつかと考え始めるとき、これが急に疑問に満ちたものとなるということです。あとから振り返って考えると、すべてのものは原因によって、先例や状況によって説明できるように思われるものです。だとすると、わたしたちは科学の仮説と常識の仮説のどちらも、それぞれの経験の範囲において妥当なものであると認めざるをえなくなるのです。

意志と幸福

哲学がこの難関から抜けだすために伝統的に利用してきた装置は、実際にはごくシンプルなものですが、ときに複雑なものにみえる場合もあります。その際に困難な問題を引き起こすのは、何ものによっても決定されないと同時に、恣意的ではないものの存在です。調停者は恣意的に調停してはならないのです。そしてさまざまな欲望の間の調停者、または理性と欲望の間の調停者として機能する意志の背後には、すべての人間は幸福でありたいと願う〔84〕、いわば幸福にひきよせられるという事実が控えています。

「ひきよせられる」という語を使ったのは、ここでたんに欲望、願望、欲求などが問題になっているだけではないからです。これらのものを個別に満たすことができたとしても、それでも生涯にわたっては、その人は全体としてまだ「不幸である」場合があるのです。ですからこの解釈では、意志は特定の原因によって決定されないとしても、すべての人間に共通しているとみられるこの「ひきよせられる」力のために発生するのです。もっと明確に述べてみましょう。人間が生涯のすべての瞬間において、「わたしは幸福だ、わたしは幸福だ、わたしは幸福だ」と言いつづけることができるかどうかではなく、生涯の最後において、「わたしは幸福な一生をすごしてきた」と言えることを望むことが大切だということです。モラリストによるとこれが可能なのは、邪悪でない人々だけだというのですが、残念なことにこれも想定にすぎません。

ソクラテスの古い基準に戻りましょう。幸福な人間とは、自分と対立せず調和している人間のことでした。これによると邪悪な人とは、この基準でみずからに問いかけ、答える能力すら失った人です。邪悪な人は、自分と調和していないために、思考の対話において〈一人のうちで二人〉である能力を喪失しているからです。この議論はアウグスティヌスではもっと別の形式で提示されます。「善が何であるかを知りながら、善を行わない人は、何が善であるかを知る力を失う。善をなす能力がありながら、善を行おうとしない人は、欲したときに実行する力を失う[85]」のです。

言い換えると、幸福に向かってひきよせられる力に抵抗して行動する人は、幸福になる力も、不幸になる力も失うということになります。しかし幸福が人間の中心にあってひきよせる力であるとするならば、この主張を維持するのは困難です。そしてこの議論に説得力があると考えるか、説得力がないと考えるかは別として、こうした議論を提示したすべての哲学者が、すなわちプラトンからキリスト教の倫理学者、そして一八世紀末の革命的な政治家にいたるすべての人が、「邪悪な人」には彼岸でのきびしい「不幸」が待っていると脅す必要があると考えていたという単純な事実のために、実のところこの議論はその信頼性の（すべてではないとしても）ほとんどを失うのです。フランス革命期の政治家たちは、モラリストたちが理論において黙殺してきた「この種の人々」の存在を、ごく当然のものと考えていたのです。

ですから幸福という面倒な問題は、ここでは考察しないでおくことにしましょう。邪悪な人が成功し、幸福になるという問題は、人生の不愉快な事実の一つであり、これについて説明しても、ろくなことにはならないのです。それよりもここでは補足的に、幸福になりたいという理由で、善をなしたり、身を慎んだりする人々について考えておきましょう。この理由から、そしてニーチェがあげる別の理由から、人々は善くふるまうのです。「あるる人物が身を慎むためにいくつもの根拠を必要とすると聞いたならば、わたしたちはもはやその人物をほとんど信じないだろう。実際のところ、つきあいを避けるだろう」。というのは、その人物の気が変わるかもしれないからです。こうして純粋な自発性の能力の考察に戻ってくることになります。この自発性はわたしたちに行動を促し、そして根拠の奴隷とならずに、さまざまな根拠の間の調停をするのです。

これまでは意志の二つの機能を区別せずに考察してきました。意志には行動に駆りたてる機能と調停する機能があるのです。意志が二重の意味で苦境に陥っていることについて、パウロとアウグスティヌスからすべての説明を借りてきました。パウロでは〈わたしは意志するが実行できない〉という苦境について、アウグスティヌスからは、〈わたしはなかば意志し、なかば意志しない〉という苦境について考察してきました。しかしこうした考察は、それが調停する機能をはたすという意味ではなく、それが行動に駆りたてるという意味で、意志にかかわるのです。というのは、調停する機能は実際には判断と同じだからです。意志は対立した異なる主張について判断するために呼びだされるのです。そしてこの判断の能力は、人間の心のうちでもっとも神秘的な能力であり、これを意志と呼ぶべきか、理性と呼ぶべきか、それとも第三の心的な能力と呼ぶべきかは、まったく解決されていないのです。

意志と行動

意志の最初の機能、すなわち行動に駆りたてる力については、ニーチェが奇妙なまでに関連のない二つの矛盾した説明をしています。まずアウグスティヌスの伝統に連なる説明をご紹介しましょう。それは「〈意志〉とは〈欲望し〉、努力し、願うことではない。意志がこれらとは異なるのは、命令の要素によってである。……何ごとかが命令されるということは、これは意志にはつきものである[86]」。もう一つの別の文脈の説明は次のようなものです。

> 意志する人間は、自己のうちにあって服従するもの、あるいは服従すると信じられるものに命令する。……意志――これを言い表す言葉を民衆が一つしかもっていない――このきわめて多様な意志という要素に含まれる奇妙な特徴に注目していただきたい。すなわちわれわれはいかなる場合にも命令者であると同時に服従者でもあるのだ。服従者としては強制、強要、圧迫、抵抗、運動などの感情を知っていて、意志が働き始めると

すぐにこうした感情を感じるのがつねである。他方ではわれわれは、このような二重性を〈われ〉という総合概念によって無視したり、ごまかしたりする習慣をもっている。……とにかく意志する者は、意志と行為が何らかの意味で同じ一つのものだとかなり信じ込んでいるのである。そして成功や、意志の実現を意志そのものの力によるものだと考え、すべての成功をもたらす力の感情の拡大を楽しむのである。[87]

ニーチェのこの解釈は、意志の崩壊を重視しているという意味では伝統的なものです。キリスト教の教えとパウロの教えによると、意志が崩壊して人間が内的に麻痺してしまう状態は、神の恩寵なしには癒すことができないものです。ニーチェがこの伝統的な理論から逸脱している点は、意志の内的な部分に、ある種の巧みな仕掛けが存在していると考えるところです。この仕掛けによってわたしたちは、自分は命令を下す主体であると思いこむことができ、強制され、そして抵抗するように求められている不愉快で麻痺する感情は、無視するようになっているのです。ニーチェはこれを自己欺瞞と呼んでいますが、それでも健全な自己欺瞞だと考えています。

わたしたちは自分を命令する主体とみなすことで、力をふるう者がもつ優位な存在とみなすのです。もしも意志することが、実際に行為を遂行しなくても、意志するという行為だけで完了するのであれば、ニーチェのこの説明は正確なものだと言いたくなります。しかしすでに確認しましたように意志の崩壊は、行為を遂行しようとするところで明らかになるのです。ですからいわばわたしたちが実際の支払いを求められないかぎり、至福に満ちた自己欺瞞に浸っていることはできるのですが、〈意志する《ウェッレ》〉と〈できる《ポッセ》〉は同じではないことが明らかになる瞬間に、この幸福な状態は終焉するのです。

ニーチェの言い方を借りれば、「意志はみずからの主人であろうとする」のですが、精神が身体だけでなく（アウグスティヌスが指摘したように、身体はただちに精神にしたがいます）、精神そのものにも命令を与えようとすると、わたしは自己の奴隷になってしまいます。わたしが自己との間で確立する関係にまで、自由の否定を本質とする主人と奴隷の関係を、いわばひきずりこむのです。こうして、かの有名な自由の宿主［である意志］は、すべての自由の破壊者となってしまうのです。[15]

意志と快楽

ただしこれまで検討していなかった新しい論点が登場しています。ニーチェが指摘しているように、意志には他者にたいして権力をふるうことの快楽という要素が加わるのです。このようにニーチェの哲学は、意志を〈力への意志〉と同じものと考えることにおいて成立しています。ニーチェは意志が二つに分裂していることは否定しません。この状態を「肯定と否定の間のゆれ」[88]と呼んでいます。これはすべての意志の行為において快と不快が同時に存在しているという事実ですが、ニーチェは強制され、抵抗するということの否定的な感情を、意志にとって必要な障害物とみなしています。これなしには、意志は自分の権力を認識できないのです。

明らかにこれは、快楽主義の原則を正確に説明したものです。苦痛が存在しないだけでは快楽を生みだすことはできませんし、抵抗を克服できない意志は、快の感情を惹起することはできないのです。ニーチェは、古代の快楽主義の哲学の教えを意識的に継承しながら、快楽が生まれるのは、苦痛の不在によるのでも、たんなる快楽の存在によるのでもなく、苦痛から解放されるという経験にあるという理論に基づいて、快楽について説明しているのです。そしてベンサムなどの近代の「苦痛と快楽の計算」は、古代のこの快楽主義の教えを作りなおしたものなのです。苦痛から解放されるという感情が強いものであることについては、疑問の余地はありません。この感情の強さに対抗できるのは、苦痛の感情そのものであり、これは苦痛と関係のない快楽がもたらすことのできる強度をつねに上回るのです。

たしかに最高級のワインを飲む楽しみも、死ぬほど喉が渇いた人がやっと飲み水にありついたときの快の強さにはとうていかなわないでしょう。でもこの比喩は、ニーチェ自身の表現からも、正しくないことがわかります。ニーチェは快楽の源泉は、「意志と行為がなんらかの意味で一つになる」にあると語っているのです[89]。ということは、〈わたしは意志する、そしてわたしはできる〉を実現することが快楽の源泉だということになります。そして苦痛や、苦痛からの解放のような否定的な感情とはかかわりがないということです。

グラスに注いだワインを味わう楽しみが、渇きの感情や、渇きをいやした際の快楽とはかかわりがなく、これとは独立したものであるのと同じです。

このようにニーチェには別の意志の分析があることがわかります。これは快楽のモチーフをとりあげながら、異なる解釈を示したものです。この分析では意志を力への意志と同じものとみなしますが、この力とは意志が望んだり、意志したりするものではありませんし、意志の目的でも内容でもありません。意志と力、または力の感情は同じものなのです(『権力への意志』六九二を参照してください[90])。生の目的が生きることであるように、意志の目的は意志することにあります。力に満ちていることは、意志の目的や目標がどのようなものであっても、意志に固有のものです。ですから、謙虚さを目的とする意志も、他者を支配することを目的とする意志に劣らず、力に満ちたものなのです。

このように意志する行為そのものが、潜在的に力に満ちたものであることについて、ニーチェは意志の余剰の現象として説明しています。日常生活の要求を満たすために必要な力を超えた強さを示すものと考えているのです。「〈意志の自由〉とは、強さの余剰の感情を意味する」。ここには快楽主義の原則に対する遠回しのアナロジーが聞こえます。グラスに注いだワインを楽しむことができるのは、渇いていないときだけです。渇いているときには、どんな液体でも構わないからです。同じように意志の能力があらわになるのは、たんなる生存のためにほんとうに不可欠なものはすべて満ちたりているときだけです。そしてニーチェはこの力の余剰を創造的な衝動と同じものであり、すべての生産性の根源にあるものだと考えます。

これが正しいとすると(これまでのすべての経験はこの解釈を支持するものだと思います)、意志が行動を促す自発性の根源とみなされている理由が理解できるはずです。そして意志の弁証法的な性格に基づいて、意志を人間の究極の無能力を示すものと解釈した場合には、神的なものに助けを借りなければ、すべての力がまったく麻痺することになってしまいます(厳密にキリスト教的な倫理においては、このように解釈します)。そしてもちろん、この力の余剰、法外な寛大さ、「あふれる意志」によってこそ、人間は善を望み、善を愛するようになるのです(『権力への意志』七四九を参照してください[91])。ナザレのイエスやアッシジの聖フランチェスコのように、生のすべてを「善をなすこと」に費やした人の数は多くはないのですが、こうした人々に顕著なのは、弱々しい忍耐ではなく、あふれるほどの強さです。これはこうした人々の特徴というよりも、本性と言えるのでしょう。

意志と力

この力の余剰から生まれた「意志の豊かさ」についての考察は、ある特定の目的を示すものではないことを理解することが重要です。ニーチェは次の文章でその概要を語っています。「わたしは、行動の原因そのものと、かくかくしかじかの行動の原因から区別すること、すなわち特定の方向をとり、特定の目標をめざす行動の原因から区別することを覚えた。第一の種類の原因は、蓄積された一定の量の力であり、何らかの方法で、何らかの目的のために消費されるのを待っているものだ。これにたいして第二の種類の原因は、この力と比べるとまったく瑣末なものであり、この力の量が特定の形で〈解放〉される際のきっかけをなす小さな偶然といったものにすぎない。たとえば火薬樽にたいするマッチのようなものだ〔92〕」。

もちろんこの文では、いわゆる第二の種類の原因を著しく過小評価しています。この第二の種類の原因にこそ、何かを実行する意志が善をなしているか、悪をなしているのかという道徳的に決定的な意味をもつ問題が含まれているのです。しかしこの過小評価は、ニーチェの哲学の枠組みで考えれば納得できるものです――もしも問いと問題がすさまじいまでに蓄積され、こうした問いと問題で絶えず実験し、疑問の余地のない結果を決して残そうとしないニーチェの思想を〈哲学〉と呼べるとすればですが。

意志の命令する機能と判断する機能

ただここではニーチェの哲学を考察しているわけではなく、意志の能力がどのようにして発見されてきたかを問うているので、この問題には立ち入りません。ただニーチェが、この二つの要因を区別して示したことには、少なくとも感謝すべきでしょう。意志についての伝統的な議論でも、現代の議論でも、この二つの要因は混同されたままなのです。意志には命令する機能と調停者としての機能があります。対立する主張について判断を下すために意志が呼びだされる一方で、意志は善と悪を区別できることが想定されているのです。伝統的な議論では、意志のすべての問題は選択意志《リーベルム・アルビトリウム》、すなわち自由な調停の能力として考察されるのが通例です。そのために道徳の問題を議論する際には、行動の原因に関してではなく、どのような目的を目指すべきか、どのような決定を下すべきかという問題の枠組みで、意志の問題が検討されるのです。

　ということは、意志の命令する機能は（意志のこの機能が、パウロとアウグスティヌスにとって、きわめて困難な問題を引き起こしたことはすでにご説明しました）、議論においては完全に背景に退いてしまうのです。そして意志の判断する機能、すなわち善と悪を明確かつ自由に区別する機能が前面に押しだされるのです。その理由を推測するのは難しいことではありません。キリスト教が国の定める宗教となった後に、わたしたちに命令している「汝、なすべし」と「汝、なすべからず」という声は、ますます外部からの声だけとして聞こえるようになったからです。この声は、人間に直接に語りかける神の声、あるいは信者たちに神の声を伝達することを任務とする教会の司牧者の声として、人々の外から語りかけるのです。

　そして、対立する声を聞き分けて判断することのできる内的な器官を、人がみずからのうちに所有しているかどうかだけが大切になります。この器官は、ラテン語の選択意志《リーベルム・アルビトリウム》の意味では、わたしたちが訴訟において裁判官に望むような無私の姿勢を特徴とするのです。訴訟では、もしも判事や陪審員に、裁かれる事件と利害関係がある場合には、裁きから排除されます。この調停者は最初は利害関係のない観客として、証人としてその出来事に立ち会った《アドビーテレ》人でした。この調停者は、利害関係がないために、公平な判断を下すことができるとみなされたのです。こうして、意志の自由が選択意志《リーベルム・アルビトリウム》とみなされたために、その公平さが[16]重視されました。それは行動を促す自発性の説明できない源泉を意味してはいないのです。

　しかしこれは歴史の問題ですので、ここでは判断の問題に注目したいと思います。善と悪、美と醜、真と偽を判断する真の調停者の問題です。わたしたちが道徳哲学において関心をもつのは、善と悪を区別することだけですが、奇妙なことにカントはこの問題を、美と醜を区別する方法という側面から考察しました（カントは芸術にはそれほど詳しくなかったのですが）。カントは初めは『判断力批判』での考察を、『趣味批判』と呼ぼうと考えていました。カントは真理や善の場合には、こうした問題は存在しないと考えていました。人間の理性はその理論的な能力によって、ほかの心的な能力の助けを借りなくても、みずから真理を判断することができると信じていたからです。そしてこの同じ理性が、その実践的な能力において、「わたしの内なる道徳の法則」を見分けることができると考えていました。

　カントの定義では判断力とは、わたしたちが個別のものに直面したときにつねに登場する能力です。判断力は、特殊な事例を一般的なものに照らして決定を下します。この一般的なものとは、法則や基準や理想やある種の尺度などです。理性と知識のすべての事例においてで、判断力は特殊な事例を適切な一般法則のもとに包摂します。これは単純な操作のようにみえますが、そこには困難な問題があります。包摂するための規則というものがなく、自由に包摂を判断する必要があるからです。「判断力の欠陥は、本来は愚昧と名づけられているものであって、こうした欠陥はまったく救いようがない。鈍い、もしくは知力の限られた人も、……学習によってきわめて十分に仕立てあげることができ、それどころか博識になることができる。しかしそのときには一般に、同時に判断力も欠けているのがつねだから、きわめて学識ある人々が、……まったく改善の余地のない［判断力の］欠陥をしばしばのぞかせることがある」(93)

適用できる決まった規則や基準が存在しない場合には、事態はさらに悪くなります。たとえば趣味の判断の場合です。この場合には「一般的なもの」は特殊なもののうちに含まれていると考える必要があるのです。誰も〈美〉を定義することはできません。わたしがこの特定のチューリップが美しいと語るとき、すべてのチューリップは美しい、だからこのチューリップも美しいという論理的な判断をしているわけではありません。またすべての対象に該当する美の概念をこの花に適用しているわけでもありません。〈美〉とは一般的なものですが、わたしが美を理解することができるのは、特殊なもののうちに美をみいだして、それと直面することができるからです。それではこうした判断の妥当性をわたしはどのようにして認識でき、なぜそれを主張できるのでしょうか。『判断力批判』の考察を導く中心的な疑問を簡単に示すと、このようになります。

共通感覚

さらに一般的には、すべての分野で判断力の欠如があらわになると言うことができます。知的な（認識にかかわる）問題についての判断力の欠如は、愚昧と呼ばれます。美的な領域での判断力の欠如は、趣味の欠如と呼ばれます。行動の領域での判断力の欠如は、道徳的な愚鈍または不健全さと呼ばれます。これらのすべての欠陥と正反対のもの、そして判断力を行使する際の源泉となるもの、これをカントは共通感覚《コモンセンス》と呼びます。カント自身は主として美的な判断力を分析しました。真理であることを証明できる一般法則も、それだけで自明な一般法則もなしで、わたしたちが判断を下す唯一の領域は、美と趣味にかかわる領域だと考えたからです。

ですからカントの分析の結果を道徳の領域で利用するにあたっては、人間の交わりと行動の領域とその現象が、なんらかの意味で美と趣味の領域と同じ性格のものであることを想定することになります。この想定の根拠としては、第一回目の講義においてとりあげた生命にかかわる経験のかなり不愉快な背景についてご説明したことを参照していただきたいと思います。道徳についての考察のきっかけとなったのは、こうした経験だったのです。外側からみるかぎり、それまでつねに道徳的または宗教的な基準を確固として信じているようにみえる人々の間で、こうした基準が完全に崩壊していたこと、渦巻きの中に吸いこまれないでいたごく少数の人々も、つねに正しい行動の規則を維持していた「道徳家《モラリスト》」と言えるような人々ではなく、破滅的な事態が訪れる以前から、こうした基準そのものが客観的にみて妥当性を証明できるものではないことを確信していた人々である場合が多いことも指摘しました。ですからわたしたちは理論的には、たんなる趣味の判断の問題に直面していた一八世紀の人々とまったく同じ状況にあるのです。カントは、趣味については議論できない[94]という意味で、美の問題については恣意的に判断しなければならず、議論と相互の合意の可能性はないことに憤慨していたのです。そして破滅的な事態とかけはなれた状況においても、わたしたちが現在も道徳の問題について検討する場合には、まったく同じ状況におかれていることがあまりにも多いのです。さて、カントの考察に戻りましょう。

拡張された心性

カントにとって共通感覚とは、すべての人間に共通した感覚を意味するものではありませんでした。厳密には共通感覚とは、わたしたちが他人とともに共同体のうちで生活できるようにする感覚であり、共同体の一員としてわたしたちが自分の五感を使って他者と意志の伝達が行えるようにするものでした。共通感覚は別の能力である構想力（想像力）を使ってこの任務を遂行します（構想力はカントにとってもっとも神秘的な能力でした）。

構想力と表象の能力とは（この二つの能力には違いがありますが、ここではその違いを無視することができます）、目の前に存在しないものを心の中で思い浮かべる能力を意味します。表象の能力とは、ここに存在しないもの、たとえばジョージ・ワシントン橋を想起することのできる能力のことです。遠く離れた場所にあるこの橋を目の前に思い浮かべるときには、実際には心の中に二つの像または表象をもっているのです。まずこれまでしばしば目にしてきたこの橋のイメージです。第二に、橋そのものの図式的なイメージが必要です。この図式的なイメージに基づいて、ジョージ・ワシントン橋などの特定の橋を〈橋〉として認識することができるのです。第二の図式的な橋が身体的に目の前に思い浮かべられることはありません。わたしがこのイメージを紙に書き写したとすると、その瞬間にそれは特定の橋になってしまい、図式的な橋ではなくなります。

さて、この表象の能力がなければ、わたしたちはいかなるものについても知識をもてなくなるのですが、この同じ表象の能力は他の人々も共有していて、知識のうちに現れる図式が、判断の際の実例となるのです。共通感覚は、その想像の能力によって、みずからのうちに、実際には不在であるすべてのものを存在させることができます。こうして誰もが、ほかのすべての人の立場になって考えることができるとカントは主張します。ですから、誰かが〈これは美しい〉と判断したときには、たんにこれが自分にとって快いという趣味の判断をしているのではありません。たとえばポトフはわたしにとってはおいしい料理ですが、ほかの人にはおいしくないかもしれません。しかしこれが美しいと判断した人は、ほかの人々を考慮にいれたうえで、他者の同意を求めているのであり、自分の判断がある程度の一般的な（普遍的なものではないかもしれませんが）妥当性をえられると期待しているのです。

わたしがある共同体の一員であるのは、この共通感覚をそなえることによってであり、そのためにこうした妥当性を共同体の全体に期待することができるのです。自分が世界の市民だと考えていたカントは、これがすべての人類の共同体において妥当することを期待していました。カントはこれを「拡張された心性」[95]と名づけています。こうした合意なしでは、人間は文明的な交わりを結ぶことができないとカントは考えたのです。ここで重要なのは、特定の事例におけるわたしの判断は、たんにわたしの知覚だけに左右されるものではなく、知覚していないものについてのわたしの表象に基づいているということです。

こうご説明すればわかりやすいでしょうか。わたしがスラム街のある建物をみているとしましょう。わたしはこの特定の建物のうちに貧困と悲惨という一般的な観念を思い浮かべますが、こうした観念は直接に現れるわけではありません。わたしがこの観念にたどりつくのは、わたしがそこに住んだらどんな感じがするかを思い浮かべようとするとき、すなわちスラム街の建物に住む人の気持ちになって考えたときなのです。

わたしの判断は、スラム街の住人の判断と、必ずしも一致するとはかぎりません。スラム街の住人は長い間、希望もてずにここに住んでいて、自分のおかれた状況に憤慨するには、少し鈍くなっているかもしれません。しかしこの判断は、わたしがこの問題についてこれから判断するためのすぐれた手本となるでしょう。またわたしは判断を下すときに他人を考慮にいれますが、それはわたしの判断を他人の判断にあわせようとすることを意味しません。わたしはどこまでもわたしの声で語るのですし、自分で正しいと考えることを発言するのに、多数者の意見を考慮したりはしません。それでもこの判断は、自分だけを考慮して判断を下すという意味での主観的な判断ではなくなっているのです。

複数性

わたしが判断を下す際に他人を考慮にいれるとしても、この〈他人〉にはすべての人が含まれるわけではないのです。カントははっきりと、こうした判断の妥当性は、判断する人々が「判断を下す主体の全体の圏域に」広がるだけであると語っています。言い換えると、わたしの判断の妥当性について議論し、判断を下すことを拒む人々は含まれないということです。

わたしが判断を下すときに利用する共通感覚は、一般的な感覚です。そして「ある人が自分の五感を使って対象について省察するのであれば、その人はどうやって共通感覚にしたがって判断できるだろうか」という問いにたいしては、カントは人々の共同体が共通感覚を作りだすのだと答えるでしょう。思想がわたし自身との交わりから生まれるのと同じように、共通感覚の妥当性は、人々との交わりのうちから生まれます。カントは「思考することは自分自身との語らいであり……自分の言うことを心の中で聴くことだ」と語っています[96]。

しかしこの制約のもとで、わたしが自分の思想のうちに思い浮かべることのできる人々の意見の数が多ければ多いほど、それはさらに代表的なものとなると言えます。こうした判断の妥当性は、客観的で普遍的なものではありませんが、主観的なものでもありません。これは個人的な癖には左右されますが、間主観的で代表的なものなのです。この種の代表的な思想は、構想力だけが作りだすことができるもので、そこではある種の〈自己犠牲〉が求められるのです。カントは「われわれはいわば他者のために自己を放棄する必要がある[97]」と語ります。

この利己心の放棄が、カントの道徳哲学の文脈においてではなく、このたんなる美的な判断において明記されているのは、きわめて興味深いことです。その理由は共通感覚にあります。わたしたちが共同体の一員となる感覚である共通感覚が判断の〈母〉だとすると、道徳的な問題だけでなく、絵画や詩の作品すらも、他者の判断を考慮し、暗黙のうちに秤量しなければ判断できないということになります。わたしがさまざまな橋を認識するために橋の図式を参照するように、わたしはこうした作品を判断する際に、他者の判断を参照するのです。

カントは「趣味においては、利己主義は克服されている」と語ります。語の本来の意味で、配慮深くある必要があります。わたしたちは他者の存在を考慮にいれて、他者の同意をえることに、カントの表現では「他者の合意を求めることに」、努力するべきなのです。カントの道徳の理論ではこのようなものは必要とされていません。わたしたちは知的な生物として行動するのであり、わたしたちが服する法則は、すべての知的な生物に妥当するものであるはずなのです。他の惑星の住人、天使、そして神そのものを含めてです。

カントの理論では、道徳的な行動では他者に気を配る必要はありません。わたしたちは他者の態度を考慮にいれる必要がないからです。そしてわたしたちの行動は、道徳の法則と意志の善良さに基づいて行われるのであり、自分の行動の結果も考慮にいれないからです。しかし趣味の判断においては、「みずからの自己と対立しているくらいなら、世界の全体と対立しているほうがましだ」というソクラテス的な見解は、その妥当性をかなり失うとカントは考えるのです。趣味の問題については、わたしは世界の多くの人々と意見が一致しないことはあるとしても、世界の全体と対立していることはできないのです。

道徳性の問題を、悪しきことをなさないようにするとか、いかなることもなさないというようなたんなる否定的な側面を超えて考察しようとすれば、この問題はカントが美的な行動だけにふさわしいとみなした人間のこうした行動様式において考える必要があります。カントはいわば、人間の生活において道徳とはかけはなれているようにみえる趣味の領域で、道徳的にみて重要な問題を発見したわけですが、[98]それはカントが共同体で生活する複数の人間を考慮にいれたのは、この領域だけだったからです。ですからこの領域においてわたしたちは、選択意志《リーベルム・アルビトリウム》としての意志の公平な調停者と出会うのです。わたしたちが美と直面して感じるのは、「関心のない評価」だというカントの定義は有名です[99]。ですから利己主義は道徳的な説教では克服できず、道徳的な説教は反対につねにわたしを自分の自己のところに押し戻すのです。そしてカントの言葉では「利己主義に対抗するのは複数性のあり方だけである。複数性のあり方とは、全世界をみずからの中に包みもっているものとみずからをみなしたり、そのようにふるまったりするのではなく、自分をひとりのたんなる世界市民とみなし、そのようにふるまう考え方である」のです[100]。

図式論

日常生活でわたしたちが自分の行動を律する際には、行動の客観的な基準や規則にしたがうので、カントのいう意味での思考や判断などにはそれほど頼りません。というのは、規則のことを考えたりせずに、特定の事例を一般的な規則のもとに包摂する作業をしているからです。だとすると、わたしたちはこれは美しく、これは醜いと判断するのと同じように、これは善であり、これは悪であると決定するときに、何にも依拠していないのだろうかという問いが生まれます。そしてこの問いに対する答えはイエスであり、ノーです。イエスであるというのは、習俗や決まりごとに関してはどの共同体でも一般にうけいれられた基準があるからです。道徳性の習慣《モーレース》というものがあるのです。でも善と悪の問題については、問題となるのが共同体で認められるふるまいであるかのように、テーブルマナーと同じ次元で決めてしまうことはできません。そして共通感覚が判断の次元にまで高まる場合には、これはわたしたちをしたがわせうるのですし、実際にわたしたちをしたがわせてもいるのです。それが〈実例〉というものです。カントは「実例は判断力の導きの糸」[101]であると語っています。また、特定の事例を何らかの一般的なもののもとに包摂できないときに、判断のうちに存在する「代表的な思想」を「手本となる思想」と呼んでいます。一般的なものには依拠できないとしても、手本となるような特定の個別の事例があるわけです。これは、人や事物を収容するものを建物として認識するときに、心の中で思い浮かべる図式に似ています。でも手本は図式とは違って、質における差異を示すものとされています。

この違いを道徳の領域から離れて説明してみましょう。まずテーブルとは何かと考えてみましょう。テーブルについて考えるときには、テーブルの形を思い浮かべるか、構想力のうちに存在するカント的なテーブルの図式を思い浮かべます。そして個別のテーブルがテーブルであるためには、それはテーブルの図式に一致していなければならないのです。これを図式テーブルと呼びましょう。これは理想的なテーブル、すなわちプラトンのテーブルのイデアとごく近いものです。

あるいは別の方法もあります。これまでみたことのあるすべてのテーブルを思い浮かべて、色とか脚の数とか素材などの二次的な性質をすべてとりのぞくと、すべてのテーブルに共通する最低限の特性をとりだすことができます。これを抽象テーブルと呼びましょう。あるいはこれまで知っているか、想像することのできるすべてのテーブルのうちから、もっともテーブルらしいものを選択して、それをそもそもテーブルとはどのような構成であり、どのような外形であるべきかを示す手本とするのです。これを手本テーブルと呼びましょう。

この手本テーブルをとりだすために必要なのは、ある特定の事例を〈選びだすこと《エクシメレ》〉です。そしてこの特定の事例がいまやほかの事例にも妥当するようになったのです。歴史や政治学の分野では、この方法でとりだされた概念がたくさんあります。大部分の政治的な徳と悪徳は、こうした手本となる個人をもとにして考察されてきたのです。勇気の手本はアキレウスですし、洞察（智恵）の手本はソロンです。個人の名前がついた政治的な概念もあります。カエサル主義（専制君主政治）やボナパルティズム（ナポレオン風の独裁政治）です。こうした概念ではカエサルとナポレオン・ボナパルトを手本にしています。この二人は、ほかのすべての事例に妥当する典型的な特性を代表しているのです。たしかにカエサルとは誰か、ナポレオンとは誰かを知らない人には、カエサル主義とボナパルティズムについて語っても理解してもらえないでしょう。これらの概念の有効性には制限はありますが、それでも効果的に使うことができるのです。

手本はすべての判断活動の「導きの糸」であり、すべての道徳的な思想にとってはとくに有効な導きの手段となります。「悪しきことをなすよりも、悪しきことをなされるほうがましである」という古い信念は、かつては非常に逆説的に思われたものでしたが、やがては文明的な世界の人々から信奉されるようになりました。それというのもソクラテスが手本を示して、善と悪を決定する特定の方法の手本に、そして特定の行動の手本になったからです。これについてはニーチェも同じことを指摘しています。ニーチェは、道徳の問題を真面目に考察し、それまでのすべての道徳に関する見解を使いながら、分析し、思考した〈最後の哲学者〉なのだと言いたくなります。

さてニーチェは、「行為を人間から分離するのは、道徳の自然性を剝奪することである。［罪を犯した人物ではなく］〈罪〉そのものを憎悪し軽蔑することも、行動がそれ自体で善であったり、悪であったりすると考えるのも、道徳の自然性を剝奪することである。……［すべての行動において重要なのは］誰がそれを遂行するかである。ある場合には最高の特権とされた同じ〈犯罪〉が、別の場合には汚辱となることもある。行為を、したがってその実行者を、自己の利害との関係において、ないしは自己と類似しているか、無縁であるという関係において解釈するのは、そう判断する人の我欲なのである」[102]と語っています。

わたしたちが善と悪を判断し、区別するためには、手本となるようにある出来事や人物を思い浮かべる必要がありますが、こうした出来事と人物は現在の時間と空間には存在しないものです。こうした手本はたくさんあります。遠い過去から探すことも、いま生きている人物から探すこともできます。そして歴史的に実在する人物や出来事である必要もないのです。かつてジェファーソンはこう言ったことがあります。「マクベスによるダンカン殺しという虚構は、ヘンリー四世という歴史的な人物の実際行為と同じように、悪事の恐怖として」わたしたちの心に実在する。「われわれの息子たちや娘たちに、これまで書かれた倫理と神性についての退屈な書物をすべて読ませるよりも、『リア王』を読ませたほうが、肉親に対する義務について、はるかに生き生きとした感覚を長続きさせることができる」[103]（これは倫理学の教師が教えるべきことです。もちろん倫理学の教師だけが言うべき台詞なのですが）。

結論として

もちろんわたしには、この四回の講義で提起したすべての問いに答え、すべての細部に立ち入る時間的な余裕も能力もありません。わたしが目指したのは、これまで明らかになってきたこれらの困難で緊急の問題について思考し、前進するための方法をいくらかでもご理解いただくことでした。結論として次の二つのことを指摘しておきたいと思います。カントについての考察から、キケロとマイスター・エックハルトを経由して、〈誰とともにありたいと願うか〉という問題を提起した理由がおわかりになったと思います。善と悪に関するわたしたちの決定は、生活をともにしたいと思う人々の選択にかかわる問いなのです。そしてどのような人々と生活をともにしたいかは、実例を通じて、現実または虚構の人物、すでに亡き人物やいまなお生きている人物の手本を通じて、そして過去と現在の出来事の手本を通じて思考することで、選択するのです。

あまりありえないことですが、［六人の妻を次々と殺した童話の人物である］青髯とともに暮らしたいと言いだす人がいるかもしれません。もしもその人がそのような人物を手本として選んだのであれば、わたしたちにできることはその人が近くにやってこないようにすることだけです。しかし青髯を手本とする人が登場するよりももっと可能性が高いのは、自分はどんな人とでも、〈ともに暮らす〉ことができるという人が現れることです。実はこちらのほうが心配なのです。道徳的にみても政治的にみても、この無関心さは、きわめてありふれたものではありますが、きわめて危険なのです。

同じように危険なのは（危険性は少しは小さくなりますが）、そもそも判断することをすべて拒否するという傾向が広がっていることです。自分の手本を選択すること、ともに暮らしたい人を選択することができない場合、そもそも選択する意志がない場合、そして判断することで他者とかかわることができないか、かかわる意志がない場合には、真の躓きの石（スカンダロン）が生まれます。この躓きの石は、人間の力ではとりのぞくことはできません。人間が作りだしたものでも、人間が理解できる動機によって生まれたものでもないからです。そこに恐怖があります。そして同時にそこに悪の凡庸さがあるのです。

（一九六五―六六年）

原注（原注として引用箇所をあげてあるもののうち、邦訳があるものは訳注に統合した）

＊1 「ヴァン・ドーレン事件への反応」『ニューヨーク・タイムズ・マガジン』一九五九年一一月二二日号。

編注

(1) この部分をアレントは『基本的な道徳命題』では、異稿一のように語っている（訳注——以下では一九六六年にシカゴ大学で行われたほぼ同内容の講義『基本的な道徳命題』でアレントがこの本文とは異なる内容を述べているところでは、それを異稿として示す。異稿一〜一一は、二五五ページ以下を参照）。

(2) Immanuel Kant, *Lectures on Ethics*, Bobbs-Merrill, 1956, p. 166.

(3) *Ibid.*, p. 52.

(4) 異稿二参照。

(5) 異稿三参照。

(6) 異稿四参照。

(7) 異稿五参照。

(8) Friedrich Nietzsche, "Draft of a Letter to Paul Rée" (1882), *The Portable Nietzsche*, Viking Press, 1954, p. 102.

(9) 異稿六参照。アレントはこの異稿で、良心において「基本的であり、つねに登場しつづける四つの契機」を列挙している。

(10) 異稿七参照。

(11) 異稿八参照。

(12) 異稿九参照。アレントはこの異稿において、アリストテレスの選択（プロアイレシス）をある種の意志として理解できることを検討している。

(13) アレントが『精神の生活』の下巻『意志』では、エピクテトスについて別の解釈を示しているのは興味深い。この著作でもエピクテトスは内的な自由だけに注目していることが指摘されるが、ここにすでに意志の概念が確立されているとしている。そしてこの意志は「万能」であり「全能」なのである（七三〜八三ページ）。

(14) 異稿一〇参照。

(15) アレントは『基本的な道徳命題』ではこの文の後に、「こうして自由は意志の自主的な放棄となってしまうのです」とつけ加えている。

(16) 異稿一一参照。

訳注

〔1〕『チャーチル自伝』（Winston Churchill, *A roving commission: My early life*, Charles Scribner's Sons, 1930, p. 67）。

〔2〕ここでアレントは"Fiat justitia, pereat mundus"というこのラテン語の諺を疑問文の形で訳しているが、これは「世界が滅ぶとも、正義はなされよ」という命令文にも解釈できるし、一般にそう訳されている。

〔3〕アレントはカントの原文（Wenn die Gerechtigkeit untergeht, hat es keinen Wert mehr, daß Menschen auf Erden leben.）を引用している。これはカントの『人倫の形而上学』からの引用である（「刑罰権及び恩赦権について」A二三二。『カント全集』一一巻、吉澤伝三郎・尾田幸雄訳、理想社、二〇三〜二〇四ページ）。このカントの回答は、ラテン語の諺に直接に答えたものではない。カントは

「永遠平和のために」では、この諺をあげた上で、滅びるのは「悪党ども」だけだとしている。『永遠平和のために／啓蒙とは何か　他三編』中山元訳、光文社、二三五ページ参照。

〔4〕十戒はその第六の戒めで「殺してはならない」と語り、第九の戒めで「隣人に関して偽証してはならない」と告げている。これを逆転すると、「汝、殺すべし」と「汝、嘘をつくべし」になる。

〔5〕ホーホフートの告発については、本書の八〇ページの訳注〔5〕ならびに「『神の代理人』――沈黙による罪？」の章を参照されたい。

〔6〕これはテレビのクイズショー『トゥエンティー・ワン』で、回答者があらかじめ答えを教えてもらっていたことが曝露されたスキャンダルである。この回答者は、チャールズ・ヴァン・ドーレンという若者で、ピュリッツァー賞を受賞した詩人のマーク・ヴァン・ドーレンの息子であり、三〇歳でテレビのクイズショー『トゥエンティー・ワン』に登場してチャンピオンとなって人気を集めた。人気の高さのために『タイムズ』誌がカバーにヴァン・ドーレンの写真を掲載したほどである（一九五七年二月一一日号）。ヴァン・ドーレンは、コロンビア大学で英語の教師をつとめながら、テレビのクイズ番組に登場して、さまざまな問題を正解して多額の賞金を獲得したが、実はクイズショーを盛り上げるために、プロデューサーから答えを教えてもらっていたことが曝露されたのである。これについては The Quiz Show Scandal: Charles van Doren (http://www.pbs.org/wgbh/amex/quizshow/peopleevents/pande02.html) を参照されたい。

〔7〕アレントは前の章と同じく（三八ページ参照）、フィッシャーの言葉（das Moralische versteht sich von selbst）をドイツ語で引用している。

〔8〕アレントはドイツ語で引用している（Den Begriff der Tugend würde kein Mensch haben, wenn er immer unter lauter Spitzbuben wäre）。カントの『心理学講義』からの引用。

〔9〕カント『人倫の形而上学の基礎づけ』第一章A四〇四。邦訳は『カント全集』七巻、深作守文訳、

理想社、三七ページ。
〔10〕カントは人間の根源的な素質は善であると考える。人間は「根底から腐敗しているのではなく」、誘惑されて悪の道を進むのである（カント『宗教論』第一篇、邦訳は『カント全集』九巻、飯島宗享・宇都宮芳明訳、理想社、六七ページ）。しかし人間には根源的な性質として、自分の定めた道徳的な原則から逸脱しようとする傾向がある。これは人間にとっては「本性による」ものであり、この「悪への性向」（同）をカントは根源悪と呼ぶ。
〔11〕悪魔たちも法を守り、国家を設立することを望んでいることについては、カント「永遠平和のために」、前掲の『永遠平和のために／啓蒙とは何か　他三編』二〇五〜二〇六ページ参照。
〔12〕カントの嘘についての考察には長い歴史があるが、嘘が一貫して許しがたい罪であることに変わりはない。カントは聖書にならって、嘘を人間の最初の罪、「世界に悪をもたらした最初の犯罪」と呼んでいる（カント『人倫の形而上学』A四三一。前掲の『カント全集』一一巻三四二ページ）。嘘には他者につく「外的な嘘」とみずからにつく「内的な嘘」があるが、カントは内的な嘘のほうが罪が重いと考える。自分に嘘をつくとき、人間はみずからを「自己自身の眼において軽蔑の対象とするのであり、自己自身の人格のうちに宿る人間性の尊厳を傷つける」のである（同A四二九。同書三三九ページ）。また虚言の忌まわしさについては、『宗教論』に「これはすべての人間のうちにある腐敗性である」という表現がある（カント『宗教論』前掲訳書一二〇〜一二一ページ）。
〔13〕『カラマーゾフの兄弟』にはこの文章はみあたらないようである。スタロフという人物も不明である。兄弟たちの父親で、嘘つきで有名なフョードル・パーヴロヴィッチは修道院の長老のゾシマに「永遠の生命をうけつぐ」方法を尋ねると、長老は「いちばん大事なのは——嘘をつかぬことですな」と答える（ドストエフスキー『カラマーゾフ兄弟』、『ドストエフスキー全集』一〇巻、小沼文彦訳、筑摩書房、四八ページ）。

〔14〕ニーチェ『権力への意志』二五三項。邦訳は『権力への意志』上巻、『ニーチェ全集』一二巻、原佑訳、ちくま学芸文庫、二五八ページ。アレントはドイツ語の原文を引用している。

〔15〕ソクラテスは不敬虔を理由に父親を訴えようとするエウテュプロンに「敬虔とは何か」という対話をしけかる。エウテュプロンは敬虔とは何かを定義するように求められて、「敬虔とはすべての神々の愛することである」と答える。それにたいしてソクラテスは、「敬虔なものは敬虔なものであるから、神々によって愛されるのか、それとも愛されるから敬虔なものであるのか」と問い返す（一〇A）。邦訳は『プラトン全集』一巻、山本光雄訳、角川書店、二七ページ。

〔16〕カント『純粋理性批判』A八一九。関連したところを引用しよう。「実践的な理性がわたしたちを導く権利をもっている限り、わたしたちが自分の行為を義務で定められたものと考えるのは、こうした行為が神によって命じられているからではない。こうした行為が神によって命じられたものとみなされるのは、わたしたちがその行為を行うことを内的な義務と感じるからである」（『カント全集』六巻、原佑訳、理想社、一〇九ページ）。

〔17〕カントは『宗教論』においても、キリスト教などの啓示宗教の啓示が道徳的なものとなるためには、「純粋な理性宗教の普遍的実践的規則と同調する意味にいたるまで啓示を徹底的に解釈する必要がある」と語っている（カント『宗教論』前掲訳書一五五ページ）。

〔18〕カントの『人倫の形而上学』の徳論では、まず第一部で「自己自身に対する義務一般について」を考察してから、第二部「他人に対する徳の義務」を考察する。

〔19〕カント『実践理性批判』第二部結語。邦訳は『カント全集』七巻、深作守文訳、理想社、三六八ページ。

〔20〕同書。邦訳は同書三六八～三六九ページ。

〔21〕適法性と道徳性はカントの道徳哲学の重要な概念であり、『実践理性批判』では何度もその違いが

強調される。適法性は、ある行為が客観的に道徳の法則に適っていることであり、道徳性はある行為が主観的に道徳の法則に適っており、道徳の「法則にたいする尊敬」(カント『実践理性批判』前掲訳書二五二ページ)から行われることである。

〔22〕カント「永遠平和のために」。邦訳は『永遠平和のために/啓蒙とは何か 他三編』中山元訳、光文社、二〇五ページ。

〔23〕判断表は、カント『純粋理性批判』第二部超越論的論理学、第一部第一篇の「すべての純粋悟性概念を発見する超越論的な手引き」A七〇を参照されたい。邦訳は前掲の『カント全集』四巻、一七〇ページ。ただし理想社版の全集では定言命法ではなく、断言命法と訳す。

〔24〕カント『人倫の形而上学の基礎づけ』第二章。邦訳は前掲の『カント全集』七巻、理想社、五一ページ。

〔25〕同書。邦訳は同書五〇ページ。

〔26〕同書、第一章。邦訳は同書二一ページ。

〔27〕ニーチェはこの節で、詩篇五八章一一節「神に従う人はこの報復を見て喜び/神に逆らう者の血で足を洗うであろう」に関するアクィナスの『命題論注解』での考察「天国にある浄福なる者たちは、罪人らの罰せられるのをみて、ますますおのれの浄福を喜ぶであろう」という文章と、テルトゥリアヌスの『見世物について』からの長い引用を使って、キリスト教徒たちの期待する「天国の浄福」なるものが、罪人の苦悩を眺めることであると、皮肉っている。邦訳はニーチェ『道徳の系譜』第一論文、一五節、信太正三訳、ちくま学芸文庫、四一〇~四一四ページ。

〔28〕「マタイによる福音書」一八章六節。新共同訳で、前後を引用しておく。「しかし、わたしを信じるこれらの小さな者の一人をつまずかせる者は、大きな石臼を首に懸けられて、深い海に沈められる方がましである。世は人をつまずかせるから不幸だ。つまずき［スカンダロン］は避けられない。だが、

つまずきをもたらす者は不幸である。もし片方の手か足があなたをつまずかせるなら、それを切って捨ててしまいなさい」

〔29〕キルケゴールについては『死に至る病』を、ミルトンについては『失楽園』を参照されたい。

〔30〕シェイクスピアの『オセロー』では、ムーア人出身の将軍オセローの副官であるイアーゴーは、嫉妬心から「とにかく堅くて、情が深くて、立派な男」(『シェイクスピア全集 7』木下順二訳、筑摩書房、一〇五ページ)と認めるオセローの耳に、毒の言葉を注ぎこむ。

〔31〕メルヴィルの『ビリー・バッド』では、兵曹長のクラッガートは、「軍神」艦に乗船してきた素朴な船員のビリー・バッドの道徳的な清さに嫉妬心をいだいてしまう。そして「羨みと反感という二つの激情は、理性では両立しないものであるにもかかわらず」、一つの「腹」からでてくるものであるために、クラッガートはバッドに叛乱と陰謀の罪ありと、艦長に訴える。弁明を求められたバッドは一撃でクラッガートを殴り殺してしまう。引用は「ビリー・バッド」『メルヴィル全集』一〇巻、坂下昇訳、国書刊行会、四一ページから。

〔32〕カント『人倫の形而上学の基礎づけ』第二章。邦訳は前掲の『カント全集』七巻、七一ページ。

〔33〕「何ごとにつけても、善い行いをすると広言する人間は、よからぬ多数の人びとのなかにあって、破滅せざるをえない。したがって、自分の身を守ろうとする君主は、よくない人間にもなれることを、習い覚える必要がある」(マキアヴェッリ『君主論』一五節。邦訳は『マキアヴェッリ全集』1 池田廉訳、筑摩書房、五二ページ)。

〔34〕ルソーは社会を形成する原理の一つとして、「憐れみ」の感情をあげて、ホッブズの自然状態の論理に対抗しようとする。それは「同胞の苦しみを見るのを避ける生来の嫌悪感から、自分の幸福を追求する熱意を緩和するという原理」である。これが社会的な原理となるのは、「だれかが苦しまないようにと望むのは、その人が幸福であるように望む」ことだからである。ルソー『人間不平等起源論』第一

部参照。邦訳は『ルソー全集』四巻、原好男訳、白水社、二二二〜二二三ページ。

〔35〕プラトン『ゴルギアス』。邦訳は『プラトン全集』五巻、内藤純郎訳、角川書店、一七〇ページ。

〔36〕ソクラテスは、人々にへつらう術を学ばなければ、「やくざなつまらない者のために法廷にひきずりだされる」ようなことを覚悟すべきではないかというカリクレスの反論にたいして、そのような場合には、自分はまったく申し開きをすることはできないだろう、「私はちょうど医者が料理人に告発されて、子供たちのなかで裁判を受けるのと同じように裁かれるだろう」(五二一E)と語る。そして「へつらいの弁論術の不足のために死ぬのであれば」平静な心で死を迎えるだろうと述べるのである(邦訳は同書二八四〜二八七ページ)。なお以下のプラトンの引用は本文にステファヌス版のページ数を示す。

〔37〕ソクラテスは「では、聞きなさい、世にも美しい話を……と、物語をする人たちの言うように言えばね。これを君は物語《ミュートス》と思うだろうけども、しかしわたしは真実の話《ロゴス》だと考えている。というのは、わたしはこれから話そうとしていることを真実のこととして君に話すつもりなのだから」(邦訳は同書二八七ページ)。

〔38〕プラトン『法律』下巻、『プラトン全集』一〇巻、山本光雄訳、角川書店、七〇ページ。

〔39〕ソクラテスはカリクレスとポロスに向かって、自分と二人には共通するところと異なるところがあると指摘する。共通しているのはともに二人の相手を愛しているところであるが、その愛する相手は違うのである。「わたしはクレイニアスの子アルキビアデスと哲学を愛しているし、君のほうも二人の相手を、アテナイの民衆《デーモス》と、ピュリランペスの子(デーモス)を愛している」(『ゴルギアス』四八一D、邦訳は前掲書一九二ページ)。

〔40〕『ゴルギアス』の最後のところで(五〇九A)、ソクラテスの主張はこれまでの議論において、「鉄と鋼の論理によってしっかりと結びつけられ、縛りつけられている。……そしてこの論理を君か、あるいは君よりももっと元気のよい誰かが、その縛《いまし》めから解き放つのではないかぎり、いまわたしが言って

いると違うように主張しても、それは適切な言い方ではありえないだろう」とされている（邦訳は同書二五七ページ）。

（41）『エウテュプロン』では敬虔なものを定義せよと迫られたエウテュプロンは、「われわれが何かを言って、それを前に置くと、それはいつでも歩き回って、それを安置するところにはとどまっていようとしませんのでね」と逃げをうつ（一一B、邦訳は前掲書三一ページ）。

（42）プラトン『国家』三六八A。邦訳は『プラトン全集』七巻、山本光雄訳、角川書店、九一ページ。アレントが指示している三六七Eではソクラテスは、「さて、わたしはそれを聞いて、つねづねグラウコンとアデイマントスの性質《フュシス》には感心していたのだが……」と語っている。

（43）プラトン『ゴルギアス』四八二B～C。邦訳は前掲書一九三ページ。訳文を改めている。

（44）プラトン『テアイテトス』一八九E～一九〇A。邦訳は『プラトン全集』二巻、戸塚七郎訳、角川書店、一二五ページ。

（45）判断については、「するとそのことが心の中で、思考において沈黙したまま行われる場合には、それを称して〈判断〉と言う以外に、君には何か呼び方があるかね」（プラトン『ソフィスト』二六四A、『プラトン全集』二巻、新海邦治訳、角川書店、三〇三ページ）と語られている。また思考と判断の区別については、「〈思考〉とは魂がみずから自己自身にたいしてなす対話であり、〈判断〉のほうは思考の結論である」（同書二六四B）とされている。ここでプラトンは思考（ディアノイア）と対話（ディアロゴス）の同一性を強調する。『テアイテトス』でも思考と対話と判断（ドクサ）が同じものであるとみなされている。ただしアレントは次の異稿五の最後では、孤独の沈黙のうちでも行うことのできる思考（ディアノイア）と、相手を必要とする他者との対話（ディアロゴス）を明確に異なるものとして捉えている。

（46）『テアイテトス』の最初では、ソクラテスとテアイテトスの対話を記録したエウクレイデスを、友人のテルプシオンが探している。しかしテルプシオンはアゴラじゅうエウクレイデスを探したが、みあたらない。エウクレイデスは「それは町にはいなかったからだよ」と語っている（一四二A、邦訳は前掲書九ページ）。

〔47〕アリストテレスは定義というものを、類と種差で考えた。あるものを一つの共通の類のうちに分類して、その類の中で他のものとどのように異なるかを示せば、それを定義できると考えたのである。人間についてはアリストテレスは、これを動物の一つとして分類し、次に人間が他の動物とどのように異なるかを示せば、人間が定義できると考えた。アリストテレスは主として人間が二つの点で動物と異なると考えた。一つはポリスを作ることである。だから人間は「ポリスを作る動物」（ゾーオン・ポリティコン）ということになる。「人間は自然に国的動物であるということ、また偶然によってではなく、自然によって国をなさぬのは、劣悪な人間であるか、あるいは人間よりも優れたものである」（アリストテレス『政治学』一二五三A。『アリストテレス全集』一五巻、山本光雄訳、岩波書店、七ページ）。

　またアリストテレスは人間はロゴスをもつことで他の動物と異なると考えた。「自然はわれわれが主張するように何ものもいたずらには作らないのに、動物のうちで言葉（ロゴス）をもっているのはただ人間だけなのである」（同書）。そして言葉（ロゴス）をもつことで、人間は善悪を判断する理性（ロゴス）をもつようになる。人間は言葉をもつ動物、理性をもつ動物なのである。「独り善悪正邪などについての知覚をもつということが、他の動物に比べて人間に固有なことである」（同書）。

〔48〕『ゴルギアス』でソクラテスは、人間の世界がコスモスであるのは、社会に秩序があり、「幾何学的な平均が神々の間でも人間の間でも大きな力をもっている」からだと指摘する。「天も地も神々も人間たちも、これらを一つに結びつけているのは、共同と愛と秩序正しさと節制と正しさであるのだ。そしてそういうわけで、彼らはこの世界全体を秩序《コスモス》と呼んでいるのである」（プラトン『ゴルギアス』五〇八A。邦訳は前掲書二五五ページ）。

〔49〕ラジカル（radical）という語の語源は、根を意味するラテン語ラーディックス（radix）にある。その意味では根底的という訳語がもっとも近いだろう。ここでアレントは根源悪という概念に疑問を呈しているのである。

〔50〕『エックハルト説教集』では離脱と憐みを比較して、次のように語られている。「憐れみとは、人が自分自身の外に出て、同胞の窮地へと赴き、それによって自分の心を悲しませることにほかならないが、離脱はそのようなことから自由であり、自分自身の内にとどまったままで、いかなることによっても悲しみを受けることがない」（『エックハルト説教集』田島照久編訳、岩波文庫、二四〇ページ）。

〔51〕ローマにおける休暇《オーティウム》の発見とその哲学における意味については、アレントは『人間の条件』で詳しくふれている。たとえば第一章ではギリシア語のスコレーとラテン語のオーティウムの意味について説明している（同書の原注一〇参照。邦訳は『人間の条件』志水速雄訳、ちくま学芸文庫、四〇ページ）。

〔52〕これはアレント『人間の条件』の最後を飾る引用文である。邦訳五〇四ページ参照。

〔53〕ニーチェは『善悪の彼岸』の最後の「高き山々から」では、友を求める願いの終焉を告げる。「この歌は終わった、――憧れの甘い叫びは／口のなかで死に絶えた……／それは魔法使いの仕業だった、時を得た友の、／真昼の友の――いや！　それが誰なのか、尋ねてはいけない――／一が二になったのは、真昼の時だったのだ……」（『善悪の彼岸』吉村博次訳、白水社、三四三ページ）。

〔54〕文章の全体を引用しておく。「詩のなかの思想――詩人はその思想をリズムの車に乗せて華々しく連れて来る。通例それら思想は歩くことができないからである」（『人間的な、あまりに人間的な』上巻、一八九、浅井真男訳、白水社、一八四ページ）。

〔55〕アレントはラテン語で“sis tu tuus et ego ero tuus”と引用している。邦訳では汝とわたしを置き換えて、次のように訳されている。「すなわちわたしがわたし自身となる限りにおいて、あなたがわ

たしのものとなりうるのです」（クザーヌス『神を観ることについて』八巻和彦訳、岩波文庫、四五ページ）。
〔56〕"ut ego eligam mei ipsis esse." 邦訳は「あなたは、わたしがわたし自身になるのを選択することをわたしに強制しているのではなく」（同書）。
〔57〕"ut sim, si volam, mei ipsius." 邦訳は「あなたは、わたしが望みさえすれば、わたしがわたし自身のものになるということを、わたしの自由のうちにおいてくださいました」（同書）。
〔58〕アレントは「公的な世界を避けて、私的な世界にとじこもる」という文の前で、ギリシア語で"idioteuein alla me demosieuein" と表記している。これに該当する文の邦訳を掲げておく。ソクラテスはアテナイで律義にポリスや市民の不正を告発するようなことをする者、「……むしろ正しいことのために本当に戦おうとする者は、わずかな間でも命を全うしようとする場合でさえも、私人として暮らす［イディオーテウオー］べきで、公人として働く［デーモシエウオー］べきものではないのである」と語っているのである（『ソクラテスの弁明』三二A。邦訳は『プラトン全集』一巻、山本光雄訳、角川書店、七四ページ）。
〔59〕マラキアは、弱さと、女性っぽさを示す言葉である。プラトンの『ゴルギアス』ではカリクレスが、青年が哲学をするのは好ましいが、年をとっても哲学をしている人は殴ってやりたいという。「そんな人間はたとえ非常によい素質をもっていたとしても、もう男子たる価値を失っている」（四八五D）というのである。また国事に携わる人々は、哲学者たちとは違い「自分の思いついたことはどんなことでもなしとげるだけの能力をもっている人たちのことであって、その人たちは魂の柔弱さ［マラキアン・テース・プシュケース］のために途中でくじけるようなことはないでしょう」（四九一B）と語っている。これが当時のアテナイの一般的な見解だったのである。
〔60〕プラトン『ソクラテスの弁明』三〇E。邦訳は前掲書、七二ページ。

〔61〕ニーチェのパウル・レー宛ての書簡の草稿。一八八二年の一二月の最終週のもの。ちくま学芸文庫の書簡集にはみあたらないようだ。一一月末のザロメ宛ての書簡の草稿では次のように書いている。「でも、あなたは小っぽけならず者［ブルゲンフォーゲル］です！　かつてはあなたのことを正真正銘の徳、尊敬すべき女性と思っていたのですが」（『ニーチェ書簡集』Ｉ　塚越敏訳、ちくま学芸文庫、五七七ページ）。

〔62〕プラトン『ソクラテスの弁明』二九Ｄ。邦訳は前掲書七〇ページ。

〔63〕この講演の注〔28〕に、該当するイエスの言葉を引用しておいたので参照されたい。

〔64〕この対談で対話を主導するＭが、プラトンの魂の不滅の理論についての説明を省こうとすると、弟子役のＡがどうしてもその説を聞きたいと主張して、次のように語る。「私は、誓って申し上げますが、別の連中とともに正しい意見をもつぐらいなら、むしろプラトーンとともに間違っている方がいいです」（『トゥスクルム荘対談集』一巻一七章三九、木村健治・岩谷智訳、『キケロ選集』十二巻、岩波書店、三六ページ）。ただしキケロはピュタゴラスを高く評価しており、「別の連中」はピュタゴラス派ではないかもしれない。Ｍはプラトンがピュタゴラスの哲学を学んだこと、「魂の不滅についてはピュータゴラースと同意見であった」ことを指摘しているからである。

〔65〕『一四世紀のドイツの神秘思想家』二巻『エックハルト集』ファイファー版、六二三ページ（*Deutsche Mystiker des vierzehnten Jahrhunderts*, hrsg. von Franz Pfeiffer, Scientia Verlag, 1962）。

〔66〕アウグスティヌス『自由意志』三巻一章。邦訳は『アウグスティヌス著作集』三巻、泉治典・原正幸訳、教文館、一四二ページ。

〔67〕パウロは「あなたの敵が飢えていたら食べさせ、渇いていたら飲ませよ。そうすれば、燃える炭火を彼の頭に積むことになる」（『ローマの信徒への手紙』一二章二〇）と、前の部分を引用する。

〔68〕このことはキリスト教にとって善をなすためには、他者のまなざしが不在である必要があること

を意味する。これはキリスト教における無世界性と呼ばれる。これについてはアレントの『人間の条件』で詳しく考察されている。とくに第二章「公的な領域と私的な領域」を参照されたい。

〔69〕ドゥンス・スコトゥス『センテンティア』から（nihil aliud a voluntate est causa totalis volitionis in voluntate)。

〔70〕アウグスティヌス『告白』八巻八章から（non hoc erat velle quod posse)。邦訳は山田晶訳、中央公論新社、二七六ページ。

〔71〕アウグスティヌス『書簡』一七七、五節から（nec lex iuberet, nisi esset voluntas, nec gratia iuvaret, si sat esset voluntas)。

〔72〕アウグスティヌス『告白』八巻九章。邦訳は前掲書二七七ページ。

〔73〕アウグスティヌス『自由意志』三巻三章。邦訳は『アウグスティヌス著作集』三巻、前掲書一四九ページ。『再考録』一巻九章三でも同じ文を引用する。

〔74〕アウグスティヌス『告白』八巻九章。邦訳は前掲書二七八ページ。

〔75〕同、八巻一〇章。邦訳は同書二八一ページ。

〔76〕ニーチェ『善悪の彼岸』二章四〇、吉村博次訳、白水社、七四〜七五ページ。一部、訳文に手を加えている。

〔77〕同、四章六八。邦訳は同書一一三ページ。

〔78〕"Quod licet Jovi non licet bovi." 古いラテン語の諺。Jovi はJupiter（ジュピター）の与格 Jovis から。牛（bos）の与格 bovi と韻を踏んだのである。

〔79〕「マタイによる福音書」一三章二四〜四三節。「まず毒麦を集め、焼くために束にし、麦の方は集めて倉にいれなさい」（三〇節)。「人の子は天使たちを遣わし、つまずきとなるもの（スカンダロン）すべてと不法を行う者どもを自分の国から集めさせ、燃え盛る炉の中に投げ込ませるのである」（四一

節)。
〔80〕ニーチェ『権力への意志』二九三。邦訳は前掲書、二九一〜二九二ページ。
〔81〕ニーチェ『善悪の彼岸』二章三九。邦訳は前掲書七三ページ。関連部分を引用しておく。「真理のある部分の発見のためには、悪人や不幸な人びとの方が有利であり、いっそう大きな成功の確率をもつということには、疑いの余地がない。幸福な悪人たちのことは言わずもがなであって、これは道徳家たちによって黙殺される種族である」
〔82〕アウグスティヌスは意志の原因は何かという問いを立てて、次のように答える。「意志が罪の原因であるが、しかし君は意志そのものの原因を求めるので、私がそれを見出しても、その見出された原因の原因をたずねようとする。その質問には限りがあろうか。追求と討論の終わりは何であろうか。しかし君は、根をこえて何かをたずねる必要はない」。邦訳はアウグスティヌス『自由意志』三巻一七章。『アウグスティヌス著作集』三巻、前掲書一九七ページ。
〔83〕ニーチェ『権力への意志』六六七。邦訳は『権力への意志』下、原佑訳、ちくま学芸文庫、一八九ページ。
〔84〕アレントはラテン語で Omnes homines beatus esse volunt と書いている。これはアウグスティヌスによくみられる表現である(『告白』や『神の国』など)。
〔85〕アウグスティヌス『自由意志』三巻一八章。邦訳は前掲書二〇〇ページ。
〔86〕ニーチェ『権力への意志』六六八。邦訳は前掲書一九〇ページ。
〔87〕ニーチェ『善悪の彼岸』一章一九。邦訳は四一〜四二ページ。訳文にかなり手を加えている。
〔88〕ニーチェ『権力への意志』六九三。邦訳は前掲書二一九ページ。
〔89〕アレントはドイツ語で daß Wille und Aktion irgendwie eins seien と引用している。ニーチェ『善悪の彼岸』一章一九。邦訳は前掲書四二ページ。

〔90〕アレントの指摘をうまく表現したところはみつからないが、次の部分を引用しておこう。「〈力への意志〉は一種の〈意志〉であろうか、ないしは〈意志〉という概念と同一なのであろうか。……これまでの心理学の意志は是認できない普遍化である……。生は力への意志の一つの特殊な場合にすぎない」（ニーチェ『権力への意志』六九二、前掲訳書二一八〜二一九ページ）。

〔91〕ここもあまり該当する項目ではない。無道徳家は「真理なしでも権力をおさめ、勝利をおさめることができる」。これは「すべての極端なものがしでかす誘惑である」という文だからだ（同書七四九。同書二六六ページ）。

〔92〕ニーチェ『悦ばしき知識』三六〇、信太正三郎訳、ちくま学芸文庫、四一四ページ。

〔93〕カント『純粋理性批判』B一七二〜一七三の原注。『カント全集』四巻、前掲、二六三ページ。

〔94〕アレントは"de gustibus non disputandum est"とラテン語を引用している。カントは『判断力批判』五六節で、このラテン語の諺を使って、美と趣味の問題の議論を展開している。

〔95〕カントは人間の思考の基準として、三つの格律を示している。自分で考えること（偏見をもたない思考）、他人の立場で考えること（拡張された思考）、自分自身と一致して考えること（首尾一貫した思考）である（カント『判断力批判』四〇節。邦訳は『判断力批判』上巻、篠田英雄訳、岩波文庫、二三三ページ）。

〔96〕カント『人間学』三九節（アレントの原文の注には三六節とある）。邦訳は『カント全集』一四巻、山下太郎・坂部恵訳、理想社、一三〇ページ。

〔97〕カントは主観的な判断を重視すると偏見や錯覚に陥ることが多いために、自分の判断をつねに他者の判断と比較する必要があることを指摘する。これは「自分自身を他者の立場に置いてみることによってのみ可能である。そのためには、われわれ自身の判断に偶然的に付着しているさまざまな制限を考えの中で度外視する必要がある」（カント『判断力批判』四〇節。邦訳は前掲書二三一ページ）。

〔98〕アレントは『カント政治哲学の講義』（邦訳は浜田義文監訳、法政大学出版局）において、カントの『判断力批判』を政治哲学の書物として読むことができると主張し、その根拠としてこのことを主張している。

〔99〕カントは『判断力批判』一章の二節「趣味判断を規定する適意は、一切の関心にかかわりがない」において、「いやしくも美に関する判断にいささかでも関心が混じるならば、その美学的判断はきわめて不公平になり、決して純粋な趣味判断とは言えない」と指摘している（邦訳は『判断力批判』上巻、前掲書七三ページ）。ここでの関心は、利害関係や有用性についての判断を示しているのであり、美しいものに「関心がない」という意味ではない。

〔100〕カント『人間学』二節「利己主義について」。邦訳は前掲書三四ページ。

〔101〕カント『純粋理性批判』Ｂ一七四。「実例は判断力の〈あんよ車〉であって、この〈あんよ車〉は、判断力という生まれながらの才能を欠く人には決して欠くことのできないものである」（邦訳は前掲四巻、二六三ページ）。

〔102〕ニーチェ『権力への意志』二九二。邦訳は前掲の『権力への意志』上、二九一ページ。ただし大幅に改訳している。

〔103〕ジェファーソンのロバート・スキップワース宛ての一七七一年八月三日付けの書簡。

アレントの『基本的な道徳命題』の異稿

一　道徳的な事柄で問題となるのは個人の行動であり、法廷ではこれが問われるのです。もはや「この人物は小さな歯車だったか、大きな歯車だったか」が問題ではなく、「この人物は、そもそもどのような理由から、歯車になることに同意したのか」が問われるのです。「この人物の良心はどうなったのか」「良心はなぜ機能しなかったのか、別の形で機能したのか」「戦後のドイツにはナチス党員がひとりもいないのはなぜか」「敗北という簡単な理由のために、二度目の方向転換が起きたのはなぜか」が問われるのです。

二　カントでは、この義務がどこから生まれるのかが問題になります。人間を超越した外部から義務を導くことはできません。もっとも理性的な世界の希望なしでは、すべての道徳的な義務は幻覚（ヒルンゲシュピンステ）となってしまうおそれがあるのですが（というのは義務は人間の内部で感じられるだけであり、それが客観的に妥当するかぎりでは、悪魔の国や悪党の集団でも、こうした義務にしたがって行動することがありうるのです。これは正しい理性の命じるものだからです）。義務をある超越的な場所に求めた場合には、人間は自律性を失います。人間は自分の内部の法則だけに従うことで自律を獲得しており、これによって人間は尊厳をえるからです。その場合には義務は「空虚な概念」となってしまいかねません。というのは、「なぜわたしは自分の義務をはたすべきか」という問いにたいしては、「それがわたしの義務だからだ」という答えしかないからです。そして義務をはたさなければ、わたしは自分に矛盾することになるという前提は、カントでは十分な論拠としての力をそなえていません。理性は思考とは違うものであり、思考はわたしの内部でのわたしとの〈つきあい〉とは理解されていないからです。カントにおける義務は、理性の命令《ディクターメン・ラティオーナーリス》から導かれます。この命令は、数学的な真理など、ほかの合理的な真理と同じように、反駁することのできないものなのです（これを示すために、数学的な真理がいつでも実例として利用されるのです）。

三　ナチスの社会で他者と協調して暮らすというこの圧力が機能しない人が、わずかながらいつでもいたのです。そしてこの講義でこだわっているのは、こうした人々なのです。こうした人々がふつうの人々と異なる行動をとるのはなぜなのでしょうか。プラトンが示唆するように、高貴な性格だからでしょうか。それではこの高貴さはどこから生まれるのでしょうか。プラトンが語るように、こうした人々では特定の道徳的な命題が自明なものとして機能しているかのようです。しかしそれはなぜでしょう。それよりもこうした人々はどんな人だったのでしょう。新しい秩序に協調した人々は、革命的な人だったり、叛乱を好む人だったりするわけではありません。ナチスと「協調」したのは圧倒的な多数者だったのです。道徳的な崩壊は、疑問をいだくこともなく、叛乱のスローガンを掲げることもない社会的な集団のうちで起きた屈服だったのです。サルトルが「下司」と呼んだ人々です。サルトルはこうした人々を、立派な社会人の典型とみなしていました。

抵抗した人々は生活のさまざまな領域においてみられました。貧しい人も、ほとんど教育をうけていない人も、上流社会の立派な人もいました。こうした人々はあまり口を開きませんし、その論拠はいつも同じなのです。葛藤のようなものも、闘争もありませんでした。悪は誘惑しなかったのです。さらにこうした人々は、すべてをみそなわす神の報復を恐れると語ったわけではありません。宗教的な人ではなかったのです。それにこの時代には宗教がナチス体制ににじり寄っていたので、宗教的な信念はあまり役に立たなかったでしょう。ただ「わたしにはできない、死んだほうがましだ。もしもわたしがそんなことをしたら、生きる意味がなくなってしまう」と言うだけなのです。

ですからわたしたちがここで注目しているのは、ごくふつうの人々の行動です。ナチス党員でも、ボルシェヴィキでもなく、聖者でも英雄でもなく、生まれながらの犯罪者でもありません。ほかに適切な呼び名がないので、「道徳性」とでも呼べるものがあるとすれば、道徳性とはこうしたごくふつうの人々のふつうの出来事にかかわるものであることはたしかなのです。

四　この結論に到達するのに、カントの哲学をもちだす必要はありません。もっと最近の例でご説明しましょう。まったく異なる前提から、同じ結論に到達した例です。現代の哲学者であるジョージ・A・シュレーダーは「責任と存在」（『ノモス』第三号）という文章で、昔ながらの難問にとりくんでいます。道徳的な真理が自明なものだとしても、道徳的な義務は、すなわち善と信じるものにしたがって行動すべきであるという義務は自明なものではないし、明確に証明できるものでもないという難問です。

そこで著者はすべての道徳的な命法を単純な命題に変換するのではなく、存在論的な文に変換しようと試みます。存在または実存そのものは、わたしたちが神の命令の力のもとでしかみいだすことのできないような拘束力を示すのではないかと期待してのことです。しかしこの変換の試みは、わたしたちがふだん善とか悪と呼んでいるものを、適切な行動と不適切な行動の違いに還元することになってしまいました。

興味深いことに、著者はハイデガーに依拠しながら、人間はみずからを作りだしたのではないが、実存そのものはみずからのものであるという事実から出発します。実存は人間には無償の贈与として与えられたものなのです。著者はこの事実に基づいて、人間はその定義によって応答することを求められており、責任を負うのだと結論します。「人間であることは、みずからにたいして責任を負わねばならないということである」

さて、人間はそれではほかのだれに責任を負うのでしょうか。しかし人間が自分の生命をみずから選択したわけではないという事実が、まったく反対のことを意味する可能性があるのは、かなり自明なことではないでしょうか。わたしがみずからを作りだしたのではないのですから、そしてわたしの実存が無償の贈与として与えられたのですから、わたしは自分の実存をみずからの所有物のようにみなして、好きなように処分してよいと結論することもできるはずです。しかしこの反論は無視しましょう。そしてここでも究極の基準として自己が再登場したことも無視して、著者の次の主張に進みましょう。「このように主張することは、人間が理想的な意味で何であるべきかを語るものではなく、たんに人間が何であるか、何であらねばならないかを示すものである」

この主張からは、「あらねばならない」と実際の行動の違いがきわめて大きな場合には、人間は人間ではなくなるという結論が導かれます。しかしわたしたちが不道徳な行動をたんに人間にあるまじき行為と呼ぶことが許されるなら、そこで実際にはわたしたちの問題は終わってしまうのです。ところが著者が説明で利用している犬の虐待の実例からも明らかなように、問題はここでは終わらないのです。著者は犬を石のように扱うことは、「道徳的にも認識論的にも正しくない」ことだと主張します。犬を石のように扱うのは、対象の「誤認」であり、認識論的な誤謬だというのです。しかしわたしが犬を石のように扱ったとすれば、わたしは石のようにふるまったのか、（もっとありそうなことですが）犬に苦痛を与えようとしたからだということを、著者は思いつかなかったようです。ここには認識論的な誤謬は存在しません。まったく反対に、犬が石ではないことを知らなかったら、わたしは犬を虐待したいなどとは感じなかったでしょう。

五　悪をなすよりも悪をなされるほうがましであると考えるわたしの自己は、実際には行動する場合ほど、「わたしはわたしだ」（『リチャード三世』）という全体性ではありません。ここで問われているのはわたし自身が考えた事柄であり、それによって可能となる結果でも、「わたしは存在する」でもありません。「わたしは存在する」においては、わたしは何よりも一人であり、〈二人のうちの一人〉ではありません。行動するときにはわたしは〈一人〉であり、世界のうちにわたしは〈一人〉として現れるのです。

ソクラテスは何も教えません。どんな知識ももっていないからです。ソクラテスが携わっているのは、ある終わることのない検討作業なのです。その検討作業で考察するテーマは、何を検討してほしいと提案されたかによって決まるのです。『カルミデス』ではソクラテスは、「しかし、ねえ、クリティアス、君のわたしにたいする扱いは、わたしが、自分の質問していることについて知っていると主張しており、だからわたしがそのつもりになりさえすれば、君の言い分に同意を与えることができると言わんばかりだね。しかし事実はそうではなく、わたし自身知らないので、出された問題をそのつど君といっしょに探究しているのだよ[1]」（一六五B）と説明しています。またプラトンは同じことを『ゴルギアス』（五〇六A）でも繰り返しています。ですから重要とされているのは知識ではなく、知識を取得することでもなく、問うという行為なのです。

政治的には、ソクラテスはアテナイの市民をより善い人間にするには、そして僭主に抵抗する力のある人間にするには、知識ではなく、考える方法について学ばせることが重要だと考えたようです。ところでソクラテスの裁判はこの問題を軸としていました。ソクラテスは新しい神について教えたのではなく、すべてのものに疑問をいだく方法を教えたのです。こうした問いかけからはどんな成果も生まれないことこそが、こうした問いかけの成果だと思いこんだ人々には、このような偶像を破壊する営みは非常に危険なものとなったのでした。ひとたび考える方法について学ぶと、たんに言われたことにしたがい、服従することはできなくなります。叛乱を好む精神が生まれるからではなく、すべてのものを吟味するという習慣が身につくからです。『ソクラテスの弁明』でソクラテスが裁判官たちに語る最後の言葉は、「わたしは吟味することをやめることはできない」というものでした。ソクラテスはなぜ沈黙のうちで吟味することができなかったのでしょうか。それはディアノエイスタイ（徹底的に考えること）よりもディアレゲスタイ（問答すること）が優先されるからです。

六　わたしの良心は（一）証人であり、（二）判断する能力、すなわち善悪を区別する能力であり、（三）わたし自身についての判断のうちに存在するものであり、（四）わたしのうちの声で、これは聖書で描かれた外からの神の声と対立するものです。

良心（コーン-スキエンティア、シュン-エイデナイ）という語は、本来は意識を意味するものであり、道徳的な意識とふつうの意識を区別する語があるのはドイツ語だけです。コーン-スキエンティアとは、わたしがわたしの自己とともに知ること、あるいはわたしは自分が知っていることを意識していることを意味します。シュン-エイデナイとはプラトンやアリストテレスではつねに（あるいはほとんどいつでも）わたしとともに（エマウトーイ・ハウトイス）を意味します。ギリシアではこの語はとくに道徳的な意味では使われませんでした——もちろんわたしが何か悪しき行いを意識した場合には、この意識（エウリピデスにおけるシュネシス）は非常に不愉快な思いをするかもしれませんが。この意識は、わたしの存在を証言するものとして理解することができるものです。わたしは自己について意識する限りで、自分が存在することを知っているのです。わたしが自己について意識しない場合には、わたしは自分がそもそも存在するかどうかもわからないのです。アウグスティヌスでも、後のデカルトでも、わたし自身の存在を含めて、現実性《リアリティ》の問題が提起されました。アウグスティヌスは、わたしはそもそも何かが存在するかどうかは疑うことはできますが、わたしが疑っていることだけは疑うことはできないと指摘しました。

　ここにすでに〈一人のうちの二人〉という分裂の萌芽があることがおわかりだと思います。良心という語が初めて使われたのはキケロにおいてです[2]（『義務について』三巻四四章）。わたしがすべての人間から隠されていることを誓いながら明かすときには、神が証人となることを意識すべきであるとキケロは語ります。キケロによるとこれは「わたしの心が証人である」という意味であり、「神は人間にこれよりも聖なるものを与えたことはない」のです（この意味では紀元前一五〇〇年のエジプトですでに、王室の奴隷が自分のつとめについて語りながら、「わたしの心がこれらのすべてのなすことを命じた。心は卓越した証人である」と述べています）。重要なのは隠されていることを証言するということです。この意味で新約聖書では、「人間の秘密」について語りながら、パウロは証言する良心について、裁きの場で「心の思いも、互いに責めたり弁明し合って」いると語っているのです（『ローマの信徒への手紙』二章一四以降）。『コリントの信徒への手紙　二』ではシュネイデーシスは証言です（「このことは、良心も証しするところで、わたしたちの誇りです」一章一二）。

セネカでは良心とは、わたしたちの悪と善き行いを見守り、保護している聖なる霊です。このため中世では良心は、人間の心の秘密を知っている神（「隠れたことを見ておられる父」『マタイによる福音書』六章四節）と密接な結びつきを維持してきました。

中世においては、（一）自己についての意識と、（二）心のうちの法にしたがって善悪を区別する能力は明確に区別されてきました。

良心の声もその起源はとても古いものです。すでに旧約聖書では、神が人間にたえず語りかけてきました。しかしこれはソクラテスのダイモーンにさかのぼるのです。ダイモーンとは神と人間の中間的な存在（半神）であり、すべての人にダイモーンがついているのです。これは外から聞こえる声で、これに答えることはできないという意味では、コーン-スキエンティアとは非常に違う性質のものです。この声は何かをせよと命じることはなく、何かをすることを妨げたり、何かをしないように警告したりするだけのものです。

七 理性が示す目的は、欲望が目指す目的とは異なるかもしれません。この場合に決定するのはここでも理性です。理性は高次の能力であり、理性が示す目的は高次なものなのです。そしてわたしは理性に耳を傾け、理性が欲望の主人であり、欲望を支配すると想定されています。理性は「汝、なすべからず」と語るのではなく、「汝、なさざるべし」と語るのです。

八 この段階で、理性も欲望も本来の意味では自由ではないことが明らかになります。しかし選択する能力である意志は自由なのです。さらに理性は、人間としての人間に共通のものを示します。また欲望はすべての生物に共通のものです。完全にわたしだけのもの、それは意志だけです。意志することでわたしは決定します。これが自由の能力なのです。

九 古代には意志という概念がなかったという命題の根拠を示しましょう。問題になるのは、アリストテレスの『ニコマコス倫理学』、とくに三巻二〜三章で示されているプロアイレシスという概念です。この語は、将来について、あらかじめ採用するか選択することを示します。この語の定義は、「われわれの力の範囲内に属することがらについての思量的な欲求」(ブーレウティケー・オレクシス・トーン・エピ・ヘーミーン)とされています[3]。

アリストテレスはこの能力については確実なことは語っていません。そしていつでもこれを欲望と理性に還元しようとします。たとえば欲求とロゴスがプロアイレシスの起源であると語っています[4]。またこのプロアイレシスはディアノイア(思考)とオレクシス(欲求)に共通なものとされています[5]。とくに重要なのは『ニコマコス倫理学』でアリストテレスがプロアイレシスは目的ではなく手段であると語っているところです[6]。これに対立するのはブーレーシス・トゥー・テルース(目的にかかわる願望)なのです[7]。ここでも目的は思量だけが定めるのです。しかし『弁論術』では、わたしたちはエルゴン(業)でもプラークシス(行為)でもなく、プロアイレシス(選択)によって咎め、賞賛するとされています[8]。

プロアイレシスがプラークシスの端緒とされているところが一か所だけ、『形而上学』にあります[9]。ほかの定義で失われているのは、将来に伸びるという特性です。それを手がかりにして考えると、将来に伸びていくという特性をもつ意志は、すべての行動における心の動きであると結論することができます。意志のこの機能はそれ自体において、思量の要素と欲求の要素をそなえています。これにかんして意志をほかの能力と比較してみると、欲望は現在において、この時点で与えられた世界のうちに伸びてゆきます。記憶は過去に伸びてゆきます。理性はこの将来と過去という時間的な制約をどうにかして超えようとします。理性は無時間的な空間に入ろうとします。この空間ではたとえば数は永遠に数のままです。理性が最大の能力となるのは、無時間的なことがらにかかわるからです。

一〇　ここで次の問題が生まれます。意志は誰に命令するかということです。欲望でしょうか。違います。意志は欲望を制御するために意志みずからに命令するのです。

ここで意志は命令する部分と、服従する部分に分割されることになります。意志は「まったきしかたで命じません。ですから命ずることは実現しないのです」。じつは、「欲していたのはわたしですが、いとっていたのもわたしであり、しかも欲するわたしといとうわたしは同じわたしでした（エゴ、エゴ・エラム）。わたしは完全なしかたで欲していたのではなく、そうかといってまた、完全なしかたでいとっていたのでもありません。そのためにわたしは自分自身と争って、自分自身からひきはなされたのです[10]」。このエゴ、エゴ・エラム（わたしは同じわたしでした）から、ソクラテスの「一人であるわたしは、わたし自身と対立するよりも、世界全体と対立していたほうがましである」という言葉を思い起こされるでしょう。でも〈わたしはわたしである〉としても、わたしのうちに「二つの意志」があるのです。片方の意志が意志し、命令するのですが、残りの意志は抵抗し、命令と反対のことを意志するのです。このように「部分的に欲し、部分的にいとう」ことは、奇怪なことではないのです。

たしかにそれは奇怪なことではないかもしれませんし、「二つの心があり、一つは善き心であり、一つは悪しき心である」のですが、二つの対立する原則が争っているわけではありません。対立が発生するのは、意志が働き始めてからであり、働く以前は対立はないのです。しかしこれは対立であり、わたし自身との沈黙のうちの交わりではありません。ここでもわたしは〈一人のうちの二人〉ですが、わたしが何をなそうとも、とても善くまたはとても悪くふるまおうとも、つねに対立があるのです。その証拠は「両方の意志が悪である」ときにも同じ状態になることです。問題なのは、「まったき意志をもって」意志する方法であり、わたしは「語り、ほとんどすべてをなした。ほとんどすべてをなしたが、何もなさなかった」のです。ここでは四つの意志が同時に働き、たがいを麻痺させ、「宙吊り」にするのです。

こうして神はわたしになぜ意志を与えたのかという問いが生まれます。ここで『自由意志』に戻りましょう。この問いは二重の問いです。一つは、みずから作りだした苦境から逃れるためには恩寵が必要であるとしたら、そもそもなぜ意志が必要なのかという問いであり、もう一つは、わたしたちに自由意志が与えられているために罪を犯すことを考えると、そもそもなぜ自由意志が与えられたのかという問いです。はっきりと答えられるのは第二の問いだけです。自由意志がなければ、わたしたちは正しく生きることができないからです。

ここで別の問いが生まれます。もっと別の能力が与えられなかったのはなぜかという問いです。だれも悪しき方法で使うことのできない正義のような能力が与えられればよかったのではないでしょうか（二巻一八章）。その答えは、意志の自由な選択なしには、だれも正しく行動することができないからだということにあります。言い換えると、人間がすべての権限をもっているのは意志だけであり、意志の力だけによって、わたしたちはわたしたちであるのです。あるいは（一巻一二章）意志は、それをもつにはただもつことを欲するだけでよいという意味で、きわめて善いものです[1]。わたしたちが幸福な生活や不幸な生活を送るに値するのは、意志によってなのです。ということから、誰かが正しく意志しようと意志すれば、とても大きなものをきわめて容易に手にすることになります。その人が意志したものは、それを意志するという事実だけですむのです。でも意志がみずからにおいて分裂していると、意志の性格そのもののうちに、悪しきものに向かうという動きを始めるものがあるのではないでしょうか。そうだとすると、わたしたちが罪を犯すのは人間の本性によって、そして必然性によってではないでしょうか。この答えはおそらくイエスですが、そうだとするとわたしたちが咎めたり、賞賛したりするという事実をこれからどう説明できるでしょうか。心はみずからの意志以外のなにものにもよらずに、欲望の僕《しもべ》となったのです。そして最後の問いは、人間の悪しき行い

が自主的なものだとすると、神の予知とそれはどのように調和するのでしょうかという
ことです。神は予知によって、人間を強制することはないのです。
三巻五章から三巻一六章まで、対話は独話になります。苦境はきわめて大きなものと
なり、アウグスティヌスは次のように語らざるをえなくなるのです。「罪深き魂が、自
分が存在しなければよかったとか、自分以外の者であればよかったと語ることのないよ
うに」（イエスのスカンダロンを思いだしてください。小さき者、すなわちあなたの権
限のうちにある者にたいする裏切りと犯罪です）。アウグスティヌスにとって、それは
あなたが意志しなかったかのような状態なのです。彼の答えは、存在することはきわめ
て大きな善であるのだ、存在しないことを意志することはできない、無を考えることは
できないというものです。一七章で対話の相手が戻ってきます。「意志の原因について
お尋ねしたいのですか」。しかしこれは無限遡行の問いではないでしょうか。「あなたは
原因の原因をみつけられないかと尋ねているのではないでしょうか」。この問いはまず
い問いなのです。それ自体にさかのぼる原因をもたない唯一のもの、それが意志なので
す。意志する以前の意志の原因とは何でありうるでしょうか。意志は意志そのものの原
因ではないか、意志はそもそもないかのどちらかなのです。ここでわたしたちは単純な
事実に直面します。アウグスティヌスが『ローマの信徒への手紙』七章と『ガラテア人
の信徒への手紙』五章に戻ったところで、すべての哲学的な議論は終わります。

一一　わたしたちが完全に見失ったのは、仲裁者としての意志、自由に選択する意志です。自由な選択とは、欲望からの自由を意味します。欲望が口をはさむと、選択に偏見が混じります。仲裁者とはもともとは、利害関係のない観客として出来事に立ち入る人間のことでした。目撃者であり、部外者なのです。このような利害関係のない者として、仲裁者は公正な判断ができるとみなされたのです。このため自由な選択意志《リーベルム・アルビトリウム》としての意志の自由は、まったく新たに始めることはありません。つねに物事に、そのありかたにおいて直面しているのです。これは判断の能力なのです。

しかしそうだとすると、どうやってこの仲裁者としての意志は、人間の意志する能力のうちに混じることができたのでしょうか。答えは二つあります。まず第一に、意志の究極の目的は、最高善としての理性が与えると想定されたため、（アクィナスによると）人間は手段の選択だけにおいて自由だということになります。この選択は選択意志《リーベルム・アルビトリウム》の機能なのです。しかしまさにこの手段を意志することにおいて、意志は自由ではありません。どの目的にも、その目的を実現するための手段が暗黙のうちに含まれています。これらはあらかじめ判断されているのです。善き手段と悪しき手段、適切な手段と適切でない手段があるだけなのです。これは意志というよりも、思慮の問題です。ごく例外的な場合にかぎって、〈この目的を実現するために、わたしは非常に悪しき手段を使わなければならない。だからこの目的を実現しないほうがましである〉と判断するときだけにかぎって、意志は介入するのです。

第二の可能性があります。意志は将来に伸びていくだけでなく、わたしたちが肯定し、否定する能力でもあります。これに関しては、すべての判断に意志の要素が含まれているのです。わたしはあるものにイエスということも、ノーということもできます。アウグスティヌスは「わたしがあなたを愛するとは、あなたが在ることを望むということだ」[12]と語りました。その物、その人にたいするわたしの肯定は、いずれにしても存在するその物や人とわたしを結びつけます。わたしの否定は、その物や人からわたしを遠ざけます。この意味では世界は、〈世界への愛《ディーレクトーレース・ムンディー》〉なのです。ところで世界への愛は、世界をわたしのために作りだし、わたしを世界のうちにはめ込むのです。

訳注

〔1〕邦訳は『プラトン全集』四巻、千葉茂美訳、角川書店、二〇二〜二〇三ページ。一部改訳。

〔2〕該当するところを引用しておく。「しかし宣誓して判決をくだす場合には、神がすなわちわたしの考えるところでは彼自身の良心《メンス》が、証人になっていることを記憶しなければならない。神自身はこれ以上神聖なものを人類に与えなかったのである」（キケロ『義務について』角南一郎訳、現代思潮社、一六八ページ）。

〔3〕アリストテレス『ニコマコス倫理学』一一一三A一〇。邦訳は高田三郎訳、岩波文庫、上巻九八ページ。

〔4〕同、一一三九A三一。邦訳は同書二一八ページ。

〔5〕アリストテレス『動物運動論』七〇〇B一八〜二三。アリストテレスは「意図は思惟と欲求の両方に属する」と語っている。邦訳は島崎三郎訳『アリストテレス全集』九巻。岩波書店、一一ページ。

〔6〕「われわれが思量するのは目的に関してではなく、目的へのもろもろのてだてに関してである」(『ニコマコス倫理学』一一一二B一一、前掲書九六ページ)。

〔7〕「願望(ブーレーシス)はより多く目的(テロス)にかかわるが、選択(プロアイレシス)は目的へのもろもろのてだて(トーン・プロス・ト・テロス)にかかわる」(同書一一一一B二七、同書九二ページ)。

〔8〕「しかし賞賛は行為に基づいてなされるのであり、また選択的意図(プロアイレシス)によって行為するということが有徳な人の特徴であるからして、[賞賛する人は]賞賛される者が選択的意図によって行為しているということを示すように努めなければならない」(アリストテレス『弁論術』一三六七B。邦訳は『アリストテレス全集』一六巻、山本光雄訳、岩波書店、五八ページ。

〔9〕「さて、それゆえに、事物のフュシス[自然]も原理[アルケー]であり、ストイケイオン[元素、構成要素]も原理であり、思考や意志[プロアイレシス]も原理であり、実体も原理であり……」(アリストテレス『形而上学』一〇一三A。邦訳は『アリストテレス全集』一二巻、出隆訳、岩波書店、一三二ページ)。ここでアリストテレスはプロアイレシスを行動の始動因としての「原理」(アルケー)としているのである。

〔10〕アウグスティヌス『告白』八巻一〇章。邦訳は前掲書二七九ページ。

〔11〕アウグスティヌス『自由意志』一巻一二章。邦訳は前掲書五四ページ。アレントは"velle solum opus est, ut habeatur"と引用している

〔12〕アレントは出典を記さずに"Amo: volo ut sis"と書いている。アウグスティヌスにはこのままの表現はみられないようである。これはハイデガーがアレントに語った愛の言葉だった。ハイデガーは一

九二五年五月一三日のアレント宛ての書簡において、次のように書き送っている。「Amo とはすなわち volo, ut sis であると、アウグスティヌスは言っている。わたしがあなたを愛するとは——あなたが在ること、あなたのあるがままを、わたしは欲する、ということだと」(『アーレント＝ハイデガー往復書簡』大島かおり・木田元訳、みすず書房、二三一ページ)。

集団責任

罪と責任

わたしたちは、自分がしていないことにたいしても、責任を負うことがあります。ただし自分がしていないことについて責を問われるとしても、自分が積極的に参加せずに起きた物事について罪があるとか、罪を感じるべきだというわけではありません。この罪と責任の違いは重要なことですので、声を大にして明確に指摘しておく必要のあることです。とくに多くの優れたリベラルな白人が、黒人問題に関して罪を感じると告白しているのをみると、その必要性を痛感します。

歴史的にみて、このような場違いな罪を感じた先例がどれほどあるのかはわかりません。しかし戦後のドイツにおいて、ヒトラー体制がユダヤ人に行ったことに関して、同じような問題が発生しました。「わたしたちの誰にも罪がある」という叫びは、初めはとても高貴な姿勢にみえて、誘惑的なものでした。しかしこの叫びは実際に罪を負っていた人々の罪を軽くする役割をはたしただけだったのです。わたしたちのすべてに罪があるのだとしたら、誰にも罪はないということになってしまうからです。

罪は責任とは違って、つねに単独の個人を対象とします。どこまでも個人の問題なのです。罪とは意図や潜在的な可能性ではなく、行為にかかわるものです。わたしたちが、父親や、国民や、人類の罪にたいして、まとめて言えば自分で実行していない行為について、罪を感じると言うことができるのは、比喩的な意味においてだけです。もちろんわたしたちはこうした罪の行為の結果にたいして代償を払うことを求められることもあるのですが。そして罪の感情、疚《やま》しき良心（メーンス・レア）、悪しきことをなしたという自覚は、わたしたちの法的および道徳的な判断においてきわめて重要な役割をはたすものですから、このような比喩的な意味では語らないようにするのが賢明でしょう。こうした言葉は、文字どおり解釈すると、いかがわしい感傷性をもたらすだけなのですし、すべての問題をあいまいにしてしまうことになるのです。

誰か他人が苦しんでいるのをみたときに経験する感情は、同情《コンパッション》と呼ばれます。この感情が本物であるのは、結局のところ苦しんでいるのがわたしではなく他人であることを自覚している間だけのことです。こうした情緒においては、「連帯が必要な条件である」というのは正しいと思います。集団的な罪の感情の場合には、「わたしたちみんなに罪がある」と叫ぶならば、それは実際には悪しきことをなした人々との連帯を宣言することになるのです。

集団責任の概念

「集団責任」という語が登場した時期については詳《つまび》らかにしません。ただしこの語だけでなく、この語が示している問題は、法的な表現や道徳的な表現と明確に区別された政治的な表現にかかわるものであり、こうした表現に一般的な関心が集まっているのはたしかでしょう。法的な基準と道徳的な基準には、とても重要な共通点が一つあります。どちらも個人と、個人がなしたことに注目するのです。組織的な犯罪の場合のように、共同で行われた行為に個人が関与している場合でも、裁かれるのは集団ではなく、個人です。その個人がどこまでこうした行為に加わっていたか、具体的にどのような役割をはたしたかが問われるのです。個人がほかの人々とともに共同の行為に加わったという事実は、それによって犯罪を犯した可能性がさらに確実なものとなるかぎりで、考慮にいれられます。そしてこれは原則として、評判が悪いとか、前科があるというのと、それほど大きな違いはないのです。

被告がマフィアの組員やナチスの親衛隊《エスエス》の隊員であったかどうか、あるいはその他の犯罪組織や政治組織の一員であったかどうかは、この人物がボスや上官の命令にしたがうたんなる〈歯車〉であったこと、ほかの誰もがやったに違いないことをやったにすぎないことをわたしたちに理解させてくれます。しかし被告が裁きの場に現れた瞬間から、被告は個人として法廷に出頭するのであり、実際にその個人が行ったことに基づいて裁かれるのです。一つの歯車がふたたび一人の個人になりうるということは、裁判手続きの偉大さを示すものです。道徳的な裁きについても同じことが、さらに強く該当します。〈わたしはそうしなければ自殺するしかなかった〉という言い訳は、法の裁きの場合と同じように、有効なものではないのです。法の裁きとは責任の問題ではなく、罪の問題だからです。

もしも公共のビーチで、泳げる人が数千人もぶらついていたとしましょう。そして海で人が溺れているのに、助けにゆかなかったとしましょう。しかしこの場合にも、集団責任は発生しません。そもそも集団というものが形成されていないのです。別の例として、数人の人々が銀行強盗を共謀したと想定してみましょう。この場合にも集団責任は発生しません。ここでは過失は〈身代わり〉的なものではないからです。ここで問われるのは、それぞれの個人がどのような犯罪を犯したか、その罪はどのくらい大きいかということです。また南北戦争後のアメリカ南部の社会制度の場合には、「疎外された住民」または「浮浪者」だけが無辜であり、ほかの人々が罪を犯しているのは明らかです。ほかのすべての人々は、いかなる形でも〈身代わり〉的ではない行為を実際に行っているからです[1]。

集団責任が問われるための条件

集団責任が問われるためには、二つの条件が必要です。第一はわたしは自分が実行していないことについて責任を問われることであり、第二はわたしが責任を負うべき理由は、集団（組織）に所属していることであり、わたしの自発的な行為ではこの集団から離脱できないことです（すなわち企業集団などのように、望めば離脱できる集団ではないことです）。「寄与的な集団過失」の問題は棚上げにしておきましょう。こうした集団への所属はすでに〈身代わり的な〉ものではないからです[1]。

わたしの考えではこの種の責任というのは、つねに政治的なものです。共同体の全体が、どの成員の実行した行為にたいしても責任を負うような古い形の責任であることも、共同体の名において実行されたことにたいして、共同体が責任を問われることもあるでしょう。もちろん第二の事例はわたしたちにとくに関心のあるものだというのはたしかです。善きにせよ悪しきにせよ、この責任は共同体を代表する政府だけではなく、すべての政治的な共同体にかかわるからです。

すべての政府は、それ以前の政権の行為と過失の責任をひきうけるのであり、すべての国は過去の行為と過失をひきうけるのです。これは革命によって成立した政府にもあてはまります。たとえ革命政権が、それ以前の政府が締結した条約で定められた合意に基づく責務を拒んだとしてもです。ナポレオン・ボナパルトがフランスの統治者になった際には、「わたしはシャルルマーニュの時代から、ロベスピエールのテロルにいたるまで、フランスが行ったすべてのことに責任を負う」と宣言しました。ということは、自分がフランス国民であり、フランスという政治的な共同体の代表であるかぎり、これらのすべてのことは自分の名のもとに行われたとみなすということです。その意味でわたしたちはつねに、父親たちの善き行いの成果を享受すると同時に、父親たちの罪の責任を負うのです。しかしもちろんわたしたちは父親たちの過誤の罪を問われることはありませんし、その善行をみずからの善き行いに含めることもありません。

わたしたちがこの政治的で厳密な意味での集団責任から免除されるには、共同体から離脱するしかありません。そして誰もいかなる共同体にも所属せずに生きることはできないのですから、共同体から離脱するということは別の共同体に所属するということにすぎず、ある責任の代わりに別の責任をひきうけたということにすぎません。

二〇世紀には、完全な放浪者というカテゴリーの人間を生みだしたのはたしかです。国際的に認められたいかなる共同体にも所属しない人々で、難民や国家のない人々です。こうした人々には政治的な責任はまったく問うことができません。政治的にみると、その集団や個人の特性とはかかわりなく、これらの人々は絶対的に無辜の人々です。そしてまさにこの絶対的な無辜という特性によって、これらの人々は人類全体の外部に放りだされた人々なのです。集団的な罪、すなわち身代わりの罪というものがあるとすれば、これは集団的な無辜、すなわち身代わりの無辜とでもいうべきものでしょう。実際にはまったく責任のないのは、これらの人々だけです。そしてわたしたちは責任を、とくに集団責任をある種の負担として、いわばある種の〈罰〉として考える傾向があるのですが、集団的な責任から免除された場合には、それよりもはるかに大きな代償を支払わされるのは明らかなのです。

道徳と倫理

　わたしがここで試みているのは、政治的な（集団の）責任と、道徳的または法的な（個人の）罪を明確に区別することです。そしてわたしが主に考えたいのは、道徳的および政治的な問題と、道徳的および政治的な行動基準が対立する事例ですが、こうした事例には事欠きません。この問題を考察するときには大きな困難が生じますが、それはこれらの問題、すなわち道徳《モラリティ》または倫理《エシックス》という語がきわめてあいまいなものであり、これが事態を混乱させているためです。

　どちらの語も本来は習慣や習俗を意味するものであり、もっと高次の意味では、市民にふさわしい習慣や習俗を示すものでした。アリストテレスの『ニコマコス倫理学』からキケロにいたるまで、倫理や道徳は政治学の一部を構成していました。政治学は何よりも制度ではなく、市民にかかわる学でした。ギリシアとローマのすべての徳はきわめて政治的な徳だったのです。これは個人が善良であるかどうかにかかわることはなく、個人の行動がその所属する世界にとって善いものであるかどうかにかかわるものでした。関心の中心にあったのは世界であり、自己ではありませんでした。

　わたしたちが良心の問題を含めて、道徳の問題を考察するときには、これとはまったく異なることを考えているのです。実際のところ、わたしたちにはもはや前提にできるような確立された世界というものがなくなっているのです。一方では議論の際に昔ながらの言葉を使うために、このとても古く、大きく異なる意味合いがどうしても含まれてしまうのです。古代の哲学思想のうちで、現代のわたしたちの考える意味での道徳的な問題が提起されている例が一つだけあります。それは「悪しきことをなすよりも、悪しきことをなされるほうがましである」というソクラテスの主張です。これについてしばらく検討する必要があるでしょう。その前に反対側から、というのは宗教の側面から訪れる別の難問についてふれておきたいと思います。

世界ではなく魂が善い状態にあることを目指す道徳的な問題は、もちろんユダヤ教とキリスト教の伝統の一部です。古代ギリシアでみられたごくふつうの例をあげますと、アイスキュロスの悲劇でオレステスが母親を殺すのは、アポロンの厳しい命令にしたがうからです。それでもオレステスは復讐の女神のエリニュスたちにつきまとわれます。二回にわたって世界の秩序が乱されたために、これを回復する必要があるのです。オレステスは父親の殺害の復讐をするために母親を殺害したのであり、これは正義に適ったことです。それでもオレステスは、今日の用語では別の「タブー」、すなわち母親殺しを犯したために、有罪なのです。

悲劇は、最初の犯罪を贖うために別の犯罪を犯さねばならなかったことだけにあり、これはアテナ女神によって、あるいはより適切にはポリスの裁判組織の設立によってしか、解決することはできなかったのです。この裁判組織は、正しい秩序を維持し、それまで世界の秩序を維持するために必要とされた復讐と犯罪の無限の悪しき連鎖の呪いをとりのぞくことを任務とするようになります。この悲劇は、世界で行われた悪に抵抗するすべての試みにも同じように悪が含まれており、個人の苦境を解決する必要があるというキリスト教の洞察を、ギリシア的に示したものなのです。

宗教と道徳

キリスト教の興隆とともに、世界の秩序の維持とそれに結びついた義務ではなく、魂の配慮と救済が重視されるようになりました。紀元後の数世紀の間は、この二つは絶対的な形で対立していました。新約聖書の書簡には、公的で政治的な活動をできるかぎり避けて、自分だけの問題、あくまでも個人的な事柄に専念し、自己の魂を配慮するように勧める勧告が数多く語られています。これをテルトゥリアヌスは「公的な事柄ほどわれらに無縁なものはなし」と表現したのです。[2]

わたしたちが現在、道徳的な基準や掟について理解しているものの背景には、このキリスト教の考え方がひそんでいるのです。現在ではこれらの問題について考えるときには、厳格さにある階層関係がみられます——道徳の事柄で厳格さがもっとも高くなり、習慣や習俗の問題ではもっとも低くなり、法律の基準はその中間に位置します。ここでわたしが指摘したいのは、道徳性がわたしたちの「価値」の階層構造でこれほど高い位置を占めているのは、宗教的な起源によるものだということです。人間の行動の規則を定めた神の法が、十戒として直接に啓示されたか、自然法という観念において間接的に示されたかという問題は、これに関してはまったく重要性のないものです。この規則は神的な起源のために絶対のものであり、その制裁は、「来世における報いと処罰」でした。このような宗教的な起源の行動規則が、こうした宗教的な源泉に対する信仰の消滅、とくに来世における制裁に対する信仰の枯渇の後にも、その有効性を維持することができるかどうかは疑問なことです。

アメリカ合衆国の建国の父の一人のジョン・アダムズは、奇妙なほどの予言的な力をもって、こうした信仰の枯渇について語っています。「人間を殺すことが、ヤマバトを射殺するのと同じように無関心に行われ、アフガンのロヒラ族の全員を殺戮したことも、あたかも一片のチーズにのったダニを飲み込んでしまったのと同じように知らん顔で語られるようになる」のではないかと予言したのです[3]。わたしのみるところ、十戒にはわたしたちにとって道徳的に拘束力があると感じられる戒めが二つあります。「汝殺すなかれ」と「汝偽証するなかれ」であり、この二つの戒めに最近、ヒトラーとスターリンが異議を申し立てることに成功したのでした。

人間の行動についての道徳的な議論の中心にあるのは自己です。人間の行動の政治的な議論の中心にあるのは世界です。それぞれの宗教的な起源と意味合いをとり外してみれば、ソクラテスの「悪しきことをなすよりも、悪しきことをなされるほうがましである」という言葉と、それを風変わりな形で具体的に示した「というのは、わたしは一人であるから、わたし自身と対立するよりは、世界の全体と対立しているほうがましだから」という言葉が残ります。[4]この言葉は、道徳の問題において、矛盾律の定理を表現したものと解釈することもできます。同じ意味の命令である「汝はみずからと矛盾することなかれ」は、論理学と倫理学の定理になっているのです。ところでカントが定言命法を主張したことの背景にあるのは、まさにこの定理でした。[5]ここで一つの点は明らかだと思います。わたしは他人とともに暮らすだけではなく、わたし自身とも暮らすのであり、この〈ともにあること〉が、ほかのすべての問題よりも、いわば〈先にある〉ことが前提にされているということです。

ソクラテスの言葉に対する政治的な答えは、「世界で重要なことは、悪が行われないことである。悪をなされて苦しむことも、悪をなすことも、どちらも悪しきことである」というものでしょう。苦しむのは誰かというのは問題ではありません。わたしたちの義務は苦しむ者がいなくなるようにすることです。簡略さのために別の有名な言葉を借りてみましょう。マキアヴェッリはまさにこの理由から、君主に「善人であらぬこと」を学ばせようとしたのです[6]。ローマ教皇に挑戦する勇気のあったフィレンツェの愛国者について、マキアヴェッリは「魂よりもどれほどフィレンツェを大切にみなしているか[7]」を示したことで賞賛しています。宗教的な言語は魂について語りますが、世俗的な言語は自己について語るのです。

政治からの自由

政治的な行動基準と道徳的な行動基準がたがいに対立する状況はいくつもありますし、政治理論ではこの対立の問題を、国家理性の理論でとり扱うか、いわゆる道徳性の二重基準の問題として扱うことが多いのです。今回問題となっているのは、一つの特別な事例、集団的で身代わりの責任の問題です。これは共同体の成員が、みずからは参加しなかったものの、自分の名のもとに実行された事柄について責任を負うという問題です。

共同体の成員が参加しなかった理由はいくつも考えられます。その国の政府の形態のために、住民またはその大部分が公的な領域で活動することが認められておらず、そもそも参加することを選択できないこともあります。反対に自由な国では、特定の市民集団は参加することを希望せず、政治にまったくかかわりたくないと考えることもあります。これは道徳的な理由からではなく、たんにわれわれの自由の一つ、政治からの自由を享受することを望んだためです。

この政治からの自由というのは、わたしたちが自由を考える際にあまり言及されることはありませんが、それはごく当然のものとみなされているからにすぎません。古代においては政治からの自由というものは認められていませんでしたし、二〇世紀のいくつかの独裁体制、とくに全体主義の体制においては、この自由は実質的には廃絶されていたのです。絶対主義やその他の独裁体制では、政治に参加しないことは選択の問題ではなく、自明の事柄でした。わたしたちが問題にしているのは、政治に参加することが当然とみなされていて、政治に参加しないのはみずからの決定に基づくような状況です（犯罪活動への参加と反対です。犯罪には参加しないのが当然であり、犯罪への参加は共犯となります）。

そして最後の状況としては、自由な諸国において、政治に参加しないことが実際には抵抗の一つの形である場合があります。ベトナム戦争で、徴兵拒否した場合を考えてみてください。この抵抗は道徳的な根拠から議論されることが多いのですが、結社の自由が認められているかぎり、そして参加することに拒否するという抵抗によって政治的な変革がもたらされることを期待するかぎりで、これは本質的に政治的な行為なのです。ここで問題の核心にあるのは自己ではありません。わたしは自分の手を汚したくないから兵士としてベトナムに派兵されるのを拒むというのではないのです（もちろんこれも妥当な論拠の一つとなるでしょう）。自国の運命が、世界の他の諸国にたいする自国の姿勢が問題とされているのです。

世界の政治的な問題に参加しないことは、つねに無責任という非難を受ける可能性があります。わたしたちがともに共有している世界と、わたしたちが所属するコミュニティへの義務を怠っているという非難をうけかねません。そして政治に参加しないことが道徳的な根拠によるものだとするならば、この非難にうまく反論することはできないのです。

最近の経験からも、悪しき政府に積極的に、そしてときには英雄的に抵抗するのは、いかなる罪も負わないアウトサイダーではなく、政治に参加している人々である場合が多いことは明らかです。例外はありますが、ドイツにおけるヒトラーへの抵抗についても、これがあてはまりますし、共産党体制にたいして起きた数少ない叛乱については、もっとあてはまるのです。ハンガリーとチェコスロバキアはその好例です。

オットー・キルヒハイマーは『政治的な正義』という著書で[8]、これらの問題を法的な観点から検討しながら、法的または道徳的な無辜、すなわちある体制が犯した犯罪への共犯でないかどうかという問題については、「積極的な抵抗」は、「尺度としては幻想に満ちたものであり、公的な生活にはっきりと参加することを拒んで引きこもること、忘却のうちに姿を消すこと」、そしてあいまいな姿勢を示すことが、「判決を受ける人々がそもそも利用できる方法だった」（三三一ページ以降）と語っていますが、これは正しいのです。

ただしキルヒハイマーは一方では、自分の責任感のためにこのような〈引きこもり〉に徹することはできなかったと発言した被告にも、ある程度の正当性を認めています。こうした人々は、さらに悪しき事態になるのを防ぐためなどの理由から、仕事をひきうけたというのですが、もちろんこの論拠はヒトラー体制の場合にはかなり不合理的に聞こえます。こうした弁論はつねに、自分の経歴《キャリア》を高めたいという熱心な願望を偽善的に合理化するものにすぎないのですが、それはここでの問題ではありません。参加しなかった人々は抵抗者ではなく、自分の姿勢が政治的な影響をもたらすとは信じていなかったというのが正しいのです。

良心という根拠

わたしがソクラテスの言葉として引用したものが道徳的に意味しているのは次のようなことです。〈わたしが参加の代価として求められることを実行したならば、それがたんにご都合主義で実行されるか、実質的な抵抗の唯一の機会として実行されるかを問わず、わたしはもはや自分自身とともに暮らすことができなくなるだろう。そしてわたしの生はもはやわたしにとって価値のないものとなるだろう。だからわたしは、自分に悪しきことがなされるままにまかせよう。そしてわたしが参加を求められても拒んだことを理由に、死刑に処せられるのも甘受しよう、それでも悪しきことをなして、生涯をこのような悪しきことをなした者とともに暮らすよりはましである〉。問題が殺人の場合には、その行為を拒む根拠は、殺人が行われないほうが世界がより善いものとなるというのではなく、わたしは自分のうちの殺人者とともに暮らすつもりがないということにあります。

この論拠は、もっとも厳密な政治的な観点からも答えることのできないものだと思いますが、これは極端な状況、すなわち限界にまで追い詰められた状況だけで有効なものなのです。しかしかなり曖昧で両義的な状況に明確な洞察をもたらしてくれることが多いのは、こうした極端な状況なのです。政治的な領域で、道徳的な主張が完全に妥当なものとなる稀な状況は、無能力の状況です。何もする力がないということは、孤絶を前提とするものであり、何もしないことの合理的な弁明となります。

もちろんこの主張には、それがまったく主観的なものであるという問題があります。これがほんとうかどうかは、その人が実際に苦しむ用意があるかどうかによってしか証明できません。法的な裁判とは違って、すべての事例に適用でき、すべての事例に妥当するような一般的な規則のようなものではないのです。しかしこのことは、宗教的な命令の裏づけがないか、宗教的な命令に基づかないすべての道徳的な判断に、いつでもつきまとう悩みの種のようなものではないでしょうか。

周知のようにソクラテスは、自分の主張をどうしても証明することができませんでした。カントの定言命法は、厳密に宗教的でも政治的でもない道徳的な掟として、ソクラテスの主張に対抗できる唯一の議論ですが、カントもその正しさを証明することはできませんでした。この論拠にはさらに困った問題があります。この論拠は、みずからとともに暮らすことをつねに大切なことと考えている人々だけに適用できるものであり、良心をもつ人々だけにどうにか妥当する論拠にすぎません。裁判では困惑した事態に直面すると、すべての健全な人々が良心をそなえていて、その良心に訴えかけることができるという〈偏見〉に頼ることになります。多くの人が良心をもっているのはたしかですが、すべての人に良心があるわけではないのです。そして良心をもつ人々は、社会のあらゆる領域に存在していて、教育をうけているかどうかとはかかわりがありません。社会的な地位や教育の経歴などの客観的な基準によって、良心があるかどうかを確定することはできないのです。

複数性

このような世俗的な道徳的な主張に対応する活動、そしてこうした主張を根拠づける唯一の活動は、思考の活動です。プラトンはこれをもっと一般的で、しかも専門的でない意味で定義しています。プラトンは思考を、わたしとわたしの自己との対話として定義したのです。行動における思考の役割を考察する場合には、想像力が大きな役割をはたすことになります。この能力は、まだ起きていないこと、思考の中での行為を思い浮かべて、自分がそれを実行すると想像する能力です。この思考の能力は孤独のうちに行使されるものですが、この能力が厳密に政治的な圏域、すなわちわたしがつねに他者とともにいる領域に、どの程度まで及ぶものであるかは別の問題です。

しかしこの問題に対するわたしたちの答えがどのようなものとなるにせよ（政治哲学がこの問題に答えてくれることを期待しましょう）、道徳的で、個人的で、人格的な行動基準に依拠することで、わたしたちが集団責任から逃れることはできないことはたしかです。わたしたちが実行していない事柄に〈身代わりの〉責任をひきうけ、わたしたちがまったく無辜である事柄の帰結をひきうけるということは、わたしたちが自分たちだけで生きているのではなく、同じ時代の人々とともに生きているという事実にたいして支払わなければならない代価です。何よりも政治的な能力である行動の能力は、多数で多様な形態のもとにある人間のコミュニティのうちでしか、実現できないのです。（一九六八年）

編注

（1）この三つの事例は、アレントにこの文章を執筆することを要請した学会に提出された文書でとりあげられていたものである〔訳注——アレントはこの学会で、ビーチでの溺死、銀行強盗、南北戦争の後のアメリカ南部の黒人差別の社会制度という三つの例に関して、集団責任についての意見を求められていたのである〕。

訳注

〔1〕ここでアレントが語っている「寄与的な集団過失」（contributory group fault）と身代わり的（vicarious）という言葉については少し解説が必要だろう。アメリカの哲学者のジョエル・ファインバーグはこの講演が行われた一九六八年に、集団責任について四つの概念を提示して議論した（Joel Feinberg, "Collective Responsibility", *Journal of Philosophy*, vol. LXV, no. 21, pp. 221-251）。これらは

「過失のない集団責任」、「寄与的でない過失のある集団責任」、「寄与的な集団責任で、集団的かつ分配的な責任」、「寄与的な集団責任で、集団的であるが分配的でない責任」である。

最初の「過失のない集団責任（group liability without fault）」は、たとえば古代のユダヤ教の会衆のように、一部のメンバーの過失がその共同体の全体の責任として問われるものである。モーセに反抗したコラの一族は、全員が穴の中に埋められて殺される。連帯の強い集団では、連帯責任が問われることがあるからであるが、これは現代の社会ではきわめて稀である。責任を負うのはその行為を犯した個人であるというのが、近代以降の刑法の原則だからである。

このような過失のない集団責任が問われた場合には、実際に過失を起こしていないが責任を問われる共同体のほかのメンバーはすべて「身代わり」（vicarious）という意味をもつ。この身代わりの責任は、現代でも存在しないわけではない。たとえば軍隊では、部下の過失が上官の責任となることがあり、この場合には上官は「代償的な」（vicarious）責任を問われるのである。

次の「寄与的でない過失のある集団責任（group liability with noncontributory fault）」とは、ある特定の慣行を実践している集団が、その一部のメンバーの過失にたいして責任を問われる場合である。たとえば習慣的に飲酒運転をしているドライバーたちのすべてが、飲酒運転で事故を起こして、歩行者を死傷させるわけではない。しかし事故を起こさなかったドライバーはたんに幸運なだけであり、飲酒運転を習慣としているドライバーも、道徳的には広い意味での責任を問われることがありうる。

第三の「寄与的な集団責任で、集団的かつ分配的な責任（contributory group fault: collective and distributive）」は、集団の責任がすべてのメンバーの責任の合計となるものである。ファインバーグは、アレントが最初に言及したビーチでの救助の事例をこの責任の例としてあげている。アレントが指摘しているように、これは集団の責任という性質のものではなく、たんに群衆の個々のメンバーの道徳的な責任にすぎず、これを合計することに意味があるかどうかは疑問である。

第四の「寄与的な集団責任で、集団的であるが分配的でない責任（contributory group fault: collective but not distributive）」は、第三の場合とは異なり、群衆ではなく明確な共同体としての集団の責任が問われる場合である。これは個々のメンバーの過失の合計ではなく、個々のメンバーの過失と関連したものでもないとされている。たとえば暴力団は、それが存在することでさまざまな悪を引き起こすとすれば、個々の暴力団員が実際に行った小さな反抗とは別に、集団としての責任を問われるべきだということになる。この責任については、多くの議論があり、こうした責任を否定する意見もある（この注については、インターネット哲学百科「集団の道徳責任」[http://www.iep.utm.edu/c/collecti.htm] を参照している）。

〔2〕テルトゥリアヌス（一五五頃〜二二〇頃）は、カルタゴに生まれ、法律家および修辞学者として活躍した後、一九五年頃にキリスト教に改宗したラテン教父。アレントの引用した“nec ulla magis res aliena quam publica”という言葉は『護教論』三八章三節にみられる。手元の邦訳では、「国家ほど無縁なものはない。われわれが認める唯一にして万人の国家は、世界である」とされている（『護教論』金井寿男訳、水府出版、一一四〜一一五ページ）。

〔3〕ジョン・アダムズ「均衡のとれた政府」（一七九〇年）。(John Adams, *Discourses on Davila*, Da Capo Press, 1973) から。

〔4〕いずれもプラトン『ゴルギアス』から。本書の「道徳哲学のいくつかの問題」を参照されたい。

〔5〕カントの定言命法と矛盾律の結びつきについては、カントの『判断力批判』と『人間学』を参照されたい。これについても本書の「道徳哲学のいくつかの問題」で詳しく考察されている。

〔6〕マキアヴェッリ『君主論』から。同じく本書の「道徳哲学のいくつかの問題」を参照されたい。

〔7〕マキアヴェッリはかつてのフィレンツェの市民たちが「自分らの魂の安息よりも国家の安泰のために頭を悩ましていた」ことを賞賛している。『フィレンツェ史』上巻、大岩誠訳、岩波文庫、二一五

ページ参照。

〔8〕 Otto Kirchheimer, *Political justice, The Use of Legal Procedure for Political Ends*, Princeton University Press, 1961.

思考と道徳の問題——W・H・オーデンに捧げる

悪の凡庸さ

思考についてお話しするというのは生意気なことに思われるかもしれませんので、皆さまに一言釈明が必要かと存じます。数年前のことですが、イェルサレムでアイヒマンの裁判について報道した際に、わたしは「悪の凡庸さ」という表現を使いました。これは理論や教義のようなものではなくて、たんなる形容の言葉で、実際に巨大な規模で実行された悪しき行いの現象を表現したものです。この悪は、その実行者の邪悪さ、病理、あるいはイデオロギー的な確信などから説明できないものでした。悪の実行者の個人的な特徴といえば、せいぜい異例なほどに浅薄だということだけでしょう。

犯された悪はきわめて怪物的なものでしたが、その実行者は怪物のようでも、悪魔のようでもありませんでした。それでも過去の行為と、裁判およびそれ以前の警察での取り調べの際に示した挙動から感じとることのできる特徴は、きわめて否定的なものでした。アイヒマンは愚鈍なのではなく、奇妙なほどにまったく〈思考すること〉ができないのでした。この人物は、ナチス体制においてはたした役割と同じように楽々と、著名な戦争犯罪人の役割を演じていました。まったく異なる役割を演じることに、いかなる困難も感じていませんでした。かつては義務とみなして実行したことが、いまでは犯罪と呼ばれていることを熟知していましたし、まるで異なる言語の規則をうけいれるように、この新しい判断のコードをうけいれていました。

いつも使う決まり文句の数はかなりかぎられたものでしたが、それに新しい決まり文句をつけ加えて使っていました。アイヒマンがまったく無援になるのは、こうした決まり文句を使えない状況だけでした。もっともグロテスクな状況をご紹介しましょう。絞首台の下で最後の挨拶をするときに、葬儀で使われる決まり文句《クリシエ》を口にしたのですが、それはこれから死刑になるアイヒマン本人が使うことはできない言葉だったのです。*1[1] 死刑を宣告されたときにどう語るべきかを前から考えていたアイヒマンは（彼はずっと、自分が死刑になると考えていました）、この言葉は死んだ者を悼むために使われるべきものだという単純な事実を、まったく思いつかなかったのです。そして裁判の尋問と反対尋問の際にどれほど一貫性に欠け、自明なほどの矛盾を語ったとしても、アイヒマンはまったく平気でした。

クリシエ、十八番《おはこ》の台詞、表現と行動の伝統的な決まりを遵守することは、わたしたちを現実から保護するという社会的に認められた機能をはたします。どんな出来事や事実でも、それが起こったということによってわたしたちの注目を集め、思考をかきたてるものですが、こうしたものは思考の要請からわたしたちを保護してくれるのです。もしもわたしたちがいつでも自分の力で考えようとしていたら、きっと憔悴してしまうでしょう。しかしアイヒマンの異例なところは、こうした思考の要請をそもそもまったく知らないことがはっきりとしていたことです。

悪行についての問い

このようにアイヒマンにまったく思考が欠如していることが、わたしの関心を惹きました。ここでいくつかの問いが生まれます。まず不作為の罪だけでなく、犯行《コミッション》の罪を含めた悪しき行いは、たんに「土台となる動機」(司法界の呼び方です)なしでも犯されうるのでしょうか。こうした悪は、いかなる動機も、いかなる特定の利害や意図の促しなしにも、犯されることがあるのでしょうか。邪悪であることが、その定義のいかんにかかわらず、「悪人であることを証明することの決意」が、悪がなされるために必要な条件ではないのでしょうか。

判断、善悪の区別、美醜の区別などの能力は、思考の能力に依存しているのでしょうか。思考する能力が欠如していることと、わたしたちがふつう良心と呼ぶものが存在しない破滅的な状態とは、一致するものでしょうか。そしてどうしても問わざるをえない問い、それは思考の活動そのもの、具体的な内容にかかわらず、その結果とは独立して、起きた事柄を調べてつねに省察するという営みは、人間が悪をなすのを防ぐための「条件」となることができるのでしょうか（ところで良心《コンシャンス》という語は、それが「みずからとともに、みずから知る」という語義であるかぎりは、この問いにイエスと答えるべきであることを示すものです。良心はすべての思考プロセスで現実のものとなる知識の一種です）。最後に、疚しき良心に悩まされるのは善き人々だけであり、現実の犯罪者においてはこの疚しき良心というものがきわめて稀であるという周知の（そしてかなり嘆かわしい）事実から、こうした問いは緊急の問いとなるのではないでしょうか。善き良心というものは、疚しき良心の不在としてしか、存在しないものなのです。

ここでわたしが考えたいのは、これらの問いです。カントの表現で言い換えれば、ある現象の概念（ここでは一応、悪の凡庸さと呼んでおきます）を実際に所有するようになった後で（事実問題）、「どのような権利でわたしはこの概念を所有し、利用するのか*2」という問い（権利問題）を問わざるをえないのです。

神の終焉

「思考とは何か」とか「悪とは何か」という問いを提起することには固有の難しさがあります。こうした問いは哲学または形而上学に属するものですが、このような問いの領域を示す言葉は、最近ではご存じのように評判が悪くなっています。これが実証主義者やネオ実証主義者からの攻撃だけであれば、気にかける必要はないでしょう。[*3] こうした問いを提起することの難しさは、こうした問いはそもそもそのような問いを提起することが「無意味である」と考える人々ではなく、こうした問いによって影響をうける当人が作りだすものであることにあります。宗教が危機に直面したのは、昔からの無神論者たちではなく、神学者たちが「神は死んだ」という主張についての議論を始めたときです。同じように哲学と形而上学の危機は、哲学者みずからが哲学と形而上学の終焉を宣言するようになったときに訪れたのです。

しかしこの宣言には別の利点があります。この「終焉」が何を意味しているかは、すぐにお分かりいただけると思います。神が実際に「死んだ」というのではなく（この主張はどこからみても不条理であるのは明らかです）、数千年の間にわたって考えられてきた形で神について考えることが、もはや力を失ったということです。そして「哲学が終焉したというのは」地球における人間の誕生とともに生まれた古い問いに「意味がなくなった」というのではなく、これまで提示され、答えられてきた方法が妥当性を失ったということです。
終焉したのは、感覚的なものと超感覚的なものの基本的な区別であり、知覚できるものよりも、知覚することのできないもの（神、存在、第一原則、第一原因《アルカイ》、イデア）、知覚の下にあるだけでなく、世界の彼方にあるものこそが現実的で、信頼するに値し、意味深いものであるというパルメニデス以来の古い観念です。「死んだ」のは、たんに「永遠の真理」の場だけでなく、こうした知覚できるものと知覚できないものの区別そのものです。

一方では、形而上学を弁護する数少ない人々は、ますます危機感をいだいて、こうした状況からはニヒリズムが生まれやすいと警戒を促しています。これらの人々がはっきりと指摘することは稀なのですが、この警告にはじつは重要な根拠があるのです。超感覚的な領域を放棄するとともに、その反対物、すなわち長年にわたって了解されてきた〈現れの世界〉が否定されるようになるのは確実なのです。実証主義者たちの理解する〈感覚的なもの〉は、〈超感覚的なもの〉が終焉すると、おなじく生命を失うものなのです。

誰よりもこのことを理解していたのはニーチェです。『ツァラトゥストラ』では神の死について詩的で比喩的な表現をしているために、大きな混乱を招いたのでした。『偶像の黄昏』の重要な一文は、『ツァラトゥストラ』で語った神とは何であるかを説明しています。この神とは、形而上学が考えられているような超感覚的な領域を象徴するものだったのです。ニーチェは『偶像の黄昏』では神ではなく「真なる世界」という言葉を使って、次のように語っています。「わたしたちは真の世界を廃絶してしまった。いかなる世界が残ったのか？　おそらくは仮象の世界か？　とんでもない。真の世界とともにわたしたちは仮象の世界も廃絶してしまったのである[*4][2]」）。

現代における神、形而上学、哲学の死、そして暗黙のうちの実証主義そのものの死は、非常に重要な出来事と言えるのかもしれません。しかし結局のところは考えられただけの出来事にすぎません。この終焉はわたしたちの思考方法のごく内的なところにかかわるのですが、わたしたちが思考する能力とも、人間が思考する生き物であるという単純な事実ともかかわりがないのです。というのは、人間には知識の限界をこえて思考し、思考をたんなる知識と行為のための道具として利用するだけでなく、自分の知的な能力、脳の力をもっと使いたいという傾向性が、カントの表現では「理性の要求」がそなわっているからです（緊急な生存の必要性に迫られている場合は別ですが）。

わたしたちの知への欲望は、実際的な必要性から生まれたものであるか、理論的な難問から生まれたものであるか、たんなる好奇心によるものかを問わず、意図した目標を実現することによって満たされるのです。そして未知の領域の広さのために、わたしたちの知識への渇望は完全に満たされるということがなく、新たな知識の領土が開拓されるようになります。そしてさらに知るべき事柄の地平が広がり、活動そのものがますます大きな知識の富を残し、これをすべての文明が、その世界の一部として保持し、保管してきたのです。知るという活動は、住宅の建設に劣らず、世界を構築する活動なのです。

反対に思考の傾向性または欲求は、それが長いあいだ貴ばれてきた形而上学の解決することのできない「究極の問い」によって引き起こされたものでなくても、こうした形のある富を残すことはなく、「賢者」の自称する決定的な洞察によってでも、鎮めることができるものではありません。思考の必要性は、思考することによってしか満たされません。わたしの昨日の思想が今日のわたしの思考の必要性を満たすことができるとすれば、それはわたしが昨日の思想を今日また新たに考え直すからにすぎません。

思考と知識の区別

思考と知識を明確に区別したのはカントです。カントは理性と、思考し理解する促しと、知性（これは特定の検証可能な知識を獲得することを願い、実際に獲得することのできる能力です）の違いを示したのです。カント自身は、知識の制約をこえて思考する必要性は、神、自由、不死性という昔ながらの形而上学的な問いだけによって生じると考えていました。そして「信仰を容れる場を確保するために、知識を除かねばならなかった」と語っています。そうすることで、「後世への遺産」として残す将来の「体系的形而上学」の土台を構築したのでした[*5]。しかしこのことは、カントが形而上学の伝統にまだ囚われていたために、自分の仕事の意味をまだ十分に認識していなかったことを示すものです。カントの「後世への遺産」は、すべての形而上学の体系の可能な土台を破壊することになったのです。

思考する能力と必要性は、特定のテーマだけに限定されるものではありません。理性が提起し、解決することができないとわかっている問いだけに限られないのです。カントは「知識を拒んだ」のではなく、思考と知識を違うものとして示したのであり、カントが創ったのは〈信仰を容れる場〉でなく、思考のための場だったのです。カントはじつは、すでにみずから示唆していたように、「理性がみずからを妨げる障害物をなくした」のです。[*6]

わたしたちの文脈と目的では、この知識と思考の区別は決定的に重要な意味をもちます。善と悪を区別する能力が、思考する能力と何らかの関係があるはずだとすれば、すべての健全な人間にその能力を行使することを「求める」ことができるはずです。その人間が博識であるか無知であるか、知性があるか愚鈍であるかは問題ではないはずです。カントはほとんどすべての哲学者とは違って、こうした考え方の道徳的な意味合いから、哲学は少数者だけのものであると主張する世論をとても気にしたのでした。

これに関してカントは「愚鈍さは邪悪な心から生まれる」[*7]と主張したことがあります。この表現そのものは正しいとは言えません。思考する能力が欠如していることは、愚鈍を意味しません。高度に知的な人物においても、思考の能力が欠けていることがあるのですし、邪悪が思考の欠如の原因となることはほとんどありません。それに考えのなさと愚鈍は、邪悪さと比較するとはるかに頻繁にみられる現象です。問題なのはまさに、邪悪さがかなり稀な現象であり、心が邪悪だからといって、大きな悪をなすとは限らないことです。ですからカントの用語法では、悪を防ぐためには、思考の能力としての理性を鍛える活動である哲学が必要であるということになります。

この要求は、何世紀もの間、この思考の能力を独占してきた哲学と形而上学にきわめて大きな期待を寄せるものと言えます（わたしたちが哲学と形而上学が衰退したことを前提とし、そのことを歓迎するとしてもです）。思考の大きな特徴は、すべての行為を停止することと、それが何であっても、日常生活のすべての活動を停止することにあります。真の世界と仮象の世界という二つの世界の理論の誤謬がどこにあるとしても、それは実際の経験から生まれたものなのです。というのは、たとえどんな問題でも、何かを考え始めるとき、わたしたちは他のすべての行為を停止するのはたしかだからです。そして反対に、たとえどんな種類の行為でも、ほかのすべての行為は思考のプロセスを停止させるのです。まるで思考し始めた瞬間に、わたしたちは別の世界に入るかのようです。行為すること、生きることは、もっとも一般的な意味で「人々の間にあること」であり、ラテン語では生きることをそのように表現しました。生きることは思考することを能動的に妨げるのです。ヴァレリーはこれをこう表現したことがあります。「あるときはわたしは存在し、あるときはわたしは思考する」と。〔3〕

これと密接に関連した状況として、思考という営みにおいて考える対象は、つねに不在のもの、感官で直接に知覚していないものだという事実があります。思考の対象はつねに再・表象であり、そこには不在で、心の中だけに存在し、想像の力でイメージとして存在できるのです。*8 ということは、わたしが思考するときには、わたしは〈現れの世界〉から外に出ているということです。わたしの思考が、形而上学の思想のなじみの領域である概念やイデアなど、不可視なものを対象とするのではなく、日常的に感覚できる事物を対象としているときでもそうなのです。誰かについて考えるためには、その人物をわたしたちの知覚からとりのぞく必要があります。その人物とともにいる間は、わたしたちはその人物について〈考える〉ことはないのです。もちろんその際に集めた印象が、後に思考のための素材になることはありますが。そこにいる誰かについて〈考える〉ときには、わたしたちはこっそりとその人物と〈ともにある〉ことをやめて、あたかもその人物がそこにいないかのように振るまっていることになるのです。

思考の無力

こうしてみると、知識そのもののために知識を求める科学者の渇望とは違い、意味を求める思考が「不自然な」ものと思われる理由がご理解いただけると思います。いわば人間は考え始めるとともに、人間の条件に反した活動に携わるかのようです。そもそも思考とは、日常的な出来事や現象についての思考や、古い形而上学的な問いかけだけでなく、知識をえるために役に立たず、実践的な目的に導かれていない省察にいたるまで、ハイデガーがかつて語ったように、「秩序から外れている」[*9]のです。

実践的な目的に導かれる思考は、知識の婢《はしため》として、究極の目的を実現するためのたんなる手段になっているのです。たしかに、自分の生き方として観照《ビオス・テオーレーティコス》の生を選ぶ人がいつでもいるのは奇妙なことですが、これは思考の活動が「秩序から外れている」ことに反論する論拠とはなりません。哲学の歴史の全体は、思考の対象について多くのことを語ってくれるのに、思考のプロセスそのものについてはほとんど無口なのです。そしてこの歴史のあちこちに、人間の共通感覚《コモンセンス》と思考の能力との間のいわば〈市街戦〉の襲撃で満たされているのです。共通感覚《コモンセンス》とは、人間に共通の世界に合うようにわたしたちの五感を調整する第六の感覚であり、わたしたちが世界の中で生きるための手掛かりをあたえてくれるものです。ところが思考の能力とは、わたしたちが世界から意図的に離脱するための営みなのです。

そしてこの能力は日常の生活においては「何の役にも立たない」ものであり、その結果として生みだされる思想は、不確実で検証できない性格のものであるだけでなく、かなり自己破壊的なものでもあります。カントは遺稿として発表された個人的なメモにおいて、「純粋な理性を利用して、なにかを証明できた後は、その結果を確定した定理でもあるかのように、もはや疑いを許さないものとすべきであるという規則は認めない」と語り、「あることについて確信を抱いた後は、……疑うべきではないという議論には賛成できない。純粋な哲学においてはこれは不可能である。人間の悟性にはこれに自然に反感を抱くのである」と書いています。[*10] そこから、思考という営みはペネロペの織り物のようなものであると結論されることになります。朝になると、前夜のすべての仕事をほどいてしまうのです。

＊

三つの主張

ここでわたしが提示した三つの主要な主張を要約して、問題を整理してみましょう。思考する能力あるいは無能力と、悪の問題の間に内的な結びつきがあるのかどうかが問題になっているのでした。

第一に、こうした結びつきが存在するとした場合には、知識への渇望とは異なる思考の能力が、すべての人のもとにあると想定しなければなりません。思考とは、特定の少数者の特権ではありえないのです。

第二に、カントの主張が正しく、思考の能力には「自然に反感を」抱かせるようなところがあり、思考の結果を「確定した定理」のようなものとしてうけいれることができないとすると、思考する活動からはどんな道徳的な主張や掟も生まれることは期待できませんし、行動の最終的な規約のようなものも期待できないことになります。そして善と悪を区別するための新たな最終的な定義が導けることも、期待できないのです。

第三に、思考が不可視なものをとり扱うというのが正しいとしたら、人間はふつうは〈現れの世界〉で生きているのであり、この世界におけるもっとも根源的な消滅の経験は死であることを考えると、思考は「秩序の外に」あることになります。目の前に存在しない物事をとり扱うことのできる才能には、ある代価が求められると考えられてきました。思考する者や詩人は、生ける世界にたいしては盲目になるという代価を支払うのです。神々はホメロスに聖なる能力を与えるために、盲目にしたのでした。プラトンの『ファイドン』では、哲学する者は、哲学をしない者たちにとっては、死を追い求める人々のようにみえると指摘されていました。ストア派の創設者であるゼノンがデルフォイの神殿で、最高の生を獲得する方法は何かと尋ねると、神託は「死の色をまとえ」と答えたのです。[*11]

こうしてみると、次の問いを避けることはできなくなります。思考のように、どんな成果ももたらさない営みから、わたしたちが生きている世界にかかわりのあるものが生まれることがありうるのでしょうか。この問いに答えがあるとしたら、その答えは思考活動からしか、思考を実際に営むことによってしか得られないでしょう。わたしたちは理論ではなく、経験に尋ねる必要があるのです。それではどのような経験に尋ねるべきでしょうか。

わたしたちが思考することを求める「ふつうの人」は、書物を書いたりはしません。こうした人々は専念すべき緊急の仕事を抱えているのです。そして少数の人々、カントがかつて「専門的な思索者」と呼んだ人々は、この経験そのものについて書物を著すことには熱心になれなかったのです。思考はその本性からして成果のないものであることを熟知しているからだろうと思います。そして理論的な成果をまとめた書物は、多数者に向けて書かれざるをえないのですし、多数者は理論的な成果だけに関心があり、知識と思考の区別、真理と意味の区別には関心をもたないものだからです。「専門的な」思索者たちの理論的な成果が、哲学と形而上学の伝統を構築してきたのはたしかですが、こうした思索者たちのうちで何人が、自分の理論的な世界の妥当性について、そしてどのように意味をもちうるかについて自問したことがあるかはわかりません。ただプラトンは次の文が示すように（『第七書簡』）、人々がプラトンの理論と呼んでいるものを正面から否定していることは注目されます。

わたしにかかわる事柄については何も知られていません。その事柄については、わたしの書物というものは存在しませんし、今後も存在しないでしょう。こうした事柄について書く人々は、何も知らないのです。自分自身についても知らないのです。そのことは、学ぶことのできるほかの学問のように、言葉で表現することはできないからです。ですから、思考する能力（ヌース）を所有していて、言葉の貧しさを認識している人々なら、議論において思考を表現する危険を冒すはずはありませんし、文字で書いて、変更できない形で思考を固定するはずはありません。*12

二

思索者のモデル

困ったことに思索者のうちで、なぜ思索するのかを語った人はごく少なく、思考するという経験を吟味して、これを説明しようとした思索者はさらに少ないのです。このような困難な状況であり、さらに恣意的な判断がはいる危険性があまりにも大きいために、自分自身の経験を信用したくないので、わたしはモデルとなるものを探してみたいと思います。さて、「専門的な」思索者ではなく、「ふつうの人」を代表することのできる人はいないでしょうか。こうした人は多数者でも少数者でもなく（この区別はピュタゴラスにさかのぼる古いものです）[4]、ポリスの支配者になろうと願ったり、市民の魂を配慮し、魂をより善くする方法を知っていると主張したりすることもない人です。人間はもっと賢くなれると考えたり、神々は特別な智恵をもっているのだとしても、そんな神的な智恵をもちたいと願ったりすることもない人です。そして教えたり学んだりすることのできる理論を構築することなど試みたこともない人です。要するに、哲学者とならずに思索していた人、市民の中の一人の市民であり、何もせず、すべての市民が要求すべきであり、すべての市民が要求する権利のあるものを何も主張しなかった人です。そろそろおわかりになったと思いますが、わたしがモデルとして考えている人はソクラテスです。ソクラテスをモデルとして選ぶことに歴史的な根拠があることに、本気で異議を唱える方はおられないでしょう。

ただし皆さまに一言、ご注意を申しあげます。歴史的なソクラテスはどのような人物だったか、ソクラテスをプラトンとどのようにして、そしてどこまで区別できるのか、クセノフォンの描いたソクラテス像をどの程度まで重視すべきかについては、大きな議論があるのです。学者たちの間では、これはきわめて魅力的な議論のテーマではありますが、わたしはここではこうした議論はすべて無視することにします。それでも歴史的な人物像を一つのモデルとして使うにあたって、こうしたモデルに変換するにあたって、そして確定的な代表としての機能をもたせるにあたっては、ある程度の根拠づけは必要でしょう。

エティエンヌ・ジルソンは名著『ダンテと哲学』において、『神曲』で描かれる「人物は、歴史的な現実を維持するとともに、ダンテが必要とみなしてそれにふりあてた代表的な機能も維持している」ことを示しています。[*13] 歴史的で事実に基づいたデータを処理する際のこうした自由度は、詩人だけに許されるものであり、詩人でない者がこれを試みると、学者がやってきてそれを勝手なやり方とか、もっとひどい表現で非難するでしょう。

それでも根拠があるかどうかにかかわらず、これは「理念型」の構築という方法として広くうけいれられている習慣なのです。この理念型の大きな利点は、人物像を抽象化してそれに何らかのアレゴリー的な意味を割りあてるのではなく、過去に生きていたか、現在生きている多くの人々のうちから、現実において何かを代表する重要性をそなえている人物を描くということにあります。その完全な意味を解明するためには、その人物像をいくらか純粋化すればよいのです。

ジルソンは、ダンテが『神曲』の中でトマス・アクィナスに割りあてた役割を検討しながら、この純粋化の方法について説明しています。「天国篇」の第一〇歌において、アクィナスは異端を宣告されたブラバントのシゲルスを賞賛します。「歴史上のトマス・アクィナスは、ダンテがここで褒めたたえるような形では、シゲルスを賞賛したことはない」のですが、それはアクィナスが「ダンテの考えているような根源的な形で、哲学と神学を根源的に分離すること」を拒んでいたからです。ダンテにとっては、アクィナスはこうして「『神曲』において、ドミニコ派の信念を象徴によって示す権利を放棄した」ことになるのです。しかしほかの事情を十分に考慮にいれれば、アクィナスはこの権利を要求できたはずなのです。ジルソンが巧みに描きだしているように、「アクィナスすら天国の門の前で、天国に入る前に姿を消さねばならないようにしたのは、ダンテの構成の一部」なのです[*14]。クセノフォンの描いたソクラテスの歴史的な信頼性を疑問とすべきではないのですが、クセノフォンの描いたソクラテスにみられるいくつかの特徴を考えると、ダンテが『神曲』でソクラテスを登場させたとしても、天国の門の前で姿を消さねばならなかったでしょう。

ソクラテスの「概念」

プラトンの描いたソクラテスの対話篇で意外なのは、そのどれもが懐疑的であることです。対話の結論は出されないか、議論が循環してしまうのです。正義とは何かを知るためには、まず知るということ、知識とは何かを知っている必要があります。知識とは何かを知るためには、それ以前に知識について、まだ議論を経ていない観念をもっている必要があります（『テアイテトス』と『カルミデス』を参照してください）。こうして「人間は知っていることを発見することはできないし、知らないことを発見することもできない」ということになります。知っているのなら、改めて求める必要はそもそもないわけですし、知らないなら、自分が探しているのは何かも知らないことになるのです（『メノン』八〇）[5]。『エウテュプロン』では、敬虔であるためには、敬虔とは何かを知っている必要がある、さて、敬虔であるとは、神を喜ばせることである、しかし敬虔な人々は神を喜ばせるから敬虔なのか、それとも彼らが敬虔であるから神々を喜ばせるのか、と議論は循環します。議論《ロゴス》はとどまることがなく、「歩き回る」のです。それはソクラテスは、自分が答えを知らない問いを尋ねることで、議論をたえず動かしつづけるからです。そして議論が完全に循環すると、ソクラテスは嬉々として議論を最初からやり直そうと提案し、正義とは何か、敬虔とは何か、知識とは何か、幸福とは何かと問うのです。

　初期の対話篇の議論のテーマは、人々が口を開いて、話し始めたときにとりあげられることの多い日常的でシンプルな概念にかかわるものです。対話はふつうは次のようにして始まります。幸福な人々、正義の行い、勇気のある人々、みると賛嘆するほどに美しいものなどがあります。そんなことは誰もが知っていることです。しかしこうした形容詞から派生したと思われる名詞を使い始めるときに問題が起こるのです。わたしたちはこうしたものがわたしたちに現れるに応じて、個々の事例にこうした形容詞を使います。わたしたちは〈幸福な〉人々をみますし、ある行為が〈勇気あるもの〉だとか、ある決定が〈正義に基づいたもの〉だとか判断します。そしてこれらの形容詞から名詞「幸福」「勇気」「正義」などが派生するのですが、これらは〈概念〉と呼ばれます。かつてソロンはこれらを「みえない尺度《アファネス・メトロン》」と呼びました。これは「心で理解することがきわめて困難でありながら、すべての物事の限界を定めるもの」なのです[*15]。しばらく後でプラトンはこれらを心の目だけで知覚することのできるイデアと呼ぶようになります。

こうした名詞は、見られた明確な性質や出来事をまとめて呼ぶために使われるものでありながら、見ることのできないものにかかわり、わたしたちの日常の言語の一部となっているものです。それでいてわたしたちは、これを説明できないのです。これを定義しようとすると、つるりと手から抜けてしまいます。こうした語の意味について語り始めると、じっとしているものはなくなり、すべてのものが〈歩き回り〉始めるのです。

アリストテレスはソクラテスが「概念」というものを発見したと指摘していましたが、わたしたちはたんにアリストテレスの言葉をくり返すだけでなく、ソクラテスが概念というものを発見したときに、実際には何をしていたのかを考えてみたいと思います。ソクラテスはこうした語は何を意味しているのか、こうした言葉を語ったときに、どんなことを意味しているのかをアテナイの人々に説明するように求め、そしてみずからに問いかけたのです。しかしこうした語はそれ以前からギリシア語の一部として存在していたのであり、こうした語を使わなければ、どんな会話も成立しないと確信していたのです。

概念の特異性

ただしソクラテスのこうした確信には疑問もでてきました。いわゆる未開社会の人々の語る言語についての知識が増えるにつれて、多数の事物を、そのすべてに共通する名前のもとにまとめるという習慣が、自明のものではないことが明らかになってきたのです。こうした未開社会の言語の語彙は、わたしたちの言葉よりも豊かである場合も多いのですが、それでいてはっきりと目にみえる事物についても、抽象的な名詞を使わないことがあるのです。

わかりやすいように、もはや抽象的とは思えなくなっている名詞を考えてみましょう。わたしたちは多数の事物にたいして「家」という語を使うことができます。未開社会の泥の小屋でも、王の宮殿でも、都市の住民の別荘でも、村の小屋でも、都心のアパートでも、どれも家と呼びますが、遊牧民《ノマド》の住む天幕を家と呼ぶことはまずありません。わたしたちはすべての個別で、きわめて多様な住宅を家と呼びますが、「家」とは、それ自体《アウト・カタ・アウト》においては身体の眼によっても心の眼によっても、〈みる〉ことのできないものです。想像した家は、それがどれほど抽象的なものであろうと、家として見分けることができる最低限のものをそなえているかぎりで、それはすでに個別の家なのです。わたしたちが特定の住宅を「家」として認識できるためには、〈家そのもの〉という観念をもっている必要があるのですが、この観念については哲学の歴史においてさまざまな方法で説明され、さまざまに異なる名前がつけられてきました。これについてはここでは立ち入りませんが、「幸福」や「正義」を定義するときと比較すると、家の定義はそれほど難しくはないかもしれません。

ここで指摘しておきたいのは、この観念はわたしたちの眼で知覚する構造物と比較して、かなり無形のものだということです。家は「誰かを住まわせるもの」であり、誰かによって「居住されているもの」です。一方で天幕は、今日にでも建てて、明日にでも解体することができるものであり、住まわせたり、居住したりする場所としての機能ははたしません。「家」という語は、ソロンの言う「みえない尺度」であり、居住することにかかわるものとして「すべての物の限度を定めるもの」なのです。この語は、住み、居住し、住宅をもつことについての思考があらかじめ存在していなければ、存在することのできなかったものです。「家」という語はこれらのすべての物事を短縮して示すためのもの、一種の速記のようなものであり、これなしには思考も、思考の特徴である迅速さも（ホメロスは「思考のごとく迅速に」[6]と語るのがつねでした）、まったく不可能だったでしょう。「家」という語は、冷凍された思考のようなものです。そして思考は、その最初の意味をみつけるためには、これをいわば解凍しなければならないのです。

中世哲学においては、この種の思考は省察《メディテーション》と呼ばれました。これは思索《コンテンプレーション》とは違うものであり、対立したものですらあります。いずれにしてもこの種の沈思する反省は、定義を生みだすものではなく、その意味ではまったく結果をもたないものなのです。あるいは「家」という言葉の意味について、なんらかの理由から深く考察してみて、自分のアパートの見栄えをいくらか良くしたりすることはあるかもしれません。もちろんそうならないかもしれませんし、これは原因と結果として確定できるような意識を伴わないかもしれません。省察は、はっきりとした結果を伴うと想定されている熟慮ではないのです。省察がときには（決して頻繁にではありませんが）熟慮に変わることはあるとしても、省察は熟慮を目指したものではないのです。

ソクラテスの比喩――アブ、産婆、シビレエイ

しかしソクラテスは徳を教えられると考えていたと一般に言われていますし、敬虔について、正義について、勇気について、そのほかの問題について話し合い、考えることによって、人々はさらに敬虔な人に、正義を尊ぶ人に、勇気のある人になるものだと考えていたようです。たとえ定義が手にはいるわけでなく、行動の指針とするような「価値」がえられるわけではないとしてもです。こうした事柄についてソクラテスが実際に何を信じて

いたかを理解するには、ソクラテスが自分を形容するために使っていた比喩を考えてみるとわかりやすいと思います。

ソクラテスはみずからのことをアブであり、産婆であると語っていましたし、プラトンによると、ある人からは「シビレエイ」と呼ばれていたそうです。シビレエイは、触れると麻痺して動けなくなる魚で、ソクラテスもこの比喩を、次のような条件つきで、適切なものと認めていました。「シビレエイが自分で痺れていて、それで他者まで痺れさせるものなら、わたしはそれに似ているだろう。が、もしそうでなかったら、似ていないだろう。なぜなら、わたし自身は行き詰まらないでいながら、他の人々を行き詰まらせるのではなく、かえって、何人よりも以上に自分で行き詰まっていて、それで他の人々をまで行き詰まらせるからだ[*16]」

この言葉は、思考を教えることができる唯一の方法を巧みに要約しているのはたしかですが、ソクラテスが繰り返し語っているように、彼が教えるとしても、何かの知識を教えるのではありません。それは教えるべきものは何もないという単純な事実からです。ギリシアでは、産婆は妊娠できない年齢になった女性がなるものでしたが、ソクラテスはこの産婆のように「不毛」なのです。ソクラテスには教えるべきものが何もなく、提示する真理もないので、自分の考え（グノーメー）を明かさないと非難されたことがあります。クセノフォンはこうした非難にたいしてソクラテスを弁護しています[*17]。専門家的な哲学者とは違ってソクラテスは、同じポリスに住む住民たちも、自分のいだいている当惑を共有しているかどうかを調べたいと感じたのだと思います。そしてこのソクラテスの思いは、謎を解いて、他の人々にその解答を示したいという気持ちとはまったく違う性質のものなのです。

この三つの譬えを簡単に調べてみましょう。第一に、ソクラテスはアブです。アテナイの市民たちは、誰かが「側にくっついていて」目を覚ますようにしなければ、「余生を眠ってすごす〔7〕」ことになるのであり、ソクラテスはこうした市民たちを目覚めさせる方法を知っているのです。ソクラテスは市民たちを目覚めさせて何をさせるのでしょうか。思考し、さまざまな問題を吟味させるのです。この活動なしには、人生は生きるに値しないだけでなく、生活そのものも鈍いものとなってしまうのです*18。

第二にソクラテスは産婆です。産婆という譬えには三つの意味がこめられています。すでに説明しましたように、産婆は「不妊」を意味します〔8〕。第二にソクラテスは「自分ではいかなる知識も教えず」他人に自分の思考を、自分の考えていることの意味を発見させるための専門的な知識をもっているだけなのです。第三にギリシアでは産婆は、生まれた子供が生きるに値するかどうかを決める機能をはたしていました。ソクラテスの言葉を借りると、子供が「無精卵」であるかどうかを確認するのです。子供が無精卵の場合には、母親を清める必要があるのです。

この文脈では、こうした意味合いの最後の二つだけが重要です。ソクラテスの対話を調べてみると、ソクラテスの対話相手のうちで、無精卵でない思想を提示することのできた人はいないのです。プラトンは（もちろんソクラテスのことを考えながらでしょうが）対話篇『ソフィスト』で次のように語っています――ソクラテスが行ったのは、人々から「思い込み」をとりのぞくことだったと。すなわち、人々が吟味されていない先入観をもっていると、思考することが妨げられるので、わたしたちが知っていると思っているものは、じつはわたしたちが知っていないことであるだけでなく、知ることができないものであることを人々に教えることで、こうした先入観をとりのぞいたのだというわけです。プラトンが指摘しているように、ソクラテスは人々のうちの悪しきもの、すなわち思い込みをとりのぞいたのであり、善きもの、真理を与えることはなかったのです[19]。

第三にソクラテスはわたしたちが知らないこと、そして知らないままでいるつもりはないことを認識しながらも、みずからの困惑を解消させることは避けて、シビレエイのように、接触する人を誰でも麻痺させてしまうのです。このシビレエイという譬えは、一見するとアブとは反対のようです。アブは目覚めさせるのに、シビレエイは麻痺させるからです。しかし外側からはたんに麻痺しているようにしかみえず、日常の生活から外れているとしかみえなくても、もっとも生き生きと目覚めて、最高の活動にたずさわっていることもありうるのです。

すでに説明しましたように、思考という経験についての記録はごく稀なのですが、古代からこのことを示した記録はいくつか存在しているのです。ソクラテス自身も、思考という活動は不可視のものを対象とするものであることを示すために風の比喩を使っています。

思考はそれ自体が不可視なものであり、そのほかのすべての活動とは違って、外部から思考の活動を明確に示すものはなく、風のようなものなのです。「風そのものはついに見えないが、その行う業はわれわれの眼に明らかであり、その近寄って来るのをわれわれは感知するのである」[*20]。ついでながら、ハイデガーが同じ比喩を使っています。ハイデガーは「思考の嵐」と語っていました〔9〕。

思考の風

クセノフォンは、俗っぽい非難から師のソクラテスを弁護するために、つねに俗っぽい論拠を提示する癖があったのですが、彼がこの比喩で言おうとしたことはあまり意味のあることではありませんでした。それでも思考の不可視の風の現れは、ソクラテスが吟味で考察していた徳や「価値」という概念にかかわるものであることを示しています。

問題なのは、この風は立つと同時に、それ以前の思考の痕跡を消してしまうということです（そこに同じソクラテスがアブであると同時に、シビレエイであると理解されていたこと、そしてソクラテス自身がそのことを認めていたことの根拠があります）。思考の媒体である言語が、言葉（概念、文、定義、理論）が、思考のうちに凍結していたものを、この思考という風はいわば解凍してしまうのです。言葉のこの「貧弱さ」と柔軟性の欠如については、すでにご紹介しました『第七書簡』で、プラトンが見事なまでに告発していたのでした。

この独特な事情のために、思考はすべての確立された基準、価値、善悪の尺度、一言でいえば、道徳と倫理において考察される慣習や行動の規則をつねに破壊し、その根拠を崩す効果を発揮することになるのです。こうした凍結された思考はとても便利なものなので、ソクラテスは眠りながらでも使えると考えていたようです。しかしたとえばわたしが思考の風をあなたがたのうちに起こし、眠りから覚めさせ、完全に目覚めて生き生きとした状態にすると、あなたがたはもはや自分には困惑しか残されていないことに気づくのです。そしてわたしたちにできることと言えば、他人とこの困惑を分かちあうことだけなのです。

ですから思考の麻痺には二重の意味があります。第一にこの麻痺は、立ち止まって思考することに、他のすべての活動を中断することに固有の麻痺です。そして思考した後では、わたしたちが思考せずに自分のしていることに熱中していたときには、疑問の余地のない自明のことと思われたことも、もはや確実なこととは思えないという意味で、別の麻痺をもたらすのです。日常の生活でよくあるように、特定の事例に一般的な行動規則を適用することで行動していた場合には、もはやこうした行動規則が思考の〈風〉に耐えられないことに気づいて、麻痺してしまうのです。

これまで「家」の定義をいろいろと考えてきましたが、この「家」という語に含まれている凍結された思考の例で考えてみましょう。家という語には、居住すること、自宅をもつこと、住まうことなど、さまざまな暗黙の意味がありますが、家について思考することで、自分の家についてその時代に流行している考えはもはやうけいれられなくなっているはずです。それだからと言って、自分の住宅問題について適切な解決策をみつけられるという保証もないのです。こうして、麻痺した状態になるのです。

思考の危険

こうして思考という危険で成果のない営みの最後の、おそらく最大の危険性が生まれます。ソクラテスの取り巻きには、アルキビアデスやクリティアスといった人々がいました。これらの人々は、ソクラテスのいわゆる弟子たちのうちでも最悪の弟子だったわけではないのですが、アテナイのポリスに深刻で現実的な脅威をもたらしました[10]。それもシビレエイのソクラテスによって麻痺させられたからではなく、アブのソクラテスによって目覚めさせられたからでした。

これらの人々は目覚めて、勝手気ままな行為とシニシズムにたどりつきました。これらの人々は思考することを教えられて、しかも理論を学ぶことができなかったので、ソクラテスの思考の吟味の成果のなさを、否定的な成果へと変えたのでした。敬虔とは何かを定義することができないなら、敬虔であるのをやめようというのです。これは敬虔について議論することで、ソクラテスがもたらそうとしたこととはまさに正反対のことでした。

意味を追い求める営みは、すでにうけいれられているすべての理論や規則を容赦なく新たに吟味し、解体します。これはいつでも、みずからに向かう刃となって、古い価値を逆転させて、これを「新しい価値」として宣言することができます。ニーチェがプラトンの哲学を逆転させたときも、まさにこのことを行ったので、プラトンを逆転させてもプラトンのままなのだということを忘れていたのです。マルクスはヘーゲルの哲学を「逆立ち」させながら、あくまでもヘーゲル的な歴史哲学を構築してしまったのです。

このような思考の否定的な成果は、古い価値と同じように、思考を伴わないありきたりの営みとして、眠りながらでも使うことができます。こうしたものを人間の行為の領域に適用した瞬間から、思考のプロセスをまったく経験していないかのように進むのです。わたしたちはニヒリズムを歴史的に位置づけたり、政治的に非難したり、いわゆる「危険な思想」を思考したりする思想家のものと考えがちですが、実はこのニヒリズムと呼ばれるものは、思考の活動そのものに伴う固有の危険性なのです。危険な思想などというものはありません。思考そのものが危険なのです。そしてニヒリズムは思考の産物ではありません。ニヒリズムは伝統を固持する傾向の裏面なのです。ニヒリズムとは、現在のいわゆる確立された既存の価値を否定しながら、そうした価値にあくまでも固執するところから生まれるのです。

批判的な吟味を行おうとすれば、まずすでにうけいれられている意見とその「価値」が意味するものと、その暗黙の前提を調べることで、少なくとも仮説としてはこうした意見や価値を否定するという段階を経る必要があります。その意味ではニヒリズムは思考につねに存在する危険性とみなすことができるでしょう。しかしこうした危険性は、吟味されていない生は生きるに値する生ではないというソクラテスの信念から生まれるものではありません。そうではなく、もはや思考し続ける必要がなくなるように、なんらかの成果をみいだしたいという願望から生まれるのです。思考はどんな信条にも危険なものであり、新しい信条を生みだすものではないのです。

思考しないことの危険性

こうしてみると政治的にも道徳的にも、思考しない方が望ましいと思われるかもしれませんが、思考しないことにも固有の危険性があるのです。人々を吟味の危険から隔離してしまうと、それがどんなものであっても、その時代にその社会で定められた行動規則にしたがうように教えることになります。人々が慣れ親しんできたのは、規則の内容でも、特定の事例を包摂する規則を所有することでもないのです（もちろん規則の内容を吟味することは、つねに人々を困惑させることになります）。ということは、人々が慣れ親しんでいるのは、自分で決める必要のない状態だということなのです。

ですから、なんらかの理由や目的から、古い「価値」や徳を廃絶したいと考える人がいたら、その人は新しい決まりを提示しさえすればよいのです。この新しい決まりを確立するには、強制も説得も不要です。新しい価値が古い価値よりも優れたものであることを証明する必要もないのです。人々は、古い決まりをうけいれるようになるのが素早いほど、新しい決まりを自分のものとしようと努力するでしょう。特定の状況のもとでは、こうした逆転がきわめて容易に行われうるという事実は、そのときすべての人が眠っていたのだということを示すのです。二〇世紀にはわたしたちはこうした経験にいくつか直面しました。全体主義の支配者がいかに、西洋の道徳性の基本的な掟を逆転させることに成功したかをご覧ください。ヒトラーのドイツでは、「汝殺すなかれ」という掟が、スターリンのソ連では「汝の隣人について偽証するなかれ」という掟が、いとも簡単に逆転されてしまったのです。

思考とエロス

ソクラテスに戻りましょう。アテナイの人々は、思考は転覆をもたらし、思考の風は人々が世界で方向を確認するために使ってきた既存のすべての標識を押し倒すハリケーンとなると考えたのであり、思考がポリスに無秩序をもたらし、市民、とくに若者たちを混乱させると、ソクラテスに警告したのです。そしてソクラテスは、思考が人々を腐敗させることは否定しましたが、人々をより善くするとは主張しませんでした。たしかにソクラテスは自分のしていることほど「ポリスに善なることはない」と宣言したのですが、自分が哲学者として活動し始めたのは、このような偉大な恩恵を与える者となるためだと称したことはありません。「吟味されない生は生きるに値しない」[*21]とすれば、思考が正義、幸福、節制、快楽などの概念を検討するとき、人生において起こることの意味、わたしたちが生きている間に経験することの意味を表現するために言語によって与えられた不可視のものを表現する言葉について検討するとき、思考は生きることに伴うものなのです。

ソクラテスはこの人生の意味への問いをエロースと呼んでいました。これはある種の愛であり、主として欠如しているものを求める欲求です。ソクラテスが自分を専門家として認めたのは、このエロースについてだけです[*22]。人間が知恵を求めて哲学をする（フィロソフェイン）のは、人間が賢くないからであり、人間が美を求めて「美をする」（ペリクレスはフィロカレインという言葉で、こう表現しています[*23]）のは、人間が美しくないからです。愛とは欠如していることを欲望するものであり、欲望するものとの関係を構築するものです。この関係を開かれたものとして、それを現れさせるために、誰かを愛する者が、その愛している誰かについて語るように、人は欲望するものについて語るのです[*24]。

この願いはある種の愛であり、欲望なので、思考の対象となるものは愛することのできる事柄、すなわち美、英知、正義などです。醜さや悪などは、定義からして思考の対象からは除外されているのですが、これらについても欠如として、美の欠如の醜さとして、正義に反する不正として、善の欠如としての悪《カキア》として、語られることもあります。これらのものは独自の根がなく、思考が頼りとする本質がないということになります。悪は意図的に行うことはできないとされていますが、それは現代的な表現で言えば「存在論的な地位」のためなのです。悪とは不在で、そこにないものによって構成されているのです。思考によって通常の肯定的な概念は原初的な意味にまで分解されるのですが、この同じプロセスが否定的な「概念」を、その原初の無意味に、無にまで分解するのです。

ところでこれはソクラテスの考えであるだけではありません。ほとんどすべての哲学者は、悪とはたんなる欠如であり、否定であり、規則からの例外であると考えてきたのです[*25]。プラトンにさかのぼる推論のもっとも危険で、もっとも顕著な誤謬は、「誰も意志して悪をなす人はいない」という命題が、暗黙のうちにその結論として「すべての人は善をなすことを望む」を含んでいると考えることです。しかし悲しいことに、善をなすとも悪をなすとも決めることのできない人間が、最大の悪をなすのです。

それでは思考する能力の欠如や拒否と、悪をなす能力というわたしたちの問題と、これはどのようにかかわってくるのでしょうか。ここまでの結論として確認してきたのは、エロースに満ちた人々、この智恵と美と正義を欲望する愛に満ちた人々だけが、思考することができること、すなわち思考のために必要なのは、プラトンの語る「高貴な性格」であるということでした。ところでわたしたちが立ててきた問いは、人間に悪をなしえなくするための条件は何かというものでした。それははたして人間の本性、人間が魂の質として所有しているものなのでしょうか、それとも思考という活動、思考という行為の遂行そのものでしょうか。ところでプラトンの示した結論は、わたしたちが探し求めていたものとは違うものです。

三

神話の意味

困惑した事態を好むソクラテスは、肯定的な命題はごくわずかしか語っていないのですが、わたしたちのこの問題に関連して、たがいに密接な関係のある二つの命題を語っています。どちらも弁論術について、多くの人々に話しかけ、説得する技についての対話篇『ゴルギアス』に登場するものです。『ゴルギアス』はソクラテスの初期の対話篇ではなく、プラトンがアカデーメイアを設立した直後に書かれたものでした。この対話篇のテーマは、懐疑的であったならば意味がなくなってしまうようなものですが、この対話篇はまだ、懐疑的なものになっています。懐疑的でないのは、プラトンの書いた対話篇のうちで、ソクラテスがまったく姿を消すか、議論の中心を占めなくなる後期の対話だけなのです。『ゴルギアス』は『国家』と同じように、彼岸と、死後の報いと処罰の神話で終わっており、これでアイロニカルな形で、すべての困難な問題が解決されるようにみえます。これらの神話は真面目なものなのですが、それは純粋に政治的なものであり、多数者を説得するために語られているのです。これらの神話は、ソクラテス的なものではありませんが、哲学の議論としてではなく、人間は悪を意図的に実行することができ、実行するものであることをプラトンが認めているという意味では、重要なものです。

さらに重要なのは、プラトンがソクラテス以上に、この困惑させられる事実に哲学がどう対処すべきかを知っていたことです。これらの神話はそのことを暗黙のうちに示しています。無知が悪の原因であり、徳を教えることができるとソクラテスが考えていたかどうかは、たしかではありません。しかしプラトンが徳を教えるよりも、神話による脅しに頼るほうが賢明であると考えていたのはたしかです。

ソクラテスの二つの命題

ソクラテスが語った二つの肯定的な命題は次のようなものです。最初の命題は「悪しきことをなすよりも、悪しきことをなされるほうがましである」というものです。この命題にたいしては対話の相手であるカリクレスは、ギリシア人であれば誰でも、「不正を受けるというそんな目に逢うことは、男子たるものの受けるべきことではなくて、生きているよりは死んだほうがいいくらいな奴隷のようなやつにぴったりしているのです。つまり、不正を加えられ辱しめを受けながら、自分で自分を助けることもできなければ、自分が世話をしているほかのものを助けることもできないそういう人間にね」と答えるだろうと反論しています。*[26]

第二の命題は、「わたしのリュラ［琴］やわたしが後援しているコーラスの調子が合わず、不協和な状態にあっても、そして大多数の人々がわたしと意見が合わずに、反対のことを言うとしても、そのほうが、わたしというたった一人の人間がわたし自身と不調和であり、矛盾したことを言うよりは、まだましだというわけだ」というものです。これにはカリクレスはソクラテスが「まるで正真正銘の大衆演説家みたい」だとひやかし、「哲学はもうやめにしてもっと大切なことに向かう」*[27]ことを勧めています。

このカリクレスの勧告には正しいところがあります。ソクラテスにこのような主張をさせたのは、哲学というよりも思考の経験なのです（もちろんソクラテスはこの結論に到達するために思考を始めたわけではありませんが）。ソクラテスのこの主張を、道徳性についての思案の結果として理解するのは、大きな間違いだと思うのです。この主張はたしかにソクラテスの洞察ですが、経験の洞察であり、思考のプロセスそのものに関しては、せいぜい偶然の副産物とでも言えるものだからです。

最初の命題が語られたときに、古代のギリシアにおいてそれがどれほど逆説的なものと聞こえたかを理解するのは、もはや困難になっています。数千年も利用され、誤用されてきたために、いまでは安っぽい道徳の説教のように聞こえるのです。そして現代人にとって第二の命題を理解するのがどれほど困難であったかを示す証拠は、「わたしというたったひとり」という核になる言葉、わたしにとっては多数の人々と意見が対立しているよりも、わたし自身と調和しないでいることのほうが悪しきことであることを示す言葉が、翻訳では省略されていることが多いことです。

第一の命題は主観的な表現であり、わたしにとっては、悪しきことをするより、悪しきことをされるほうがましだと語るものです。これにたいしてカリクレスが同じように主観的な表現で反論しますが、こちらの表現のほうがはるかに説得力があるように聞こえます。でもこの二つの表現を二人の人間という視点からではなく、世界という視点からみると、問題なのは悪がなされたということであると指摘せざるをえません。悪をなした者と悪をなされる者のどちらが〈まし〉であるかということは、世界にとっては関係のないことです。

市民としては悪がなされるのを防ぐ必要があります。悪をなす者も、悪をなされる者も、それをみている者もすべてが共有している世界が危険にさらされているからです。ポリスに悪がなされたのです。ですからわたしたちの法律では、処罰が義務づけられる犯罪と、私人に悪がなされただけであり、被害者が訴えるかどうかを決定する違反行為を区別しているのです。ところが犯罪が犯された場合には、当事者の心の主観的な状態はかかわりはありません。悪をなされた被害者は許すつもりがあるかもしれませんし、悪をなした加害者が再犯する可能性は無に近いかもしれません。それでも共同体が全体として悪をなされたのであり、処罰が求められるのです。

ということは、ここではソクラテスは市民として語っているのではないということです。

市民は、自己のことよりも、世界のことを気遣うことが求められるのです。ソクラテスはいわばカリクレスにこう語っているのです――あなたがわたしと同じように、智恵を愛しており、吟味を必要としているならば、そして世界があなたの描くように、強い者と弱い者に分かれていて、「強者はなしうることをなし、弱者はなさねばならないことに苦しむ」(トゥキュディデス)[11]のであれば、悪をなすか、悪をなされるかのいずれかを選ばねばならないのであり、悪をなすよりも、悪をなされるほうがましであることに同意するだろうと。ソクラテスが前提としているのは、あなたが思考するならば、あなたが「吟味されない生は生きるに値しない」ことに同意するならばということです。

わたしの知るかぎりでは、ギリシアの文献には、ソクラテスが語ったのとほとんど同じ表現がただ一つあります。デモクリトスの残したわずかな断片の一つは「悪しきことをなした者は、悪しきことをなされたものより、もっと不幸(カコダイモネステロス)」というものです(B四五)。デモクリトスはパルメニデスの偉大なライバルで、プラトンがデモクリトスにまったく言及しないのは、おそらくそのためでしょう。デモクリトスがソクラテスと同じことを言っているのは注目に値します。ソクラテスとは違ってデモクリトスは人間の問題にはとくに興味がなく、思考の経験にきわめて関心をもっていたと思えるからです。デモクリトスは、心(ロゴス)は節制を容易にする、それは「みずからのうちから(アウトン・エク・ヘアウトゥー)喜びをえることに慣れているからだ」(B一四六)と語っているのです。[12]思考の経験そのものから、実際に純粋に道徳的な命題が生まれると理解したくなるほどです。

ソクラテスの第二の命題

　こうして第二の命題に導かれます。これは第一の命題の前提条件となるものです。これもきわめて逆説的な命題です。ソクラテスは一人であることについて、それゆえにみずからとの調和を失うリスクを冒しえないことについて語っています。しかしみずからとまったく同じであるもの、AがAであるように、真の意味で絶対的に一であるものは、みずからと調和したり、調子を外したりすることはできません。調和のとれた音をだすためには、少なくとも二つの音が必要です。

　たしかにわたしが登場して、人々にみられるとき、わたしは一人です。そうでないとわたしをわたしとして認識することもできないでしょう。そしてわたしが他者とともにあり、みずからについてはほとんど意識していないとき、わたしは他者にみえるとおりのわたしです。

　ところである意味ではわたしが自分にはほとんど現れないとしても、わたしが自己にたいして存在する状態を意識と呼びます（コンシャスネス、文字どおりの意味では自己とともに知ることです）。この語はソクラテスの語る「一人であること」は、それほど問題のない自明なことではないことを意味するのです。わたしは他者にたいしてあるだけでなく、自己にたいしてあるのであり、この意味ではわたしがたんに〈一人〉でないのは明らかです。わたしの〈一人であること〉に、ある差異が導入されるのです。

この差異は、ほかの側面からも明らかです。複数のもののうちに存在するものはすべて、たんにそれがそうであるもの、その同一性においてあるだけではありません。同時に、他なるものとの差異も生まれるのです。他なるものと異なること、それはその本質そのものなのです。思考においてこれを捉え、これを定義しようとするとき、この他性《アルテリタス》を、この差異を考慮にいれる必要があります。

あるものについて説明しようとするとき、わたしたちはそれが何で〈ないか〉を明らかにしようとします。スピノザが指摘したように、すべての限定は否定なのです。自己だけにかかわるとき、それは同一で（アウト「すなわちヘカストン」・ヘアウトーイ・タウトン、すなわちすべてのものはそれ自体とは同じもの」なのです。*28 そしてわたしたちがたんなる同一性において、それについて語りうることは、「薔薇は薔薇であり、薔薇である」ということです。

しかしわたしが自己との同一性において（「一人であること」）自己にかかわるときは、これはあてはまりません。この奇妙なものにおいては、差異を作りだすのに複数は不要なのです。「わたしはわたしである」と言うとき、みずからのうちにすでに差異が含まれているのです。わたしが自分を意識するかぎり、すなわちこの自己の意識において、わたしは一人で同じ者として他者に現れる自己と同一なのです。

この自己を意識する存在として了解される自己にとっては、わたしはつねに〈一人における二人〉であらざるをえないのです。最近流行のアイデンティティ探しというものが不毛であり、現代のアイデンティティ危機なるものは、意識を失うことによってしか解決できない理由はそこにあります。人間の意識とは、この差異と他性を示すものであり、これは人間に与えられた〈現れの世界〉の顕著な特徴なのです。人間がこの〈現れの世界〉の住民として、複数の事物のうちにあることが、人間の自我が存在する条件そのものなのです。この自我は、この〈わたしであるこのわたし〉は、現れる事物にかかわらずに、自己だけにかかわるまさにその瞬間に、同一性において差異を経験するのです。

プラトンは後にこの原初的な分裂を、わたしと自己との〈エメ・エマウトーイ〉無言の対話として思考を定義するときに利用します。この分裂なしには、ソクラテスが自己との調和について語るときに提示した〈一人のうちの二人〉というものは不可能になるのです[*29]。意識は思考とは異なるものです。しかし意識なしでは思考は不可能なのです。思考が実際に思考のプロセスにおいて実現するのは、意識のうちにおいて与えられている差異なのです。

良心の恐ろしさ

ソクラテスにとっては、この〈一人における二人〉とはたんに、思考しようとすれば、思考のための対話を実行する二人の仲がよいこと、パートナーが友人であるようにしなければならないということにすぎません。悪しきことをなすよりも、悪しきことをなされるほうがましなのは、悪しきことをなされたとしても、まだ自己と友人でありつづけることができるからです。誰が殺人者の友人であることを、殺人者とともに暮らすことを望むでしょうか。殺人者でもそれは嫌うでしょう。殺人者といったいどんな会話を交わすことができるというのでしょうか。シェイクスピアの『リチャード三世』では、リチャード三世が多数の犯罪を犯したあとで、次のように自問します。


何だと。おれ自身が恐ろしいとでもいうのか。側には誰もおらぬ。

リチャードはリチャードが好きだ。つまり、おれはおれだ。

ここに人殺しでもいるというのか。いや、いない。そうだ、おれが人殺しだ。

じゃ逃げろ。なんと、おれ自身から逃げるとでもいうのか。いったいどんな理由からか。

おれが復讐するといけないからだ。何だと、おれがおれに復讐するというのか。

ところが悲しいかな。おれはむしろ自分がしでかした忌まわしい行為のために
おれ自身が嫌いなのだ。

おれは悪党だ。しかし自分では悪党ではないような顔をしている。

馬鹿、自分のことはよくいうものだ。馬鹿、おべんちゃらをいうな。[13]

これほど劇的ではなく、もっと穏やかで、比較しても害のない自己との出会いが、偽作の噂もあるソクラテスの対話篇『ヒッピアス（大）』で語られています（これはプラトンの作ではないかもしれませんが、ソクラテスの真の思想を証言している可能性はあります）。この対話の最後で、議論を終えて帰宅すると、とても不快な人物がソクラテスを待っているのですが、その人物は「わたしをいつも反駁するのです。この男はわたしに血筋が一番近くて、同じところにすんでいるのです」と語っています。そしてソクラテスがヒッピアスとの議論を説明すると、この男は「議論で、美しいものそのものとは何かを知らないことを、あれほどあからさまに示されたのに、美しい事業について問答するなど、恥ずかしくはないかと反論する」のです[*30]。

ということは、ヒッピアスでも帰宅した際には一人になるのです。そしてヒッピアスは意識を失うことはありませんが、自己のうちにある差異を現実のものとするためには何もしないのです。ソクラテスでは、そしてリチャード三世では事情が異なります。二人は他者と交わるだけでなく、自己とも交わるのです。ここで重要なのは、ソクラテスが「この男」と呼ぶ人物、この他なる「意識」は、人が孤独にならなければ、姿をみせないということです。悪夢が終わり、リチャード三世が友人たちとのつきあいを楽しむようになると、次のようなことになります。

良心などということ、臆病者の言うこと

そもそもは強者を怖れさせるために作った言葉だ。[14]

そしてアゴラにあれほど惹かれたソクラテスですら、「この男」に出会うためには、帰宅して一人に、孤独にならなければならなかったのです。

思考と悪

わたしが『リチャード三世』のテクストを選んだのは、シェイクスピアがここで「意識」という語を使っているものの、それが通例の用法ではないからです。言語において、「意識《コンシャスネス》」という語が、「良心《コンシャンス》」という語と明確に分離するまでには、長い時間がかかりました。そして今でもフランス語などの言語では、このような分離は行われていないのです。道徳問題や法律問題で使う「良心」という語は、意識と同じようにつねにわたしたちのうちにあるものと想定されています。そしてこの良心がわたしたちに、何をなすべきか、何を後悔すべきかを教えてくれることになっているのです。最初は神の声であり、それがやがて自然の光《ルーメン・ナートゥーラーレ》となり、カントの実践理性となったのです。

ソクラテスの心の中にいる相手は、良心とは異なり、自宅で留守番をしているのです。『リチャード三世』の殺人者たちが、自分の良心を恐れているように、ソクラテスはこの男を恐れているのですが、この男は今は不在なのです。良心は、〈後智恵〉として、事後に現れます。リチャード三世の場合には、犯罪を犯すことで、ソクラテスの場合には吟味されていない思い込みによって良心が現れるのですし、『リチャード三世』に登場する殺人者たちの場合には、こうした後智恵が予測されることによって生まれる恐れとして現れるのです。

この良心は、わたしたちのうちにある神の声や自然の光とは異なり、積極的な掟を与えることはありません。ソクラテスが自分のうちに聴いた神の声であるダイモニオンの声も、何をすべきでないかだけを告げたのでした。シェイクスピアの表現では、良心は「人を障害物で満たす」のです。人が良心を恐れるのは、人が自宅に戻るならば、そして自宅に戻ったときだけに人を待ち構えている証人がいることを予期しているからです。シェイクスピアの殺人者たちは、「善きいとなみを生きようとするすべての人は、それなしで生きる」[15]と語ります。

そしてそれなしで生きるのは簡単なことです。そのためには、孤独な状態での無言の対話（それをわたしたちは思考と呼ぶわけです）を始めず、自宅に戻って物事を吟味しないだけでよいからです。これは邪悪さと善良さの問題ではありませんし、知的であるか愚鈍であるかどうかの問題でもありません。わたしとわたしの自己との交わりを知らない人、わたしたちが語り、なすことをみずから吟味することを知らない人は、自分に矛盾があっても気にしないのです。そして自分が語ることや、自分が行うことについてみずから説明することはできないし、説明するつもりもないのです。ですからどんな犯罪を犯しても平気でしょう。次の瞬間にはそのことを忘れてしまうからです。専門的な思索者による認識論的な活動は別として、思考は人間の生活でごく自然に必要となるものです。意識のうちに存在する差異を現実のものとすることは、数少ない人々の特権ではなく、すべての人につねに存在する能力なのです。同じ理由から、思考する能力に欠如していることは、思考する脳の力が欠けている人々の「特権」のようなものではなく、どんな人にもつねに存在する可能性なのです。科学者でも学者でも精神的な活動におけるその他の専門家も例外ではありません。誰もが、ソクラテスがその可能性と重要性を初めて発見したこの〈自己との交わり〉を避けようとする可能性があるのです。

ここで問題なのは宗教や文学が説明しようと努めてきた邪悪ではなく、ただの悪なのです。問われているのは、文学で否定的な英雄として描かれている大悪人とその罪ではありません(こうした人々は嫉妬とルサンチマンから行動するのがつねです)。邪悪ではないごくふつうの人のうちに、特別な動機がなくても、無限の悪をなす能力があることが重要なのです。大悪人とは違ってこうした普通の人々は、真夜中に夢でうなされたりはしないものなのです。

思考する自我とその経験にとっては、「人を障害物で満たす」良心というものは、副産物なのです。緊急な場合を除いて、社会にとって思考というのは末端的な現象にすぎません。思考そのものは社会的にはほとんど善をもたらすことがありません。思考は特定の目的のために使って知識を獲得するときに、社会に善をもたらす程度にすぎません。思考が価値を作りだすことはなく、何が「善であるか」を発見することも決してありません。そして思考は、社会で受け入れられている行動規則を確認するのではなく、解消してしまうのです。思考の政治的および道徳的な重要性は、「万物は離散し、中心は保つに由《よし》なし／素裸のままの無政府《アナキイ》は檻を破って世界にのさばる」というような状態のとき、「優れた人々は、一切の信念を失い、極悪の徒輩は烈しい熱で張り切っている」[16]ときに、こうした歴史的に稀な瞬間だけにあらわになるのです。

こうした瞬間において思考は、政治的な事柄のうちでの末端的な問題ではなくなります。誰もが、ほかのすべての人々が行い、信じていることに考えもせずに流されるとき、思考する人々は隠れ家から姿を現します。流されることを拒むことがきわめて目立つために、それがある種の行動となるからです。思考のうちにある〈下剤〉としての機能、ソクラテスの産婆術によって、吟味されていない思いこみ（価値、教義、理論、すべての確信です）のもつ暗黙的な意味をとりだし、こうした思いこみを破壊する機能は、政治的な意味合いをおびるのです。

この破壊は、別の人間的な能力、すなわち判断の能力を解放する効果を発揮します。この判断の能力は、（ある程度の根拠をもって）人間の心的な能力のうちではもっとも政治的なものと呼ぶことができます。これは特殊な事例を一般的な規則のもとに包摂することなく判断する能力です。こうした一般的な規則は教えられ、学べるものであり、やがては習慣になり、他の習慣や規則に代わるまで維持されるものなのです。

思考と判断力

特殊なものを判断する能力（これはカントが発見した判断力です）、「これは悪である」「これは美しい」と言いうる能力は、思考する能力とは別のものです。思考は不可視なものにかかわり、そこに不在なものの表象にかかわります。判断はつねに、目の前にある特殊なものにかかわるのです。ただし意識と良心がたがいに結びついているように、思考と判断の間にもたがいに深い関係があるのです。

思考とは、沈黙の対話における〈一人のうちの二人〉であり、これが意識に与えられたわたしたちのアイデンティティのうちの差異を現実のものとします。そして思考はその副産物として良心を生みだします。そして思考が解放する効果を発揮するとすれば、判断力はその副産物として、これを〈現れの世界〉のうちで輝かせます。この〈現れの世界〉ではわたしは孤独であることはなく、思考するにはいつでも忙しすぎるのです。思考の〈風〉のありかをはっきりと示してくれるのは知識ではありません。善と悪を区別し、美と醜を区別する能力として、その力を示すのです。そして少なくともわたしにとっては、思考は危機の稀な瞬間において、破滅的な結果を避けるために役立つものなのです。

（一九七一年）

原注

＊1わたしの『イェルサレムのアイヒマン』の二五二ページを参照してください（訳注〔1〕参照）。

＊2 カントの没後に発表された形而上学の講義ノートから引用。アカデミー版のカント全集一八巻、五六三六項。

＊3 カルナップは形而上学は詩作品ほどにも「意味」をもたないと宣言しましたが、これは形而上学者の主張と対立するのはたしかです〔17〕。しかしこのように語るのは、カルナップ自身の評価とおなじように、詩作品を過小評価するものでしょう。カルナップが攻撃対象として選んだハイデガーは、思考《デンケン》と詩作《ディヒテン》には密接な関連があることを指摘して（暗黙的に）カルナップに反論しました。思考と詩作はおなじことではありませんが、おなじ根源から生まれているのです。アリストテレスも同意見でした（アリストテレスをたんなる詩人であると非難する人はいないでしょう）。哲学と詩はおなじものに所属し、おなじ重さをもっているのです（『詩学』一四五一B五）〔18〕。

　他方でウィトゲンシュタインの有名なアフォリズムもあります。「語りえないものについては沈黙しなければならない」（『論理哲学探究』の最後の一文）。真面目に考えると、このことは知覚による経験を超えたものだけでなく、なによりも知覚の対象についてもあてはまるのです。わたしたちが見たり、聞いたり、触れたりするものについては、言葉で適切な表現ができるものはないのです。わたしたちは「水は冷たい」と語りますが、水についても冷たさについても、知覚に与えられたとおりでは語っていないのです。そしてわたしたちが思考する媒体である言葉と、わたしたちが生きる媒体―環境である世界の違いこそが、そもそも哲学と形而上学を生んだものだったのではないでしょうか。

　まさに哲学の端緒から、パルメニデスとヘラクレイトスから、真なる「存在」に到達することができるとされていたのは思考、すなわちヌースあるいはロゴスだったのです。やがて言語よりも〈現れ〉が重視されるようになり、知覚と、わたしたちの身体の感覚を拡張し、研ぎ澄ませることのできる装置へと重点が移行したのです。言語が重視されると〈現れ〉が冷遇され、感覚が重視されると思考が冷遇されるのは、自然ななりゆきに思えます。

＊4 感覚的なものと超感覚的なものについて、こうした思想が生まれた端緒から、おなじ洞察がきわめて単純な形で示されてきたのは注目すべきことです。デモクリトスは、超感覚的なものの器官である心と、感覚の間で交わされた短く、巧みな対話を語っています。デモクリトスは、感覚による知覚は幻覚であると語ります。わたしたちの身体の状態に応じて変わるものだからです。甘さ、辛さ、色などというものは、人間の間の決まり（ノモス）によって生じるものであり、現れの背後にある真の特性によるもの（フュセイ）ではないと、「心」が語ります。これにたいして「感覚」は次のように答えます。「愚かな心よ、おまえはわたしたちから物事についての証拠［これは心が信頼することのできるもの、ピスティスです］をうけとるのに、わたしたちを貶めようとするのか。わたしたちが倒れるときはおまえも倒れるのだ」（B一二五、B九）〔19〕。というのは、この二つの世界のバランスは以前から危ういものであり、この均衡が失われると、すなわち「真の世界」が「仮象の世界」を打ち倒すか、「仮象の世界」が「真の世界」を打ち倒すと、わたしたちの思考が方向を探るための標準としていた枠組みそのものが崩壊するのです。その意味では、もはやいかなる意味もなくなるわけです。

＊5 カント『純粋理性批判』序文XXX〔20〕。

＊6 アカデミー版カント全集一八巻、四八四九項〔21〕。

＊7 アカデミー版カント全集一六巻、六九〇〇項〔22〕。

＊8 アウグスティヌスは『三位一体論』一一巻で、ある事物が思考の対象となるためには、感覚に与えられた事物にどのような変換が加えられる必要があるかを生き生きと描き出しています。感官による知覚、「感覚が感性的な物体によって形成されるとき外側にあった視像」の後に、表象において「そこ

にない物体」を示すために使われるイメージである「内的に類似した視像」が続くのです。このイメージは、不在な何かの表象であり、記憶に格納されて、意図的に想起されると同時に、思考の対象に、「思惟における視像」になります。決定的に重要なのは、この「記憶に保持された似像」、この再・表象と、「想起するとき、すなわち記憶に還り、そこで同じかたちを見出すとき生じるものは別のものである」（三章）ことです〔23〕。こうして、「記憶が隠されているものを保持することと、そこから想起する人の思惟において表わされるものとは、……実は別のものである」（八章）ことになります〔24〕。アウグスティヌスは、思考とはすべての可能な想像の領域を超えて「実際にさらに進むもの」であることを認識していました。理性は「物体的なものを思惟する人のいかなる視像も捉えない数の無限性を知らせる」のですし、「極微の原子が無限に分割されている」ことを教えるのです（一八章）〔25〕。

アウグスティヌスはここで、理性がまったく不在なものに到達することができるのは、精神が想像と再・表象の力によって、不在なものを存在させる方法を知っていること、そして記憶において、すなわち思想においてこうした不在なものをとりあつかう方法を知っていることによると示唆しているようです。

＊9　ハイデガー『形而上学入門』一一一ページ〔26〕。

＊10　アカデミー版カント全集一八巻、五〇一九項と五〇三六項。強調は引用者〔27〕。

＊11　プラトン『ファイドン』六四。ディオゲネス・ラエルティオス『ギリシア哲学者列伝』七巻二一章〔28〕。

＊12　ここではプラトンの第七書簡三四一B～三四三Aの文章を、わたしの言葉で言い換えています〔29〕。

＊13　エティエンヌ・ジルソン『ダンテと哲学』二六七ページ（Etienne Gilson, *Dante and Philosophy*, 1949, p. 267）。

＊14 同書、二七三ページ。この問題の全体については同書の二七〇ページ以下をごらんください。
＊15 Ernestus Diehl, *Anthologia Lyrica Graeca*, B. G. Teubner, frag. 16.
＊16 プラトン『メノン』八〇C〔30〕。
＊17 クセノフォーン『ソークラテースの思い出』四巻六章一五、四巻四章九〔31〕。
＊18 これについてもそのほかの側面でも、ソクラテスが『弁明』で語っていることは、「弁明の改訂版」とも言える『ファイドン』でプラトンがソクラテスに語らせていることとは、かなり正反対になっています。『弁明』ではソクラテスは、自分が生きているべき理由を説明し、ついでのように、生きることは「とても大切な」ことではあるものの、自分が死を恐れていない理由を明らかにしています。『ファイドン』では、生きることがどれほど面倒なことであるか、そして死ぬことがどれほど幸福なことであるかを強調することに、これにたいして重点が置かれています。
＊19 プラトン『ソフィスト』二五八。
＊20 クセノフォーン『ソークラテースの思い出』四巻三章一四〔32〕。
＊21 プラトン『ソクラテスの弁明』三〇、三八。
＊22 プラトン『リュシス』二〇四B～C〔33〕。
＊23 追悼演説において。トゥキュディデス二・四〇〔34〕。
＊24 プラトン『饗宴』一七七〔35〕。
＊25 ここではソクラテスの同時代人であるデモクリトスの見解を引用しておくにとどめます。デモクリトスはロゴスは行動の「影」であると考えましたが、この「影」という概念は、本物をその類似物から区別するために使われています。そして「悪しき行いについて語るのは避けねばならぬ」と語りました。そうすれば影とその現れを防ぐことができるからです〔〔36〕断片一四五と一九〇を参照してください〕。悪を無視すれば、それはたんなる類似物になるのです。

＊26 プラトン『ゴルギアス』四七四〔37〕。
＊27 『ゴルギアス』四八二〔38〕。
＊28 プラトン『ソフィスト』二五四D。またハイデガー『同一性と差異』も参照のこと（Martin Heidegger, *Identity and Difference*, 1969, pp. 23-41）〔39〕。
＊29 プラトン『テアイテトス』一八九Eと『ソフィスト』二六三Eを参照してください〔40〕。
＊30 プラトン『ヒッピアス（大）』三〇四D〔41〕。

訳注

〔1〕関連箇所を引用しておく。「彼の最後の言葉の奇怪なまでの馬鹿々々しさ以上に徹底的にこのことを証明するものはない。彼はまず力をこめて自分がGottgläubigerであることを言明した。これは普通にナツィが使っていた言い方で、自分はクリスチャンではなく、死後の生を信じていないということを表明したのである。「もうすこししたら、皆さん、われわれは皆再会するでしょう。それはすべての人間の運命です。ドイツ万歳、アルゼンチン万歳、オーストリア万歳！　これらの国を私は忘れないだろう。」死を眼前にしても彼は弔辞に用いられる極り文句を思出したのだ。絞首台の下で彼の記憶は彼を最後のぺてんにかけたのだ。彼は〈昂揚〉しており、これが自分自身の葬式であることを忘れたのである」（アーレント『イェルサレムのアイヒマン』大久保和郎訳、みすず書房、一九五ページ）。

〔2〕ニーチェの文章は『偶像の黄昏』から。邦訳は原佑訳、ちくま学芸文庫、四七ページ。

〔3〕ルイス&ショート『ラテン語辞典』では人々の間にあること（inter homines esse）に「生きる」という語義と、世間をみるという語義を示して、「生きる」はごく稀と注記している。"inter homines esse desinere"（死ぬ）という否定形で使われることが多いようである。ここに引用されたヴァレリーの言葉"Tantô je suis, Tantô je pense"はアレントが好んだ言葉で、『精神の生活』の第一部『思考』の

第一九節のタイトルにも使っている。

〔4〕ディオゲネス・ラエルティオスによると、ピュタゴラス派では「弟子たちは、（最初の）五年間は沈黙を守り、師の講義に耳を傾けるだけであって、審査を受けて認められるまでは、決してピュタゴラスと対面することはなかった」という（『ギリシア哲学者列伝』下巻、加来彰俊訳、岩波文庫、二〇ページ）。審査をうけて認められた弟子はエソーテリコスと呼ばれた。また別の分類として、重要な教説が教えられる弟子たち（マテーマティコス）と、概論しか教えられない弟子たち（アクースマティコス）の区別がある。B・チェントローネ『ピュタゴラス派』斎藤憲訳、岩波書店、一〇一ページ以下を参照されたい。

〔5〕プラトンの『メノン』では知ることの逆説について、ソフィストの持ちだすパラドックスをメノンが語っている。ソクラテスはそれを「人は知っていることも、知っていないことも、求めることはできない」という議論として要約する。「なぜなら、少なくとも知っていることなら、求めもしないだろう──というのは、知っているから、そういう人にとっては何ものも求める必要がないから──、また、知っていないことをも、また、求めもしないだろう──というのは、何を求めるべきであるかをさえ知っていないから」（『メノン』八〇E、『プラトン全集』五巻、副島民雄訳、角川書店、三三三ページ）。

〔6〕ひとつだけ例をあげておく。「つまり彼らは、進みの迅い船々を心に恃んで、大海原もどんどんと押し渡っていく、これも大地を揺する大神の賜物でして、まったく彼らの船といったら、鳥の翼か、あるいは人の思いつきほど迅《はや》いのですから」（ホメーロス『オデュッセイアー』上巻、呉茂一訳、岩波文庫、一九九ページ）。

〔7〕プラトン『ソクラテスの弁明』三一A。『プラトン全集』一巻、山本光雄訳、角川書店、七三ページ。

〔8〕ソクラテスが産婆の「不毛さ」について説明しているところを引用しておく。「産婆のうちには、

本人にまだ身籠ったり産んだりする能力がありながら、それでいて他人の出産を助けるような者は一人もいない、いや、もう自分で産む能力のなくなった婦人が、その仕事をするのだ」(プラトン『テアイテトス』一四九B、『プラトン全集』二巻、戸塚七郎訳、角川書店、二五ページ)。「つまりわたし自身は、智恵に関しては産めない身なんだからね」(同書二八ページ、一五〇C)。

〔9〕ハイデガーのこの「思考の嵐」については、アレントは『精神の生活』で次の文を引用している。「生涯を通じて、死の瞬間に至るまで、ソクラテスが行なっていたのはただ一つ、この風の中に、「思考の」流れの中にわが身を置くことであり、身を置きつづけることであった。だからこそ、西洋の中でもっとも純粋なのである。なぜなら、考えることから逃れ出してものを書き始めるならば、誰でも必ず、強すぎる風から身を守ってくれる場所を求めて走り出す人のようになってしまうのであるから。ソクラテス以後のすべての思想家は、偉大であったかもしれないが、この種の逃避者なのである」(上巻、佐藤和夫訳、岩波書店、二〇二ページ)。ハイデガーのもとの文章は『思惟とは何の謂いか』にある。

〔10〕周知のように、アルキビアデスは欠席裁判で死刑を宣告されて、アテナイからスパルタに亡命した後、アテナイの防衛上の欠陥を教えて、祖国を裏切った。クリティアスはスパルタがアテナイに設立させた三十人僭主体制の中心人物の一人である。

〔11〕トゥキュディデス『戦史』から。有名なアテナイ代表とメロス島民の代表の対話のところで、アテナイの代表が語る言葉である。手元の邦訳では「弱肉強食の原則」と訳されているようである(邦訳は『世界古典文学全集』一一巻、小西晴雄訳、筑摩書房、二〇二ページ)。

〔12〕デモクリトスの邦訳は、B四五が前掲書一八〇ページ、B一四六は一九七ページ。

〔13〕シェイクスピア『リチャード三世』五幕、三場。邦訳は『シェイクスピア全集』五巻、大山俊一訳、筑摩書房、二八六〜二八七ページ。ただしアレントは途中で二行ほど省略していることもあり、訳文に大幅に手を加えている。

〔14〕同。邦訳は同書二八九ページ。
〔15〕同書、一幕、四場。邦訳は同書二三九ページ。
〔16〕W・B・イェイツ「薔薇」。邦訳はイェイツ『薔薇』尾島庄太郎訳、角川文庫、一二九ページ。
〔17〕R・カルナップ(一八九一~一九七〇)はドイツの論理実証主義の中心人物の一人で、「ウィーン学団」の設立メンバー。経験によって真偽を確定することのできる命題だけが意味のあるものであり、無や本質などの形而上学的な概念には意味がないと、ハイデガーを批判した。カルナップ「科学の統一の論理的基礎づけ」の論文を参照されたい(『カルナップ哲学論集』紀伊國屋書店、所収)。
〔18〕アリストテレスは『詩学』の一四五一Bで歴史と詩学の違いを検討しながら、「詩が語るのはむしろ普遍的な事柄であるのに対し、歴史が語るのは個別的な事件である」ことを指摘しながら、「歴史と比較すると詩のほうが、一層哲学的つまり学問的である」と語っている(アリストテレス『詩学』今道友信訳、『アリストテレス全集』一七巻、岩波書店、三八ページ)。
〔19〕デモクリトスのB一二五は、ガレノスからの引用で、「約定(ノモス)において色はあり、約定において甘くあり、約定において辛くあり、真実にはアトムと空虚がある」。B九のセクストス・エンペイリコスからの引用でも同じ内容が語られている。後半の感覚と心の対話の該当部分は次のとおりである。「哀れな心よ、おまえはわれわれから信念を得てわれわれをひっくり返すのか。ひっくり返すことはおまえにとっての転倒なのだ」(『ソクラテス以前哲学者断片集』第Ⅳ分冊、高橋憲雄訳、岩波書店、一九二ページ)。
〔20〕カントはこの序文で次のように語っている。「それゆえ私は、信仰に席をあたえるために、知識を廃棄しなければならなかった……。それゆえ、純粋理性の批判に応じて著作された体系的形而上学をもってすれば、後代の人々に一つの遺産を残すことが必ずしも困難ではありえないなら、この遺産は軽視すべからざる贈り物である」。邦訳は『カント全集』四巻、原佑訳、理想社、五〇~五一ページ。

〔21〕これはカントの形而上学の断片集の冒頭部分である。ここでカントは形而上学の目的を提示しながら、その第四の項目で、「知覚できる世界を超えた理性の利用を否定的に拡張し、理性が（原則として経験的な利用によって）みずから作りだした障害物をなくすための条件を確定する」ことをあげている（一八巻五～六ページ）。

〔22〕原注では一六巻としているが、実際は一九巻の『論理学』の遺稿断片。カントはここで道徳性の主観的な原因として、悟性と心の二つをあげて、「悪しき心は愚鈍の原因である」と語っている（一九巻、二〇〇ページ）。

〔23〕アウグスティヌス『三位一体論』中沢宣夫訳、東京大学出版会、三〇二～三〇三ページ。

〔24〕同書、三一二ページ。

〔25〕同書、三一八ページ。原文には一八章と注記されているが、邦訳は一〇章。

〔26〕おそらく次の部分を示すものとみられる。ハイデガーはなぜ無ではなく、存在があるのかという問いを投げかけながら「この、なぜと問う-問いは、いわば全体としての存在者を離れてそれの前に立っており、その外に出ている」（ハイデッガー『形而上学入門』、『ハイデッガー選集』九巻、河原榮峰訳、理想社、一一ページ）。

〔27〕五〇一九項は一八巻六〇ページ。カントの懐疑的な姿勢を示した個人的な感想である。五〇三六項は同書六九ページ。

〔28〕ソクラテスは『ファイドン』で、哲学とは「死の稽古」であると語りながら、次のように説明する。「愛知に、この言葉の真の意味で、携わっている者がみな、みずからすすんで稽古していることは、他の人たちは知っていないようだが、ほかでもない、死ぬことや死んでいることそのことなのだ」（六四A。邦訳は『プラトン全集』一巻、村治能就訳、角川書店、一三六ページ）。また『ギリシア哲学者列伝』から該当すると思われる部分を引用しておく。ただし原注の七巻二一章ではなく、七巻二章であ

る。七巻二一章には該当する文はない。「彼は最善の生を送るのには何をしたらよいかについて神に伺いを立てたところ、神の答えは、死者たちと交わるならば、ということであった。そこで彼は、神託の意味するところを推察して、古人の書物を読むことにしたとのことである」（中巻、加来彰俊訳、岩波文庫、二〇六ページ）。

〔29〕さらにプラトンは『第二書簡』では、みずから著作についてこう語っている。「そういうわけで私はいまだこれらのものについては何も書いたことがない、またプラトンの書物というものもないし、これからもないでしょう。今日そう言われているものは、美しく若かったソクラテスのものなのです」（『プラトン全集』八巻、山本光雄訳、角川書店、一七六ページ）。

〔30〕邦訳は前掲の『プラトン全集』五巻、三二三ページ。

〔31〕該当箇所を引用しておく。まず四巻四章九では、ヒッピアスがソクラテスを批判する。「しかし、わたしは決して君に聞かせないつもりだ、まず君の方から正義とは何であるか、意見を述べないうちは。なぜって、他人が笑いものにされただけでたくさんだからね。君はすべての人に質問をかけてぎりぎり調べあげるが、自分の方からは、解明もしなけりゃ、なんの意見も述べようとしないのだ」（クセノフォーン『ソークラテースの思い出』佐々木理訳、岩波書店、二〇五ページ）。これにたいしてソクラテスは、「わたしは正義をいかなるものと考えているか、たえず世間に示してやむときがないのだが、君はそれに気がついていないのか」と反論する。ソクラテスは自分の行いで示していると語るのである。四巻六章一五でクセノフォンは、ソクラテスの対話の実際を示しながら、「こういう具合に議論をひき戻して、ついに反対を唱えている人々自身にも、真実が明らかになるのであった。しかし、彼が自分で何かの問題を論じて行くときには、誰でも承認のできる事実の中を通って論旨を進めたのであって、これが議論としてもっとも安全な方法と信じていた」と弁護している（同書二二六ページ）。

〔32〕邦訳は前掲書二一二ページ。

(33) 該当部分を引用しておく。ソクラテスは相手が誰かを恋していることを言い当てて、次のように説明する。「わたしはほかのことではくだらぬ能なしだが、しかしこれは神様からどうしてだか、わたしに授けられているのだよ、つまり恋している者と恋されている者とをすぐに見分けられる能力は」(『プラトン全集』四巻、山本光雄訳、角川書店、二八八ページ)。
(34) ペリクレスは有名な葬送演説において、アテナイのポリスと市民について、「すなわちわれわれは美しきを求めて(フィロカルーメン)、贅に走らず、知を愛すれど(フィロソフーメン)優弱(マラキア)に堕さない」(二巻四〇)と語っている(邦訳は前掲書六七ページ)。
(35) ここでソクラテスは、人々は自分の愛するものについて賛歌を捧げるものであり、「塩が有用だというので驚くべき頌歌を捧げられていた知者のある書物」(一七七B。邦訳は『プラトン全集』三巻、山本光雄訳、角川書店、一五九〜一六〇ページ)を例にとる。そしてエロースについての頌歌がないことを嘆き、饗宴でエロース賛を繰り広げることを提案するのである。
(36) 「断片一四五」では、デモクリトスが「言葉は行いの影」と語ったことをプルタルコスが証言しており(前掲の『ソクラテス以前哲学者断片集』第Ⅳ分冊、一九七ページ)、「断片一九〇」では、「劣った行為は語ることさえ慎まねばならぬ」という言葉をストバイオスが伝えている(同書二一一ページ)。
(37) ただし引用箇所は四七四ではなく、四八三Bである。邦訳は『プラトン全集』五巻、内藤純郎訳、角川書店、一九五ページ(一部改訳)。四七四はその前の「悪しきことをなすよりも、悪しきことをなされるほうがましである」という言葉の箇所である。
(38) ただし引用箇所は四八四Cである。邦訳は前掲書一九八ページ。四八二はその前の「わたしのリュラ」以降の箇所である。
(39) 『ソフィスト』の該当箇所では、動と静はたがいに混じり合わないものであるが、有はその両方と混じり合うことが指摘された後に、動と静と有の三つがあることが結論され、次に「それらのひとつひとつ《ヘカストン》は、あとの二つとは異なるもの《ヘテロン》であり、自分自身とは同じものである《アウト・デ・ヘアウトーイ・タウトン》」と語られている。

〔40〕『テアイテトス』では心が思考している姿を考察しながら、そこには分裂が生まれ、自己との問答が行われることを指摘し、こうした言論は「その言説は、他人に向ってなされるものでも、声に出してなされるものでもなく、むしろ沈黙裡に自分自身に向ってなされるものである」と結論される（一九〇A、邦訳は前掲書、一二五ページ）。

〔41〕邦訳は『プラトン全集』六巻、山本光雄訳、角川書店、六七ページ。

第二部　判断

リトルロックについて考える

序

プライドの問題

わたしの考察の出発点となったのは、新たに統合された高校から帰宅する途中の黒人の少女の写真を掲載した新聞記事だった。[1] 少女は白人の若者たちの暴徒たちからいじめられ、父親の白人の友人が彼女を保護していた。[2] 少女の顔の表情から、彼女が幸せなど感じていないことは明らかだった。この写真は少女のおかれた状況をきわめて的確に描写していた。そこに登場した人々はみな、連邦政府の裁判所命令に直接に影響をうける若者たち自身だったからである。わたしがまず心に問うたのは、自分が黒人の娘の母親だったらどうするかというものだった。その答えは、招かれてもいないのに、その集団のうちに迎え入れてほしいと願っているようにみえる状況に、自分の子供が身をおくような事態だけは、どうしても避けたいということだった〔3〕。

人間の心理としては、招かれていないという状況は（これは典型的に社会的な苦境である）、正面から迫害されるという状況（これは政治的な苦境である）よりも耐えがたいものだ。個人としての誇り《プライド》が傷つけられているからだ。誇り《プライド》といっても、「黒人であることの誇り」とか、ユダヤ人としての誇りとか、白人のアングロサクソンのプロテスタント（ワスプ）としての誇りなどについて語りたいのではない。わたしたちが誕生という出来事をたまたま経験したために自分に感じているアイデンティティという感情、誰に教えられたわけでもないのに、自然に感じる感情のことを言いたいのだ。

誇り《プライド》とは、誰かとの比較によって生まれるものではなく、劣等感や優越感ともかかわりのないもので、個人の全人格的な一体性のためには不可欠なものなのだ。これは迫害によって失われるものではないが、強制されることによって、あるいは他人を強制するように強いられることによって、そして一つの集団から別の集団に移ることによって失われるものなのだ。わたしが南部の黒人の母親だったら、最高裁の判決はおそらく意図せずに、しかも不可避な形で、自分の娘をこれまでになく屈辱的な地位に追い込むものだと感じるだろう。

BETTMAN／Corbis

全人格的な一体性

それだけではない。わたしが黒人であれば、教育と学校のうちに差別の撤廃を持ち込もうと試みることは、成人ではなく子供たちに責任を転嫁するものであり、きわめて不公正なものだと感じるだろう。そしてこの出来事の全体には、どこか現実の問題から目を背けようとする試みがあると確信するだろう。現実の問題、それは国の法律のもとでの平等であり、この平等が差別的な法律によって犯されているのである。平等を犯しているのは、社会的な慣習でも、子供たちを教育する方法でもなく、黒人を差別する法律である。自分の子供に平等な教育機会を与えたいのであれば、機会の均等を確保しようとするのであれば、わたしは黒人の子供たちの学校を改善するために闘うべきだろうし、成績が低くて白人の子供たちのための学校ではうけいれられなくなっている黒人の子供たちのためには、特別なクラスを設置することを要求すべきだろう。

今回の判決ではまるで、わたしが自分の疑問の余地のない権利のために闘うのではなく、投票する権利、保護を求める権利、自分の好きな人と結婚する権利、結婚において保護をうける権利のために闘うのではなく（もちろん誰かの義理の兄弟になるための闘いではない）[1]、平等な機会を求める権利のために闘うのでもなく、社会的な階層を上昇する営みに誘いこまれたように感じるだろう。もしもわたしが社会的な階層をよじ登ることで自分の地位を改善することを選んだのであれば、政府の役所の援助なしに、自分の力でよじ登りたいと感じるにちがいない。たしかに、他人を押しのけたり、かきわけたりして上に登れるかどうかは、自分の好みだけで決められるものではないかもしれない。まともな生活をするために、あるいは家族の生活水準を向上させるために、どうしてもそうせざるをえなくなるかもしれない。人生はきわめて不愉快なものになるかもしれないが、人生においてどうしてもそうせざるをえないことであれば（それでもわたしは会員制のクラブに入ることを強いられることはないだろう）、わたしは自分の全人格的な一体性を失わずにいることができるだろう。その理由は、わたしは自分で求めたのではなく強いられた行動をしているからであり、しかもたんなる社会的な理由からではなく、あるきわめて重要な必要性のために行動しているからである。

親の権利

わたしの心に浮かんだ第二の問いは、自分が南部の白人の母親だったらどうするだろうかというものだった。その場合にもわたしは、自分の子供が学校で政治的な争いにまきこまれるのを防ごうとするだろう。また自分の政治的な意見とは別に、このような劇的な変更を加える前に、政府は親に同意を求めるべきだと考えるだろう。たしかに政府は子供の教育に口を出す権利はあるが、それは子供たちが成長してこの国の市民になるかぎりにおいてである。しかし政府が、わたしの子供の同級生を選ぶ権利があると主張するなら、わたしはそのような権利は否定するだろう。成人するまでの間、子供たちのためにこうした問題をきめる権利を親からとりあげるようなことをするのは、独裁体制だけなのだ。

しかし一方でわたしは、教育における差別が撤廃されれば、南部における状況は著しく改善されると強く確信している。わたしならおそらくクエーカー教徒か、同じような考え方をするほかの人々の援助をうけて、白人と有色人種の人々がともに学ぶ学校を新設して、ある種のパイロット・プロジェクトのように運営してみるだろう。これが白人の親たちに、態度を変えるように説得する手段となることを期待してである。たしかにその場合にも、子供たちを基本的に政治的な争いのうちに利用することになるが、少なくとも子供たちは両親の同意と援助のもとに、その学校に通うことができるだろう。[4] その場合には家庭や学校と、町の間に対立があるとしても、家庭と学校の間には対立はないのである。

このような試みにおいて、教育の場における差別の撤廃に反対する南部の市民たちが結集して、州の当局を説得して、こうした学校の設立と運営を妨げさせることに成功したと想定してみよう。わたしの考えでは、連邦政府が介入を求められるのは、まさにこの瞬間なのである。ここで問題になっているのは、政府の権限のもとで実施されている差別という明確な事例だからである。

憲法と差別

こうして第三の問いに導かれる。肌の色で国民を差別するという問題に関して、アメリカ人の生き方と南部人の生き方にはどこに明確な違いがあるのだろう。その答えはもちろん、アメリカでは差別と分離がどこでも行われているが、それが法律として定められているのは南部の諸州だけだという単純な事実である。だから南部における状況を変革したいと望むならば、婚姻法を廃止し、自由な市民権を行使できるように介入するしかないのである。これは机上の空論などではない。憲法の原則の問題であり、その定義からして、多数決による決定や施行可能性を超えた問題なのである。そしてもちろん、多数の市民の権利もかかっている。たとえば、軍役についている間にヨーロッパ人の女性と結婚した二十五人ほどのテキサス州出身の黒人たちの権利である。これらの黒人は、テキサス州の法律のもとでは犯罪を犯したことになるので、テキサス州のわが家に戻ることができないのである。

アメリカのリベラルな人々は婚姻法の問題に触れるのを嫌がる一方で、すぐに施行可能性の問題をとりあげながら、黒人自身にはこの問題に利害関係がないと論点をずらすのである。そして西半球全体でもっともおぞましい法律である婚姻法について、世界中の人々がどう考えているかを指摘されると、アメリカ合衆国の創立者たちは、ジェファーソンが奴隷犯罪を廃止するように助言しても、これにしたがわなかったという昔の事例を急に思いだすのである。ジェファーソン自身も、実際的な理由から屈したのだが、少なくとも闘いに負けた後で、「神の正義を考えると、わたしは戦《おのの》かざるをえない」と語るだけの政治的なセンスはそなえていたのである。

ジェファーソンは黒人のために戦いたのでも、白人のために戦いたのでもない。アメリカ合衆国の運命のために戦いたのである。創立の初めから、アメリカ合衆国の何よりも重要な原則の一つが守られなかったからだ。差別や社会的な分離は、それがどのようなものであっても、アメリカの歴史における原罪を不滅のものとすることはない。原罪を不朽にするのは、人種差別的な法律なのである。

教育と政治に関して最後にひとこと述べたい。子供たちに将来の精神を教えこむことによって世界を変えることができるというアイデアは、古代からずっと政治的なユートピアの顕著な特徴の一つだった。このアイデアの難点はつねに同じだった。子供たちを両親から分離して、国の制度のもとで育てるか、学校で洗脳して両親に背を向けさせるかのどちらかでなければ、成功の見込みがないのである。専制政治のもとではこれが実現されうる。ところがこうした方法を採用した公共当局に、その漠然とした望みと期待のもたらす帰結をひきうける用意がない場合には、こうした教育実験の全体は、うまくいっても何ら成果をもたらすことはないし、悪くいったときには両親も子供も、基本的な権利を剝奪されたと感じて、苛立ち、敵対するようになるのである。最高裁の判決が下され、政府が教育と公立学校の場で、市民権の闘いを進めることを確約した後に、南部で起きた一連の出来事は、不毛さと必要のない憎しみが生まれたにすぎないという印象を与えるものだった。すべての当事者は、何かを実現するという口実のもとで、何事も実現されていないことを、はっきりと知っていたかのようである。

一

黒人差別問題の地位

リトルロックにおける出来事が、世界中の世論においてこれほど大きな反響をまき起こしたこと、そしてアメリカの外交政策の大きな〈躓きの石〉となったことは不幸なことであり、また不公正なことでもある（根拠がないとは言えないのだが）。第二次世界大戦が終わってからというもの、この国は治安にかんするヒステリー的な反応、天井知らずの繁栄、これにともなう豊かな経済から市場経済への転換など、さまざまな国内問題に悩まされてきた（市場では、たんなる軽々しさと無意味のために、基本的で生産的なものがほとんど押し流されてしまうのだ）。また大衆文化と大衆教育の問題など、アメリカだけではなく近代の社会一般に典型的な長期的な難問にも悩まされてきた。しかしリトルロックの出来事に示された黒人住民に対する国民の態度は、こうした国内問題とも、近代社会に一般的な問題とも異なり、アメリカの伝統に根差すものであり、それ以外にはいかなる原因もないのである。

有色人種の差別問題は、アメリカの歴史における重大な犯罪によって生まれたものであり、アメリカ合衆国の政治的および歴史的な枠組みのもとでなければ、解決できないものである。この事件が世界的に重大な問題となったという事実は、アメリカの歴史と政治にとってはたんなる偶然にすぎない。世界の政治における有色人種の差別問題は、ヨーロッパ諸国による植民と帝国主義の産物であり、アメリカはこの巨大な犯罪には手を染めていないのである。国内でまだ解決されていない有色人種の差別問題のために、アメリカ合衆国が世界の大国としてうけるべき恩恵を享受できなくなるとすれば、それは悲劇としか言いようがない。

歴史的な理由からも、その他の理由からも、黒人問題は南部の問題だとされる傾向があるが、黒人の差別に関連した未解決の問題は、もちろん南部だけでなく、アメリカ合衆国の全体の問題、国民全体の問題なのである。その他の人種問題と同じように、暴徒たちにはとくに魅力的なテーマであり、暴徒のイデオロギーや組織が結集する軸のような役割をはたすのに最適なテーマなのである。

この側面はやがて、伝統に縛られた南部よりも、北部の大都市の下町で暴発するようになるかもしれない。南部の都市が衰退しつづけ、そのほかの地域の都市の黒人の人口が、近年と同じ比率で増大しつづけるならば、その可能性は高い。アメリカ合衆国がヨーロッパ的な意味での国民国家であったことはないし、いまでもこうした国民国家ではない。この国の政治構造の原則は、均質な住民と共通な過去とは独立しているし、これまでもつねに独立していたのである。

これはアメリカの他の地域よりも住民が均質で、黒人奴隷制が強固な伝統となってきた共通の過去をもつ南部には、それほどあてはまらない。ウィリアム・フォークナーは、このほど南部の諸州と連邦政府の闘いにおいては、究極的には自分はミシシッピ州の住民として行動せざるをえないと発言したが、この言葉はアメリカ合衆国の国民の言葉というよりも、ヨーロッパ的な国民国家の国民の言葉にふさわしいものだった。南部と北部のこの違いは、いまだに顕著なものであるが、南部の諸州の工業化が進展するとともに消滅せざるをえないものであり、現在でも南部の一部の州では、いかなる役割もはたしていないのである。

多数の外国からの移民をひきうけている東部と北部でも、均質性の高い南部でも、アメリカのすべての場所で、黒人はその「視認性の高さ」のために目立つのである。黒人はたんなる「目立つ少数民族」であるだけではなく、もっとも目立つ人々なのである。これについては黒人は新たにアメリカに移住してきた市民と似ている。新たにやってきた移民は、すべての少数民族のうちでもっとも「耳で聞いて目立つ」ために、外国人嫌いの反応を惹起しやすいのである。

しかし「耳で聞いて目立つ」のはかりそめの現象にすぎず、一世代を超えて残ることはほとんどないが、黒人の目立ちやすさは、変えることのできない永続的なものである。これは瑣末な問題ではない。公的な領域においては、見られ、聞かれることのないものはすべて無に等しいとされるのであり、視認性と可聴性は何よりも重要なことなのである。たんなる外見にすぎないと主張するのは、論点を回避することにすぎない。公共の場に「現れる」のはまさに〈現れ〉としての外見だからだ。内的な特質、精神や心の才能が政治的な意味をもつのは、その持ち主が公的な場でこれを示し、市場の脚光のもとにさらけだす場合だけなのである。

平等の原則

アメリカ合衆国はすべての市民の平等性を基礎とするものであり、法の前の平等は現代のすべての立憲国の政府の譲渡することのできない原則となっている。こうした平等性は、他の形態の政府と比較すると、共和政をとる合衆国での政治的な生活においてとくに重要なものである。このため賭けられているのは黒人住民の福祉だけではなく、少なくとも長期的には、合衆国の存続そのものである。

トックヴィルは一世紀も前に、権利の平等とともに、機会と条件の平等が、アメリカの民主主義の基本的な「法」であると語っている。平等性の原則に固有のジレンマと複雑さが、アメリカ人の生き方に対するもっとも危険な挑戦となると予言していたのである。すべてを平等に扱うという、いかにもアメリカらしい平等性は、自然と起源において異なるものを平等にしてしまう巨大な力をそなえている。そしてアメリカ合衆国が、流入をつづける移民の波に洗われて、つねに土台まで水浸しになりながらも、基本的なアイデンティティを維持することができたのは、まさにこの巨大な力のおかげだったのである。

しかしこの平等という原則は、アメリカらしい形においても万能ではない。自然の身体的な特徴まで平等にすることはできないのである。この限界があらわになるのは、経済的な条件と教育条件の不平等が撤廃されてからのことであるが、その時点で、歴史を学んだ者には周知の危険性が姿を現す。人々がすべての側面でますます平等になるほど、そして社会のすべての場所に平等性が浸透するほど、差異はますます強く感じられるようになり、外見からして自然に他者と異なる人々は、ますます目立つようになる。

このため社会的にも経済的にも、教育においても黒人の平等が実現されるとともに、アメリカ合衆国における有色人種の差別問題は緩和されるどころか、深刻なものとなるかもしれないのである。もちろん必ずそうなるというわけでないが、そうなったとしてもごく自然のことであり、そうならなかったとしたら意外なのである。まだこの危険性は現実のものとはなっていないが、近い将来にそうなるはずであり、これまで起きたいくつもの出来事は、その方向に進んでいることをはっきりと示している。

将来の困難な問題を自覚したからといって、過去一五年以上にわたって、幸いにも黒人に有利に働いてきた傾向を覆すべきだというわけではない。しかし政府が不寛容な姿勢をとったり、十分な情報なしで措置を採用したりするのではなく、慎重に介入すべきであるのはたしかである。公立の学校における人種差別を撤廃する判決を最高裁判所が下してからというもの、南部の状況は全般的に悪化している。最近の出来事からみると、連邦政府が南部における黒人の市民権を保護するために介入するのは避けられないようだ。しかし現在の状況から判断すると、連邦政府の介入は、土地の法と合衆国の原則が危険にさらされる数少ない場合だけに限定する必要がある。だから問題なのは、一般的にみて介入が必要なのはどのような場合なのか、とくに公共教育に介入が必要なのかを見分けることである。

公民権計画

政府の公民権計画は、二つのまったく異なる問題に対処しようとするものである。まずこの計画では、黒人住民の公民権を再確認しようとする。黒人が公民権を所有することは北部では当然のこととされているが、南部ではそうではないのだ。第二に黒人の分離の問題をとりあげようとする。黒人の分離はアメリカのどこでも事実として行われているが、南部の諸州だけで、差別を規定した法律が施行されているのだ。そして現在南部の全域で発生している大規模な抵抗は、黒人差別が撤廃されたために発生しているのであり、黒人の投票権が法律によって施行されたために発生しているのではない。バージニア州で行われた世論調査によると、州民の九二パーセントが学校の統合には完全に反対しているし、六五パーセントは統合された場合には公立教育機関には頼らないと答えている。そして七九パーセント以上の州民は、最高裁の判決を拘束力のあるものとしてうけいれることを拒んでいる。この世論調査の結果は、事態がどれほど深刻なものかをよく示している。

この調査結果で怖いと思うのは、九二パーセントの住民が統合に反対していることではない。南部では、分離撤廃に賛成するか反対するかには、それほど重要な違いはないからであり、実際にはこうした対立は存在しないのである。大きな違いが生じるのは、法律を守る市民的なありかたから逸脱して、暴動でことを決しようとする姿勢があるかどうかである。南部のいわゆるリベラル派と穏健派とは、たんに法律を守ろうとする市民にすぎず、こうした市民の比率が二一パーセントという小数派であり、その比率が低下する一方であることこそが心配なのだ。

この事態を明らかにするためには、別に世論調査をする必要はなかったのである。リトルロックの出来事は、十分にわたしたちを啓蒙してくれるものだった。この騒ぎの原因がフォーバス知事の異例なほどの不適切な行動にあると考える人がいるならば、アーカンサス州の二名のリベラル派の上院議員の雄弁な沈黙に、耳を傾けるべきだろう。都市の法を守る市民たちが、暴徒が街で荒れ狂うままに放置していることは、白人の市民も黒人の市民も、黒人の子供たちが安全に通学できるようにすることを自分の義務と感じていないという悲しむべき事実を示すものである。連邦政府の派遣した軍隊が到着する以前から、南部の法を守る市民たちは、暴徒の支配に対する法律の施行も、子供たちを成人の暴徒たちから保護することも、自分たちの任務ではないと決めていたのである。ということは、軍隊の到着はたんに受け身な抵抗を、大規模な抵抗に変えるきっかけとなったにすぎないということだ。

たぶんこれもフォークナーの発言だったと思うが、強制された分離撤廃は、強制された分離と同じように望ましくないという意見を読んだことがあるが、わたしはこの意見はまったく正しいと思う。そもそも最高裁がこの分離撤廃という問題に介入することができたのは、南部では数世代にもわたって、分離がたんに社会的な問題ではなく、法的な問題だったからだ。ここで忘れてはならない枢要な問題は、憲法に違反しているのは分離という社会的な慣習ではなく、それが法律で施行されていることだ。この法律を廃止するのが重要であるのは明らかであり、投票する権利に関する市民権法の該当部分については、南部の州で強硬に反対できる州はなかったのである。

実際には、憲法に違反した法律に関しては、公民権法はまだ不十分である。南部の諸州のもっとも忌まわしい法律が手つかずのままに放置されているからだ——白人と有色人種の結婚を犯罪行為としている法律である。自分の好きな人と結婚する権利は、基本的な人権の一つであり、これと比較すると「皮膚の色や人種にかかわらず、白人と黒人の分離が撤廃された学校に通う権利、バスで自分の好きな場所に座る権利、ホテル、レクリエーシヨン・エリア、娯楽施設に立ちいる権利」などは、実際にそれほど重要ではないのである。独立宣言で称揚されている「生命、自由、幸福の追求」という譲渡しえない人権と比較すると、投票権のような政治的な権利も、憲法で列挙されているそのほかの権利も、二次的な意味しかもたないものだ。そして自分の住居を所有する権利と結婚する権利が、この基本的な人権に属するのは自明なことである。最高裁がこの憲法違反に注目していたら、もっと重要な結果が生まれただろう。そして最高裁が白人と有色人種の通婚を禁止する法律は憲法違反であると判決したならば、こうした通婚を、強制はしないとしても、奨励せざるをえないと感じただろう。

しかしこの全体の問題のうちでもっとも驚かされるのは、すべての場所で公立学校での分離の撤廃を実行するという連邦政府の決定である。この決定によって、白人と黒人を問わず、すべての子供たちは、大人たちが数世代のもの間、自分たちでは解決できないことを告白している問題にとり組むという大きな負担を負わされることになるのを理解するには、それほど想像力を働かせる必要はないだろう。全国の新聞や雑誌に掲載されたあの写真を忘れるのは、誰にとっても難しいことだろう。黒人の少女が、父親の白人の友人に付き添われて帰宅する途中で、身近に迫る若者たちのからかいとしかめ面に耐えていたのである。明らかにこの少女はヒーローであることを迫られたのだ。そしてそこにはいない父親も、同じくそこにはいない全米黒人地位向上協会[5]（ＮＡＡＣＰ）の代表も、ヒーローであることは求められたとは感じていないのである。

白人の若者たちにとっては、少なくとも現在のような野蛮な状態には我慢できないと感じている若者たちにとっては、若者の非行をこれほどに仮借なく示しているこの写真は耐えがたいものだろう。この写真は、〈進歩的な教育〉というもののファナティックな戯画のように思える。この教育は大人の権威を喪失させることで、自分たちの子供が生まれてきたこの世界に対する責任をひきうけることを暗黙のうちに拒み、世界において子供たちを導く義務を拒否するのである。いまや大人ではなく、子供たちに世界を変革し、改善することを求める時代になったのだろうか。そしてわたしたちの政治的な闘いを、校庭で闘わせようというのだろうか。

白人と黒人の分離は法律で施行されている差別である。分離を解消するためには、差別を施行している法律を廃止する以外に方法はない。差別を施行する法律が廃止されても、差別そのものをなくすことはできないし、社会に平等を強制することはできない。しかしそれで政治体のうちで平等を強要することはできるし、実際に強要しなければならないのだ。平等とは政治体で初めて生まれるものだからという理由だけではない。平等が有効なのは、政治的な領域だけに限定されるのは明らかだからだ。政治の世界でのみ、わたしたちは誰もが平等なのである。

現代においては、平等をもっとも重要な形で体現しているのは投票権である。平等な投票権の規定のもとでは、きわめて高度な教養を積んだ人の判断や意見も、ほとんど文字も読めない人の判断や意見とまったく同格に扱われるのである。また選ばれて政治家になる被選挙権も、すべての市民の譲渡しえない権利である。しかしこの権利はすでに平等に制約を加えている。選ばれるために個人的に優れた特性をそなえている必要があることは、数からみた平等によるものであるが（この場面では誰もが一人の人として扱われる）、たんなる平等ではなく、選ばれるだけの票を獲得するために重要なのは、個人的に優れた特性と特質なのである。

人々の違いを作るものはさまざまであり、たとえば専門分野での知識、職業的な資格、社会的な特性、知的な特性などで違いが生まれるものだが、選挙で選ばれるために必要な政治的な特性には、これらとは異なる大きな特徴がある。これは平等な人々のうちでの平等性と密接に結びついているのである。この特性は特異なものではなく、すべての有権者が（人間としてというよりも、市民として、政治的な存在として）、強く望むものなのだ。

こうして、民主主義における政治家の特質はつねに、選挙民の特質に左右されるのだ。このため必然的に被選挙権は選挙権と結びつき、これに随伴したものとならざるをえない。ということは、最初はすべての人々が平等である事柄において、自分の特質を輝かせるための機会は、誰にでも与えられているということだ。厳密には公民権と被選挙権は、政治的な権利にすぎないが、これは現代の民主主義ではまさに市民としての資格の〈核〉をなすものなのだ。ほかの市民的な権利や人間に認められる権利とは異なり、被選挙権は居住外国人には認められることのない権利なのである。

平等と差別

政治体において平等はそのもっとも重要な原則であるが、社会におけるもっとも重要な原則は差別である。社会とは、政治的な領域と私的な領域にはさまれた奇妙で、どこか雑種のようなところのある領域である。近代の訪れとともに、ほとんどの人は社会のうちで生涯の大部分を過ごすようになった。わたしたちを壁で囲んで守ってくれる自宅から足を踏みだして、公的な領域のしきいをまたいだ瞬間から、わたしたちが入るのは平等を原則とする政治的な領域ではなく、［差別を原則とする］社会という領域なのである。わたしたちは生計を立てるため、または職業につきたいと願うため、あるいは他人とともにあることの喜びに誘われたために、この領域に入らざるをえないのである。そしてこの社会という領域に足を踏みいれたとたんに、「類は友を呼ぶ」という古い諺に服するようになる。無数の集団と組織を含む社会全体は、この諺にしたがって制御されているのである。

社会で重要なのは個人的に優れた特性ではなく、人々が所属する集団の差異である。ある集団に帰属するということは、同じ領域のほかの集団を差別することで、その集団の一員として識別されねばならないということである。アメリカの社会では、人々は職業、所得、人種《エスニック》の差異に基づいて集団に集《つど》い、ヨーロッパでは階級の差異、教育、作法に基づいて集団に集う。このようにして他の集団との差異を明確に示すのである。人格という観点からは、こうした差異に基づくやり方は意味のないものである。しかし問題なのは、社会的な領域では、人格というものが存在するのかどうかということなのである。いずれにせよ、なんらかの差異と差別がなければ社会は存在しなくなるのであり、自由な結社と集団の結成の重要な可能性が失われるのである。

大衆社会とは、差異の境界をあいまいにして集団の違いを均《な》らす社会であり、これは個人の全人格的な一体性よりも、社会そのものに危険をもたらすものである。個人的な全人格的な一体性の〈根〉は、社会的な領域の彼方にあるからである。しかし順応主義は大衆社会だけの特徴ではなく、すべての社会でみられるものである。その集団を集団たらしめる差異の全般的な特徴に順応しない人々は、その社会的な集団にうけいれられないのである。アメリカにおける順応主義のもつ危険性は（これはアメリカ合衆国の建国以来の危険性である）、住民がきわめて不均質であるために、社会的な順応主義が絶対的な力を発揮して、国民としての均質性に代わる傾向があることだ。

いずれにせよ政治体にとって平等が不可欠なものであるのと同じように、社会にとっては差別と差異は不可欠なものなのだ。だから重要なのは、どうすれば差別をなくすことができるかではなく、どうすれば差別をそれが正当に機能する社会的な領域のうちにとどめておくことができるか、そして差別が破壊的な力を発揮する政治的な領域や個人的な領域に、はいり込まないようにできるかということにある。

差別の実例

政治的なものと社会的なものの違いを示すために、差別や差異の実例を二つご説明しよう。一つは十分な根拠のあるものであり、政府の介入の外部にあるものであるが、もう一つはまったく根拠がなく、政治的な領域に能動的に害を及ぼすものである。

アメリカでは休暇をともに過ごす場所が、エスニックな理由によって「制限されている」ことが多いというのは、よく知られたことである。この「制限」には反対する意見が強い。しかしこれは自由な結社の権利を延長したものにすぎない。わたしがユダヤ人として、休暇をユダヤ人たちの間で過ごしたいと考えるならば、ほかの人がそれを妨げる妥当な理由があるとは、どうしても思えない。同じように、休暇を過ごす間はユダヤ人を目にしたくない人々を顧客とするリゾート施設があったとしても、それに反対する理由はないのである。

だから「ホテル、レクリエーション・エリア、娯楽施設に立ちいる権利」などというものは存在しないのである。こうした施設の多くは純粋に社会的な領域のものであり、この領域では結社の自由の権利と、差別する権利が、平等の原則よりも強い妥当性を発揮するからである（これは劇場と美術館にはあてはまらない。こうした施設では、人々は他者と結びつくために集うわけではないからだ）。

多くの諸国では、誰もが社会的な場所に立ちいることのできる「権利」が、暗黙のうちに認められており、これが議論を呼ぶ大きな問題となっているのは、アメリカ合衆国の民主主義だけである。ほかの国でこれが問題とならないのは、アメリカよりも寛容だからではない。こうした国では住民は均質であるし、まだ階級システムが機能しているからである。階級システムは、経済的な土台は失ったものの、まだ社会的に機能しているのだ。住民の均質さと階級のために、こうした国では特定の場所を訪れる顧客が「似た者同士」となっているのである。アメリカでは制限や差別によっても、こうした状況を実現することはできていないのである。

しかし電車や駅で、そして「バスで好きな席に座る権利」となると、さらに実業街のホテルやレストランに立ちいる権利となると、話は別だ。こうしたサービスを提供しているのが民間企業であるか、公的な組織であるかを問わず、この種のサービスは事業を営み、生活するためにすべての人が必要とする公的なサービスとなっているのである。こうしたサービスは厳密には政治的な領域のものではないが、すべての人間が平等な政治的な場のものとなっているのである。そして南部における電車とバスでの黒人の差別は、全国のホテルやレストランにおける差別と同じように、スキャンダルとも言うべきものである〔6〕。南部では状況がさらに深刻なのは、公共サービスにおける差別が、法律によって施行され、すべての人にはっきりと目にみえるものとなっているからだ。南部における黒人と白人の分離を消滅させる試みが、数十年のあいだまったく無視されてきた後でやっと始まったというのに、その第一歩が、もっとも非人間的で、もっとも目立つこの側面から始められなかったのはなんとも不幸なことである。

プライバシー

ところでわたしたちが他人とともに暮らし、活動する第三の領域として、私的な領域があるが、このプライバシーの領域を支配するのは平等でも差別でもなく、排他性である。この領域ではわたしたちは生涯をともにしようとする家族、個人的な友人、愛する人々を選ぶのである。わたしたちの選択の基準は類似性でも、集団が共有する特質でもない。そもそも客観的な基準や規則によって相手を選ぶのではないのである。自分では説明できないが、しかし間違えることのない形で、ある人の特異性、わたしたちが知っているほかのすべての人にはないその人だけの特性に惹かれて、相手を選ぶのである。

この特異性と排他性の規則は、社会の基準と衝突するのであり、つねに衝突しつづける。というのも、社会的な差別はこの私的な領域の原則に反するのであり、行動のための妥当性に欠けているからだ。このためどのようなものでも、人種の異なる人々のあいだの通婚は、社会に対する挑戦を意味するものとなる。こうした結婚をする人は、社会的な順応よりも個人的な幸福を優先してきたのであり、差別されるという苦痛をひきうける覚悟があるわけだ。

しかしこれは個人の問題であり、個人の問題にとどまるべきことである。スキャンダルになるのは、すべての人が権利を有する社会と一般的な慣習にたいして、こうした人々が唱えた異議が犯罪行為と解釈されて、社会的な領域の外部でも、法律と対立するようになる場合である。社会的な基準は法的な基準とは同じではなく、立法府が社会の偏見にしたがうようになると、社会は抑圧的なものとなるのである。

ここで検討するには複雑すぎる理由から、現代の社会がもつ力はこれまでになく強大なものになっており、私生活の規則を認識し、私生活を生きている人々の数はもはや多くはなくなっていることを指摘しておこう。しかしだからといって政治体が社会的な差別を法律によって施行することによってプライバシーを忘却したり、プライバシーが著しく損ねられることを認識しなかったりするのは、許されないことである。政府は社会の偏見と差別的な慣行に干渉する権利はないが、こうした慣行が法律によって施行されないようにする権利と、そして何よりも義務を負っているのである。

政府は、社会的な差別が政治的な平等性を損ねないようにしなければならないのと同じように、個人が自宅にとどまる間は、自分の好きなように過ごす権利を保証しなければならない。社会的な差別が法律によって施行されるようになった瞬間に、それは迫害となるのであり、南部の多くの州はこの迫害の罪を犯しているのである。社会的な差異と差別が法律によって廃止された瞬間に、社会の自由は奪われたのである。連邦政府が公民権を無思慮に扱うならば、政府は社会の自由を奪う危険性があるのである。

政府は、社会的な差異と差別にたいしては、いかなる法的な措置もとることはできない。

政府は平等性の名においてしか行動できないからであり、社会的な圏域には平等性という原則は通用しないのである。社会的な偏見と闘うことのできる唯一の公的な力は、教会である。教会は個人の独自性という名目でこれと闘うことができる。宗教、とくにキリスト教の信仰は、人々の魂の独自性の原則に依拠しているからである。教会は、人々が他者にどのように思われるかということが問題にならない唯一の共通で公的な場である。そして信仰の家に差別が入りこむとき、それは宗教的な失敗のまごうかたなき兆候である。そのとき教会はもはや宗教的な制度ではなく、社会的な制度になっているからである。

連邦政府と州政府の権利の対立

今回の連邦政府と南部の諸州との間の対立にはさらに、州の権利の問題も含まれている。しばらく前からリベラル派の人々の間では、州の権利の問題などというものは存在せず、南部の反動的な人々が都合のよい避難場所として、この問題を悪用しているにすぎないと主張することが多くなっている。南部の反動的な人々は、この「難解な論拠と憲法の歴史」のほかには利用する手段がないのだというのである。しかしわたしにはこれは危険な誤りのように思える。ヨーロッパの国民国家は、権力は主権と同じように不可分なものであるという古典的な原則を採用してきたが、これとは対照的にアメリカ合衆国の権力構造は、権力の分割の原則に依拠しており、権力を分割することで、政治体は全体として強化されるという確信に基づいているのである。

この原則は、政府の三つの部門における権力のバランスとチェックというシステムに体現されている。しかしこれは連邦政府という構造にも同じく根差しているのであり、連邦政府の権利と、四八の州の権力の間にも、バランスと相互のチェックが行われることを求めているのである。権力は力とは違って、分割されるとさらに大きな力をもつようになるというのは真実であり、わたしはこのことを確信するものである。だとすると、州からその法的な主権の一部を奪おうとするあらゆる試みは、法的な論拠と憲法の歴史に基づかない限り、正当な根拠のないものということになる。州の権力についての論拠は「難解な」ものなどではない。これはアメリカ合衆国の建国の父たちの精神においてなによりも重要なものとみなされた原則に基づいているのである。

これはリベラルであるか保守的であるかはまったく関係のないことだ。ただしリベラル派には、すべての形式の権力に根深い不信感を抱いてきた名誉のある長い歴史があるために、権力の性格についての彼らの判断は、あまり信用できるものではないのはたしかだ。権力というものの性質からして、権力が依拠している地域的な土台が切り崩されると、統一体の全体としての権力がもつ力も損なわれるということを、リベラル派は理解していないのだ。

力が効率的に機能するためには、集中している必要があるが、権力は集中させたからといっては効率的にはならず、集中させてはならないのだ。権力がその生命を汲むさまざまな源泉が涸れてしまうと、全体の構造が無力になるのである。そしてこの国における州の権利は、地域的な利益と多様性を推進するためだけでなく、アメリカ合衆国の全体にとっても、もっとも真正なる力の源泉の一つなのである。

黒人の権利を推進する活動の一環として、他の分野ではなく公共教育の分野における白人と黒人の分離を強制的に撤廃し、統合するという決定がとくに困った問題をもたらすのは、この決定が意図しないうちに、これまで検討してきたさまざまな権利と原則のすべてが問題となる領域にかかわるからである。南部の人々が繰り返し指摘してきたように、憲法は教育については沈黙しているのであり、法的にも伝統的にも、公共教育は州の立法の管轄下にあったのは、まったく正しいのである。

いまではすべての公立学校が連邦政府から援助を受けているではないかという反論があるかもしれないが、その論拠は薄弱である。公立学校への連邦政府の援助は、こうした学校をたとえば連邦地方裁判所のような連邦政府の施設に変えることを目指しているのではない。地元での寄付金を補足することを目指しているにすぎないのだ。これは企業への財政援助にもいえることであり、かつては地元企業の援助は州の単独の責任だったが、今では連邦政府がますます大きな援助をするようになった。それを考えると、州がまったくうけいれないか、少なくともうけいれるまでに時間のかかる見解に無理やり合意させるための〈鞭〉として、財政援助を利用するのは、きわめて賢明さを欠くといわざるをえない。

家庭の権利

人間の生活の三つの領域、これまで検討してきた政治的な領域、社会的な領域、個人的な領域という観点から教育問題を考察してみると、権利と利害関係の重複がさらにはっきりとしたものとなる。子供はまず何よりも、家族と家庭に属する存在である。ということは、それぞれの家庭に特有の排他的な雰囲気のもとで子供たちは育てられるし、育てられるべきだということである。こうした独特の雰囲気こそが、それぞれの家庭というものを作りだすのである。この雰囲気は強く確固としたものでないと、子供たちを社会的な領域の要求と政治的な領域の責任から守ることができないのである。自分たちの子供を適切と思う方法で育てる両親の権利は、プライバシーを守るための権利であり、家庭と家族のものである。

義務教育が導入されてから、子供たちが将来の義務を市民としてはたす準備をさせる政治体の権利によって、両親の権利には異議が申し立てられ、制限されたが、廃止されたわけではない。政府がこの問題に大きな利害関係をもっていることも否定できないように、両親の権利も否定できないのである。私立の学校に通わせることは可能であるが、これはこのジレンマを解決するものではない。私的な権利を確保するために、一定の経済的な地位が必要となることになり、経済的に豊かでない両親は、公立の学校に子供たちを通わせなければならなくなるからである。

子供に対する両親の権利は、義務教育によって法的に制約されているが、ほかには制約するものはない。国には、やがて市民となる子供たちの教育に最低限の要件を定め、国にとって全体として望ましく、必要であると判断される分野で、職業教育を支援する権利があり、これに疑問の余地はない。しかしこれも、子供の教育の内容にかかわる事柄だけに限定されるのであり、子供が学校に通っていればつねに生まれてくる仲間との結びつきや、社会的な生の内実にかかわるものではない。それでなければ、私立の学校というものが存在する権利そのものに異議を申し立てねばならなくなるはずである。

子供にとっては学校とは、家庭から離れて、自分と家族を囲む公的な世界と接触するようになる最初の場である。この公的な世界は、政治的な領域ではなく社会的な領域であり、子供にとっての学校とは、大人にとっての職場のようなものである。唯一の違いは、自由な選択の要素にある。自由な社会では、少なくとも原則として職場は自由に選択することができるし、職場で自由に人々との結びつきを選ぶことができる。しかし学校においては、この選択の自由は子供ではなく、両親が行使するのである。

両親に、みずからの意志に反して、黒人と白人が統合された学校に子供を通学させるように強制することは、両親からすべての自由な社会において認められている権利、すなわち自分の子供に対する個人的な権利と、自由な結びつきを選ぶ社会的な権利を奪うものである。子供にとっては、統合を強制されるということは、家庭と学校の深刻な対立に、個人的な生と社会的な生の深刻な対立に悩まされることを意味する。こうした対立は大人の社会ではごくありきたりのことであるが、子供がこの種の対立を処理できるとは期待できないし、子供たちをこうした対立のただなかにおくべきではない。子供時代ほど順応しやすい時期はない、すなわち子供たちほど純粋に社会的な存在はないと言われることが多い。その理由は、どの子供もまだ社会においては異邦人として過ごしているのであり、自分の判断では進む方向も決めることのできないこの世界においては、自分を導いてくれる権威を本能的に求めるからだ。

子供にとって両親と教師がこうした権威とならないときには、自分の所属する集団にさらに強く順応することになる。特定の条件のもとでは仲間たちの集団が、最高の権威を発揮することもある。その結果は、前記の少女の写真が雄弁なまでに語っているように、暴徒の出現とギャングの支配である。分離された家庭と、分離を廃止された学校の対立、家族の偏見と学校の要求の対立は、ただの一撃で、教師の権威と両親の権威を崩壊させる。そして権威が崩壊した後は、みずからは世論を作りだす能力も権威もない子供たちの間で優勢な議論が、支配するようになるのである。

公共教育にはさまざまな要因が含まれており、対立する目的のためにこうした要因を機能させることが可能であることを考えると、最善の場合でも政府の干渉はつねに議論の余地のあるものだろう。だから連邦政府が公民権の実施を始めたのが、基本的な人権も、基本的な政治的な権利も損ねられていない教育という分野だったのが賢明なことかどうかは、きわめて疑問である。この公共教育の分野では、公民権以外の社会的な権利と個人的な権

利が傷つけられやすいのであり、こうした権利を保護することこそ、きわめて重要なことなのである。（一九五九年）

編注

〔1〕ここでアレントが義理の兄弟についてほのめかしているのは、黒人と白人の差別を撤廃する法律についてのアレントの誤解に基づくものである。アレントはこの法律は憲法違反であり、最高裁が廃止すべきであると考えていた。

訳注

〔1〕一九五七年のリトルロック事件は、アメリカにおける黒人の地位向上をめざした公民権運動の重要な一歩となった出来事だった。この事件におけるエリザベス・エックフォードの写真がアメリカ全土と世界に大きな衝撃を与えたのだった。この背景をまず考えてみたい。一七七六年にアメリカの植民地が共同で発表した独立宣言では、すべての人に認められるべき天賦の人権を謳っていたが、実際にアメリカ合衆国が成立した際に定められた憲法には、選挙権などで黒人を差別する規定が含まれていた。南部では奴隷制が確固として存在していて、黒人は政治的にも社会的にも差別されていたのである。

一八九六年には憲法における黒人差別の撤廃を求めたプレッシーの裁判で（プレッシー対ファーガソン訴訟）、最高裁判所は黒人を社会的に隔離しても、平等な扱いをすることができると判決し、「分離すれども平等」という理論が提示され、黒人を差別する諸州の法律は憲法違反でないことが認められたのだった。

この状態を改善するために地道な公民権運動が展開され、一九五七年公民権法では、黒人の投票権の保護が定められ、一九六〇年公民権法では連邦裁判所に黒人有権者の選挙登録の管理の権利が認められた。さらに一九六四年公民権法では、図書館、公園などの公共施設、ホテル、飲食店、劇場など、「公衆に便宜を提供する市営の施設」でも人種差別をすることが禁じられた（以上は大谷康夫『アメリカの黒人と公民権法の歴史』、明石書店による）。

一九五七年のリトルロック事件の背景には、このような公民権運動の発展の歴史がある。南部の州ではあいかわらず黒人と白人を別の学校に通わせていた。そのために全米黒人地位向上協会（NAACP）が中心になって、黒人と白人の学校を統合することを求める訴訟が多数提訴された。そして一九五四年五月一七日には、最高裁判所で「公教育の分野では、〈分離すれども平等〉の法理は適用しえない」という判決が下されていた（同書一〇八ページ）。

リトルロック・セントラル・ハイスクールは白人専用の巨大な学校であり、全米でも有数の設備があり、多数の学生が学べるようになっていた。黒人専用の学校は数ブロック先にあり、「トイレは戸外であり、暖房は薪ストーブで、用務員もいなかった。生徒たちは自分で用務員の仕事をこなしていた。窓は壊れ、屋根からは雨が漏った」（デイジー・ベイツ『リトルロックの長い影』五〇ページ（Daisy Bates, *The Long Shadow of Little Lock*, The University of Arkansas Press, 1986)。以下の解説はこの書物の説明に依拠している）という状態だった。

リトルロック教育委員会は、二つの学校を維持する予算がないため、最高裁判所の判決に基づいて、白人と黒人の学校の統合を進めていた。判決が下された一〇日後には、教育委員会は、高校レベルから始めて、三段階で教育を統合する計画を発表し、一九五五年の初めに、アーカンサス州教育委員会は、州の七つの大学に黒人の学生を迎え入れることになった。そして黒人は白人の学校に迎え入れられ、混乱もないようだった。

しかし人種差別主義者を中心とした白人の両親たち約二〇〇人が、この地区の市民ホールで集会を開いて、分離制度への復帰を求めた。そして白人の生徒の両親に、分離されるまでは子供を通学させないように求め、黒人の生徒の両親には、脅しやいじめが行われ、分離を求める請願に署名するように圧力がかけられた。

困惑した教育委員会は連邦裁判所の判決の遵守を州裁判所に求めた。州裁判所はこれを認めて、分離主義者が初等教育の統合を妨げることを禁止する裁判所命令を出した。そして完全な統合を求めるリトルロック地区の三三名の黒人の両親を代表して、NAACPの弁護士は連邦裁判所に、ただちにリトルロック地区での統合を開始することを求めた。裁判所は、一九五七年の秋から統合を実行する教育委員会の計画を支持した。

ところが一九五七年の春になると、アーカンサス州議会に分離主義的な法案が四件提出された。下院の法案三二二は、州の主権委員会に、「連邦政府による州の権利の侵害」に抵抗するために必要なすべての措置を実行することを認めるものだった。法案三二三は、統合された学校への出席を義務としないものだった。法案三二四は特定の人物に、所得の経費を定期的に報告させるものだった（これはNAACPなどの組織を対象としたいやがらせだった）。法案三二五は教育委員会が、統合問題で生じた裁判で弁護士を雇うために学校の基金を利用することを認めるものだった。差別主義的な姿勢をとっていたフォーバス知事のもとで、この法案は承認されることになった。

そして一九五七年九月三日に、教育委員会の計画通りに、セントラル・ハイスクールは九名の黒人の生徒を迎え入れることになっていた。しかし前日の二日、アメリカのレーバーデーの祝日に、高校はフォーバス知事の命令をうけた州兵で囲まれた。武装した州兵たちが黒人を学校に入れないようにするために派遣されたのは明らかであった。こうして九月三日を迎え、リトルロックは公民権運動の一つの焦点になりつつあったのである。

この九名の黒人の生徒たちは、みずから志願して転校を要請し、教育委員会から転校を認められたのだった。この地方のNAACPの運動家だったベイツは、九名の生徒を自宅に集めて一緒に登校する計画を立てていた。しかし遠い場所に住んでいたエリザベス・エックフォードには、その連絡が届いていなかった。三日の朝、NAACPは両親たちと相談して、登校をとりやめることにした。しかしエックフォードだけはそのことを知らず、一人で登校したのだった。

アレントが言及している写真は、その時の様子を撮影したものである。エックフォードは州兵に妨げられて学校に入ることができず、暴徒たちがひやかしながら、彼女の後を追った。エックフォードは逃げだすようにバスに乗って、母親の勤務先を訪ねたのだった。このときの写真が全米に報道されるとともに、人々に強く訴えかけた。彼女の行動と、このときの写真が、アメリカの公民権運動を進展させる大きなバネとなったのだった。

〔2〕父親の白人の友人についての言及は本文でも繰り返される。この時期に撮影された写真は多数あり、本書に掲載された写真はあまりみかけない一枚である。有名なのは、若者たちと白人の女性がエックフォードの後から罵っている一枚だろう。記録による限り、父親の友人という人物は存在しないようである。現場では、『ニューヨーク・タイムズ』の記者（白人のユダヤ人）が報道し、目撃していた。エックフォードがバス停で泣いていると、この新聞記者ベンジャミン・ファインが「奴らに涙をみせてはいかんよ」と慰めたのだった（ベイツ前掲書七〇ページ）。新聞記事でどのような説明があったのか、不明であるが、写真でメモを手にしているところから考えて、この人物は記者ファインではないだろうか。なおS・キャッシャー『公民権運動』（Steven Kasher, *The Civil Rights Movement*, Abbeville Press, 1996）もほぼ同内容の証言を記録している。

〔3〕最初に説明したように、リトルロック・ナインと呼ばれた九人の生徒は全員が自主的に転校を決

意している。エックフォードは、母親に教育委員会への付き添いを頼み、母親は娘が忘れてくれることを期待していたが、娘は言い張り、転校の申告をしたのだった（ベイツ前掲書一三三ページ）。グローリア・デイの父親は、「ベビー」を私立学校に入学させてでも、セントラルに通わせたくなかったが、「わたしにはそれはできないわ」と言い張る娘に負けたのだった（同書一四一ページ）。娘には娘のプライドがあったのだった。アレントにはこうした状況はよく伝わっていなかっただろう。

〔4〕記録を読む限り、子供たちはみずからの意志でセントラルを選択し、親はそれが自分の子供たちに及ぼす影響の大きさを懸念して、やめさせたいと願っていたが、子供たちの選択を尊重し、全面的な支援を与えようとしているようである。

〔5〕登校日の前日にセントラル・ハイスクールの校長から、騒ぎが大きくなったときにコントロールしにくいために、子供たちの両親は同伴してはならないという通達があった。すでに説明したように、九人の子供たちはNAACPの援助のもとで、まとまって登校する予定だった。手違いでエックフォードの家には連絡がゆかず、一人で登校したのである。

〔6〕リトルロック事件の数年前の一九五五年一二月一日に、黒人の女性のローザ・パークスは、運転手の警告を無視して黒人専用のシートに移らなかったために逮捕された。これはありふれた事件だったが、この事件をきっかけにして黒人のバス・ボイコット運動が展開され、キング牧師の非暴力の抵抗運動が大きく進展することになったのだった。キャッシャーの前掲書を参考にされたい。

『神の代理人』――沈黙による罪？

カトリック教会の「責任」

ロルフ・ホーホフートの『神の代理人』は、「この世代の文学作品のうちで、もっとも議論を呼んだ作」と呼ばれている。[1]この作品がヨーロッパで巻き起こした議論の大きさから考えて、そしてアメリカでこれから起こるはずの議論の大きさを考えると、この最高級の形容詞はもっともなことに思える。この戯曲は、教皇ピウス一二世が第二次世界大戦の間に、ヨーロッパのユダヤ人の大量殺戮に関して、疑問の余地のない公的な抗議声明を発表しなかったとされている問題をとりあげたものである。ローマ教皇庁が第三帝国の政策にどのような姿勢をとっていたかを問う書物なのである。

まず、事実そのものは議論の対象となっていない。ローマ教皇が、ナチスによるユダヤ人の国外追放と「再移住」に関するすべての関連情報を入手していたことは、誰も否定していない。ドイツ軍がローマを占領した際に、ローマのカトリック系ユダヤ人（ということは、カトリックに改宗したユダヤ人ということだ〉を含むユダヤ人が、ヴァチカンの窓の下から引っ立てられ、〈最終解決〉の群れの中に投じられた際にも、教皇はひとことも抗議すらしなかったことを、誰も否定していないのである。

ホーホフートのこの戯曲は、この世代の「もっとも議論を呼んだ作」のうちでは、もっとも事実に基づいた作品と言えるだろう。この戯曲はほとんど報告に近いものであり、さまざまな観点からみた文書に依拠しながら、実際に起きた出来事と実際に生きていた人々を登場させている。そして著者は最後に六五ページに及ぶ「歴史の斜光」という事実解説の文章を追加して、この報告としての性格を強めている。この文章ではすでにこの作品にたいして提起されたすべての議論を予期していたのである。著者みずから、文学作品としての質の高さだけでなく、文字通りの事実としての真実に強い関心をもっていたようである。この「歴史の斜光」という解説文の中で、芸術作品の質を高めるという理由から「歴史的に根拠があるよりも、そしてわたしが個人的に考えるよりも、ピウス一二世についての好ましい意見を示さざるをえなかった」と、ほとんど弁明でもするかのように語っていることも、このことを裏づける。しかし著者はこの文で、実際に議論を呼んだ点、そして議論の価値のある点の一つに触れている。すなわち、ホーホフートが確信しているように、「もっとましな教皇がいたら」、ローマ教皇庁は沈黙を守らなかったはずだというのは、真実だろうかという問題である。

教会は何度か、この重要な問題から身をかわそうと試みたこともあった。ときにはこの戯曲で語られていない主張に反論しようとしたこともあった。しかしホーホフートはこの書物のどこにおいても、「教皇ピウス一二世はアウシュヴィッツに責任がある」と主張してはいないし、教皇がこの時期の「最大の犯罪者」であるとも主張していない。またカトリック教会は、一部の国の地元の教会組織がユダヤ人を援助した事実があると主張して、切り抜けようとしたこともある。しかしとくにフランスやイタリアなどの国の教会組織が、ユダヤ人に手を貸したという事実には、一度も異議がだされていない。教皇がどこまでこうした地元の教会組織を援助しようとしたのか、そもそも援助したのかは不明なままである。ローマ教皇庁は同時代の歴史の文書を公表していないからである。

しかし地元の教会のなした多くの善行(そして多くの悪行)は、地元の教会みずからの責において行われたとみなすべきであろうし、わたしはその多くが教会という組織ではなく、厳密に個人的な発意で行われたのではないかと考える。ホーホフートは「オランダからカトリック系ユダヤ人が追放された際に、国内の複数の宗教団体のさまざまな地位のユダヤ人信徒が、数十人はナチスの手に引き渡された」と指摘している。しかしそのことでローマ教皇庁を責めようとする人はいるだろうか。そしてホーホフートが指摘している別の疑問「ゲシュタポはこの修道女[有名な哲学者で、カトリックに改宗したドイツ女性のエディト・シュタイン]がユダヤ人の血をひいていることをどうやって発見したのだろうか」には、ついに答えがみつからないままだが、だからといってそのことでローマ教皇庁を責めようとする人はいるだろうか。

真のキリスト教徒の慈愛の深さを証明する数少ない偉大な行為はいくつもあった。有名な実例のいくつかをあげてみよう。フランスの南部では、数千人のユダヤ人に、移住しやすいようにと偽造文書が配布されたし、ベルリンの聖ヘートヴィヒ教会のベルンハルト・リヒテンベルク司教は、東部に追放されるユダヤ人に同行したのだった。またアウシュヴィッツでポーランドのマキシミリアン・コルベ司祭が殉教したこともよく知られている。しかし同じ意味で、カトリック教会は組織としては、こうした偉大な行為をみずからの名誉として記録することはできないのである。

組織としてのカトリック教会とその最高の支配者であるローマ教皇が、みずからの行為として書きとどめることができるのは、フランス、ハンガリー、スロバキア、ルーマニアなど、ナチスが占領していないすべてのヨーロッパ諸国の政府の責任者に、「再移住」という言葉のもつ殺戮としての真の意味について、教皇大使が組織的に情報を提供したことである。これが重要な意味をもったのは、教皇の道徳的で宗教的な権威が、この言葉が真に意味するものについての説明の正しさを保証する役割をはたしたからである。この機会に、大量殺戮によらずに「ユダヤ人問題を解決する」ことができると歓迎していた諸国などでは、教皇の御墨つきがなければ、この解釈は敵のプロパガンダとして、すぐに退けられていただろう。

しかしローマ教皇庁が外交的な道しか利用しなかったということは、教皇は信徒たちにじかに語りかけるのはふさわしくないと考えていたことを示すものである。たとえば、ブダペストのアイヒマンの司令部の命令で、ユダヤ人を引っ立てるのに忙しかったハンガリーの憲兵たち（誰もが善良なカトリック教徒だった）に語りかけることは避けたのである。また暗黙のうちに教皇は、司教たちが教会の会衆に語りかけるのを奨励しなかったようである（語りかけるのを妨げようとする試みが必要だったとしてのことだが）。

犠牲者と生存者にとって、ホーホフートにとって、そしてホーホフートの著書を読んだ多数の人々にとって、ローマ教皇庁にあるまじき不適切な行為と感じられたことは、教皇と教皇大使たちは恐るべき平静さを示すのが賢明であると判断したこと、ヨーロッパ全体の道徳的構造と宗教的な構造が崩壊した後にはもはや存在しなくなっていた正規の手続きにあくまでもこだわったことである。『神の代理人』の第四幕の最後のところで、ホーホフートはピウス教皇の公的な声明を引用した。「野の花が、冬の厚い雪のしとねの下で、温かな春のそよかぜを待ち望むように、ユダヤ人は祈りつつ信頼を忘れず、天のなぐさめのいたる時を待ち望まねばならない」[2]。本来の声明では教皇が「ポーランド人は」と語ったところを、ホーホフートは「ユダヤ人は」[3]に変えている。これはホーホフートが指摘する「パチェリの華麗な饒舌」の好例であるが、それだけでなく、教皇がすべての現実感覚を喪失していたことを示す破滅的な精神状態として、よくみられる実例なのである。

それでも教皇がヨーロッパにおいて、いかなるプロパガンダの疑いもかけられずに発言できる唯一の人物だった戦争中の時期において、ローマ教皇庁が実際に行ったことは、ほとんど無に等しいと言わざるをえない。そしてこの聖ペテロの椅子に座る教皇という人物がありきたりの支配者ではなく、「キリストの代理」であるという不愉快な事実がなければ、何もしないだけでも十分だったかもしれない。世俗的な支配者としてみれば、教皇はこうした状況において世俗の支配者がしたはずの大部分のことを行っている（ただしすべてではない）。とくに組織という制度の維持にこだわるカトリック教会に、「教会の資産と特権を尊重しようとする意志を明確に示したすべての体制」と共存しようとする傾向があったのは、理解できることである。著名なカトリックの社会学者であるゴードン・ツァーンがかつて語ったように、これは「カトリックの政治哲学において異議を申し立てることのできない自明の真理」だったのである。ソ連とは違って、ナチス・ドイツは、教会にたいして少なくともそのような意志をもっているふりをしていたのである。

教皇のもつ世俗的な権力は、ヴァチカン市に住む千人未満の住民の支配者として行使できるわずかなものだとしても、これは教皇が「聖庁の霊的な主権」の所有者であるからこそ生まれるものである。この主権は独自の性格のものであり、計ることのできない「世界の霊的な権威」をそなえているのである。スターリンが「教皇はどれだけの軍団を所有しているというのか」と問うた言葉にたいして、チャーチルは「パレードの行進では見えるとはかぎらない多数の軍団」と答えたが、この短い言葉のうちに、この問題が巧みに要約されている。ホーホフートがローマ教皇庁を告発しているのは、教皇がこの軍団を、地球上で四億にもおよぶ人々の軍団を動員しなかったことなのである。

この非難に対するカトリック教会のこれまでの回答は、大きく三つに分類することができる。まずモンティーニ枢機卿がパウロ六世として教皇に就任する以前に語った言葉があげられる。「抗議と非難の姿勢を示しても、……それは無益であるだけでなく、有害だっただろう。それが事態の核心なのだ」。しかしこれはきわめて議論の余地のある立場だと思う。戦争の勃発の時点で、第三帝国の住民の四〇パーセント以上はカトリック教徒だったのであり、ナチスが占領したほとんどすべての国と、ドイツの大部分の同盟国で、カトリック教徒は国民の過半数を占めていたからだ。

第二の答えは、それほど注目されていないが、実際には最初の答えを裏づける議論であり、ローマ教皇庁はこうした〈軍団を動員する〉ことはできなかったというものである。この論拠は最初のものよりも説得力がある。アルベルト・シュヴァイツァーはこの戯曲のグローブ・プレス版の序文において、プロテスタント教会と比較して、「カトリック教会のほうが罪が重い。何か行動を起こすことのできる組織された超国家的な権力だったからだ」と語っているが、これは教皇の力を過大評価したものであると同時に、教皇が国の階層構造にいかに依存していたかを過小評価している。さらに地元の司教団が会衆にいかに依存していたかも過小評価するものである。戦時中に教皇が職権に基づいた「聖座宣言」を発布していたら、教会は分裂していたかもしれないことは否定できないのである。

カトリック教会が弁明として示した第三の答えは、教会は戦争については中立でいなければならないというものであり、この中立した姿勢にもかかわらず、近代戦においては司教はつねに双方の軍隊を祝福したという事実に依拠するものである。このことは正義の戦争と不正な戦争というカトリックの昔ながらの区別が、現実には適用できなくなっていることを示すものである。もちろんこれは、カトリック教会が教会と国家の分離のために支払わざるをえなかった代価なのであり、この代価を払ったことで、国際的な霊的主権は、国家の世俗的な権威と一般に円滑かつ平和的に共存することができるようになったのである。国際的な霊的主権は、教会の問題だけについては、現地の教会組織を拘束する能力を認められたのだった。

ゴードン・ツァーンが語っているように[4]、教皇がヒトラーの戦争を「不正な戦争の典型」とみなしたとも考えられるが、教皇はそう考えていなかったのは明らかである。教皇の秘書の一人ロバート・ライバー神父は、教皇が「つねにロシアの共産主義《ボルシェヴィズム》を、ドイツの国家社会主義よりも危険なものとみなしていた」と語っているからである（これは『コメンタリー』誌に掲載されたギュンター・リーウィーの非常に啓発的な文章「ピウス一二世、ユダヤ人、そしてドイツのカトリック教会」から引用した）。教皇がこのように考えていたのであれば、介入するはずもなかったのはほぼ確実である[1]。

むしろこの問題の鍵となるのは、教皇が「ヨーロッパの運命は東部戦線におけるドイツの勝利にかかっている」（リーウィーの前掲の文章）と確信していたこと、ドイツとイタリアのきわめて著名な聖職者たちが、ソ連との戦争を「聖戦または十字軍」であると宣言するよう、教皇を説得しようとしたにもかかわらず、教皇がソ連との戦争について「意味深い沈黙」(歴史家でイエズス会士のロバート・A・グレアムの言葉)を守ったことにある。教皇はただ二度だけ、中立の立場を捨てて発言したことがある。最初はソ連がフィンランドを攻撃した際であり、次はドイツがオランダ、ベルギー、ルクセンブルクの中立を侵犯した際である。この発言を考えてみても、教皇の沈黙は意味深いのである。

これは一見すると矛盾した姿勢にみえるのであり、この矛盾をどのように理解するかは別として、ローマ教皇庁が東部における虐殺に抗議しなかった理由は疑う余地のない明確なものである。東部ではユダヤ人とジプシーたちだけではなく、ポーランド人とポーランド生まれの司祭たちも殺害されたのであるが、こうした殺害は戦争の一部であるという誤った考えが抱かれていたのである。

ニュルンベルク裁判も、軍事作戦とはいかなる関係もなかったこうした蛮行を「戦争犯罪」と分類したという事実からも、戦時中にはこうした論拠がいかにもっともらしく響いたかを理解できよう。全体主義の犯罪的な性格についてはさまざまな文献が出版されているが、当時の数年間に実際に何が起きたのか、公的に高い地位についていたほとんどすべての人々が、実際の事実についての情報をすべて入手していながら、何が起きたのかを理解できなかったという破滅的な事態がどうして生じたかを世界の人々が認識するまでには、じつに二〇年近くの年月が必要だったのである。

これらのすべてを考慮にいれても、事実を確認しただけにとどまることはできない。ホーホフートの戯曲は、全体の経過のうちでもきわめて劇的な瞬間である虐殺の際のローマ教皇庁の姿勢をテーマとしたものだ。その前の数年間におけるドイツのカトリック教会と第三帝国の関係や、パチェリの前任のピウス一一世のもとでローマ教皇庁がはたした役割については、ごく簡単に触れられているだけである。「ドイツにおける正式なキリスト教」の有罪性については、すでにかなり解決されている。とくにカトリック教会について、カトリックの著名な学者たちが、注目すべき徹底した調査作業を実行している。もちろん、同じような賞賛すべき真理探求の精神で調査すれば、ドイツのプロテスタント教会もほとんど同じ罪を、場合によってはさらに深い罪を犯していることが明らかになる可能性があることも十分に自覚されている（こうしたカトリックの学者としては、すでに名前をあげたアメリカのロヨラ大学のゴードン・ツァーン、オーストリアの著名な歴史家のフリードリヒ・ヘア、ドイツの『フランクフルター・ヘフテ』紙に寄稿している評論家で、初期のヒトラー体制を調査したノートルダム大学の故ウォルドマー・ガリアンがいる）[5]。

ヘアはヒトラーに抵抗しようとしたカトリック教徒が、「監獄でも死刑台でも、教会の指導者の同情を期待することはできなかった」ことは、公式に記録されていることだと指摘している。ツァーンは、キリスト教の信仰のために従軍することを拒否した二人の男性が、死刑を執行される直前まで、監獄つきの神父から、秘跡を受けることを拒まれたという信じられないような物語を語っている。この二人は霊的な指導者から、「不服従」を告発されたのである。おそらく神父は、この二人が殉教しようと志願したことと、完全主義を主張する罪を犯していることを疑っていたのだろう。[6]

これらはどれも、カトリック教徒がほかの住民とまったく同じようにふるまっていたことを示すものにすぎない。そのことは、新しい体制が構築された最初から分かっていたことである。ドイツ司教団は一九三〇年に、人種差別主義と新異教主義[7]、そしてそのほかのナチスのイデオロギーを非難した。ある管区当局は、「カトリック教徒はヒトラーの党に入党することを」禁じ、「これに違反した場合には、秘跡を拒まれる」と宣言したほどだった。しかしそのすぐ後の一九三三年三月には、すべての禁止と警告がすばやく撤回された。この時点はまさに、すべての公的な組織が(もちろん共産党とその関連組織は別だ)「強制的同一化」された時期だった。たしかにこれは三月五日の選挙の後のことであり、ウォルドマー・ガリアンが一九三六年に『ヒトラーとキリスト教徒』で指摘しているように、この時期には、「とくにバイエルン州では、カトリックの国民社会主義の渦巻きに屈した」ことが明らかになってからのことである。かつての重々しい論難の言葉は姿を消し、フルダ会議の後に発表され[8]、すべての司教が署名したある牧会書簡では、「人種と血だけにこだわること」(強調は引用者)に、ことさらに警告がだされるほどだった。

そしてその直後に、ユダヤ人を祖先にもつすべての人物を確認するために、教会に援助が求められると、「教会は当然のこととして協力した」のであり、つらい最後が訪れるまで協力し続けたと、『コメンタリー』誌に掲載されたギュンター・リーウィーの文章は語っている。つまりドイツの司牧者たちは、群れの信徒を〈率いる〉のではなく、群れの〈後をついていった〉のだった。戦時中における「フランス、ベルギー、オランダの司教たち」の行動が、ドイツの司教たちの「行動とは顕著なまでに対照的」であるとしても、その理由の一つは、フランス、ベルギー、オランダの国民の行動が、ドイツの国民とは違っていたからであると結論したくなるのである。

しかし国内の教会の組織にはあてはまることも、ローマ教皇庁にはあてはまらない。聖座には、第三帝国にかんして独自の方針があり、戦争が始まるまでは、教皇庁の方針はドイツの司教団の方針よりはいくらか友好的なものだった。ウォルドマー・ガリアンはナチスが政権を掌握する以前の時期、一九三〇年にドイツの司教たちが国家社会主義を難詰したときに、ローマ教皇庁の発行している新聞『オセルバトーレ・ロマーノ』は、「ナチスの宗教計画と文化計画をこのように論難したからといって、必ずしも政治的な協力の拒否を意味するものではないと指摘した」と述べているのである。ところがドイツの司教団がユダヤ人の国外追放に抗議した際にも、ガレンが安楽死を非難したときにも、ローマ教皇庁はそれを支援する声明は発表しなかったのである。[9] 周知のように、ローマ教皇庁は一九三三年の夏にヒトラー体制と政教協約を締結している。そしてヒトラーのことを「共産主義《ボルシェヴィズム》を公式に非難する陣営に初めて参加した政治家」として賞賛していたピウス一一世は、ドイツの司教たちの言葉では、ヒトラーに「信頼の手を差し伸べた最初の外国の主権者」となったのである。政教協約は、ピウス一一世によっても、後継のピウス一二世によっても廃止されることはなかった。

さらにピウス一二世は一九三九年七月には、アクション・フランセーズの破門を撤回した。フランスの極右のグループであるアクション・フランセーズの「知的なカトリック主義」の教義は、一九二六年に異端とされていたが、一九三九年の時点にはこの組織はたんなる保守反動派ではなく、ファシストそのものとなっていたのである。

そして一九四九年七月に、聖座が「共産党の党員、またはその目的を推進するすべての者」を破門した際には、現地の国内の教会組織の困難な立場について、いかなる慎重な配慮も心配りもされなかったのである。破門された者には、共産主義的な書籍と雑誌を読む者と、こうした書籍や雑誌に文章を発表する者も含まれていたのであり、一九五九年四月にはこの布告が改めて発表されることになる。ところで社会主義がカトリック教会の教えとは和解しえないものであるという主張は、ピウス一一世が一九三一年に、「四年目を迎えて」の回勅ですでに指摘していた。ところでこの回勅というものは、教皇が「不過謬」であると主張する聖座宣言とは違うものである。しかし回勅もまた、大多数の信者たちを拘束する権威をもつものであることは疑問の余地はない。

そして戦争が終わってからも長い間、ドイツの公式のカトリック百科事典（ヘルダー社刊行）には、共産主義が「ローマ帝国以来、キリスト教の教会の最大の迫害者であり、もっとも残酷な迫害者である」と記載されていて、ナチズムは言及されてもいないのである。ナチス体制は、協約に署名したインクもまだ乾かぬうちから、政教協約の規定に違反し始めた。しかしこの協約はその後もずっと効力を維持していた。ローマ教皇庁が第三帝国の違反に強く抗議したのはただの一度だけ、一九三七年のピウス一一世の回勅「強き配慮をもって」だけである。

この回勅は、「異教」を告発し、人種差別とナショナリズム的な価値を絶対に優先することに警告するものであったが、「ユダヤ人」という言葉も「反ユダヤ主義」という言葉も使われず、主に反カトリック的な活動、とくにナチス党が推進していた教会の中傷キャンペーンに警戒を示したものだった。カトリック教会は人種差別全般についても、とくに反ユダヤ主義についても、絶対的な形で告発したことは一度もない。すでに言及したドイツ・ユダヤ系の修道女エディット・シュタインについては、奇妙なほどに感動的な物語がある。[10]一九三八年にまだドイツの修道院で妨げられずに暮らしていた頃、シュタインはピウス一一世に書簡を送り、ユダヤ人にかんする回勅を発表するように懇願したのである。この願いが聞きとどけられなかったのは意外ではない。しかし彼女に返事も与えられなかったのは、それほど自然なことなのだろうか。

このようにローマ教皇庁の一九三三年から一九四五年までの方針についての政治的な記録はかなり明確なものである。議論の対象となっているのは、その動機だけなのだ。ローマ教皇庁の方針の背景となっていたのは、共産主義とソ連に対する恐怖である。もっともヒトラーの援助なしには、ソ連はヨーロッパの東半分を占領することなどできなかっただろうし、そのつもりにもならなかっただろう。この判断の誤りは理解できることであり、当時は多くの場所でみられた誤りである。そしてカトリック教会がヒトラーのドイツの完全な悪について正しく判断できなかったことについても、同じことが言えるだろう。ただ、ユダヤ人の大量殺戮について教皇が沈黙を守った理由に、カトリック教会の「中世における反ユダヤ主義」があるということは、多くの人から指摘されてきたのであり、これがもっとも厳しい指摘だろう。ホーホフートも簡単にこの問題に言及しているが、「証明可能な事実だけをとりあげたかった」という理由から、戯曲ではこれについて触れていないのは賢明なことだ。

ローマ教皇庁が、信徒たちにある程度の反ユダヤ主義を是認したことが証明されたとしても（この反ユダヤ主義は、それが存在していたところでは、人種差別的ではないとしても、きわめて当世風なものだった。現代の同化したユダヤ人を西洋の文明の「分裂の要素」とみなすものだった）、それを指摘するのは的外れである。カトリック教会が反ユダヤ主義を採用するには、二つの制約があったのである。カトリック教会は精神疾患者をガス室で殺戮することを是認できないのと同じように、ユダヤ人をガス室で殺戮することも適用することもできなかった。さらに教会は洗礼を受けていた信者にまで、反ユダヤ主義的な感情を是認できなかった。教会が反ユダヤ主義を採用することは、カトリックの教義に反することであり、秘跡の効果を否定することであった。これらの問題の処理を、地元の教会組織に委ねることなど可能なことだったろうか。これらは、教会の指導者の権威のもとに決定されるべき問題、教会の最高の秩序のもとで定められるべき問題ではなかったろうか。

当初はこうした問題はしっかりと認識されていた。ナチス政権がユダヤ人と非ユダヤ人の通婚を禁止する人種差別法案を発布する意図を示した際に、教会はドイツ当局に、こうした法案にしたがうことはできないと警告した。そしてこの法案は政教協約の規定に反すると、ナチスを説得しようとした。しかしそれを証明するのは困難だった。政教協約では、「カトリック教会が普遍的に拘束力のある法律の限度内で、独立した教会の問題を解決する権利をもつ」（強調は引用者）ことを定めていたが、これはもちろん、教会で結婚の秘跡を受ける前に、市民としての結婚式をすませる必要があることを意味していた。

しかしナチスのニュルンベルク法が施行されると、ドイツの聖職者たちは解決不可能な困難な立場に立たされた。カトリックの教会法では秘跡をうける資格がある信徒たちに、秘跡を与えることができなくなったのである。これはローマ教皇庁が決定する権限をもつ問題ではなかったのだろうか。いずれにせよドイツの教会組織がこの法律にしたがうことを決定したために、洗礼をうけたユダヤ人はキリスト教徒ではないとみなされ、平等な権利と義務をもつ信徒としてカトリック教会に属するものではないと判断された。そして非常に深刻な事態を迎えることになったのである。

それ以降はドイツ教会内部では、ユダヤ人の生まれのカトリック教徒は当然のように別扱いになった。そして一九四一年にドイツからのユダヤ人の追放が始まると、ケルンとパーダーボルンの司教たちは実際に、「アーリア人でないか、半アーリア人の司祭と修道女は、自主的に」追放者たちと東部まで同行することを勧告したのである（『コメンタリー』誌のギュンター・リーウィーの文章からの引用）。追放者たちとは、国外追放をうけた教会の会衆のことを意味したのである。〈最終解決〉の時期に、ガス室に向かって行進するユダヤ人に劣らず見捨てられていた人々がいたとしたら、それはユダヤ教の信仰を捨ててカトリックに改宗していたこれらの「非アーリア人」の信徒たちだったのではないかと思う。これらの信徒たちは教会の最高の権威から、「非アーリア人」として特定され、一つの集団にまとめられたのである。こうした信徒たちがガス室に向かう際にどのようなことを考えていたのかは分からない（生存者はいるのだろうか）。しかしこれらの人々が「すべての人によって見捨てられ、キリストの代理人からも見捨てられていた。一九四一年から一九四四年までのヨーロッパはこのような状態だった」というホーホフートの指摘に反論するのは難しいだろう。

実際に「このような状態だった」のであり、ホーホフートの「歴史的な真理、身の毛もよだつ真理」を前にしては、より小さな悪として、受け身の姿勢をとるのが最善の方法だったとか、真理が明かされたのは、「心理学的に最悪の瞬間だった」とか語るのは、無意味なことである。たしかに、教皇が公的に抗議したら、実際にどのようなことが起きていたかを語ることのできる人はいない。しかし実際面の具体的な配慮は別として、その当時の多くの人々は、カトリック教会がヒトラーに抗議していたら「中世から失われてしまっていた崇高な立場にふたたび戻ることができただろう」（ドイツのカトリック作家の故ラインホルト・シュナイダーの言葉）と考えていたというのに、カトリック教会の内部にも外部にも、そのことを自覚できる人はただの一人もいなかったのだろうか。カトリック教会の有識者と世論のかなりの部分を味方につけることができたのは、ロルフ・ホーホフートの運のよさである。ゴードン・ツァーン教授はこの戯曲を「印象的なまでに歴史的に正確である」と称えた。オーストリアのフリードリヒ・ヘアは、真理というものはつねに「心理学的に最悪の瞬間に」訪れるものであり、ナチス体制の時期にあってもやはり、真理は心理的に最悪の瞬間に訪れたことを指摘し、「真理だけがわれわれを自由にしてくれる。つねに恐ろしきものである全体の真理だけが」と語っているのである。

（一九六四年）

編注

（1）ギュンター・リーウィー「ピウス一二世、ユダヤ人、そしてドイツのカトリック教会」（『コメンタリー』一九六四年二月号）は、かれの主著である『カトリック教会とナチス・ドイツ』（Guenther Lewy, *The Catholic Church and Nazi Germany*, McGraw-Hill, 1964）に収録されている。

訳注

〔1〕原作は Rolf Hochhuth, *Der Stellvertreter*, Rowohlt, 1963である。英訳は *The Deputy*, Grove Press, 1964 である。邦訳はR・ホーホフート『神の代理人』森川俊夫訳、白水社。ホーホフートとこの著作

については七九ページの訳注〔4〕を参照されたい。

〔2〕邦訳は同書二〇四ページ。

〔3〕同書三三三ページ。ピウス一二世の本名は、エウジェニオ・パチェリであり、「歴史の斜光」の中で著者はピウス一二世をときにパチェリと呼ぶ。

〔4〕ゴードン・ツァーン（一九一八〜二〇〇七）はアメリカの社会学者で、アメリカではほとんど唯一、この戯曲の弁護者となった。この戯曲が発表される直前の一九六二年に、『ドイツのカトリックとヒトラーの戦争』（Gordon Zahn, *German Catholics and Hitler's Wars*, University of Notre Dame Press, 1962）を刊行している。

〔5〕ツァーンはこれに関連した書物としてほかに、『戦争、良心、異議申し立て』（*War, Conscience and Dissent*, Hawthorn Books, 1967）を著している。またヘアには、『ヒトラーの信仰』（Friedrich Heer, *Der Glaube des Adolf Hitler: Anatomie einer politischen Religiosität*, Bechtle, 1968）がある。ガリアンの『第三帝国における戦争と教会』（Waldemar Gurian, *Der Kampf um die Kirche im Dritten Reich*, Vita Nova, 1936）は、同年に『ヒトラーとキリスト教徒』として英訳されており、アレントは四〇四ページでこの書物からの引用を示している。邦訳には、『ソ連共産主義の研究』（庄野満雄訳、鳳映社、一九五八年）がある。

〔6〕完全主義（perfectionism）は、完全なキリスト教徒になることができるし、なれるとする考え方である。殉教することで、みずからのキリスト教の信仰が完全であることを証明しようとするならば、それは神学的な罪の一つになりうる。

〔7〕新異教主義（neo-paganism）は、一八世紀のロマン主義の影響を受けて、キリスト教以前のさまざまな異教を復興させようとする宗教運動で、オカルト的な傾向が強い。カトリック教会はナチスを新異教主義として批判することが多かった。

〔8〕フルダ教会会議は一九三二年に、まだ枢機卿だったパチェリの指導のもとに開催された。当初はナチスの卐マークをつけた者に聖体拝領を行うことを禁じたが、一九三三年七月にナチスと政教協約が締結されてからは、この禁令が解除された。

〔9〕ドイツのカトリックのクレメンス・フォン・ガレン枢機卿（一八七八～一九四六）は、一九四一年八月三日に、ミュンスターの教会堂で、ナチスの安楽死計画を非難する声明を発表した。「良心の聖なる義務というものがあり、誰もこれからわたしたちを解き放つ力がないのであり、わたしたちは生命を賭してでもこれにしたがわねばならない。すなわちいかなる状況のもとでも、戦争と自衛の場合を除いて、いかなる人も無辜の人間を殺してはならないのである」

〔10〕エディット・シュタイン（一八九一～一九四二）はフッサール門下の哲学者。カルメル会の修道女となり、カトリックに改宗した。しかしユダヤ人の血を引いていたため、潜んでいたオランダの修道院から親衛隊に連行されて殺害された。シュタインの生涯については、ヴァルトラウト・ヘルプシュトリット著、中山善樹訳「エディット・シュタインの歩んだ道」（E・シュタイン『現象学からスコラ学へ』九州大学出版会所収）を参照されたい。

裁かれるアウシュヴィッツ

一

アウシュヴィッツ裁判と世論

一九六三年一二月に、時効にかからない唯一の犯罪である殺人罪でナチスの犯罪者たちを裁くことを目的として、フランクフルト戦争犯罪人裁判が始まった。被告として選びだされ、告発されたのは、一九四〇年から一九四五年までアウシュヴィッツに配置されていたナチスの約二〇〇〇人の親衛隊《エスエス》の隊員のうち（まだ多くは生存しているはずだ）、「ごくわずかな赦しがたい事例」だけだった。アウシュヴィッツという複雑な問題について、長年をかけて調査が進められ、文書（裁判所によると「あまり情報は詳しくない」ものだった）を集め、一三〇〇人の証人の証言を記録した。そしてさらに別のアウシュヴィッツ裁判がつづくはずだった。

しかしその後にアウシュヴィッツ裁判が開かれたのは一回だけである。この第二の裁判は一九六五年一二月に始まった。被告の一人であるゲルハルト・ノイベルトは、最初の裁判でも被告となっていた。最初の裁判とは対照的に、第二の裁判にはメディアの注目はほとんど集まらず、そもそも裁判が行われたのかどうかを確認するために、「調査」が必要だったほどだ。それでもフランクフルト裁判の検事の言葉では、「ドイツ国民の大多数は、ナチスの犯罪についてもはや裁判を開くことを望んでいない」のである。

二〇か月もの間、怪物的な行為の記録とグロテスクなまでに悔いることのない被告たち、その攻撃的な姿勢に直面しつづけても、世論のこの雰囲気はまったく影響をうけなかった（被告たちはこうした姿勢を示すことで、ほとんど裁判を茶番のようなものにしてしまうことに、何度も成功したほどである）。裁判はドイツの新聞とラジオ番組で詳しく報道されたにもかかわらずである（こうした報道でもっとも重要なものは、最初は『フランクフルター・アルゲマイネ』紙に掲載されたベルント・ナウマンの洞察力に優れた報道記事だった[1]）。

この雰囲気は、アウシュヴィッツ裁判のさなかの一九六五年の初めの数か月間に、ナチスの犯罪者たちの時効を延長するかどうかについての激しい議論において、すでにはっきりとしてきていた。西ドイツ政府のブッヒャー司法大臣までが、「われわれのうちの殺人者たち」を放っておくことを要請したのだった。しかしアウシュヴィッツ裁判の正式な名称である「ムルカとその他の人々の裁判」におけるこうした「赦しがたい事例」で裁かれたのは、デスク勤務をしていた〈机上の〉殺人者たちではない。ごく数人の例外を除いて、「体制にしたがった犯罪者」として、上からの命令を実行しただけの者でもないのである。被告たちは、数百万人の人々を絶滅させるという大量殺人を法的な義務とした犯罪的なシステムに寄生し、その恩恵を受けた人々である。本書『アウシュヴィッツ』を読んで直面させられる多くの忌まわしい真実のうちでもっとも困惑させられるのは、アウシュヴィッツ裁判で明かされた事実にもかかわらず、アウシュヴィッツ問題を忘れたいというドイツの世論が続いたことである。

大多数の人々が何を考え、何を望むかということが、世論を作りだすのであり、公的な意志伝達の経路（新聞、ラジオ、テレビ）が反対したからといって変わりはない。これは現実の国《ル・ペイ・レエル》と国の公的な〈器官〉の違いという馴染みのテーマである。そしてこれがたんなる違いではなく、ギャップにまで広がると、政治体にとっては明確で差し迫った危機の兆候となる。フランクフルト裁判がその真の強さと重要性を露呈させたのは、まさにこの種の世論であり、こうした世論はどこでも耳にするものでありながら、公開の場にもちだされることはごく稀なのである。被告たちのふるまいのうちに、その高笑い、微笑、刑の執行と証人にたいする得意げな無関心さ、裁判にたいする敬意の欠如、恐怖のあえぎが聞かれる稀な瞬間に傍聴人たちに向けた「軽蔑的で脅すような」まなざしのうちに、こうした世論がはっきりと姿を示す。この軽蔑的なまなざしにたいしては、「なぜ死刑にして片づけてしまわないのか」と叫び返す孤独な声を、ただ一度耳にしただけである。

そして「外の世界でわれわれがどう思われているか」に注意を払ってはならないと判事に指摘しつづける弁護士のふるまいにも、こうした世論が姿を現している。弁護士はこう指摘することで、被告がいま窮地に追い込まれている真の原因は、正義を求めるドイツ人の望みにあるのではなく、「懲罰」と「復讐」を求める犠牲者たちに影響された世界の世論にあるのだと、暗黙のうちに示唆しているのである。「まだ自宅で生活している被告たちが、コミュニティから追放された者として扱われていない[1]」ことにショックを受けたのは外国の報道記者たちだけであり、ショックを受けたドイツの報道記者は、わたしの知るかぎりで一人もいなかったのである。ナウマンは、建物の外に立っている制服の警備員が、そばを通る二人の被告から「たのしい休日を」と心をこめて挨拶され、警備員は被告たちに「たのしいイースターを」と返礼したエピソードを記録している。しかしこれが民の声《ウォークス・ポプリー》というものなのだろうか。

被告たちと証人たち

被告たちが有罪を宣告されるまでの長い年月を、本名を名乗りながらふつうに暮らせたのは、このような世論の雰囲気のおかげなのは明らかである。その中でも最悪の犯罪者の一人としてヴィルヘルム・ボガーがいる。この男は「ボガー吊し」の拷問、この「話すマシン」または「タイプライター」を利用しながら、収容者たちを「厳しく取り調べた」尋問係だったが、[2]ボガーによるとこの長い年月を「ドイツ人は仲良くやれることを証明したのだった。［彼が住んでいた場所の］すべての人が、自分が誰であるかを知っていたからだ」という。

収容所の生存者に発見されて、ウィーンにある国際アウシュヴィッツ委員会によって、あるいは、一九五八年末から地方の裁判所でナチスの犯罪者を訴追する資料を収集し始めていた西ドイツの国家社会主義犯罪訴追中央局によって通報されるという不運にみまわれないかぎり、被告の多くは平穏に暮らしていた。そして実際に訴追されるリスクは大きくはなかった。地方の裁判所は訴追に熱心ではなく、ドイツの証人たちが協力したがらないことは、悪名の高いほどに有名なものだからだ（ただしフランクフルト裁判所は例外だった。検事局を率いるのが、ドイツ生まれのユダヤ人のフリッツ・バウアー博士だったからである）。

それではフランクフルトで証人となったのは誰だろうか。裁判所はソ連、ポーランド、オーストリア、東ドイツ、イスラエル、アメリカ合衆国などの多くの国から、ユダヤ人かどうかを問わず、多数の証人を召喚した。西ドイツに居住しているユダヤ人の証人の数は少なかった。多くは、みずからも告発されるリスクを冒した元親衛隊員であるか（裁判所はこうした証人から多数の証言を求めており、そのうちの一件では証人が逮捕されている）、元政治犯であった。こうした政治犯は、大手の薬品メーカーのイー・ゲー・ファルベンの紳士に代表される「ドイツの国民の大多数」によると、どのみち「多くが反社会的な要素」にすぎないのだった。

　そして昔の収容者仲間たちもこの意見に同感のようである。親衛隊員は収容者たちに「影響されて悪くなった者」として扱われた。「人間の皮をかぶった野獣」と呼ばれたのは、看守ではなく収容者でありながら、収容者たちの世話をまかされた囚人頭《カポ》たちだった。看守たちの野蛮な行いは理解できるものとされた。それは看守が虐待した収容者たち、とくに「中欧のガリツィア地方から送られてきたユダヤ人は、きわめて規律に欠けた」からだという。親衛隊員は、収容されていた囚人頭《カポ》たちの影響で「悪く」なったのだとされた。

　しかしこうした人々とは違うドイツ人の証人たちも、裁判前の取り調べの際に語ったことを、法廷で証言したがらなかった。証人たちは証言を否定し、覚えていませんと答え、痛めつけられたのですと主張した（虚偽であるのはたしかである）。酔っていたのかもしれません、嘘だったかもしれませんなどと、単調に繰り返すのである。このくい違いはあまりに大きく、苛立たせ、困惑させるものだが、その背後に世論の働きを感じざるをえない。証人たちは非公開の場《イン・カメラ》で調べられた際には、こうした世論に直面していなかったのである。ほとんどすべての証人は、隣人が新聞記事を読んで、自分のことを「仲良くやっていける」ドイツ人ではないことが知れてしまうことを避けて、嘘をついたと主張しようとするのである。

「証人の証言だけに依拠」しなければならないような裁判で、証言がよくても「信頼できない」ような状態で、判事はどんな苦境に直面するか、想像していただきたい。しかしこの裁判の証拠の〈弱い環〉は、客観的で「反論の余地のない」証拠が存在しないことでも〈指紋の「小さなモザイク状の模様」、足型、死亡の場合には死体解剖記録などだ〉、二〇年以前に起きた出来事の細部と日付について、証人の記憶が欠けていることでも、「他人が生き生きと語った内容を、自分の経験のうちに」はめ込もうとするほとんど避けがたい誘惑でもなかった。

〈弱い環〉となったのは、大部分のドイツ人の証人の場合には、裁判前の取り調べの内容と、法廷での証言が驚くほどくい違うことであり、ワルシャワでのナチスの犯罪の訴追のために、一部の政府省庁がポーランド人の証人の証言を改竄したという〈根拠のある〉疑いである。あるいはウィーンの国際アウシュヴィッツ委員会が、一部のユダヤ人の証人の証言を操作したという〈それほど根拠のない〉疑いであり、元のカポ、スパイ、「収容所のゲシュタポと組になって作業していた」ウクライナ人などの被告を前にして、証人が証言席に入らなければならないという状況だった。そして最後に、もっとも信頼できる証人である生存者は、非常に異なる二種類の人々に分類できるという悲しい事実を指摘しておこう。たんなる偶然の力で生き延びたのは、事務所、病院、調理場など、収容所の所内の仕事についていた人々である。そしてもう一種類は、ある生存者の言葉を借りれば、「生き延びることができるのはごく少数であり、自分はその一人になる」ことを、収容所にいれられたときに、すばやく理解した人々だった。

裁判を指揮したのは、有能で穏やかな主席判事のハンス・ホフマイヤーであり、法廷はすべての政治的な問題を排除し（「政治的な罪、道徳的な罪、人種にかかわる罪は本裁判の対象ではない」）、「その背景にかかわらず、通常の犯罪の裁判として」まったく異例な手続きを実行しようと、ひたすら努力していた。しかしその背後には、第三帝国が法的に犯罪的な体制であり、ドイツ連邦共和国はこの第三帝国をひきついだ国家であるという過去の政治的な背景と、この過去の事実にたいするドイツ国民の大多数の世論という現在の政治的な背景があり、これはすべての裁きの場で、事実としても法律的にも、まざまざと実感されたのである。

証人の裁判前の取り調べの内容と裁判での証言のくい違いは、法廷の外の世論を背景にしなければ説明できないことだが、これよりもさらに驚かされたのは、被告の証言の場合にも、まさにこれと同じくい違いが起きたということである。たしかに、証言を翻した被告たちはあとになって弁護人から、ごく基本的な言行の不一致となっても、すべてのことを否定するのがもっとも安全な方法だと教えられたに違いない。

ホフマイヤー判事は、「アウシュヴィッツで何かをしたことを認めた被告には一人も出会ったことがない。司令官はそこにいなかったし、担当の士官はたまたまそこにいあわせただけだし、政治部の代表はリストを手にしていただけであり、担当者は鍵をもってきただけなのだ」と語っている。「沈黙の壁」はこうして築かれるのであり、被告はつねに嘘をつくのである。こうした嘘にはいつも一貫性があるとはかぎらないが、それは一貫性のある嘘をつくには知性が足りないからなのだ（ドイツでは、被告は証言する前に宣誓しない)。

たとえばオズヴァルド・カドックという被告は、もと肉屋でずる賢く、粗野な人非人で、元の収容者仲間から身元を特定されて、ソ連の軍事裁判で死刑を宣告され、一九五六年に保釈になった男だが、裁判前の取り調べでは「自分は抜け目のない男だ。収容所などで、神経がいかれるようなことはない」と嘯《うそぶ》いていた。ポーランドのツィランキェヴィチ首相を殴っただけで、殺さなかったのは残念だと自慢していたのに[3]、裁判ではもはや自慢話をしなくなった(終戦直後では、こうした自慢話は法廷でも聞かれたものだ。著者のナウマンは、連合裁判所による一九四七年のザクセンハウゼンでの裁判で、ある被告がほかの看守も「すごく野蛮だったかもしれないが、おれの足元にも及ばない」と語ったことを記録している)。

それに被告たちは、裁判前の取り調べでは判事に、ほかの仲間の罪を気軽に告発しあい、仲間が無実だと申し立てると「高笑いするばかり」だったが、裁判では弁護士の助言を聞いたためか、自分が宣誓証言した記録のうちで、「自分の語ったことについては記憶にないかのようだった」のである。被告たちは、ホフマイヤー判事が「罪滅ぼし」と呼ぶ感情など、心のうちにかけらもない殺人者であることを考えると、これはとくに意外なことではない。

ブロード・レポート

本書ではこうした裁判前の取り調べについては詳しくは書かれていないが、そこに示された情報から判断するかぎり、こうしたくい違いは宣誓証言記録の問題であるだけでなく、被告たちの全般的な態度とふるまいの問題でもあると思われる。この基本的な側面をだれよりもわかりやすく示しているのは、ペリー・ブロードの事例であり、これは裁判の間に注目されたもっとも興味深い心理的な現象でもある。〔4〕被告たちのうちでもっとも若年層の被告だったブロードは、イギリス占領当局の取り調べで、戦争直後にアウシュヴィッツ収容所について、傑出した宣誓証言を残しており、証言の内容は信頼に値するものである。

このブロード・レポートは、客観的で、事態に即したドライなレポートであり、きわめて真面目な表情の下に、自分の憤怒を隠す術を知っているイギリス人が書き残したレポートのように読める。「ボガー吊し」に参加していたブロードは、証人たちからは「如才なく、知的で、ずる賢い」と形容されていたが、収容者たちからは「子供の手袋をはめた死に神」と呼ばれていた。「アウシュヴィッツで起きているすべてのことをおもしろがっていた」とされるこの人物が、レポートを一人で自主的に書いたのはたしかである。そしてブロードは今ではこのレポートを書いたことをとても悔いているのは、さらにたしかなことである。

検察官による裁判前の取り調べでブロードは「話し好き」であり、少なくとも一人の収容者を射殺したことを認めており（「わたしは、撃ったのが女性かどうか、確信がありません」）、逮捕されて「ほっとした」と語っている。判事はブロードを「つかみどころのない《シレルンデ》」人物と呼んでいるが、この形容詞はあまり手掛かりにならない。野蛮なカドックだって、看護師として勤務していた西ベルリン病院では患者たちからパパ・カドックと呼ばれていたことを考えると、「つかみどころのない」人物と呼べるのだ。

ブロードの場合にとくに注目されるのは、態度が説明できないほどくるくると変わるということだ。まずアウシュヴィッツで、次にイギリス当局の取り調べを受けた際に、そして裁判前の取り調べの際に、そしてふたたび裁判所で昔からの「同僚」とともに被告となっている際に、それぞれまったく異なる態度を示したのであり、これはドイツ以外の裁判所で示したナチスの犯罪者の行動と比較する必要がある。フランクフルト裁判では、すでに死去している人々が、生前に被告の犯罪を証明するために宣誓証言した記録を読みあげて、証拠記録とした場合を除いて、ドイツ以外の国での裁判に触れられることはほとんどなかった。

稀な例外となる事例は、アウシュヴィッツの医療担当官だったフリック・クライン博士の証言であり、ナチスが敗北した一九四五年五月にイギリス当局が取り調べを行い、死刑を執行される前に有罪告白に署名したのである。「わたしはとくにアウシュヴィッツで数千人を殺害した責任があることを認めます。ただし上官の地位にあったほかのすべての人々も、責任があるのです」

迎合性

大切なのは、フランクフルト裁判の被告は、ほかのほとんどすべてのナチスの犯罪者と同じように、みずからを守るために行動しただけでなく、自分の周囲にいあわせた人々と同じようにふるまっていたことである。いわば一瞬の連絡で、みんなと「調和」する姿勢を示したのである。まるでこれらの犯罪者は権威でも恐怖でもなく、自分が一緒にいる人々の意見の一般的な雰囲気に敏感に反応するかのようである（この雰囲気は、取調官と孤独に対決しているときには感じることができないものである。ナチス犯罪訴追中央事務所のあるフランクフルトと、一部の被告が最初の審問をうけたルートヴィヒスブルクの場合には、取調官はこうした裁判をはっきりと、そして公然と歓迎していた）。イギリスとアメリカ軍による占領を歓迎するような態度で、二〇年も前にイギリス当局に提出する報告書を完成していたブロードのユニークさは、被告たちのうちでもきわめて知的で明晰であったという単純な事実のために、こうしたいかがわしい迎合的な性格をそなえていなかったのであり、これは珍しいことなのである。

被告たちのうちで、裁判を軽蔑している姿勢をひけらかすこともなく、高笑いすることも、証言を侮辱することも、訴追する検事に謝罪を求めることも、ほかの被告たちと楽しみを分かち合うこともなかったのは、医者のドクター・ルーカスだけだった。[5] この人物は

「赦しがたい事例」とは正反対の人物にみえたのであり、なぜ被告の一人として裁かれているのか、まったく理解できないほどであった。ルーカスはアウシュヴィッツにわずか数か月過ごしただけであり、多数の証人がその親切さ、命を助けるための必死の努力を称えている人物である。ルーカスは、法廷とともにアウシュヴィッツを訪れることに同意した唯一の被告であり、最終弁論で強制収容所と絶滅収容所での経験から「決して立ち直ることはできない」と語り、こうした収容所では多くの証人が証言しているように、「できるだけ多数のユダヤ人の収容者の生命を救おうと」努力したのであり、「今日でもその頃でも、ほかの人々はどうしているのかという疑問に引き裂かれた」と陳述している。彼のこの言葉はきわめて説得力があったのである。

ほかの被告たちがそのふるまいによって示したのは、ステファン・バレツキーが愚かにも広言した言葉「今日わたしが話したとしても、誰にも分からないだろう。それに明日にでもすべてが変わってしまったら、わたしは撃ち殺されるかもしれない」ということである（バレツキーという人物は、収容者たちを一撃で殴り殺す能力があることで、収容所で名声を獲得したのだった[6]）。

裁判の行方

問題の核心は、ドクター・ルーカスを除いた被告の誰も、地方裁判所での審問を真面目にうけとらなかったということなのだ。ここで下された判決は、歴史の最後の言葉とも、正義の最後の言葉ともみなされなかった。そしてドイツの司法管轄権と世論の雰囲気から考えるかぎり、それがまったく間違っていたと主張するのは困難なことである。フランクフルト裁判の〈最後の言葉〉は、被告の一七名に長年の厳しい労働を課し（そのうちの六名は終身）、三名に無罪を言い渡す判決だった。しかし実際に機能したのは二件の判決（無罪の宣告）だけだった。

ドイツでは被告は刑をうけいれるか、上級裁判所に控訴しなければならない。無罪が言い渡されなかったすべての被告は、当然ながら控訴した。この控訴の権利は検察側にもあり、検察側はシャッツ博士の無罪宣告を含めて、一二件で控訴した。控訴されると、控訴裁判所の判決が通知されるまでは、有罪を宣告された者たちは自由である。ただし判事が新しい禁固令状に署名した場合は例外であり、すべての事例でその後六か月にわたる禁固を命じる令状が発行された。

しかしそれ以来というもの、すでに一年が経過しており、その後の見直し裁判はまだ行われていない。また新しい裁判の日取りも定められていない。あらたな禁固令状に署名が行われたのか、他の犯罪で投獄されている被告以外のすべての被告が自宅に戻っているのかは、明らかではない。しかしこの裁判はいずれにせよ、まだ終わっていないのである。

ボガーは、検事側が終身刑を求刑するのを聞いて、にたにたと笑っていた。何を考えていたのだろうか。控訴についてだろうか、ナチスのすべての犯罪者にたいする恩赦の可能性についてだろうか。自分の年齢についてだろうか（まだ六〇歳で、健康そうにみえた）、あるいはおそらく、「明日にはすべてが変わるかもしれない」という可能性についてだろうか。

二

「小物《こもの》」理論

アデナウアー時代の生活の苦しさは別としても、「ドイツ国民の大部分」がナチスの犯罪者たちの裁判手続きに熱心な関心を示さなかったことを責めるのは、酷というものだろう。西ドイツ政府の役人は、地位の高さにかかわらず、ほとんど元ナチス党員で占められているというのは、周知のことなのだ。これを象徴するのが、ハンス・グロプケという人物だ。この男はニュルンベルク法について忌まわしい『コンメンタール』を発表したことでまず有名になり、次にアデナウアー大統領の親しい顧問となった。〔7〕グロプケは、何よりもドイツ連邦共和国の評判と権威に傷をつける存在だった。現実の国《ペイ・レエル》における世論の雰囲気を作りだしたのは、政府の公式宣言でも、公的なコミュニケーションの組織でもなく、まさにこうした事実としての現状だったのである。こうした状況にあって世論が、「小さな魚は捕らえられ、大きな魚はキャリアを続ける」と語るのは、意外なことではない。

ナチスの階層構造という視点からみると、フランクフルト裁判の被告たちは誰も小さな「ハエ」のような存在だというのは、事実である。被告たちのうちで親衛隊《エスエス》の地位がもっとも高かったのは、ヘスの強制収容所司令部の副官のロベルト・ムルカであり[8]、ヘスを継いで司令部の長官になったリヒャルト・ベイアーの副官のカール・ヘッカーであり[9]、もとの収容所リーダーのフランツ・ヨハン・ホフマンである[10]。誰もが地位としては大尉《ハウプシュトルムフューラー》どまりなのである。

ドイツ社会において被告たちが占めていた地位についても同じことが言える。被告の半数は労働者階級の出身であり、八年間の初等教育を終えた後に、ブルーカラーの労働者として働いていた。残りの一〇人のうち、中産階級に属するのは五人だけである。内訳は医者が一名、歯科医が二名、実業家が二名である（ムルカとヴィクトール・カペシウス）[11]。残りの五名は中産階級といってもかなり下のランクになる。さらに被告のうちの四名はすでに前科があった。ムルカは一九二〇年に「基金の使い道を説明できず」[12]に、ボガーは一九四〇年に、刑事警察の警官だった際に堕胎で、ハインリヒ・ビショッフ[13]（裁判が終審する前に死亡）は一九三四年に、ドクター・ヴィリ・シャッツは一九三七年に、どちらも未知の理由から（政治的な理由ではないのはたしかである）、ナチス党から追放処分になっている。どこからみても小物であり、犯罪記録からみても、やはり小物なのである。

そして裁判という観点からみると、被告たちのうちでアウシュヴィッツでの勤務を自主的に希望した者はいなかったし、そもそも自主的に希望できるような地位についていなかったことに留意する必要がある。そしてアウシュヴィッツで犯された重要な犯罪、すなわち数百万人の人々をガス室で絶滅させたという犯罪について、被告たちに基本的な責任があるとは言えないのである。大量殺戮《ジェノサイド》の犯罪を実行するという決定は、弁論が語るように「ヒトラーの命令によって疑問の余地のない形で伝達されていた」のであり、実際に手を汚す必要のなかった高位の〈覆面の殺人者たち〉が、細かに配慮しながら組織した犯行だったのである。

この弁論は、奇妙に一貫性に欠けたものであり、「空虚な演説」にもなっていないものであるが、次の二つの論拠から、被告たちが重要性のない「小物」であるという理論を主張しようとしていた。第一に、被告たちはみずからの犯行を実行することを強制されたのであり、それが犯罪として悪い行為であることを知る立場になかったというものである。しかし被告たちが自分たちの行為が悪であることを知らなかったのなら（そして大部分の被告は、この問題を考えようともしていなかったことが明らかになった）、被告たちを強制する必要はどこにあったのだろうか。

弁論の第二の論拠は、収容所に入る行列の中から身体的にまだ働ける人々を選別したのは、こうした人々を救う行為だったというものである。そうしなければ、「収容所に連れてこられたすべての人が絶滅しなければならなくなっただろう」というのだ。しかしこの論拠はみせかけだけのものであることは別としても、人々を選別したのはやはり上官の命令だったのではなかっただろうか。そして上官の命令にしたがったにすぎないということが、被告たちの重要な言い訳であり、実際には唯一の言い逃れの可能性だというのに、被告たちは命令にしたがったことを自分の功績とすることができるのだろうか。

それでもドイツ政府の官吏たちの現状をみるかぎり、この「小物」理論には意味がないわけではない。乱暴なカドックはこれを次のようにまとめている。「問題なのはわれわれが何をしたかではない。われわれを不幸に誘いこんだ人物こそを問うべきなのだ。こうした人々はまだ自由に暮らしている。グロプケのように。それが辛いのだ」[14]。そして別の場では「いまや俺たちはすべてのことに責任をとらされている。ほんとうならひどい目にあうのは、俺たちではないはずなのだ、そうだろう」[15]

ホフマンも同じテーマをとりあげる。ホフマンはアウシュヴィッツ裁判が始まる二年前に、ダッハウにおいて二件の殺人で有罪判決を受けており（重労働つきの終身刑）、ヘスの評では「収容所でほんとうの力を発揮していた」のだが、みずからの証言では、「子供たちの遊び場を用意し、小さな子供たちのために砂場を作ってやった」だけであり、ほかには、何もしていないという。ホフマンは叫ぶ。「しかし一番上にいた紳士たちはどこにいったのか。奴らこそ有罪なのだ。机に座って電話をかけていた奴らこそが」。そして実際に名前をあげる。ヒトラーやヒムラーやヘイドリックやアイヒマンではなく、アウシュヴィッツの高官であるヘスとアウマイヤー（ホフマンの前の責任者）、シュヴァルツの名を。彼の問いへの答えは簡単なものだ。これらの人々はみんな死んでしまったのである。ホフマンの考えでは、これらの人々は「小物」を苦境に立たせたまま、臆病者のように、絞首刑になるか、自殺するかして、ホフマンにたいして負うべき責任から逃れたのだということになる。

「大物たち」の証言

しかし問題は簡単には解決されない、とくにフランクフルトの裁判では。法廷は親衛隊の帝国治安本部《ライヒスジッヒャーハイツハウプトアムト》の元部長クラスの人々を証人として召喚した。これらの証人はとくに、アウシュヴィッツで実行された「ユダヤ人問題の最終解決」の組織の責任者だった。元の親衛隊の軍人としての地位と比較すると、これらの紳士たちは、被告よりも上のランクになる。大尉や中尉や下士官クラスではなく、大佐や将軍クラスの人物である。

著者のベルント・ナウマンは、まず対話という形で読者が裁判の手続きの偉大なドラマをじかに直面することができるようにと配慮しており、いかなる分析もコメントも控えているのは賢明な方法であるが、この〈小物の問題〉はきわめて重要だと判断して、珍しく傍白の言葉をさしはさんでいる。ナウマンは被告たちが証人と直面すると、「自分たちが喜んで、あるいは嫌々ながら仕えたこれらの多くの〈お偉方〉が、自分の心についてまったく吟味もせずに、ゲルマンの英雄というかけ離れた世界から、現在のブルジョワ世界の尊敬すべき人物に戻るのが、どれほど容易で、どれほど円滑なものだったか、感心するだけの十分な理由があった」と指摘している。「アウシュヴィッツ裁判で裁かれている被告たちにとっては、いかに親衛隊《エスエス》の〈神々の世界〉に住んでいた過去の大物たちが、しっかりとした足どりで、前を向いて歩みながら法廷から立ち去るか」に感心するだけの十分な理由があったのである。

そしてドイツでも最高級の日刊紙の一つである『南ドイツ新聞』の記事で、ナチスの「特別法廷」で検察官をつとめ、一九四一年には同紙が率直に「全体主義的で反ユダヤ主義的な」と評する法的な論評を発表した経歴のある人物が、「カールスルーエの連邦憲法裁判所で判事として働いて生計を立てている」という記述を読んだならば(2)、被告たちは（そして被告のみならず、これについてはほかの誰でも）、いったいどう考えればよいのだろうか。

この「大物」たちには、心を入れ替えて反省し、後悔する能力があったが、「小物」たちはこのような〈英雄的な〉心の切り替えをする能力はなかったと考える方もおられるかもしれない。その場合には本書をお読みいただければ、そんなことはないと納得できるはずである。たしかに東部戦線の親衛隊に所属した殺人部隊である出動部隊《アインザッツコマンド》の元指揮官だったエルヴィン・シュルツは、真摯に、ある程度の後悔の念をもって証言している[16]。当時は「ドイツの国民にたいする報復が行われるのを防ぐために」女性と子供たちを射殺したのは、「まったく根拠のないものであるという気持ちがなかった」ことを認めながらも、射殺命令の変更を求めてベルリンを訪れ、やがてこの義務から免除されることに成功したと証言したのだった。

しかしナチスの高官に典型的な姿勢を示しているのは弁護士で、東部戦線の前線から離れた場所で裁判官をつとめていたエミール・フィンベルクだろう。この人物はなんと、ヒムラーの言葉を肯定的に引用して、ある程度の誇りをこめて、「わたしにとっては総統の命令は法律でした」と語るのである。[17] もう一つ例をあげておこう。ミュンスター大学の解剖学部の部長で教授だった人物は（学位は剝奪されていた）、一言の後悔の言葉も語らずに、被告ヨゼフ・クレアが犠牲者を殺害した方法について証言したのである。[18] クレアは心臓にフェノールを注射して、犠牲者を殺害したのだった。この人物は殺人者たちに特別手当の支給を必要としたのは「人間的に理解できる」ことだと判断し、収容者たちに注射したことを認めていたかつての「助手」たちと同意見だと、次のように語っている。「ふつうのドイツ語では、［収容者たちは］病人ではありませんでした。すでに半分死んでいたのです」（ただしこの恐ろしい発言は事態の深刻さをごまかそうとするものであることが明らかになった。この方法でまったく健康な多数の子供たちが殺害されたからである）。こうして彼は同時に、そのことを正当なものと考えていることを示したのである。

最後にヴィルヘルム・ボガーの弁護人の発言をあげておこう（読者は本書のうちに多数の同じような実例を発見できるはずである）。最終弁論で「真面目な人間《ママ》が〈ボガー吊し〉ゲームなどについて書物を著すなどは驚くべきことだ。ボガーは殴ることは、身体を通じて人々を説得することであり、これは人々を反応させる唯一の効率的な手段だとみなしていたのである」と語ったのだった。

これが被告と弁護人たちの出発点だった。「収容所スタッフとその行動にかんして、アウシュヴィッツをまるで牧歌的な世界のように描く」という最初の試みが崩壊し、証言が語られるごとに、文書を読みあげられるごとに、被告たちが収容所にいたという事実は、被告たちが何もしないでいることはできなかったこと、何も見ないでいることはできなかったこと、何も知らないでいることはできなかったことが明らかになったのだった（収容所の司令官の副官だったヘッカーは、かなり後になって噂で聞くまでは「ガス室については何も」知らなかったと主張した）。

この試みが失敗に終わると、被告たちは自分たちが告発されて「法廷に立たされている」のは、まず「証人たちが復讐を目的として証言しているから」であり（「ユダヤ人はなぜ上品に真実だけを語ることができないのか？　明らかにそうしたくないのだ」）、第二に被告たちが「兵士」として命令を実行しただけで、「善悪については問わなかった」からであり、第三に小物たちは上官たちのためのスケープゴートとして必要とされたからである（上官たちがいまこれほど「厳しくふるまう」のはそのためだ）。

この裁判が明らかにしたもの

ニュルンベルクでの「主要戦争犯罪者」裁判から、イェルサレムでのアイヒマン裁判にいたるまで、そしてフランクフルトでのアウシュヴィッツ裁判にいたるまで、戦後のすべてのナチス裁判は、責任の所在を確定し、犯された罪の範囲を決定する上で、法的にも道徳的にも困難な問題に悩まされてきた。世論と司法界は最初から、机上の殺人者たちのほうが(殺人の道具はタイプライターであり、電話であり、テレタイプだった)、実際に殺人装置を作動させ、ガス室にガス・ペレットを投げ込み、市民を大量に殺戮するためにマシンガンを操作し、山積みの死体の焼却に忙しかった人々よりも、罪が重いと考える傾向があった。

机上の殺人者の典型ともいうべきアドルフ・アイヒマンの裁判では、法廷は「自分の手で殺人の道具を使う人々から離れるほど、責任の大きさは強まる」と宣言した。イェルサレムでのアイヒマン裁判について調べていくと、この意見に同意したくなる。フランクフルトの裁判は、実際に殺人の道具を使った人々を裁くものであり、机上の殺人者であるアイヒマンの裁判を補うために大いに必要とされた裁判だったと感じられるのである。この裁判によって多くの人々は、それまではとんど自明のことと信じていたものに、疑念を抱くようになったのである。

この裁判で明らかになったのは、個人的な責任という複雑な問題だけでなく、むきだしにされた犯罪でもある。犯罪的な命令にしたがうために最善を尽くした（あるいはむしろ最悪を尽くした）人々の表情は、法的な犯罪システムの内部にあって、命令にしたがわず、死ぬ運命にある犠牲者たちを好きかってに扱わなかった人々の表情とはかけ離れたものであった。被告たちはときおり、素朴な形でこのことを認めていた。「上の人間は楽だった。収容者たちを殴るなと命令すればよかったのだ」。しかし弁護人は弁論において、机上の殺人者と、上官の命令にしたがった「兵士」たちを弁護するかのようにふるまった。それが弁護人の弁論における大きなまやかしである。訴追が行われたのは、「個人の殺害における殺人と共犯」ならびに「大量殺人における殺害と共犯」である。まったく異なる二つの犯罪にたいする訴追だったのである。

三

告発理由

本書の終わり近くで、裁判も一八二日目を迎えたところで、ホフマイヤー判事は刑を宣告し、法廷の見解を読み上げる。この二つの犯罪を分かつ明確なラインがあいまいにされたことで、正義にどれほどの害が生じたか、そして生じざるをえなかったかが実感できるのは、裁判がやっとここまできてからのことである。法廷は制度としてのアウシュヴィッツではなく、「ムルカやその他の被告の裁判」と、告発された人々の有罪と無罪だけを問うものであると語られた。「真実の追求は裁判の核心にある」が、法廷が検討する内容は、一八七一年のドイツ刑事法で定義され、確認された犯罪行為のカテゴリーによって制約されていたため、著者のナウマンが指摘するように「判事も陪審員も、真実を発見しなかったこと、少なくとも全体の真実を発見しなかったこと」は、ほとんど当然のことなのである。

百年近くも前に定められたこの刑法には、政府組織による組織された犯罪についての条項はないし、「犯罪的な体制」によって、あるいは犯罪的な政府（カール・ヤスパースの言葉を借りれば犯罪国家《フェアブレッヒェンシュタート》）における日常的な条件のもとで、人工統計学的な政策の一環として一つの民の全体が絶滅されることについての定めもないのである。ましてや、ガス室でただちに殺されるか、死にいたるまで働かされ数か月以内に殺されるかの違いはあるとしても、送り込まれてきたすべての人が死を運命づけられている絶滅収容所という状況については、いかなる規定も存在しないのである。

ブロード・レポートでは、「一回に運ばれてきた人々のほぼ一〇パーセントから一五パーセントは、身体的に働ける人々とみなされて、生存を許された」と語っている。こうして選びだされた男性や女性の寿命は、約三か月だった。いまから振り返ってみてもっとも想像しにくいのは、暴力的な死がたえず存在しているこの雰囲気である。戦場でも死はこのように確実なものではないし、奇蹟的な出来事だけによってしか自分の生命を確保できるという状態ではない。

そして地位の低い看守たちも、死の恐れから完全に自由ではなかった。ブロードが指摘しているように、看守たちも、「秘密を守るために、ガス室送りになるかもしれない。ヒムラーにはこのような命令をだす無情さと野蛮さがあることを疑う者はいなかった」と感じていたのである。ブロードが指摘するのを忘れているのは、東部戦線で直面する危険性と比較すると、看守たちが感じるこの危険性はそれほどすさまじいものではなかったということである。看守の多くは、志願すれば収容所から東部戦線に配置転換されることができたのは、ほとんど疑問の余地のない事実だったのである。

こうした古い刑法典がまったく考慮にいれていないのは、その意味ではナチス・ドイツの日常的な現実そのものであり、とくにアウシュヴィッツにおける日常的な現実そのものである。検事側は大量殺人の罪で告発したが、裁判所が前提としていたのは、この裁判が「その背景にかかわらず、日常的な裁判」でありうるということだった。この裁判では全体の事実と直面しようとしていないのである。日常的な裁判とは異なり、この裁判ではすべてが転倒している。たとえばガス室にガス・ペレットを投じる任務についていて、数千人を死にいたらしめた人間は、自分の意志で、自分の倒錯した幻想にしたがって、「わずか」数百人を殺害した人よりも、罪は軽いのかもしれない。この裁判の背景となるのは、大量生産、すなわち死体の大量生産という手段で、巨大な規模で犯された行政府による殺戮なのである。

「大量殺人における殺害と共犯」という告訴理由によって、絶滅収容所で働いていたすべての親衛隊《エスエス》の隊員と、収容所に足を踏みいれたこともない多くの人々を告訴することができたはずであり、実際にこれらの人々はこの理由で告訴されるべきだった。この視点からみると（告訴状はこの視点に立っている）、弁護士で、オーストリアの国会議員だった証人ハインリヒ・デュルマイヤー博士が、こうした状況では通常の裁判手続きにおける想定を逆転させること、すなわち被告が無罪であることが明らかになるまでは、有罪であると想定する必要があると語ったのは、まったく正しかったのである。博士は、「被告たちは自分の無罪を証明する必要があることを確信していた」と語ったのである。

おなじ意味で、絶滅の日常的な業務に参加した「だけ」の人々を、「数名の赦しがたい事例」に含めることはできない。アウシュヴィッツの状況のもとでは、ある証人が語ったように、「無実な人は誰もいなかった」のであり、これはこの裁判の目的では、罪の「許しがたさ」は、いかなる刑法にも記載されていないかなり異例な尺度で計るべきだということを意味していたのである。

国家の継続性

こうした論拠にたいして法廷は「国家社会主義も法の支配にしたがっていた」と反論する。法廷はわたしたちに、ナチスはワイマール憲法を廃止する手間をとらなかったのと同じように、刑法典を書き直す手間をとらなかったことを想起させたがっているかのようである。しかしナチスのこうした無関心さは、うわべだけのことである。全体主義の支配者は早い時期から、支配者自身が発布する法律を含めてどんな法律も、支配者が本来手にしているはずの無際限の権力を制限することを熟知していたのである。

こうしてナチスのドイツでは、総統の意志が法律の源泉となり、総統の命令が法律として通用したのである。しかしある人間の意志よりも無制限なものがあるだろうか。「わたしは意志する」以外に根拠のない命令よりも恣意的なものは、ほかにあるだろうか。いずれにしてもフランクフルト裁判では、法廷がこうした非現実的な想定をしたことによって、弁護側の主要な論拠、すなわち「国は、歴史の別の段階においてみずから命じたことについて、人々を罰することはできない」という論拠が、かなりの説得力をもつという不幸な結果をもたらすことになった。法廷も、ビスマルクの帝国から戦後のドイツ連邦共和国にいたるまで、ドイツ国家の「同一性の継続性」が維持されたという背景の主張には合意していたからである。

さらに、国家の制度の継続性が実際に維持されたとすれば、裁判所と検事側の制度はどうなるのだろうか(この継続性の論拠は、ナチス体制が「強制的同一化」させることに成功し、戦後のアデナウアー体制がそのまま再雇用した役人の大部分にもあてはまるのである)。被告の弁護人の中でもっとも知的な弁護人だったハンス・ラテルンサー博士が指摘するように、その場合には検事側の義務として、「一九三八年一一月のユダヤ人の事業と住居の破壊、[一九三九年と一九四〇年における]知的障害者の殺害、最後にユダヤ人の殺害など、明確な法律違反にたいして」行動を起こすべきではなかっただろうか。「検事側はその時点で、これらが犯罪であることを知らなかったのか。判事や検事のうちに、その時点で辞任した者はおろか、抗議した者すらいないではないか」。この問いに答えは与えられていない。この裁判の法的な土台がどれほど危ういものであるかは、このことからも明らかである。

法的な前提や理論とは著しく対照的に、戦後のすべてのナチス裁判は、すべての国家組織、すべての公務員、実業界で高い地位にあったすべての有名人が、ナチス体制の犯した犯罪と完全な共犯関係にあること(そして願わくは「同一性の継続性」は存在していないこと)を証明したのである。ラテルンサー弁護人は告発をつづける。「連合軍はこうして、将来の法律のための決定的な基準を確立する機会を霧散させたのであり、法的な状況の混乱に貢献したのである」。ニュルンベルク裁判に詳しい人なら、これに反論する人はいないだろう。

しかしラテルンサー弁護人はなぜ、同じ非難をドイツ連邦共和国には向けないのだろうか。ドイツ連邦共和国は連合軍よりも、この状況を是正することにはるかに緊急の関心をもっているのは明らかではないか。「過去を制御する」ことについてのすべての議論も、政府が前政権の犯罪性そのものに取り組まないかぎり、空虚なレトリックでしかないのは、明白ではないか。

実際のところフランクフルト裁判では、悪名の高いコミサール命令、すなわちアウシュヴィッツに到着すると同時に、数千人のソ連の捕虜を殺害させた命令の合法性についての決定は、「まだ連邦裁判所でとりあげられていない」ままで、連邦裁判所は「自然法を参照することで」ユダヤ人の絶滅の非合法性を宣言したのだった。しかしこれはたまたま、こうした問いで配慮されていない理由のために、満足できる解決策とはならなかったのである。ところでコミサール命令の面倒なところは、それがヒトラーの命令であることが明確ではなく、ドイツ最高司令部から直接に伝達された命令だというところにある。収容者たちには、「国防最高司令部《オーベルステ・コマンド・デア・ヴェーマハト》の命令により」と書かれたファイル・カードがつけられていたのである。法廷が被告アルチュール・ブライトウィーザーを無実としたのはそのためだろうか。[19] 証人エウゲニスク・モッツは、ソ連の士官とコミサールたちに行った初期のガスによる殺人実験で、ブライトウィーザーがチクロンBを試したことを非難しているにもかかわらず、裁判所は証人ペッツォルドの証言は間違いであるという理由から、モッツの証言を無視して、無実を認めたのだった。[20] 弁護側にとっては、ドイツ最高裁の決定は、いずれにしても「現在の法的な思考」を示すものにすぎず、こうした弁護人たちが「ドイツ国民の大多数」と同じ意見であり、司法界の同僚たちとも同じ意見だったことは疑問の余地がない。

技術的には、この裁判は、未解決の法的な問題の背景、正義を実現するための「決定的な基準の欠如」という面倒な「背景」問題を呼び起こした。そのために結局この裁判は、フリッツ・バウアー検事が望んでいたような「基本的にごく単純な事例」とならなかったが、その原因は「大量殺人における殺害と共犯」という告訴理由にあった。被告の個性と行為にかかわるかぎりは、これは実際に「ごく単純な事例」だった。証人が告発した野蛮な行為のほとんどすべては、机上の殺人者である上官の命令によるものでも、「最終解決」の実際の開始者(たち)の命令によるものでもなかったからである。

「兎狩り」「ボガー吊し」「スポーツ」、バンカー、「直立室」「黒い壁」「帽子撃ち」などの「細部」を命令する手間をかけた上官はいないのである。[21] 幼児を空中に投げて射撃の的にせよとか、生きたまま火の中に投げ込めとか、頭を壁にぶつけて潰せとか、命じた者はいないのである。収容者を踏みつけて殺せとか、手で殴って殺すことを含めて、殺戮のスポーツの対象にしろという命令など、だされていないのである。「気持ちのよい家族の集まり」のような雰囲気で、収容所の前の行列から人々を選びだして、「新参者からあれこれのものを奪った」と自慢しながら戻ってくるように命じた者はいないのである――まるで「狩りの場から戻って、狩りでの出来事を語り合う狩猟グループのように」。被告たちは、豊かになり、「楽しみ」を味わえるようにと、アウシュヴィッツに配置されたわけではないのである。

すべてのナチス犯罪者裁判では、その裁判は「通常の犯罪裁判」であり、被告たちは通常の犯罪人と同じであるという疑わしい法的な決定に依拠しているが、これはじつはだれも知りたくないほどに真実なこと、おそらくは真実以上のことだったのである。数えられないほどの個人の犯罪、次第に恐るべきものになっていく犯罪が、絶滅という巨大な犯罪の雰囲気を作りだし、それを取り囲んでいたのである。

アウシュヴィッツの裁判で完全に光をあてられたのは、国家の犯罪でも、「お偉い」地位にある紳士たちでもなく、まさにこうした「状況」(いかなる言語にも存在しない言葉をこの「状況」という語で語りうるとしてだが)であり、こうした犯罪の責任を負い、こうした犯罪を犯した有罪者である「小物」たちだった。イェルサレムの裁判ではアイヒマンも論駁することのできない文書の証拠があり、被告自身もみずからの行為を認めているために、それに基づいて有罪を宣告することができた。しかしこのフランクフルトの裁判では、とりあげられたすべての証言は、机上の殺人者にかんするものではなく、被告自身についてのものだった。被告たちは犠牲者が直面し、犠牲者が知っていた人物であり、犠牲者にとって重要だった唯一の人物なのである。

こうした事例では、ドイツ国家の「同一性の継続性」というかなり疑わしい論拠を引き合いにだすことはできるが、いくつかの限定が必要となる。収容所での作業を任された収容者のエミール・ベドナレクの場合に裁判所が指摘しているように、[22]被告たちは「命令にしたがって人々を殺害したのではなく、収容所ではいかなる収容者も殺害してはならないという命令に反して行動することで人々を殺したのである」。ただしもちろんガス室での殺人はその例外である。事実としてはこれらの事例は、ナチスや親衛隊の裁判所でも告訴できるはずなのである（実際にはそうはならなかったが）。

たとえば親衛隊は一九四四年に、グラブナーというアウシュヴィッツの政治局の元局長を、「死刑を執行する二千人の収容者を恣意的に選びだした」という罪で告発している。また元親衛隊の判事のコンラート・モルゲンとゲルハルト・ヴィーベックは証言台において、「腐敗した行為と……勝手な殺害」について親衛隊が調査し、親衛隊の裁判所で殺人の嫌疑の訴訟が行われたことを証言している（二人とも現在では弁護士として働いている）。ヴォーゲル検事は、「ヒムラーは、自分の特別な命令なしには、殴打することも、殺害することもしてはならないと述べた」ことを指摘している。この命令はヒムラーが「女性の体罰を見学するために、収容所を数回」訪問することの妨げにはならなかったのではあるが。

ルーカス博士の事例

このような異例で恐るべき状況において犯された罪を裁くための決定的な基準が欠けて

いることは、ドクター・ルーカスへの刑の宣告の際に、苦痛なまでにあらわなものになった。「仲間からも村八分にされ」、現在では他の被告たちからも公然と攻撃されていたこの被告に、三年と三か月の重労働が宣告されたが、それはもっとも軽い刑だった（被告たちは原則として、たがいに告発するのを避けていた。被告たちの証言が矛盾したのはただの一度であり、裁判前の取り調べでほかの被告の罪を告発した場合にも、被告たちは裁判になるとこれを撤回したのである）。そして「被告が人々を援助したと主張するのであれば、一九四五年に帰国のための切符を購入しようとした際に、これを主張していたはずである」と判定された。要するに、ドクター・ルーカスが最初から最後まで人々を援助したというのは二重に虚偽だということである。

しかしドクターはほかの多くの被告とは異なり、自分を「救い主」であると称することはなかったし、自分に有利な証言をした証人を確認することも、証人が語った出来事を想起することも拒んだのである。証人たちは、ドクター・ルーカスが収容者の非衛生的な状況を改善するために同僚たちと話し合い、収容者を番号ではなく名前で呼び、親衛隊の薬局から「収容者のために薬を盗み、自前の金で食料を買って」与えたと証言した。ある証人は、ドクター・ルーカスは自分の配給の食料を分けてくれたし、「われわれを人間らしく扱ってくれた唯一の医者」であり、「われわれをうけいれられない人間とみなさなかった」と証言しているのである。そして収容者の中にいた医者たちに、「仲間の収容者たちをガス室から救う方法」を教えたのだった。要するに、「われわれはドクター・ルーカスがいなくなって絶望した。ドクター・ルーカスと一緒にいると、われわれは楽しかった。実のところ、ふたたび笑うことを学んだのである」

この有利な証言にたいしてドクター・ルーカスは「いままでこの証人の名前も知りませんでした」と答えたのである。無罪にされた被告の誰も、弁護した弁護士の誰も、罰を免れた「お偉方」の誰も、ドクター・ルーカスには足元にも及ばないだろう。それでいて裁判所は、法的な前提に基づいて、この男にもっとも軽い罪ではあるが、有罪を宣告しなければならなかったのである。判事たちは、ある証人の言葉を借りれば、この人物は「告訴されるべき人物ではない。きわめて善人だった」ことをよく知っていたのである。検事側も「他の被告とまとめて扱いたくない」と感じたにもかかわらずである。ドクター・ルーカスが働ける状態にある者を収容所の入り口で選抜したのはたしかである。しかしドクターが選抜したのは、「収容者を大目にみる」という嫌疑がかかっていて、命令にしたがわなければ「その場で逮捕する」と告げられたからである。

こうしてドクターに、「大量殺人における殺害と共犯」の嫌疑がかけられたのだ。ドクター・ルーカスが初めて収容所で仕事を命じられたときに、助言を求められた担当の神父は、「不道徳な命令にしたがってはならない。しかしそれは自分の生命を賭けねばならないという意味ではない」と答えた。ある高名な法律家は、戦争に恐怖を抱くのは当然だと語った。どちらの助言もそれほど役には立たなかった。しかし彼が収容者たちに、何をすべきかと尋ねたと考えてみよう。そうしたら収容者たちはドクター・ルーカスに、ほかのすべての暗愚な看守たちの悪魔的な発明の才から収容者たちを救うために、収容所にとどまって、入り口で収容者たちを選別するという代価を払ってほしいと懇願したのではないだろうか。収容者の選別は毎日行われることであり、いわば日常的な恐怖にすぎなかったのである。

四

語るも恐ろしきこと

裁判記録を読むときは、アウシュヴィッツが行政府による大量殺戮のために設立された組織であり、厳密な規則と規制にしたがった殺戮を実行する必要があったことをつねに思い浮かべている必要がある。これらの規則と規制は、机上の殺人者が定めたものであり、その善悪を問わず、あらゆる個人の発意を排除するようにみえるし、排除することを意図していたものと思われる。

数百万の人々の絶滅システムは、まるでマシンのように機能すべく計画されていた。ヨーロッパの全土から収容者が到着し、収容所の入り口で選別が行われ、到着の段階では身体的に働ける状態にあると判断された収容者たちも、その後の時期でさらに選別され、カテゴリーに分類され（すべての老人、子供、子供をつれた母親はただちにガス室送りだった）、人身実験の対象となる。そして「収容所での作業を任された収容者」、囚人頭《カポ》、収容所指揮官のシステムが構築される。これらの特権的な地位にある人々が、絶滅施設に収容者を送りこんだのである。

すべてのことはあらかじめ予想されており、予見できるように思えた――毎日、毎月、毎年。それでいてこの官僚主義的な計算から生まれたのは、予見可能性とは正反対のものだった。完全な恣意性が支配したのである。かつてアウシュヴィッツの収容者で、いまはウィーンで医者をしており、最善の証人だったドクター・ヴォルケンの言葉によると、すべてのことが「ほとんど日毎に変わった。担当する士官によって、点呼をする指導者によって、ブロックの指導者によって、こうした人々の気分によって」すべてが変わったのだった。多くのことは気分次第で決められたのである。「ある日に起こりえたことが、その二日後にはありえないことになる。……まったく同じ作業の細部が、死を招くものだったり、かなり楽な仕事だったりする」。こうしてある日、医療士官が陽気な気分になり、回復期にある患者の治療のためのブロックを作ろうと思い立つ。そして二か月後に回復期にあるすべての収容者が点呼で呼びだされ、ガス室に送られる。

机上の殺人者が見逃したのは、語るも恐ろしきこと《ホッリビレ・ディークトゥー》、すなわち人間という要因だった。この要因が恐ろしいものとなるのは、これらの怪物たちは臨床的な意味でサディストではなかったし（それは通常の状況における被告たちの行動から十分に明らかである）、サディストだからという理由で怪物的な仕事に選ばれたわけではないからである。被告たちがアウシュヴィッツにやってきたのは、なんらかの理由で、兵士としての任務にふさわしくなかったからである。

本書を軽々しく一読すると、一般に人類の本質的な悪について、原罪について、人間に内在する「攻撃性」などについて、とくにドイツの「国民性」について、十把ひとからげのコメントをしたくなるかもしれない。しかし裁判所の証言では、「ときには〈人間〉が収容所にやってきた」としても、「ここはわたしのような者のいるところではない」と、一瞥してただちに立ち去った多くの人の例が語られているのだ。これを忘れるのは容易だが、危険なことである。これらの裁判が開かれる前に一般的に信じられていたのとは反対に、親衛隊の人間が口実を作りだして収容所から逃げだすのは、かなり簡単なことだった。ただしエミール・フィンベルクの手中におかれるという不運にみまわれた人は例外だが。フィンベルクはいまでも、女性や子供を射殺することなどできないと、射殺命令を拒むという「犯罪」を犯した警官に、「投獄から死刑」の罰を要求することは、まったく正当なことだと考えているのである。収容所にとどまって、収容者たちを助け、「収容者に手心を加えた」という危険な告発をうけるリスクを冒すよりは、「神経がやられた」と主張するほうが、はるかに危険性は低かったのである。だから収容所で英雄的なふるまいをした数少ない人々を除くと、何年もずっと収容所にとどまっていた人々は、すべての住民のうちから自動的に選びだされた最悪の人々だったのである。

この比率がどの程度なのかはわからないし、いずれその比率が解明されるとも思えないが、通常の生活においてはいかなる意味でも法律に違反したことのないようなごくまっとうな人々が、公然とサディストのようなふるまいをしていることを考えると、通常の市民たちがこうした行為に走らないのは、たんにその機会が与えられないからだけなのではないか、じつは多数の市民もこのような世界を夢のうちに思い描いているのではないかと考えたくなるのである。

いずれにしても次のことだけはたしかであり、これをもはや信じないわけにはゆかない。「アウシュヴィッツでは誰もが、善人であるか悪人であるかを、自分で決めることができた」ということである（だからドイツの裁判所がいま、悪人にも善人にも正義をもたらすことができないとしたら、それはグロテスクなことではないだろうか）。そしてこの決定は、その人がユダヤ人であるか、ポーランド人であるか、ドイツ人であるかを問わないのである。この決定はその人が親衛隊の隊員であるかどうかも問わないのである。

この恐怖のただなかにおいても、収容所の中に「平和の島」を築きあげたフラッケ上等兵のような人物もいるからだ[23]。ある収容者は、最後には「われわれのすべてが殺害される。証人は一人も生き延びることを許されないだろう」と主張したのだが、フラッケは同意せず、この収容者に「親衛隊のうちにも、そんなことが起きないようにする多数の隊員がいるはずだ」と答えたのである。

アウシュヴィッツにおける人間の要因

被告たちは臨床的にみると正常だった。しかしアウシュヴィッツにおいて核心的な役割をはたした〈人間の要因〉はサディズムだったのである。そしてサディズムは基本的に性的なものである。凄まじい行為の証言に、証人たちだけでなく、陪審員たちも叫び声をあげ、ときには気絶するようなこともあった。しかし被告たちはこうした証言を聞いて、ほほ笑むような表情で思い出にふけっていたかのようだった。被告たちは、告発する証言をする証人たちに、信じられないようにていねいにお辞儀をして挨拶したのだが、彼らは証人たちを、かつての無援な犠牲者として思いだしたのではないだろうか。そして証人たちが被告を見分け、記憶していたことに（同時にそれは告発することだったが）、明らかに喜びを感じていたのではなかったか。裁判のすべてのプロセスが、かつての性的な楽しみの大きさを想起させる甘い記憶をかきたてたからこそ、被告たちは最後まで異様に高揚し、まったくの無礼さを示しつづけたのではなかっただろうか。ボガーは中世のラブソング「汝はわがもの」（汝はわがもの、われは汝がもの、それはたしかでなければならぬ）をうたいながら、犠牲者に近寄ったのではなかったか。カドック、シュラーゲ、バレツキー、ベドナレクなどは、ほとんど文字を知らぬ無教養な人々だったから、このような洗練された姿勢を示すことができなかっただけなのではないだろうか。

裁判ではだれもが同じようにふるまった。証人の語るところでは、「厳しい取り調べ」の儀式のうちに、証言席にやってくるときに彼らがはめている「白い手袋」のうちに、サタンの生まれ変わりという安っぽい自慢話のうちに（この自慢話はボガーとルーマニア人の薬剤師のカペシウスの十八番だった）、黒魔術の雰囲気と怪物じみた饗宴《オージー》の雰囲気があった。

カペシウスは、ルーマニアでは欠席裁判によって死刑を宣告され、フランクフルト裁判では九年間の投獄を宣告されたが、とくに悪鬼のような人物だった。アウシュヴィッツで死亡した収容者たちから奪った品で、ドイツで商売を始めたカペシウスには、証人に自分の有利になるように影響力を行使している「友人」がいた。フランクフルトで刑を宣告されても、彼の商売は影響を受けていない。『オブザーバー』紙にシビル・ベッドフォードが報告しているように、ゲッピンゲンにある彼の店は、「かつてないほど繁盛している」のである。

アウシュヴィッツにおける「人間の要因」で次に重要なのは、たんなる気分だろう。気分ほど頻繁に、そしてあっという間に変わるものはない。そして気分に完全に身をまかせてしまった人間にとって、どんな人間性が残されているというのだろう。いずれにしても死を迎える運命にある人々に囲まれた親衛隊《エスエス》の隊員たちは、自分の気のすむようにすることができたのだった。被告たちはたしかに、ニュルンベルク裁判の被告のような「主要な戦争犯罪人」ではなかった。「巨大な」犯罪者に寄生していたにすぎない被告たちの姿を目にすると、被告たちが自分の不運の原因をなすりつけようとする〈お偉方〉と比較して、それほど悪人ではないのではないかと思いたくなる。ナチスの党員たちは、その虚偽によって、屑のような人間をエリートに仕立てあげただけではない。「タフさ」というナチスの理想にふさわしい人々、そのことにまだ誇りをもっている人々は（たしかに「抜け目のない男」ではある）、実際にクラゲのように骨無しの人間なのだ。彼らのいつでも変わる気分が、すべての内容を食い尽くしてしまったかのようである。個人的なアイデンティティの固い表面、善人であるか悪人であるか、優しいか残忍であるか、「理想主義的な」白痴であるかシニカルな性倒錯者であるか、こうした区別そのものがなくなってしまったのである。

この裁判で非常に厳しい刑（終身刑と八年の重労働の刑）を宣告された被告でも、収容所時代には子供たちにソーセージを配ったりすることもあった。収容者たちを踏み殺した後でベドナレクは、自室に戻って神に祈った。そんな気分だったからだ。数万の人々を死にいたらしめた医療士官が、自分の母校で学んだことのある女性の命を救った。自分の青年時代を思いだしたからだ。赤子を産んだ母親には、花束とチョコレートが贈られることもある。翌日にはガス室送りだとしてもである。[24]

被告のハンス・スタークは、当時はまだ青年だったが、あるときに二人のユダヤ人を選びだし、カポに殺させた。[25] そしてカポに殺すべき方法を教えるために、別の二人のユダヤ人を殺してみせたのである。しかし別の折には、ある収容者に村を指差して、「村はなんと美しいのだろう。レンガもたくさんあるなぁ。戦争が終わったら、レンガには殺された人々の名前が書かれるだろう。そしてレンガの数はいくらあっても足りないだろう」と語ったのである。

救いたい気分であれば、「誰かの命を救ったと主張することのできないような親衛隊《エスエス》の隊員は一人もいない」のはたしかだ。そして多くの生存者は（労働できる状態にあると選抜された収容者の約一パーセントの人々だ）、自分が命拾いしたことを「救い主」に感謝している。アウシュヴィッツでは死が至高の支配者だったが、死の傍らには偶然があり、これが収容者たちの運命を決めたのである。偶然とは、死の召使たちの変わりやすい気分のうちに体現されたもっとも凄まじく、恣意的なでたらめさだったのである。

五

世界を担うこと

もしも判事にソロモンのような智恵があり、法廷にこの二〇世紀の先例のない犯罪をさまざまなカテゴリーや項目に分類できる「決定的な基準」があって、人間の正義をわずかながらでも実現できたとしても、著者のベルント・ナウマンが求めた「真実、全体の真実」が姿をみせたかどうかは、大いに疑問である。被告たちが犯した無意味な蛮行の混沌とした洪水を妨ぐことのできるような一般性がどこにありえただろうか（そして一般的なものでないとしたら、真実とはどんなものだろうか）。この洪水のような蛮行のうちに身を浸さないかぎり、たんにすべてのことが許されていただけでなく、人々が「どんなことでも可能だった」と語っている状態で、何が起きたかを認識することはできないのである。

しかしただ一つの真実のかわりに、読者は本書のうちに真実のさまざまな瞬間にであうことだろう。これらの瞬間こそが、混沌とした邪悪さと悪を分節する唯一の手段なのだ。これらの瞬間は、砂漠のうちのオアシスのように、予想しないときに現れる。これらのさまざまな逸話は、アウシュヴィッツでどのようなことが起きたかを、ごく手短に教えてくれるのだ。

　これから死ぬのだと自覚していた少年がいた。自分の血でバラックの壁に「アンドレアス・ラパポート、一六年間を生きた」と書いた。

「たくさんのこと」を学んだが、これからは「何も学ぶことはないだろう」と自覚していた九歳の少年がいた。

　被告のボガーは、リンゴを食べている少年をみつけて、両足をつかみ、壁に頭をうちつけて殺し、静かにリンゴを拾って、一時間後にはそれを食べた。

　勤務についている親衛隊《エスエス》隊員の息子が、父親に会いに収容所にやってきた。しかし子供は子供であり、この特定の場所の規則では、すべての子供は死ななければならなかった。だからこの少年は、「奴らがつかまえて、ガス室につれこまないように」首に特別なサインを巻かねばならなかった。

被告のクレアが「医学的な秩序にしたがって」フェノール注射をして殺す際に、注射される人々を押さえる役の収容者がいた。ドアが開いて、収容者の父親が入ってきた。すべてが終わると、「わたしは泣きながら、父親を自分で運びださねばならなかった」。翌日クレアはなぜ泣いたのかと尋ねた。理由をきいたクレアは、父親だと聞いていたら「殺さなかったのに」と言った。収容者はなぜ父親だと言わなかったのだろうか。クレアを恐れていたからだろうか。しかし大きな過ちだった。クレアはとても上機嫌だったのだから、頼むべきだったのだ。

最後に、証言するためにマイアミからフランクフルトにやってきた女性の証人がいた。新聞でドクター・ルーカスの名前を読んだからだ。「わたしの母親と家族を殺した人間に、関心をもったからです」。彼女はどのようにして家族が殺されたかを説明した。一家は一九四四年五月にハンガリーからアウシュヴィッツに送られてきた。「わたしは腕に赤ん坊を抱えていました。奴らは母親は子供たちと一緒にいてもよいと言っていました。そこでわたしの母が赤ん坊をわたしに抱かせて、母親らしい年齢にみえるように、服を整えてくれたのです「母親は三人目の子供の手を引いていた」。ドクター・ルーカスがわたしを見て、赤ん坊の母親ではないとわかったようでした。彼はすぐにわたしから赤ん坊を奪って母に戻しました」

法廷はただちに真実を悟った。「あなたには証人を救う勇気があったのですか」。ルーカスは一瞬だけ沈黙したが、すべてを否認した。子供づれのすべての母親をガス室に送るというアウシュヴィッツの規則をいまだに知らないようだったこの女性の証人は、そのまま法廷から立ち去った。この女性は、自分の家族の殺害者を探しにきたが、じつは自分の命を救ってくれた人物に直面していたことに気づいていなかった。そしてこれが、人々が自分で世界を担おうとするときに起こることなのである。（一九六六年）

編注

（1）シビル・ベッドフォードが『オブザーバー』紙の一九六四年一月五日号に掲載した文章からの引用。

（2）『エコノミスト』誌一九六六年七月二三日号を参照されたい。

訳注

〔1〕なぜか編者の「テクストについて」でも説明がないが、本章の文章は、この一連の報道記事を集めたベルント・ナウマンの著書『アウシュヴィッツ』(Bernd Naumann, *Auschwitz, Bericht über die Strafsache gegen Mulka und andere vor dem Schwurgericht Frankfurt*, Athenäum, 1965) の英訳版 (Bernd Naumann, *Auschwitz, A Report on the Proceedings Against Robert Kart Ludwig Mulka and*

Others Before the Court at Frankfurt, Introduction by Hannah Arendt, 1966）の序文として掲載されたものである。なお以下の訳注の説明では、主としてこの書物を参照している。

〔2〕ヴィルヘルム・ボガー（一九〇六年生まれ）は、根っからのナチスの親衛隊《エスエス》の隊員で、東部戦線で負傷し、アウシュヴィッツに配置転換された。ボガーはアウシュヴィッツでは逃亡者を追跡する任務についていた。収容者に告白させるために独特な拷問システムを「発明」していた。手を縛って膝の下にいれさせ、手と膝の間に棒をさし込み、頭を下にしてつり下げ、性器と臀部を棒で殴って、告白させるのである。これが「ボガー吊し」と呼ばれる拷問システムである（同書、一〇三ページ）。収容者が質問に答えないと、「それではおれの〈話すマシン〉がお前に話させるだろう」と脅すのだった（一〇六ページ）。ボガーは秘書役をさせていた女性の収容者に、「ボガー吊し」は「俺のタイプライターだ」と自慢していた（一三三ページ）。ボガーは収容者の選別、死刑の執行、尋問の際の拷問で告発された（一四ページ）。

〔3〕オズヴァルド・カドック（一九〇六年生まれ）は、一九四〇年から親衛隊《エスエス》の隊員で、一九四二年からアウシュヴィッツの警備部に配置されている。収容者の選別と、射殺などの方法で数人の収容者を殺害したことで告発された（一八ページ）。ツィランキェヴィチ首相はアウシュヴィッツに収容されていたことがあり、カドックはその時に殺さなかったことを残念だと語っているのである（一〇四ページ）。

〔4〕ペリー・ブロード（一九二一年生まれ）は、ブラジル生まれだが、生後すぐにドイツに移住し、ヒトラー青年団で優れた成績をあげて表彰されている。一九四一年に親衛隊《エスエス》に志願し、近視のために戦線ではなく、アウシュヴィッツに配属された。ビルケナウでの収容者の選別と射殺などで告発された。本文のように自主的に報告書を書き残しており、『アウシュヴィッツ』に再録されている（一六二〜一八二ページ）。

〔5〕ドクター・フランツ・ルーカス（一九一一年生まれ）は、一九三七年に親衛隊《エスエス》の隊員になった。アウシュヴィッツでは「五か月」を過ごしたが（二〇ページ）、収容所では収容者の殺害に「受動的な抵抗と拒否」を続けたために、配置転換されたという（二一ページ）。軍の裁判にかけられそうになり、ノルウェー人の元収容者の手引きで終戦まで身を隠していた。ビルケナウ収容所での収容者の選別と、ガス室でのチクロンBの注射を監督した罪で告発された。

〔6〕ステファン・バレツキー（一九一九年生まれ）は、一九四二年にアウシュヴィッツの親衛隊《エスエス》で働くようになり、後にブロック・リーダーになる。収容者の選別、選別された人々をガス室に連行する役割をはたしたこと、拳で収容者たちを殴り、射殺し、その他のさまざまな方法で殺害したことで告発された。バレツキーは人々を殴り殺す特別な道具を使っていたという噂について「わたしは棍棒など使わずに、特別なやり方で人々を殴り殺すことができると噂されていました」と答えている（五六ページ）。

〔7〕ハンス・グロプケ（一八九八〜一九七三）は、戦後ドイツと第三帝国の結びつきを象徴する政治家であり、法学者である。人種差別を定めたニュルンベルク法を起草した一人とも言われる。一九二九年にはプロイセンの内務大臣となり、一九三二年には第三帝国の内務大臣に昇格し、終戦までこのポストにあった。一九三六年にはニュルンベルク法の公式コンメンタール（著者の名前から『ドイツ人種差別法へのシュチュッカルト／グロプケ・コンメンタール』と略称される）を発表し、人種差別には科学的な根拠があることを主張した。ナチス党員ではなかったために処罰を免れ、アデナウアー大統領の親しい顧問となった。

〔8〕この裁判のいわば代表被告であるロベルト・ムルカ（一八九五年生まれ）は、一九四二年に武装親衛隊の隊員としてアウシュヴィッツに配属され、その年の五月には収容所司令長官ヘスの副官に任命されている。この副官としての地位において、特定できない人数の収容者の死の責任を問われた。

〔9〕カール・ヘッカー（一九一一年生まれ）は、一九三三年に親衛隊《エスエス》に入隊し、一九三七年にナチス

に入党。さまざまな収容所に勤務した後、一九四四年にベイアー長官の副官としてアウシュヴィッツに配置転換され、アウシュヴィッツが撤廃されるまでここで勤めている。ムルカと同じように、副官としての地位において、特定できない人数の収容者の死の責任を問われた。

〔10〕フランツ・ヨハン・ホフマン（一九〇六年生まれ）は、一九三二年に親衛隊《エスエス》に入隊。一九三三年からダッハウ収容所の警備員として働き、一九四二年にアウシュヴィッツに配属された。一九四三年にはアウシュヴィッツ第一地区の担当士官になっている。ビルケナウ収容所での収容者の選別と、収容者の射殺命令を出した士官としての責任を問われた。

〔11〕ドクター・ヴィクトール・カペシウス（一九〇七年生まれ）は薬学を学び、ルーマニア軍の軍医として働いて大尉となり、一九四三年からドイツ軍の軍医になる。一九四三年にアウシュヴィッツに配属されたらしい。ビルケナウ収容所での収容者の選別と、アウシュヴィッツでのフェノールの注射による収容者の殺害の責任を問われた。

〔12〕ハインリヒ・ビショッフ（一九〇四年生まれ）は一九三一年にナチスに入党し、活発に活動した。一九四一年に兵士として徴兵され、一九四二年に警備兵としてアウシュヴィッツに配置され、後にブロック・リーダーになっている。収容者を虐待し、射殺した罪を問われている。

〔13〕ドクター・ヴィリ・シャッツ（一九〇五年生まれ）は歯科医で、一九三二年にナチスに入党、一九三七年に追放処分になっている。一九四三年には武装親衛隊に入隊し、一九四四年に大尉に昇任し、アウシュヴィッツに、二級歯科士官として配属された。収容所の入り口での収容者の選別と、ガス室での殺害の監督の責任を問われた。

〔14〕カドックは「わたしは実に小物でした。ですからわたしがこのような扱いを受ける理由が理解できないのです。ほんとうに罪のある人々、グロプケやオーバーレンダーのような人々が自由に歩き回っているのです。監獄で神経を一度やられました。どうして人を裁くのにこうした二重の基準があるので

すか」と問いかけている（一〇四ページ）。

〔15〕ホフマンは法廷で、ヘス、アウマイヤー、シュヴァルツなど、ナチス党の高官の名前をあげながら泣き崩れる。「どうしてこうしたお偉い紳士方がここにおられないのでしょう。ここに座っているわたしたち二一名の被告の代わりに」（五一ページ）。

〔16〕エルヴィン・シュルツはウクライナの出動集団《アインザッツグルッペ》Cの第五出動部隊の隊長で、ニュルンベルク裁判で二〇年の禁固刑を宣告され、一五年に減刑されたのち、一九五四年一月に出所した。シュルツは射殺命令を受けると、ベルリンの本部にいた友人に、義務の免除を要請したが、「遅すぎる」と認められなかったという。それでも配置転換を希望して、親衛隊の隊員のための学校の教官のポストに移ることができたという（三七四ページ）。

〔17〕エミール・フィンベルクは一九四一年七月から一九四二年四月まで、東部戦線近くで裁判官をつとめていた。そして収容者の射殺命令に違反した警察官の裁判を担当していたのである。フィンベルクは、「困難な課題に挑戦すること」を求めたヒムラーの言葉を引用しながら、射殺命令に違反した者には投獄から死刑までの刑がふさわしいと上官に報告している。これは法律違反ではないのかという問いにたいして、「わたしは総統の命令が法である時代に育ったのです」と答えている（三七一～三七二ページ）。

〔18〕ヨゼフ・クレア（一九〇四年生まれ）は、一九三九年に武装親衛隊員となり、ダッハウとブッヘンヴァルト収容所での勤務をへて、アウシュヴィッツに配属された。医療班に配属され、収容者の選別と、フェノール注射による殺害の責任を問われた。

〔19〕アルチュール・ブライトウィーザー（一九一〇年生まれ）は、一九四〇年にアウシュヴィッツに事務官として配属された。一九四一年一〇月のアウシュヴィッツで初めての大規模なガス室送りに積極的に参加した罪を問われた。

〔20〕ブライトウィーザーが最初にチクロンBを部屋に充満させて殺人の実験をしたこと、数百名のソ連の収容者をガスで殺害したことについては、カポのペッツォルドの証言と、ブライトウィーザーの部下として働いていたモッツの証言がある。裁判でブライトウィーザーは、ペッツォルドが「見た」と証言している場所からは、距離が離れすぎていて、「見る」ことはできなかったはずだと弁論している（五九ページ）。また殺害は夜に行われたとペッツォルドは主張し、モッツは昼だったと主張している。裁判ではペッツォルドの証言の不正確さに注目が集まり、「わたしは自分の目で見たのです」（三一一）というモッツの証言を無視して、この件ではブライトウィーザーの無罪が認められたのだった。

〔21〕「黒い壁」は、収容者に衣服を脱がせてから、一人ずつ壁の前に連行して、ライフルで首の後部を撃って殺した場所。死体は別の収容者に運ばせた（四一ページ）。「直立室」は、被告のシュラーゲが担当していた懲罰ブロックの収容室で、非常に狭く、立っているしかないと言われたが、実際には床にコンクリートの障害物が設けられていて、立っていることもできないという。ドアはなく、開口部が設けられているだけで、収容者はそこから外に這い出るしかない。シュラーゲは憔悴して死亡した収容者はいないと主張しているが（四七ページ）、多数の人々が死体で運びだされたという証言もある。「スポーツ」というのは、被告のケーラーが懲罰的な運動をさせたことを収容者が呼んだもの。ケーラーは、「頑固な」収容者がもっとひどい罰を与えられないようにするために、「ちょっとした徒手体操」をさせただけだと弁明している（七七ページ）。

〔22〕被告エミール・ベドナレク（一九〇七年生まれ）は、一九四〇年にポーランドの抵抗グループの一員としてゲシュタポに逮捕され、政治犯罪者としてアウシュヴィッツに送られた。一年後にはブロック上級リーダーに選ばれた。この裁判で唯一の元収容者の被告である。いわゆる「スポーツ」で、仲間の収容者たちを殴り殺した罪を問われた。

〔23〕フラッケ上等兵は証人の証言の中だけに登場する人物で、アウシュヴィッツのうちでババイス労

働キャンプを「平和の島」としたとされている。あるチェコ人の女性によると、ここでは収容者はきちんと食物を手に入れることができ、ときには卵まで与えられたと証言している。女性の収容者たちはフラッケを「パパ」と呼んでいたという（九三ページ）。

〔24〕ソーセージを配った被告はベドナレクである。マールブルク大学で学んだ女性に、「わたしを知っているはずですよ」と語りかけ、「おみかけしたことがあります」と答えた女性の生命を救った医療士官はローデである。赤子を生んだ母親に、花束とお祝いの言葉を贈ったのはドクター・メンゲレである。

〔25〕ハンス・スターク（一九二一年生まれ）は、若くして収容所の警備員として働き始めた。ブーヘンヴァルトとダッハウ収容所で働いた後、一九四〇年にアウシュヴィッツに配置された。まだ一九歳だった。収容者を射殺し、チクロンBで殺害し、人々をガス室に追い込んだ罪を問われた。

身からでたさび

アメリカの政治的な混乱

わたしたちは今日、誕生日を祝うために集まってきました。アメリカ大陸ではなく、アメリカ合衆国の建国二百年を祝うためです。ただし今日は、建国を祝うには、あまりふさわしい時期ではないかもしれません。合衆国というこの統治形式と自由の制度が危機に直面していることは数十年も前から、すなわちジョー・マッカーシーがきっかけとなった今回の小さな危機に直面する前から、はっきりとしていたのでした。いくつかの出来事がつづいて起こり、わたしたちの政治生活の土台そのものに、ますます大きな混乱が発生していることが明らかになりました。たしかに挿話的な事件そのものはすぐに忘れられます。しかしその結果として、信頼できる専門の市民サービス組織が破壊されてしまうのです。この組織はこの国では比較的最近になって生まれたもので、長いルーズベルト政権の重要な遺産だったと言えるでしょう。この政権の後になって、「醜いアメリカ人」が外交関係に登場したのでした。国内の政治生活においては、過ちを是正し、損害を修復することがますます難しくなっていることを除いて、この醜いアメリカ人というものはほとんど気づかれずにいたのでした。

その後、間をおかずに、数名の思慮深い観測筋は、この国の統治形式が二〇世紀の敵対する勢力の襲来に抗して、二一世紀にもまだ存続することができるかどうかに、疑問を表明し始めたのでした。こうした疑念を最初に公表したのは、わたしの記憶するかぎりでは、ジョン・ケネディ大統領でした。しかしこの国の全般的なムードは楽観的なままであり、ウォーターゲート事件の後になっても、次から次へと到来する最近の大変動にそなえていた人はいなかったのです。まるで歴史におけるナイアガラの滝のように、こうした大変動が次々とつづいたので、こうした出来事について考察しようとする観測筋の人々も、大変動のペースを緩めようと努力する行動的な人々も、誰もが麻痺して動けなくなったのでした。このプロセスがあまりに迅速に進むので、「いつ、どのようなことが起きたか」を、ある程度の秩序のもとに記憶しておくことすら、大変な努力が必要になったのです。「四分前に起きたことはすべてが、古代エジプトとおなじように昔のことになった」（ラッセル・ベーカー）のです。

わたしたちを麻痺させているさまざまな大変動はかなりの程度まで、異なった意味と異なった原因をもつ出来事が同時に発生していることによるものです。このような同時性は奇妙に思えるのですが、歴史的には決して珍しいことではありません。まずこの国はベトナム戦争に敗れました。「名誉ある平和」ではなく、屈辱的な敗戦そのものを味わい、すべての人がすべての人の敵となるこの戦争の忘れがたい光景とともに、ヘリコプターで狼狽のうちに国外脱出をしたのでした。これは政府の想定していた四つのオプションのうちでも可能なかぎりで最悪のオプションでした。これにわが国の広報活動として最悪の曲芸が追加される始末でした――赤ん坊の国外への運びだし、まったく安全に暮らしている南ベトナムのごく一部の人々の「救出」。敗戦だけではこれほど大きなショックは与えなかったでしょう。これは何年も前から、多くの人々がテト攻勢の後に確実に予測していたことでした。

「ベトナム化」が成功しなかったことには誰も驚きません。この失敗はアメリカ軍の撤退の口実として使われた広報スローガンであり、薬物、汚職、脱走兵、明らかな叛乱などに悩まされたアメリカ軍は、もはやベトナムにとどまることができなかったのでした。わたしたちが驚いたのは、グエン・バン・チュー大統領が、アメリカ政府の保護者に相談もせずに、サイゴン政権の解体を加速的に進めたやりかたでした。解体があまりに迅速だったので、占領にやってきた勝利者たちには、占領するために戦う相手すら残されていなかったのです。北ベトナム軍が、追跡できないほどに迅速に逃げ去る敵にどうにか追いすがってみると、それはもはや撤退中の軍隊などと呼べるものではなく、巨大な規模で荒れ狂う暴徒と化した兵士と市民たちの信じられないような群れにすぎないものでした。

しかしここで注目する必要があるのは、東南アジアで起きたこの災難とほとんど同時に、アメリカ合衆国の外交政策が崩壊したことです。キプロスでの災難では、トルコとギリシアという以前の二つの同盟国との同盟関係を失う可能性がありました。ポルトガルのクーデターとその不確実な帰結、中東での蹉跌、アラブ諸国の台頭。さらに国内でのさまざまなトラブルが重なりました。インフレ、通貨切り下げ、都市問題、失業率と犯罪率の増大。そしてウォーターゲート事件の混乱をさらに深めるかのように（まだこの事件の余波は収まってもいないのです）、北大西洋条約機構（NATO）とのトラブルが発生し、イタリアとイギリスが破産に直面し、インドとの間に紛争が発生し、核兵器は拡散をつづけ、東側世界との緊張緩和《デタント》の成り行きが危ぶまれます。この状態を、第二次世界大戦直後のアメリカの地位と比較してみてください。今世紀に起きた多数の先例のない出来事のうちでも、アメリカ合衆国の政治的な勢力の迅速な衰退には、十分に注目する必要があることに同意されると思います(1)。これもほとんど先例のないことです。

わたしたちは、一つの時代を画する歴史の決定的な転換点に立ちあっているのかもしれません。わたしたちはこの時代をともに生きながらも、日々の生活の容赦ない要求を満たしつづけねばならず、時代と時代を画する線をまたいでも、そのことにほとんど気づかないものなのです。時代を画する線が、過去をもはや取り戻すことのできない過去として遮断する壁としてそびえるようになったあとで、人々は初めてこの線に躓くようになるのです。

こうした〈壁〉に文字を書くことがあまりに恐ろしいことに思える歴史的な瞬間には、

多くの人々は絶えず配慮を求める日常的な生活の安心さに逃げ込むのです。その誘惑はいまではこれまでになく強いものになっています。人々は歴史的に長期的な展望を立てることで安心したいと考えがちなのですが、本来なら逃げ道となる長期的な展望も、安心できるものではなくなっているからです。二百年前に確立されたアメリカの自由の制度は、歴史のうちで名誉に輝いたどの制度よりも長生きしました。人間の歴史に記録されたこれらの名誉ある制度は、わたしたちの政治的な思想の伝統において模範的な手本となってきたのです。しかし年代的にみると、こうした名誉ある制度が輝いたのは例外にすぎないことも忘れてはなりません。例外的なものとして思想のうちに輝かしく生き延びた制度は、暗い時代にあって人間の思考と行為を照らしだしてくれるのです。将来を見通すことのできる人はいません。わたしたちがこのかなり厳粛な瞬間に確実に言うことができるのは、この自由の二百年がどのような終わりかたをするにせよ、そのさまざまな起伏とともに、ヘロドトスの言う「栄光にふさわしい報酬」をかちえたということです。

しかしこの長期的な展望と記憶につきものの栄光の瞬間はまだ訪れていません。そしてこの機会においてわたしたちに求められているのは、建国の父たちの「思考、発言、行動の異例なまでの質の高さ」をふたたび確認することでしょう。わたしたちがこの営みに誘惑されるのは、ごく自然なことです。この「質の高さ」を再確認することは、まさに建国の父たちの「異例なまでの」質の高さのために、至高の瞬間においては不可能なことだったのではないかと考えたくなります。人々がいまのわたしたちとアメリカの建国の時代を隔てる恐ろしいほどの距離を自覚するからこそ、多くの人々がルーツを探し始め、起きたことの「根深い原因」を探し始めているのだと思います。

　こうしたルーツや「根深い原因」というものは、それが作りだした外見のうちに隠されてしまうという性質があります。調査や分析の対象となるものではなく、解釈と考察という不確実な方法でしか手がとどかないものなのです。こうした思索の内容はもってまわったものとなることが多く、ほとんどいつでも、事実についての記録の公正な検討の前提となっているものに依拠しているのです。第一次世界大戦や第二次世界大戦の勃発の「根深い」原因については、多数の理論が提示されています。こうした理論は、憂鬱な後智恵に基づいたものではなく、資本主義や社会主義の性格と運命、工業時代やポスト工業時代の性格と運命、科学と技術の役割などについての考察が、やがて確信へと固まっていったものに基づいているのです。それでもこうした理論には、語りかける聴衆の暗黙的な要求のために大きな制約を受けています。人々が要求するのは、そうした理論がもっともらしいものであること、すなわち特定の時代にごく理性的な人間がうけいれられるものであることです。信じられないことをうけいれるように要求することはできないのです。

　ベトナム戦争の狂乱のうちのパニックのような終焉を目撃していた多くの人は、テレビで見たものを「信じられない」と考えたと思います。そして実際にこれは「信じられない」ものでした。希望または恐怖のもとで予想することのできないもの、運命の神がほほ笑むときにわたしたちが祝い、不幸が訪れるときにわたしたちが呪うのは、現実のこうした側面なのです。根深い原因についてのすべての思索は、現実の時代の衝撃から、ありうることだと思われ、合理的な人間が可能であると考えられることで説明できるものへと戻っていくのです。こうしたもっともらしさに異議を唱える人々、悪しき便りをもたらす人々、「事態をありのままに語る」ことにこだわる人々は決して歓迎されず、ときには許してもらえないものなのです。そしてみかけには、「深い」原因を隠すという性質があるとすると、こうした隠れた原因についての思索は、事態の真のありかた、事実のむき出しの残酷さを隠して、わたしたちに忘れさせるという性質があるのです。

わが国の全体の政治的な光景が、婉曲に広報という名で呼ばれる習慣と決まりによって、すなわちマディソン街[1]の「智恵」によって支配されていた過去一〇年の間に、人間にとって自然なこの傾向が巨大なものに成長してきました。この智恵は、消費社会の〈役人〉の智恵、公衆に商品を宣伝する人々の智恵です。公衆の多くは今では、商品を生産するよりも消費することに、ますます多くの時間を費やすようになっています。マディソン街の機能は、商品の流通を助けることであり、消費者のニーズに関心を向けることはますます少なくなり、ますます多量に消費される必要のある商品のニーズに、強い関心を向けるようになっているのです。

マルクスが階級のない社会を夢見たのは、豊かさと豊穣さを実現するためだったとすれば、すなわち人間の欲求によって刺激された労働がつねに、労働者とその家族が生き延びるために必要なよりも多くのものを生産するという事実だったとすれば、わたしたちは社会主義と共産主義が夢見た現実に暮らしているということになります。ただし技術の発展を通じて(この発展の仮の最後の段階は、オートメーションです)、こうした夢をみた人々のもっとも奇抜な幻想を超える水準まで、夢が実現されたことだけが違います。そして高貴な夢は、悪夢とほとんどかわりないものに姿を変えたのでした。

初期の生産者の社会が、事実としては消費者の社会に変わったという変化の背景にある「根深い」原因について考察しようとする人は、『ニューヨーカー』誌に掲載されたルイス・マンフォードの最近の考察を読まれるとよいと思います。この消費社会は存続していくためには、巨大な浪費の経済に変貌しなければならないのです。というのは、「この全体の時代の背景にあるもの」、資本主義的な発展と社会主義的な発展のどちらの背景にもあるのは、「進歩という教義」だからです。マンフォードは、「進歩とは、みずからの進む道の路面を作りだしながら進むトラクターのようなものだ。このトラクターは永続的な軌跡を残すことがなく、人間的に望ましく、想像可能な終点へと向かって進むこともない」と語っています。「進むことだけが目的」なのですが、それでも「進むこと」に固有の美しさや意義があるからではないのです。進みつづけるのは、動きをとめること、浪費するのをやめること、ますます短い時間にますます多くのものを消費するのをやめること、ある瞬間にこれで十分だと語ること、それはただちに滅亡を招くことだからです。

この進歩と、それにともなう広告会社の絶え間のないノイズは、わたしたちが生きる世界を犠牲にして、作られた瞬間にすでに古臭いものとなっている商品を犠牲にして進むのです。わたしたちはこうした商品をもはや使うのではなく、濫用し、誤用し、投げ捨てるのです。最近、わたしたちの生きる環境についての意識が急に高まってきました。これは、こうしたありかたを改善するための最初の希望の光ですが、まだ本当の崩壊を引き起こさずに、この制御できなくなった経済の足をとどめる方法を発見した人は誰もいないようです。

マーケティングと政治

しかしこうした社会的および経済的な帰結よりもはるかに決定的なのは、マディソン街が広報という名のもとで採用している戦術が、政治的な生活にまで侵入してくるのを許してきたという事実です。『国防総省秘密文書』は、「世界の超大国が、実現してもどんな価値があるのかがそもそも疑問とされる問題をめぐって、小国を服従させるために必死に努力する一方で、毎週のように数千人の非戦闘員を殺害したり、重傷を負わせたりしているという状況」を詳細に示しています[2]。

この状況は、ロバート・マクナマラ国防長官の慎重に選んだ表現では、たしかに「好ましいものではない」のです。この秘密文書はまた、高潔であるとも、理性的であるとも言えない国防総省という組織を導いているのは、アメリカ合衆国が実際に「地上で最高の権力」であることを世界に納得させるようなイメージを作りだそうとする方針だけであることを、うんざりするほど繰り返しながら、疑問の余地なく証明しているのです。

ジョンソン大統領が一九六五年に野放しにしたこの破壊的で恐ろしい戦争の究極の目的は、権力でも利益でもなく、特定の明確な利益を維持するためにアジアにおける影響力を確保するという現実的なものでもありませんでした（そのためには威信と、適切なイメージが必要であり、それを目的にふさわしい形で行使する必要があったのです）。この戦争は、領土を拡張し、併合するという帝国主義的な政策によるものでもありませんでした。この国防総省の文書で語られている物語から拾い集めるべき恐ろしい真実は、唯一の永続的な目的は、イメージそのものだったことです。これが無数の覚書と「オプション」で、すなわち「シナリオ」とその「観衆」について、議論されていたのでした（これらの用語は演劇の世界から借りてきたものです）。

この究極の目的にとっては、すべての「オプション」は短期的に交換することのできる手段にすぎず、最後にすべての兆候が敗北を示す時期が訪れると、この役所は優れた知的な人材の総力をあげて、敗北を認めることを回避し、「地上で最強の権力」が無傷であるというイメージを保とうとしたのです。もちろんこの瞬間が訪れると、政府は新聞と正面から衝突せざるをえなくなり、アメリカ合衆国の実際の敵や外国のスパイよりも、腐敗していない自由な新聞記者のほうが、こうしたイメージ作りにとって大きな脅威となることを学ぶことになるのです。新聞との衝突のきっかけとなったのは、『ニューヨーク・タイムズ』と『ワシントン・ポスト』に、『国防総省秘密文書』が同時に掲載されたことでした。これは二〇世紀で最大の新聞スクープでしょう。しかし新聞記者たちが、「印刷するに値するすべてのニュース」を発表する権利を主張しつづけるかぎり、こうした衝突が生じるのは、実際には避けがたいことだったのです。

イメージ作りを世界的な政策として採用することは、歴史において記録された人間の愚行の巨大な兵器庫のうちでも、実際にかなり新しいものでした。しかし嘘をつくことは、政策としては新しいものでも、かならずしも愚かしいことでもありません。緊急事態においては虚偽はつねに正当なものとされてきました。とくに軍事問題にかんしては、特定の秘密にかんする虚偽は、敵から防衛するために正当とみなされてきたのです。原則として嘘をつくことではなく、こうした嘘をつくことは異例な状況において少数の人間だけに（嫉妬深く）守られてきた特権だったのでした。しかしイメージ作りにおいては、たとえばマディソン街の無害にみえる嘘が、軍と文官を問わず、すべての政府サービスのあらゆるランクの人々の間で広まってしまいました。「索敵撃滅」部隊のいいかげんな敵の死体数の発表、[3] 手心を加えた空軍の損害報告、マーティン南ベトナム大使がヘリコプターで退避する瞬間まで作成しつづけた政府への報告書（いつでも事態が順調に進展していることを報告するものでした）。こうした嘘は敵からも味方からも、秘密を隠そうとするものではありませんでした、それを目的としてもいませんでした。これは議会を操作し、アメリカ合衆国の国民を説得するための嘘だったのです。

嘘の帰結

生き方として嘘をつくのは、少なくとも二〇世紀においては、政治ではとくに目新しいものではありません。全体主義体制に支配されていた諸国では、これはうまい生き方だったのであり、嘘はイメージではなく、イデオロギーに導かれていました。周知のようにイデオロギーに導かれた嘘は圧倒的な成功を収めましたが、この成功は説得ではなく、テロルに基づいたものであり、有望なものではなかったのです。ほかのすべての問題は別としても、ソ連がまだある種の開発途上国であり、人口不足の国であることの大きな理由は、原則としてこの嘘にあるのです。

わたしたちが検討してきた問題に即して言えば、嘘をつくことを原則とするというこの方法の決定的な側面は、それがテロルによらなければ機能しないこと、すなわち政治的なプロセスにあからさまな犯罪性が侵入してきたということです。そして一九三〇年代と一九四〇年代には、ドイツとソ連でこれが巨大な規模で起きたのです。この時期にはこの二大国の政府は、大量殺戮者の手中にありました。ヒトラーの敗北と自殺、スターリンの急死という形でこの体制が終焉を迎えると、過去の信じられない記録を隠すために、きわめて異なる形ではありますが、どちらの国でも政治的なイメージ作りが採用されたのでした。

ドイツのアデナウアー体制は、ヒトラーを支援していたのは一部の「戦争犯罪人」だけではなく、ドイツ国民の大多数であったという事実を隠す必要を感じていました。そしてフルシチョフ書記長は有名な第二〇回党大会の演説で、すべてのことは、スターリンの「個人崇拝」という不幸な原因の結果であったと主張したのです。どちらの場合にも、この嘘は現在では〈もみ消しの嘘〉と呼ばれている嘘でしたが、怪物的な過去のために、国内に多数の犯罪者が残っていた状態から国民が回復し、ある種の正常な状態を取り戻すために、こうした嘘が必要と感じられたのです。

ドイツではこの戦略はきわめて成功し、実際にドイツは急速に回復しました。ところがソ連では、正常と言える状態に回復するのではなく、専制政治に逆戻りしたのでした。ソ連では、数百万人のまったく無辜な人々を犠牲にした徹底した支配から、反対派だけを迫害する専制的な体制に変化したのでした。これはそれまでのロシアの歴史を考えると、通常の変化と理解できるかもしれません。ヨーロッパで一九三〇年代と一九四〇年代に起きた恐ろしい災厄のもっとも深刻な帰結は、大量の殺戮をともなうこの種の犯罪性が、政治において許されていることと許されていないことを判断する意識的なまたは無意識的な基準となったことです。世論は、街路での犯罪は厳しく罰しようとするのに、殺人まがいの政治的な侵犯はすべて寛恕しようとする危険な傾向をそなえています。

ウォーターゲート事件は、わが国でも犯罪性が政治的なプロセスに侵入しようとしていることを象徴的に示しましたが、この恐るべき二〇世紀に起きたことと比較すると、その具体例はまだ穏やかなものに思えるので、深刻なものと考えるのは困難なほどです。しかし具体的にはこうした犯罪は、議会を操作するためのトンキン湾声明のような真っ赤な嘘、三流の窃盗、窃盗を隠すための余計な嘘、税務署を使った市民いじめ、行政府の命令だけにしたがうシークレット・サービスの設置の試みなどの形で、犯されているのです。外国の観測筋や論評者には、こうした事態はきわめて明らかなものです。アメリカでは過去二百年にわたって、成文憲法が実際に国家の法律の土台でしたが、外国ではそうではなかっただけに、そのことがはっきりと感じられるのです。この国では実際に犯罪となる侵犯行為も、他の諸国で犯罪とは感じられないのです。

しかしニクソンが録音させたテープの抜粋が発表されると、アメリカの市民であるわたしたち、少なくとも一九六五年以降の政権の反対派である市民たちは、苦しい立場に立たされるようになりました。この記録を読んでみると、わたしたちはニクソン大統領とニクソン政権の野心をいわば〈過大評価〉していたと感じるようになります（ベトナム戦争の破滅的な結果を過大評価することはなかったのですが）。わたしたちはニクソン大統領の行動を誤解していました。国の基本的な法律にたいする計算された攻撃が行われているのではないか、憲法と自由の制度を廃止する試みが行われているのではないかと疑念を抱いていたのでした。ところがふり返ってみると、このような大仰な計画などはなかったかのようです。たんに憲法かどうかにかかわらず、予定した計画の遂行を妨げるものは、どんな法律も無視するという堅い決意「だけ」があったのです。そしてこの決意は、権力への欲望や一貫性のある政治的な計画によってではなく、たんなる貪欲と報復心だけに衝き動かされていたのでした。

すなわち「地上で最強の大国」の政府を乗っ取ることに成功したのは、詐欺師の一団であり、才能のないマフィアのような人々だったのです。政府は、外国がアメリカの取り組みをもはや信用していないために、外国とアメリカの間に〈信頼性のギャップ〉が存在していて、これがアメリカと諸外国との関係に脅威になると主張していますが、じつはこの〈信頼性のギャップ〉は国際問題ではなく、国内問題としてわたしたちの脅威となっているのです。

アメリカの権力の低下の原因が何であろうと、どんな企てでも成功させるのに必要なのは、汚いごまかしだけだというニクソン政権の確信に基づいた奇怪な行動は、〈アメリカの没落〉の原因とは考えられません。これはあまり慰めになることではありませんが、ニクソンの犯罪は、わたしたちが比較したくなったような犯罪性から、まだかけ離れたものであるのはたしかなのです。それでもニクソンの犯罪と全体主義の犯罪にはいくつか類似したところがあり、それに注目する必要があるでしょう。

ニクソン政権の犯罪

まず、この犯罪をめぐる非常に不愉快な事実を確認しておきましょう。ニクソンの取り巻きには、親しい仲間の内部サークルに属さず、大統領から個人的に選ばれたわけではないのに、最後までニクソンから離れなかった人々がいること、これらの人々はホワイトハウス内部の「恐ろしい物語」を熟知していたのであり、大統領に操作されたりしていなかったのは明らかだったのです。ニクソン大統領がこうした人々を決して信用しなかったのはたしかですが、疑問なのはこれらの人々が大統領を信用することができたのはどうしてかということです。長い不名誉な政治的な経歴からも、ニクソンを信じることは決してできないことはわかっていたはずなのですが。ヒトラーやスターリンの側近となり、支えた人々についても、同じ不愉快な疑問を呈することができますし、こちらのほうがさらに根拠のある問いでしょう。

本物の犯罪者としての本能をもつ人間が強制のもとで行動することは稀ですし、政治屋や政治家のうちにこうした人物がいることはさらに稀なことです。その理由は単純で、政治という商売は、公的な領域のもとでの商売であり、公開性を求めるものですが、犯罪者は原則として公的な場に赴くことをあまり望まないからです。問題なのは権力の腐敗であるよりも、権力のアウラが、栄誉のある装飾が、権力そのものよりも人々を魅惑するということです。腐敗ということが問題なのであれば、二〇世紀において、犯罪そのものにいたるまで権力を濫用したことが知られている人々は、権力を握るはるか以前から腐敗していたことを指摘しておきたいと思います。

こうした犯罪的な権力者を支援していた人々が犯罪活動の共犯者となったのは、法の適用から寛恕され、法を超えた存在となるという保証が欲しかったからでしょう。確実なことはわかりません。それでも権力と権力者の性格に内的な緊張があるという想定の背後には、生まれながらの犯罪者とそれを支援する人々を無差別に同一なものとみなす悪しき傾向があるのです。ところが犯罪者を支援する人々は、世論の支持または「行政特権」の力で、犯罪を犯しても処罰されずに保護されることが明らかになってからでないと、支援に駆けつけないのです。

犯罪者の性格にみられる一般的な弱点は、すべての人が自分と同じような人間であり、偽善と伝統的な決まり文句をはぎとってみれば、自分の欠陥のある性格が人間につきものの条件の一部にすぎないと素朴に信じているところにあります。ニクソンの最大のミスは、まだ間に合ううちにテープを焼却しなかったことを別とすると、裁判所と新聞を買収できるはずだと、判断を誤ったことにあります。

〈身からでたさび〉

この数週間というもの、まるで雪崩のように出来事がつづいたために、ニクソン政権が編みだした嘘の編み物と、それに先立つイメージ・メーカーによる嘘の網の目は、一瞬だけではありますが、ずたずたに引き裂かれてしまいました。さまざまな出来事が、隠しようのないあらわな事実をその残忍な力のもとで露呈させ、瓦礫の山にしてしまったのです。当面は、彼らは〈身からでたさび〉という諺の意味を味わっているかのようです。でも「一事が成功すれば万事が成功する」という楽観的な雰囲気のうちで長く生きてきた人々には、「一事が失敗すれば万事が失敗する」という論理的な帰結をうけいれるのは難しいことでしょう。そうしてみると、フォード政権の最初の反応が、失敗を和らげ、失敗の大きさを弱めるために新しいイメージを作ろうとするものだったのは、きわめて自然なことかもしれません。

「地上で最強の大国」が、敗北を認めて生きる内的な力に欠けているという想定のもとで、そしてアメリカが新孤立主義の脅威にあるという口実のもとに（その兆候もないのに）、フォード政権は議会に責任をなすりつける政策を採用しました。これまでの多くの諸国が実例を示したように、政府は〈裏切り者がいた〉という伝説をわたしたちにおしつけようとしています。この伝説は一般に戦争で敗れた将軍がでっちあげるもので、アメリカではベトナム戦争の敗戦の際に、ウィリアム・ウェストモーランド将軍と、マクスウェル・テイラー将軍がその実例を示してくれました。[4]

フォード大統領はこれらの将軍よりは視野の広い観点を提示しました。どんな場合でも時間は前に進むという特質をそなえていることに注目して、国民に時間と同じように〈前に進む〉よう戒めを与え、過去をふりかえることは、たがいに責任をなすりつけあうことにしかならないと警告したのです。そして分裂した国家の傷を癒すために昔から尊重されてきた手段である無条件の恩赦を与えることを拒んだことは、まるで忘れたかのようです。フォード大統領は国民に、みずからは行わなかったこと、すなわち過去を忘れて新しい歴史の一章を開くことを楽しむことを求めたのでした。

長年の間、不愉快な事実はいわばみえない絨毯の下に放り込むという洗練された方法が採用されてきたのですが、今回の方法は意外なことに、不愉快な現実は忘却のうちに投げ捨てるという人類最古の方法に戻るものです。これが成功すれば、現実の代わりに作りだされたすべてのイメージよりもうまくゆくことはたしかです。ベトナムを忘れよう、ウォーターゲートを忘れよう、〈もみ消し〉も、大統領がこの事件の中心人物にすばやく与えた許しによってもみ消されたもみ消しも忘れようというのですから。この事件の中心人物はいまでも、悪しき行為を犯したことを認めるのを拒んでいるのです。恩赦（アムネスティ）ではなく、記憶喪失（アムネーシア）がわたしたちのすべての傷を癒してくれるというわけです。

全体主義の政府が発見したことの一つに、巨大な穴を掘って、そこに歓迎できない事実と出来事を放り込んで埋めてしまうという方法があります。これは、過去において行為者であったか、過去の事実の証人であった数百万人の人々を殺戮することによってしか実現できない一大事業です。過去はまるでなかったかのように、忘れさるべきものとされているのです。たしかにいまとなっては、過去のこれらの支配者の過酷な論理を見習いたいと思う人はいないでしょう。とくに彼らは成功しなかったのですから。今回の事件にかんして言えば、テロルが失敗したために、テロルではなく圧力のもとで説得し、世論を操作することで処理しようとしたわけです。

世論は最初は行政府のこうした試みには、あまりしたがおうとしませんでした。実際に起きた出来事にたいする最初の反応は、「ベトナム」と「ウォーターゲート」にかんする記事と書物が奔流のようにあふれだしたことでした。しかしこれらの多くは、「歴史の教訓から学ばない者は、それを繰り返す宿命にある」という古い格言を何度も引用するばかりで、わたしたちの最近の過去から学ぶべきはずの教訓を教えてくれもせず、事実を語ってくれもしないのでした。

ところで歴史の解釈からきわめて異質な教訓を引き出す歴史家は別としても、わたしたちが歴史から何かを学ぶとしたら、この託宣《ピュティア》を語る者の言葉は、デルフォイのアポロンが語る信頼できないことで悪名の高い神託にもまして、さらにあいまいでわかりにくいものと思えるのです。わたしはフォークナーとともに「過去は死なない、過ぎ去ってさえいない」と語りたいと思います。[5]その理由は単純で、わたしたちが生きている世界は、いかなる瞬間においても過去の世界だからです。この世界は善きにつけ悪しきにつけ、人間が作りあげてきた記念物と遺物で作られているのです。世界の事実は、起きたことなのです（ラテン語では事実《ファクトゥム》は、作《フィエリー》られるという語を語源としているのです）。ですから過去がわたしたちにつきまとうというのは正しいことなのです。いまを生き、現実の世界を、今となったこの世界を生きようと願うわたしたちにつきまとうのが、過去の機能なのです。

最近の大変動は、まるで〈身からでたさび〉のような結果になったことはすでに申しあげました。この諺を使ったのは、それがブーメラン効果を示唆しているからです。過去の世代の帝国主義的な政治家たちが非常に恐れていたのは、邪悪な行為が予想しない形でわが身にもどってきて、破滅的な結果をもたらすことでした。そしてこの効果を予測していたからこそ、過去の世代の政治家たちは、遠く離れた土地で、見知らぬ外国の人々にもあまりに過酷なことをするのを控えたのでした。善いことはあまり望めないので、手短な言葉で、誰の目にも明らかな破滅的な効果をいくつか（すべてではありません）列挙してみましょう。これについては外国や国内にスケープゴートを探すのではなく、その責任をみずからに問うのが賢明でしょう。まず誰も予測もしなかった形で好景気から不況に転じた景気の話題から始めましょう。ニューヨーク市の最近の破産のニュースは、悲しくも不気味な形で、この景気の転換を劇的に示したのでした。

歴史の教訓

まず誰にも明らかなことですが、インフレと平価の切り下げは、敗戦の後では不可避なことでした。そしてわたしたちが破滅的な敗北を認めたがらなかったために、「より根深い原因」を探すという無益な試みへと導かれ、誘いこまれたのです。戦争に投じられた非生産的な経費の全体を償うことができるのは、戦争に勝利して、平和条約において新しい領土の獲得と賠償が定められている場合だけです。わたしたちが敗れた今回の戦争では、これはまったく不可能なことです。わたしたちには領土を拡張する意図はありませんし、北ベトナムに国家を再建するための二五億ドルの資金の提供を申しでているほどですから

(もっとも支払うつもりはないようですが)。歴史から「学ぼう」と願っている人には、法外に豊かな人でも破産することがあるという陳腐な教訓をここから学ぶべきでしょう。しかしわたしたちを突然に襲った危機はもちろん、これだけではありません。

アメリカ合衆国からヨーロッパの全土へと広がった一九三〇年代の大不況を制御できた国はありませんでしたし、通常の方法で回復できた国もありませんでした。これにかんしてはアメリカのニューディールも、滅びつつあったワイマール共和国が採用し、効果のないことで悪名高かった緊急命令《ノートフェアオルドヌンゲン》も、どちらも無力だったのです。大不況が終わったのは、政治的な必要に駆られて急いで行われた戦時経済への移行によってでした。まずドイツでは、ヒトラーが一九三六年までに不況と失業を解消し、アメリカでは第二次大戦が勃発して、戦時経済への移行が行われました。このきわめて重要な事実には誰もが気づいたのですが、多数の複雑な経済理論がこの事実をすぐに覆い隠したので、世論は懸念を抱かなかったのです。

わたしの知るかぎりでは、この事実を繰り返し指摘した重要な論者はセイモア・メルマンだけでしたが(『衰退するアメリカ資本主義』を参照してください[6]。『ニューヨーク・タイムズ・ブック・レビュー』の書評によると、「三冊分のデータがあふれている」ということです)、彼の仕事は経済理論の主流からはまったく外れたところで展開されていました。そしてこの基本的な事実、それじたいできわめて懸念を抱かせる事実は、ほとんどすべての公的な議論で見逃されたままであり、これが製造活動に携わる「企業の仕事は商品を生産することではなく、雇用を提供することにある」という確信に、多かれ少なかれ人々に共有されていた確信にそのままつながる結果となったのです。

この表現は国防総省が作ったものかもしれませんが、国中に広まっていったのはたしかです。そして失業と不景気の救い主としての戦時経済につづいて、さまざまな発明を大規模に活用する試みが、オートメーションという呼び名のもとで展開されました。一五年から二〇年前に適切に指摘されたように、これは雇用が残酷なほどに失われることを意味していたはずなのです。しかしオートメーションと失業にかんする議論はすぐに姿を消しました。水増し雇用や生産の削減などの慣行が、労働組合の巨大な力で実行されたことで、この問題が部分的に（ただしその一部だけにすぎません）解消されたように思えたという単純な理由からでした。現在では、人々の移動手段を提供するためではなく、雇用を維持するために乗用車を生産しなければならないという考え方は、ほとんど誰もがうけいれているのです。

国防総省が兵器産業のために要求した数十億ドルは、「国家の安全保障のため」ではなく、経済が崩壊するのを防ぐために必要であることは、もはや秘密ではありません。戦争を政治の合理的な手段として遂行できるのは、ごく小国だけに許されるある種の贅沢となっている時代にあって、兵器の取引と生産は、もっとも成長率の高い事業となり、アメリカ合衆国は「比べようもないほど、世界最大の武器商人」となっているのです。カナダのピエール・トルドー首相は、アメリカ合衆国に売却した武器が最終的にはベトナムで使われたことを批判された際に、「手を汚すか、空腹なままでいるかのどちらかを選ばねばならないのだ」と悲しげに語ったものです。

このような状況にあっては、メルマンが指摘するように、「非効率が国家目的そのものに［高められた］」のです。この場合の〈身からでたさび〉は、きわめて現実的な問題を、悪賢い仕組みで「解決する」という消耗的な政策が、不幸なことに大きな成功を収めたことでした。しかしこの仕組みの成功とは、問題を一時的に消滅させることにすぎなかったのです。

アメリカ最大の都市であるニューヨーク市が破産に直面することによって経済的な危機の大きさが強調されたために、ウォーターゲート事件も、ニクソン政権とフォード政権のさまざまな試みも、すべて背景にひっこんでしまったのは、現実認識がふたたび目覚めつつある兆候なのかもしれません。ニクソン大統領が辞職を強制されたことによるすさまじい余波はいまなおつづき、わたしたちにつきまといつづけています。議会でニクソン大統領をもっとも強力に支持したために、ニクソンから大統領に指名されたフォード大統領は、選挙によって国民から選ばれた大統領ではないものの、熱狂的に歓迎されました。

ヒーローにひそかに憧れをいだいているとはとうてい考えられない知識人の一人であるアーサー・シュレジンガーが、「数日のうちに、ほぼ数時間のうちに、ジェラルド・フォードはホワイトハウスにこれほど長い間たちこめていた瘴気を追い払った。いわばワシントンにふたたび太陽が輝き始めたのだ」と語ったのでした。アメリカ国民の大多数はまさしく本能的に、このような反応を示したのです。フォードが時期尚早な特赦を認めた後では、シュレジンガーは考えを変えたかもしれません。しかしこのあわただしい評価は、まさに国民の気分と一致していたのです。

ニクソン大統領が辞任しなければならなかったのは、ウォーターゲート事件のもみ消しで告発されるのが確実だったからです。だとするとホワイトハウスの「ホラー物語」を追跡していた人々が示すべき正常な反応は、もみ消しの必要なこの事件を唆したのは誰かを問うことだったはずです。しかしわたしの知るかぎりでは、この問いを問い、真剣にとりあげたのは、『ニューヨーク・レビュー・オブ・ブックス』誌に掲載されたメアリー・マッカーシーの文章だけでした。[7]すぐに告発され、もみ消しですでに有罪を認められた人々は、出版社、新聞とテレビ、そして大学から、談話を聞かせてほしいと多額の報酬をさしだされて圧倒されていました。こうした人々の物語が、語り手の自己の利益に役立つものであることは疑問の余地のないものでしたし、ニクソンがみずから出版しようとした物語はとくにそうでした。この物語の出版でニクソンは二〇〇万ドルの前払い金をやすやすと獲得したのです。残念ながらこうした出版のオファーは政治的な動機によるものではありませんでした。市場そのものと「プラスのイメージ」を求める市場の要求を反映したものなのです。今回はもみ消しを正当化し、犯罪人を社会に復帰させるために、さらなる嘘と作りごとが求められたのです。

このたび〈身からでたさび〉を経験したのは、長い間のイメージ作り戦略の担当者でした。これは薬物に劣らず、習慣になるもののようです。わたしの考えでは、こうしたイメージ中毒について何よりも教訓を与えてくれるのは、カンボジアにおけるアメリカの「勝利」について、街でみられた人々の反応であり、議会の反応でした。多くの人はこの「勝利」は、敗北したベトナム戦争の傷を癒すために「医者が処方した」(ザルツバーガー)ものだと感じたのです。ジェームズ・レストンが『ニューヨーク・タイムズ』で巧みに引用しているように、「素晴らしい勝利だった」のです。わが国における権力の腐食は、これで峠を越えたのだと望みたいところです。ほとんど無援な小国にたいする勝利が、わずか数十年前にはほんとうに「地上で最強の大国」だったこの国の住民を喜ばせることができるほどに、アメリカの国民の自信が低下したのだとしたら、この自信の低下もどん底に達したのだと願いたいところです。

皆さま、わたしたちはいま、過去数年間の出来事の瓦礫の中から、ゆっくりとではありますが、回復しようとしています。わたしたちが二百年前の栄誉ある建国の出来事に値しないものとならないように、これらの常軌を逸した年月を忘れないようにしようではありませんか。事実が〈身からでたさび〉として、わたしたちの〈身〉のところに戻ってきたときには、それを歓迎しようではありませんか。そしてイメージや理論やまったくの愚行など、ユートピアに逃げ込もうとするのはやめましょう。合衆国の偉大さ、それは自由のために、人間にとって最善のものにも最悪のものにも、しっかりと目を配るところにあるのです。

(一九七五年)

編注

（1）読者は、アレントが軍事力と、政治的な勢力を明確に分けて考えていることに注目されたい。軍事力は暴力の遂行によるものであり、政治的な勢力は共通の問題について、ともに行動する国民の政治的な意志によって生まれるのである。

訳注

〔1〕マディソン街はニューヨークのマンハッタンにあるアメリカ広告業界の中心地。

〔2〕ベトナム戦争におけるアメリカ国防総省の腐敗を暴くために国防総省が作成させたこの秘密文書は、『ベトナム秘密報告　米国防総省の汚ない戦争の告白録』（ニューヨーク・タイムズ編、杉辺利英訳、サイマル出版会）として邦訳されている。

〔3〕索敵撃滅《サーチ・アンド・デストロイ》とは、アメリカ陸軍の歩兵部隊の戦術で、敵がいると思われる地域に小規模や中規模の部隊で進軍し、制圧する方式。昔のテレビ番組『コンバット』やキューブリック監督の『フルメタル・ジャケット』などで馴染みの戦術である。

〔4〕ウェストモーランド将軍（一九一四〜二〇〇五）は、ベトナム戦争の中期から末期にかけて、北ベトナム軍の壊滅をめざして多数の兵士を投入する戦略をとったことで知られる。戦後にＣＢＳはドキュメンタリー番組で将軍にインタビューし、国民の支持を確保するために一九六七年に意図的に敵の兵力を過小評価したことを曝露しようとした。テイラー将軍（一九〇一〜八七）は、一九五九年に軍を退役し、一九六四〜六五年にわたって南ベトナム大使となり、アメリカがベトナム戦争を続けることを支持していた。

〔5〕ウィリアム・フォークナー『尼僧への鎮魂歌』（阪田勝三訳、冨山房）から。

〔6〕Seymour Melman, *The Permanent War Economy: American Capitalism in Decline*, Simon and Schuster, 1974.

〔7〕メアリー・マッカーシーはアメリカの小説家で評論家。アレントの親友であり、往復書簡が『アーレント＝マッカーシー往復書簡』（佐藤佐智子、法政大学出版局）として邦訳されている。フォード大統領によるニクソン元大統領の免罪についてのエッセーは「ニクソンへのあとがき」（Mary McCarthy, "Postscript to Nixon", *New York Review of Books*, September 9, 1974）として発表されている。

解説

ジェローム・コーン

状況に応じた問いと答え

どのような問いにも、それぞれの状況に応じた異なる答えが必要なのです。この二〇世紀が始まってからわたしたちが経験してきたさまざまな危機が教えてくれるのは、もはやある決まった一般的な基準に基づいて、正しい判断を下すことはできなくなっているということだと思います。どのような問いにも確実に適用できる一般的な規則というものは、もうないのです。

ハンナ・アレント(一九〇六〜七五)はその生涯を通じて、哲学と政治の関係について、理論と実践の関係について、あるいはさらに簡潔かつ正確に表現すると、思考と行動の関係について、たえず省察を重ねてきた。そしてこの言葉は、この省察の結論を一言で述べたものである。

そのときアレントが語りかけていたのは、マンハッタンのリバーサイド教会で開かれた

「現代社会の危機の性格」の会議に参加するために、全国から集まってきた多数の市民だった(1)。一九六六年のことである。会議にやってきた市民が関心をいだいていた〈特定の政治的な危機〉とは何よりも、ベトナム戦争のエスカレーションだった。この会議は、市民たちが東南アジアにおけるアメリカの政策について懸念を表明し、個人として、あるいは集団として、この政策を変えさせるためにはどうすればよいかを考えるために開催されたのだった。

会議の主催者はアメリカ合衆国が、古代からの伝統のある国の文化を破壊し、アメリカにいかなる脅威ともならない国の人々を殺戮するのは道徳的に間違っていると感じて、アレントらの講演者に発言を求めたのだった。講演者たちの過去の危機の経験が、その時アメリカが直面していた危機を解決するための参考になると期待したからである。

ただし少なくともアレントの回答は、主催者を失望させるものだった。たしかに長年にわたってアレントの思索の中心となったのは、全体主義などの二〇世紀のさまざまな危機だった。しかしアレントは、すでに犯された悪の大きさを計る「一般的な基準」などはないこと、いま犯されている悪に適用できる「一般的な規則」などはまったくないことを明言したのである。アレントの語ったことは、聴衆がすでに抱いていた確信をさらに確固としたものにするものではなかったし、他人を説得できるような意見をもてるようにするものでも、反戦活動をさらに効果的に進められるようにするものでもなかった。アレントは、過去における成功や失敗をふり返って作られた類比《アナロジー》によって、現在の状況のもつ陥穽を避けることができるとは考えていなかった。

アレントは、政治的な行動は自発的なものであり、特定の状況の偶然的な要素に合わせて変えるべきものであるため、このようなアナロジーは意味がないと考えたのである。たとえば一九三八年のミュンヘンでのナチスへの「宥和戦略」は失敗に終わったが、だからといって一九六六年の宥和交渉に意味がないわけではない。たしかにアレントは、全体主義をもたらした人種差別主義や世界的な拡張主義などの要素には、誰もが警戒を怠ってはならないと信じていた。しかしアメリカ合衆国が敵とみなすどの体制にも、アナロジーに基づいて「全体主義的」という語を適用し、攻撃することには反対していた。

アレントが、過ぎ去った過去は現在とはかかわりがないと考えていたわけではない。ウィリアム・フォークナーの格言「過去は死なない、過ぎ去ってさえいない」という言葉を繰り返して倦むことがなかった。ただ「いわゆる歴史の教訓」に頼ることで、未来が隠しているものを見分けようとするのは、臓物占いや茶柱占いほどの有効性しかないと考えていただけなのである。本書の最後に収録した講演「身からでたさび」にはっきりと示されているように、アレントは過去についてははるかに複雑な見方をしていた。サンタヤナ[1]が頻繁に繰り返す言葉「過去を記憶できない者は、これを繰り返さざるをえない」には、それほどの信を置いていなかったのである。

それよりもアレントは、「善きにつけ悪しきにつけ」、この世界は現実に「起きた」ものになったのであり、「わたしたちが生きている世界は、いかなる瞬間においても過去の世界だからです」と考えていた（本書四八五ページ）。「ある瞬間にわたしたちが生きているこの世界はまさに、過去にあった世界なのです」。アレントは歴史の「教訓」を信じるのではなく、過去が、すなわち過去の行動が、現在においてどのように経験されることができるかという問いに注目するのである。

講演「身からでたさび」では、この問いに理論的な回答は示していないが、一九七五年のアメリカ合衆国の現状についてのほろ苦い判断は、〈過去がいまここにある〉という言葉でアレントが何を考えていたかを示してくれる。アメリカ合衆国の「二百年前の端緒」は「栄誉に満ちた」ものだったが、その後のアメリカがこの「自由の制度」の信念を裏切ってきたことが、現在のわれわれに「つきまとう」と語るのである（同）。その事実がいまやわれわれの〈身からでたさび〉となって戻ってきているのである。われわれがみずからの起源にふさわしい存在となるためには、「スケープゴート」を非難したり、「イメージや理論やまったくの愚行」（本書四九一ページ）に逃げ込んだりするのではなく、こうした事実を「歓迎する」ことが必要なのである。われわれはアメリカ合衆国の国民として、いまその責任を負うのである。

ある「特定の状況についての問い」に、アレントがどのような「状況に応じた答え」をしたかを教えてくれる次の逸話は、アレントが示した唯一の助言だろう（それが助言と呼べるようなものだとしてだが）。[2] 一九六〇年代の後半に学生たちがアレントに、ベトナム戦争反対運動で、労働組合と協力すべきだろうかと質問したのである。するとアレントは躊躇せずにかなり常識的に「協力すべきね。そうすればコピー機を使えるでしょう」と答えて、学生たちを驚かせたのである。

同じ時期の別の逸話は、助言とはまったくかかわりがないが、アレントのまったく異なる視点を示している。反戦デモをしている学生たちが、アレントが教えていたニューヨークのニュースクール・フォー・ソーシャルリサーチ校の教室を占拠したことがある。そのときに大学は特別会議を招集し、秩序を回復するために警察を呼ぶべきかどうかを検討したのである。反対意見と賛成意見が入り交じり、会議の終わり頃には警官を導入すべきだという方向で議論がまとまり始めていた。

アレントはずっと口を閉じていたが、同僚の教師が（アレントの若い頃からの知人だった）、嫌々ながらも「当局」に通知しなければならないのではないかと発言すると、きっとなってその同僚に向かって、「なんということを。彼らは学生で、犯罪者じゃないのです」と言ったのである。それからは警察の導入が口にされることはなかった。アレントのこの言葉が、実質的には会議を終わらせたのである。みずからの経験に基づいて自発的に語られたアレントの言葉を聞いた教員たちは、これは大学と学生の問題であり、学生と司法の間の問題ではないことを思いだしたのだった(3)。アレントの反応は、ある特定の状況において、その状況の特殊性をみつめながら下された判断であり、会議で語られた多くの言葉は、これを見失っていたのである。

道徳性の崩壊の謎

二〇世紀には、さまざまな政治的な危機が勃発した。まず一九一四年に初めての世界大戦が勃発し、ソ連とドイツでは全体主義的な体制が権力を握り、すべての階級の差をなくし、さまざまな人種の人々を殺戮した。次に原爆が発明され、第二次世界大戦ではこれを使って日本の二つの都市が消滅させられた。その後は冷戦になり、かつて全体主義を経験した世界が、核兵器でみずからを破壊できるこれまでに例のない能力を獲得した。朝鮮戦争とベトナム戦争が、そして「歴史におけるナイアガラの滝のように、こうした大変動」がつづいたのである（本書四六七ページ）。そしてアレントほど明確に、こうした政治的な危機を道徳性の崩壊という視点から認識していた人はいなかったのである。

こうした道徳性の崩壊が起きていたことは明白だった。むしろ議論の焦点となっていたのは、この道徳的な崩壊は、道徳的な「真理」を認識できない人々の無知や邪悪さによるものではなく、道徳的な「真理」そのものが不適切なものになっていたことによるのだということであり、アレントが注目したのはまさにこの理解の困難な興味深い核心だった。それまでは、人間がなすべきこととなすべきでないことは、こうした道徳的な「真理」を基準として判断できると信じられていたのだった。

皮肉なことにアレントが認めた唯一の〈一般的な〉結論は、西洋思想の長い伝統において一般に神聖なものとみなされてきたものが、もはや根本的に揺らいでしまったということとだった。道徳的な思想の伝統は破壊された。そしてこの伝統を破壊したのはたんなる哲学的な理念などではなく、二〇世紀の政治的な事実である。それゆえに、これをもはや復活させることはできないのである。

アレントはニヒリストでもアモラリストでもなく、みずからの思考の赴くままに思索する思想家であった。しかしアレントの思想の赴くままに書かれた文章を読む者には、一つの能力が求められる。知性や知識ではなく、みずから思考する能力である。アレントが提示するのは理論的な解決策ではなく、みずから思考するための豊富な刺激なのである。危機の時代にあっては、そして真の転換期においては、「過去は未来を照らすことをやめ、人間の心は闇の中を彷徨する」というトックヴィルの洞察がきわめて重要だと、アレントは考えていたのである。こうした瞬間には(そしてアレントは現代がこうした瞬間であると信じていた)、人間の心の闇がくっきりと見えてくるのであり、そのことによって、人間の責任の意味と判断の能力について、新たに考察する必要性が明らかになるのである。

『イェルサレムのアイヒマン』問題

一九六六年にはハンナ・アレントは有名人だった。もちろん一部の人々にはこの名声は不名誉にみえたことも否定できない。三年前の一九六三年には、『イェルサレムのアイヒマン　悪の凡庸さについての報告』が刊行されて、嵐のような議論がまき起こった。そのためにアレントは何人もの友人を失い、世界のほとんどすべてのユダヤ人コミュニティから疎《うと》まれたのである。これはドイツ生まれのユダヤ人であるアレントには辛いことだった。アレントは自分がドイツ生まれのユダヤ人であることを実存の「所与」とみなし、ある種の経験の〈賜物〉だと考えていた。この〈賜物〉こそ、アレントの思想の発展に決定的な意味をもったのである。

わかりやすい例をあげよう。アレントは自分がユダヤ人として攻撃された際には、ユダヤ人として防御する必要があると考えていた。ユダヤ人として攻撃されたのに、人間性の名のもとで、人権を主張して防御するのは、愚かしいほどに的はずれだとアレントは考えた。ユダヤ人が人間以下の存在であり、人間のダニであり、ダニのようにガス室で殺すべきだという非難に反論するのではなく、ただそのことを否認することが必要なだけなのである。唯一の可能な対応は次のように言うことだった——「わたしはユダヤ人です。そしてユダヤ人として自分の身を守りますし、わたしにはほかの誰とも同じに、この世界に属する権利があることを主張します」。アレントがユダヤ人としてどのように責任をとろうとしたかは、戦時中にユダヤ人を滅ぼそうとする敵と戦うためのユダヤ人の軍隊の創設を呼びかけたことのうちに示されている(4)。

『イェルサレムのアイヒマン』の刊行の際の反応について考えてみよう。ユダヤ人たちが何よりも憤慨したのは、この書物のうちのわずか一〇ページほどの記述だった。この箇所では、ヨーロッパのユダヤ人コミュニティの一部の指導者たちが、あまり「著名でない」

ユダヤ人の信徒たちを選別してガス室に送るために、アドルフ・アイヒマンに「協力」したことが描かれていたのである。これは歴史的な事実であり、裁判の間もその前後にも確認されている事実である。

ただしアレントは、アイヒマンが行ったことの重要性を低め、罪を免れさせ、有罪性を低め、犠牲者よりも「怪物的」でない存在とするために、〈悪の凡庸さ〉という概念を使ったと非難されたのである。これはなんとも不条理な非難だった。ユダヤ人の指導者たちがアイヒマンにどのように「協力」したとしても、ユダヤ人が存在するという問題への「最終解決」を開始し、実行したのは、ヒトラーとその取り巻きであり、アイヒマンはそれを手伝ったのである。たしかにユダヤ人の指導者たちの行為は、一般的な道徳の崩壊のきわめて明確な兆候である。しかしジェノサイド政策そのものにはいかなるユダヤ人も、いかなる責任を負うこともない。それはアレントにも、ほかの誰にも自明なことだったはずだ。

この書物を読んだユダヤ人たちは無邪気にも（あるいは邪気があって）、特定の責任がどこにあり、どこにないのかを理解しなかったのである。このことはアレントには、「自分が悪をなすよりも、悪をなされるほうがましである」（本書三一ページ）というソクラテスの命題を完全に裏返したものに思えた。ナチスの支配のもとでユダヤ人の指導者たちは、みずからに悪が行われるよりも、みずから悪を行って、それほど「著名でない」信徒たちを最初に死に赴かせることは、理解でき、うけいれられることであるだけでなく、「責任のあること」（と当時は言われたのだった）と考えたようである。

アテナイの人々から死刑を宣告されたソクラテスは、自分の置かれた状況を判断して、別のポリスに逃亡して、意味のない生を送るよりも、アテナイのポリスにとどまり、死ぬことを選んだのだった。そしてアレントにとってこのソクラテスの実例は、ほかのいかなる論拠にもまして、ソクラテスの命題を西洋の道徳思想の土台とする原則となったのだった(5)。ソクラテスが生きていたのは遠い過去であり、アテナイの政治的な体制は腐敗していたかもしれないが、ヒトラーのドイツほどに邪悪な体制ではなかった。しかし道徳的な原則とは、歴史的な時間と世界の偶然性を超越するようなものではないだろうか。

『イェルサレムのアイヒマン』が引き起こした別の反応も、アレントにとっては困惑させられるものだった。たとえば、われわれのうちには誰にもアイヒマンがいると主張されたのだった。これは、われわれが生きている状況のもとでは、いやおうなしに、誰もがある機構《マシン》の「歯車」にすぎないと言おうとするものであり、責任ある行動が無責任な行動とは違うことを否定するものだった。アレントにとっては、イェルサレムの裁判の主な重要性は、そして他のすべての裁判の重要性は、被告のアイヒマン、この典型的な〈机上の殺人者〉を、一つの機構《マシン》のたんなる歯車とみなすのではなく、自分の過ごしてきた人生において、みずからの責任で数百万の人々の命を奪ったひとりの個人として裁いたことにあった。アイヒマンはみずから手を下して人を殺したことはないが、犠牲者を用意し、集団にまとめ、アウシュヴィッツの〈死の工場〉に送り込むことで、殺人を可能にしたのである。やがて法廷は、実際に道具を使って犠牲者の身体を破壊した人々よりも、アイヒマンのほうに大きな罪があると判断し、アレントもこの判断に同意したのである。

アイヒマンに直接かかわるものではないが、これと不思議なほどに類似した反応があった。ナチス支配の恐怖のもとでは、善を行わないでいるという〈誘惑〉は、強制的に悪をさせられることに等しいものであり、こうした状況では誰も聖者のようにふるまうとは期待できないという意見である（これは本書の「独裁体制のもとでの個人の責任」でとりあげられている）。しかしアレントが『イェルサレムのアイヒマン』で書いたことを読んでみれば、ユダヤ人が抵抗しなかったのはなぜか、ある事例では絶滅プロセスを促進するようにふるまったのはなぜかという問いを提起したのは、アレントではなくイスラエルの検事であるのは明らかである。

アレントにとっては、〈誘惑〉という観念を導入することは、道徳性が変化したことを示す別の兆候だった。これは人間の自由という観念そのものと対立するものだからだ。道徳性は選択の自由に依拠するものであり、誘惑と強制は同じものではない。アレントが指摘するように、〈誘惑〉という観念をある行為の「道徳的な根拠」として利用することはできない。ところが強制された者にとっては、強制には道徳的な意味はほとんどないのである。

また「六百万人のヨーロッパのユダヤ人の殺害は、現代における最大の悲劇的な出来事」であり、アレントの『イェルサレムのアイヒマン』は「過去十年間でもっとも興味深く、感動的な書物だった」[6]という発言もあった。ただしアレントは、この意見の背後にある論理は、きわめて不適切なものと考えていた。アレントはドストエフスキーやメルヴィルのように、思想のうちから悲劇を創作したわけではない。特定の裁判で暴かれた事実を詳細に検討しただけである。アレントにとってはこの裁判でただひとつ関連のある問題は、「人類全体の」複数性、「人間的な多様性そのもの」を破壊したアイヒマンの責任を明らかにする判断であり（これは究極的には裁判所の判決というよりも、アレント自身の判断である）、「この多様性なしでは、〈人類〉とか〈人間性〉という言葉が意味を失ってしまう」ということにあった。すなわちアイヒマン裁判においてアレントは、アイヒマンの犯罪が人間性にたいする犯罪、人間という地位にたいする犯罪、すべての人類にたいする犯罪として、正しい判決を下されることの重要性を確認したのである。

また、悪の凡庸さという概念は、それがもっともらしいものであるために、反論の難しい理論であるという主張もあった。現在でも新聞でごくありきたりの小さな犯罪行為を形容するために、この概念が頻繁に使われることにも、こうした主張の反響が残っているのである。アレントにとっては〈悪の凡庸さ〉とは理論でも教義でもなく、考えようとしないある人間が蔓延させた悪の実際の性格を示すものだった。このアイヒマンという男は、ユダヤ人の輸送を担当するゲシュタポの士官としての職務についていたときも、逮捕されて囚人として被告席に立たされていたときも、自分が何をしているのかを考えたことがなかったのである。裁判の全体がこの事実を暴き、確認した。悪の凡庸さという残酷な事実がアレントを驚かせ、衝撃を与えたのは、「悪についてのわたしたちの理論とは矛盾する」からであり、それが「正しい」としても、決して「もっともらしく」はない事実を暴いていたからである。『イェルサレムのアイヒマン』においてアレントは、悪の凡庸さの概念について夢みたり、想像したり、考えたりしたのではなかった。アレントが指摘するように、悪の凡庸さは「思考を超えた」ものだったのである。

一つの文章をのぞいて、本書に収録された講演、講義、エッセーは、アイヒマン裁判ののちに書かれたものであり、アイヒマンの思考能力の欠如の重要性を理解しようとするアレントの営みの跡をさまざまに異なる形で残している。アレントが『全体主義の起原』と『人間の条件』の著作で探究した広大な歴史的な文脈においては、アイヒマンは一人の人間として、ふつうで正常な人間として、「道化」として、悪を広めるとはどうしても思えないような人間として、はっきりと目立つ存在である。アイヒマンの凡庸さ、そして自発性の完全な欠如のために、アイヒマンは「怪物」でも「悪魔」でもなく、それでいて極限的な悪の執行者となっているという事実に衝撃を感じたのは、アレントだけだったのである。この衝撃が、本書の主要なテーマであり、これが責任と判断についてアレントが理解を深めるための触媒となったのだった。

＊

良心の概念

アレントが『イェルサレムのアイヒマン』で書いたことについての誤解や、ここでは言及しなかったその他の事柄について、明言されずに背後に控えているいくつかの事実について、指摘しておきたい(7)。その一つは、アイヒマンの良心といういきわめて困惑させられる問題について、アレントをのぞいて誰も認識もせず、理解もせず、指摘しようともしなかったことである。

これを誰も問題としなかったことは、少なくとも次の二つの点から注目に値する。まずアイヒマンは証言において、ふつう「良心」と呼ばれるものを所有していることを明確に示している。イスラエル警察の取り調べにおいてアイヒマンは「一生をカントの道徳的な掟にしたがって生きてきた」し、「カントの義務の定義にしたがって」行動してきたと発言した。自分はヒトラーの定めたドイツの法律にしたがっただけでなく、自分の意志を「法の背後にある原則」と同じものとしてきたと宣言したのだった(8)。

第二に(これはほとんどいつも否定されるのだが)、アイヒマンの証言に直面したアレントが行っていたのは、実行すると宣言していたこと、すなわち裁判のうちに明らかになってくるものを報道していたことを、この問題ほど明確に示すものはないのである(ただしこうした報道ではめったに期待できないほどの深さにおいてであったが)。アイヒマンの「良心」が裁判の過程において注目されるようになったことは、悪の凡庸さの意味と分かちがたいものである。

悪の凡庸さという概念が生まれたのは、アイヒマンの良心を検討することによってであるのは、これからも明らかなのである。同じ意味において、アレントが悪について理論的に考察するうちに、アイヒマンの凡庸さという概念によって、哲学者、心理学者、知性の高さを疑うべくもない人々にも、良心という現象の分析を嫌う傾向があることを明らかにしたことも、ここで指摘しておく必要がある。これらの人々は良心を、ある動機を合理化するものとして、抵抗することのできない情動として、行動の「規範」として、さらに繊細な形では、無意識のうちに沈み込んだ意図として、考える傾向がある。どうやら良心という現象は、分析しにくいもののようである。

いずれにしてもアレントは「思考と道徳の問題」という文章では、悪の凡庸さの概念について理論を構築しようとするのではなく、「どのような権利でわたしはこの概念を所有し、利用するのか」(本書二九八ページ)というカントの問いをみずからに投げかけているのである。さらに「道徳哲学のいくつかの問題」の講義においては、ラテン語とギリシア語の「良心」の語の語源に埋め込まれた経験を検討し、キリスト教の誕生と、意志の概念の発見とともに、良心に含まれる否定的な意味が、肯定的な意味に転換していったことを指摘する。そして判断の能力の行使というあまり注目されることのない局面のうちに、良心の注目すべき現実が発見されていることを示唆しているのである。

まるでアレントは「良心」という語を裁判にかけ、歴史的な過去に埋もれてはいるが、自分の心の中で培われている良心の〈生ける根〉を調べるために、多数の問いを投じているかのようである。この良心の裁判ではアレントは、情熱的な尋問者であると同時に公正な判事として登場する。これはイェルサレムで始まり、イェルサレムでは終わらず、これからも終わることのない裁きでもある。この裁きはたんに『イェルサレムのアイヒマン』をめぐる議論を終結させようと試みるものではない（この議論はまだまだ終結してはいないのである）。この良心の裁きでは、アレントが書き終えられずに死後に刊行された『精神の生活』での考察を含めて、多くの重要な問いが問われているのである。

ここに賭けられているのは、正義と不正の違いを理解し、善と悪の違いという道徳性の意味を理解しようとするアレントの試みである。古代においては道徳性や倫理とは、習俗や習慣にすぎないものだった。そして現代においても事情は変わっていないことを指摘したのは、思想家であり文献学者であったフリードリヒ・ニーチェだった。アレントは知的な影響をうけたというよりも、精神のありかたが似ているために、そして体系的な哲学を構築せず、急に訪れる洞察を重視したという意味で、ニーチェには強い愛着を感じていたのである。

アレントは故国のドイツにおいて、みずからも周囲の多くの人々も自明なこととみなしていたもの、一見すると健全で確固としたものにみえていた道徳的な構造が崩壊し、ナチスの支配の極限的な瞬間において、「汝殺すなかれ」が「汝殺せ」に逆転したことを目撃したのだった。そして第二次世界大戦の後にはアレントは反対の逆転を目にすることになる。かつての構造がそのままで再生されたのである。それではこの道徳的な構造は、どれほど健全で確固としたものだったのだろうか。人間の行動の規格と基準を定める原則は、取り替えのきく価値にすぎないと主張したニーチェが、結局は正しかったということにならないだろうか。

アレントはこれに合意すると思われるかもしれないが、そうではない。ニーチェの「失われることのない偉大さ」は、道徳性とは何であるかを明らかにしたことではなく、「道徳性というものがどれほどお粗末で、意味のないものとなってしまったかをはっきりと示した」ことであり（本書八八ページ）、この二つは違うものだとアレントは考えるのである。ニーチェと同じようにアレントは、神的な起源のものや自然法を起源とする規格や価値が存在して、すべてのものをこうした規格や価値のもとに包摂することができると考えはしない。こうした規格や価値を他人に課したり、みずからうけいれたりすることは拒むのである。しかしニーチェとは異なりアレントは、この二千五百年の歴史において西洋の「文学、哲学、宗教」が、道徳のために別の言葉をみつけなかったこと、「すべての人間に同じ声で語りかける良心の存在については、さまざまな大仰な文句が発明され、さまざまな主張やお説教が告げられてきた」（本書八六ページ）ことに、心から驚くのである。

アレントのこの驚愕は何よりも、善と悪を区別できる人が存在したこと、さらに重要なことは、いかなる状況においても、可能なかぎりでみずからの善悪の区別にしたがって行動することができた人が存在したという事実に基づくものである。こうした人々は聖人でも英雄でもなく、神の声を聞いたわけでも、自然の普遍的な光《ルーメン・ナトゥーラーレ》に照らされたわけでもないのに、善と悪の違いを知っていて、それを守りつづけたのだった。二〇世紀にあらわになった世界においてこの事実は、個人の性格の内的な「高貴さ」の問題としてすませるには、あまりに驚異的なものと思われたのである。

根源的な悪

一九四〇年代から、少なくとも一九五三年のスターリンの死去までは、アレントの仕事のライトモチーフは、アレントが全体主義の「根源的な」または「絶対的な」悪と呼んできたものを対象としていた。ナチズムとボルシェヴィズムの体制のもとで、人間にとって理解できる目的によらずに、人類が大量に殺戮されたという事実に注目していたのだった。全体主義は、政治、法、道徳性を理解するために伝統的に利用されてきたカテゴリーを破裂させることで、人間の理性に挑戦し、これを凌辱したのであり、人間の経験の了解可能な〈織物〉を引き裂いたのである。

全体主義の強制収容所の「実験室」で行われた「実験」において、人間の世界を、これまでに先例のない形で破壊される可能性があらわになった。疑いようのない〈人類〉の存在が、人間性の理想の実質が、跡形もなくなったのである。個人の生活は、絶滅の〈エンジン〉の燃料として使うための「命のない」物質と変えられて、「余計な」ものになったかのようだった。これが自然と歴史のイデオロギー的な法則の動きを加速したのである。(9)二〇世紀の全体主義の悪はもちろん、ニーチェにとっても、ニーチェ以前に人間の悪という昔からの問題を考察した哲学者にとっても、未知のものだった。アレントがこの悪を「根源的な」悪と呼んだとき、それはこの悪の〈根〉が世界に初めて現れたことを指していたのである。

しかしアレントがアイヒマンの裁判で初めて直面したのは、アイヒマンが自分のしたことについて思考する能力を欠如していることだった。アレントは、これは愚かさとは違うものだと考えたのである。そしてこの事実に直面することで、こうした悪は地上に無制限に広まる可能性があることを認識するようになったのである。この悪のもっとも驚くべき特徴は、これがいかなる種類のイデオロギーにも根差さずに、人々のあいだに広まることができることだった。

人間の悪は、それが後悔をもたらさず、悪行を犯してもただちに忘れ去られるならば、いかなる制限もなしに広まりうるのである。そしてこの無制約な悪の存在が明らかになったからこそ、アレントは悪をなすことに抵抗したり、悪をなすことを控えたりするだけでなく、悪に誘惑されることもない個人の特質について、「ほかに適切な呼び名がないので、「道徳性」とでも呼べるもの」（本書二五七ページ）について、哲学者や知識人だけでなく、すべての人が注目すべきだと考えたのである。

思考と自由

要するに、本書に収録した後期の文章においては、アレントは道徳的な現象を正当に扱うことを目指すとともに、良心とは、ニーチェが考えたような「道徳の系譜」の後の段階になって登場する随伴現象などではないことを示そうとしているのである。本書に収録したすべての文章は、なんらかの形で「ほかに適切な呼び名」がないものについて語った物語として読めるのである。たとえば「『神の代理人』――沈黙による罪？」という文章は、教皇の不在の物語として読めるのである。アレントは『イェルサレムのアイヒマン』を「上機嫌」で書いたが、それは根のない悪について思考できたからではなく、思考することによってこの悪を克服できると感じたからである。

しかしアレントの著作は全体として、政治の問題を考察したものだと考える読者には（これは間違ってはいない）、これはきわめて奇妙でなじみのないことに感じられるだろう。アレントはさまざまなところで、はるか昔のルネサンス時代にマキアヴェッリがやったように、政治と道徳を明確に区別している。「集団責任」の文章では、これを疑問の余地のない形で示した。「人間の行動についての道徳的な議論の中心にあるのは自己です。人間の行動の政治的な議論の中心にあるのは世界です」（本書二八四ページ）。

このことをさらに明確にするためには、次のことをつけ加えておけばよいだろう。すなわち、道徳と宗教は、自己や自己の魂の救済を重視するのであり、自己よりも世界のほうを重視しようとする人間の基本的な政治的な傾向を否定しがちなのである。もっとも全体主義のように、これを破壊することはないのであり、この政治的な傾向は、人間の複数性の条件に根差したものなのである。

道徳と宗教は、それが哲学的な省察の成果であるか、霊的な瞑想の成果であるかを問わず、世界という観点からみると、きわめて私的な経験のうちで、人間の心の目で「見える」ものとして、心の中に具体的なものとなった「真理」であり「真理の基準」なのである。この観点からみると理論的には、これらの真理を「絶対的なもの」とみなす人々にとっては、公的な事柄に参加することができなくなる。真の政治的な活動とは、その定義からして、他者の強制されない合意に依拠するものであり、公的に思考され、公的に修正することのできる法律よりも「高きもの」に答えようとする人を容易にはうけいれることができないのである。ここでアレントはマキアヴェッリに近い場所に立つ。道徳的な命令や宗教的な命令が、人間の意見の多様性に挑戦する形で公的に宣言された場合には、こうした命令は世界を腐敗させ、命令そのものを腐敗させるのである。

さらにアレントが信じているように、人間の自由が政治の存在根拠《レゾン・デートル》そのものだとすると、またカントに反してアレントが考えているように、自由の経験は行動のうちだけで疑う余地のないものとなるのだとすると、行動と思考を区別することで、アレントはたがいに基本的に異なる二つの活動が存在することを指摘していることになる。思考する者は自己において省察するが、行動する者は自分以外の人々としか行動することはできないのである。

そして思考という活動は、孤独のうちに行われ、思考者が行動を開始すると停止される。反対に行動という活動は、他者がともにいることを求めるものであり、行為者がみずからのうちで思考し始めると停止される。

アレントは思考や行動の結果ではなく、活動そのものに関心をもっているために、カントと同じ方向で考察を進める。われわれの行動の結果は自律的に決定されるのではなく、偶然に基づいて決定される。ほとんどの場合は、われわれが実現しようとする目的に、他者がどう反応するかによって決定されるものである。このためカントは道徳哲学において、人間の行動しようとする意志のうちに自由をみいだした。われわれが作りだした法律にしたがうという意識的で強制されない決定のうちに、「自由の法」とその定言命法のうちに、自由をみいだしたのである。

しかし同じ理由から、われわれは他者とともに行動するときに、自分の行動がどのような結果をもたらすかをあらかじめ知ることはできない。だからアレントは、それがどのようなものにせよ、何かを新たに始めるプロセスのうちに、世界のうちに何か新しいものを持ち込むというプロセスのうちに、現実的な自由の経験をみいだしたのである。アレントは、カントが人間の自由と呼んだもの、すなわち人間の自律は、法にしたがうかどうかによって決まるのではなく（これは定義からして自由の否定である）、法を体現した道徳的な人物または人格が世界のうちに現れることによって決まるのだと考えた。

このカント的な人格は（ここでは「道徳的な」という語は冗語である）、自己に顧みるという活動のうちでみずからが構成されるものであることを認める。ただしここでアレントにとっては問題が生まれる。ある人物が、仲間のうちに現れるとき、その人物は自分だけに責任を負うという意味で、仲間たちとは別の場所に立っている。この人物にとっては善をなす傾向性も、悪をなす傾向性も、すべての傾向性は一つの誘惑であり、それが自分から離れて世界の方に向かって「彷徨」させるのであり、その理由から抵抗すべきものである。

道徳的な意識や良心という伝統的な観念についてもっとも説得力のある形で説明しているのは、カントの定言命法という概念だろう。カント自身は定言命法を、純粋な実践理性の普遍的な法によってえられた「コンパス」のようなものとして、すべての理性的な生物が善悪を判断するために利用できるものとして考えていた。しかしアイヒマンが示したのは、カントの定言命法に基づく義務の観念は転倒させることができるものであり、思考の欠如の無制約さは、概念的に把握できないものだということだった(もちろんカントにはこのことは知る術もなかったのだ)。そのために、アレントにとっては、カント的な意味で義務を遂行する人物は、自分の行為の結果についてはいかなる責任も負わないため、政治的には不十分なものとならざるをえない。

善の逆説

ここまで、われわれが道徳性として考えているものについてのアレントの懸念を足早に考察してきたが、この考察にナザレのイエスの例をつけ加えるべきだろう。イエスは、行為すること、善を行うこと、「奇蹟」を行ってこれまでに先例のない出来事を行うこと、侵犯を赦すことによって新しい始まりを可能にすることを愛していたのであり、アレントはこのイエスの行動への愛を、その力強さによって、ソクラテスの思考への愛と比較してみせた。そしてキリスト教という宗教において罪人を赦す役割をはたすキリストと行動するイエスとは、明確に異なる存在であることを指摘したのである。

これに関してとくに重要な点は、善をなすためには、行われる善を他者からだけではなく、善をなす者そのものからも隠す必要があることをイエスが強調したことにある（「右の手のすることを左の手に知らせてはならない」）。アレントはこれを、行為者の独善性だけではなく、行為者の無私性と、行為者の自己の不在を示すものと考えたのである。この意味では善をなす者は、思考する者以上に世界のうちで孤立している。善をなす者は、みずからとともに〈いない〉からである。

善の起源が、カントの考えたように、みずからを顧みる思考のうちに存在するのではなく、自己という私的なものが含まれない行為のうちにあるのだとしたら、それではナザレのイエスが重視した善と悪の違いはどのようなものになるのだろうか。イエスは、何をなすべきかと問われると、「わたしについてきなさい、わたしがするようにしなさい。明日のことまで思い悩むな」と答えたのだった。このイエスの崇高で革命的なまでの〈こだわりのなさ〉は、安定性をめざした制度的なものへの関心の欠如を示すものであり、生命そのものにたいする無関心さを示すものだろう。こうした関心の欠如は、初期のキリスト教徒の終末論的な信仰にはっきりと姿をみせている。しかしこれはマキアヴェッリの名人芸としてのヴィルチュの概念を思いださせるものであり、アレントのヴィルチュ概念の解釈の説明ともなるものだろう[10]。

イエスはたしかに最大の活動の名人（ヴィルトゥオーソ）だった。アレントの活動の概念と行動の概念の大きな違いは、活動には独自の終わりがあることだ。ある行為者が定めた目的は、かならず他の行為者が定めた目的と対立するものであるため、活動の意味は（意味があるとして）、かならずその活動のうちに存在しなければならない。アレントにとって活動はこの点で、生命の維持のために行われる〈労働〉とは異なるものであり、あらゆる種類の〈工作〉も異なるものである。工作の目的は工作するという行動のうちにはなく、工作を超えたところで、その活動の外部に、工作されるもののうちにある。たとえば生産的な芸術の作品は、世界に加わって、世界を美しいものにするのである。アレントは、マキアヴェッリもまた活動を、活動的な生活の完全で純粋な活動性として理解することに同意するだろうと考えていた。そしてイエスは、この「こだわりのなさ」のうちに、すなわち目的のなさのうちに、活動を模範的な形で示していたのである。

そこで問題になるのは、善人であるのは誰なのかということである。これが問題なのは、イエスは自分が善人であることを否定したからであり、マキアヴェッリも善人でない方法を、君主に教える必要があると考えていたからである。アレントによると、活動であらわになる行為者の特異なところは、他者に「栄誉ある者」または「傑出した者」として現れることができるところにあるが、独特な形で善人として現れることはできないのである。

善人として現れることができない理由は二つある。まずイエスとマキアヴェッリの場合のように、道徳性というものが規則に基づいて定義されている場合には、規則にしたがうことには独特なところはまったくないからである。またほぼ同じ意味で、善をなすことで人は善人になるのだとしても、世界のうちで善人として現れてはならないからであり、これについてはイエスもマキアヴェッリも同じようなことを主張しているのである。

それでは善はどこにあるのか。イエスは右の頬を打たれたら、左の頬をも差しだせと語り、下着をとろうとする者には上着をとらせよと語る。要するに隣人を自分と同じように愛するだけでなく、敵も愛するように求めることで、伝統的な道徳性の規則を投げ捨てる、あるいはむしろ伝統的な規則が不適切なものだと判断するのである。イエスもマキアヴェッリも伝統的な基準には縛られていないし、活動そのものにおいてその原則が輝きでるような実例を示しているのである。こうした原則には誠実さと勇気が含まれるが、栄誉ある者または傑出した者として現れることをできなくするような不信や憎悪は含まれない。

もちろんイエスとマキアヴェッリのこのような比較には制約がある。ここで示そうとしたのは、イエスもマキアヴェッリも、〈自己〉というもののない活動者であり（マキアヴェッリの場合には、不満を抱いた活動者であり、共和国を建国すべき者である）、どちらも哲学者ではなく、われわれを行動に赴かせる心的な能力である意志には、関心を示さないのである。キリスト教の普及とともに、神学者たちは個人の意志の能力が何よりも重要だと考えるようになった。個人の将来の生、死後の永遠の生命の条件として、天国で至福を獲得するか、地獄で永劫の苦しみを受けるかを決定するのは意志であると考えるようになったのである。

アレントはイエスではなくパウロがキリスト教という宗教の創始者であるだけでなく、キリスト教哲学の創始者であると語っている。パウロは救済される価値のある者になろうと試みながらも、自分が意志する善を実行することができないことを発見した。ということはパウロが発見したのは、わたしは意志するというのは、わたしはできると同じことではないということだった。パウロはこの分裂を霊と肉の対立と考えたのであり、この対立をいやすためには神の恩寵が必要だと考えた。

ところがアウグスティヌスはパウロのこの教義をさらに根底的なものとする。アウグスティヌスはこの対立を意志そのもののうちに位置づけ、みずからの原因としての意志の自由そのもののうちに対立があると主張したのである。アウグスティヌスにとっては意志にしたがわないのは肉としての身体ではなく、意志そのものだと考えた。意志は、善と悪の違いを意識している良心として、肯定的なものである。意志はなすべきことを命じるのである。しかし同時に意志はその自由において、みずから命じたことを実行するのを妨げるのである。

アウグスティヌスから強い影響をうけているアレントは、意志はみずから意志した善を実行することができないことが、困惑させられるような道徳的な問題を提起すると指摘している。意志が意志そのものにおいて分裂しているならば、意志はそもそも善をなすことができるのだろうか。「しかし意志なしでは、わたしはどのようにして行動へと赴くことができるのだろうか」。アウグスティヌスは、思考が存在する善性への愛に導かれた行動であることを経験しており、アレントはアウグスティヌスのこの経験に大きな示唆を受けたのである。思考は悪によって導かれることはできず、悪は存在するものを破壊するのだから、思考という行動のうちにある人は、悪をなすことはできなくなると考えたのである。この洞察はアレントにとっては重要なものだが、特定の行為の〈善さ〉を決定するのは思考ではないこともまた熟知していた[11]。思考そのものは、意志の内的な矛盾のうちに現れる活動の問題を解決することはできないのである。活動の自発性については、意志の自由は一つの深淵なのである。

判断という能力

晩年の一九七三年頃にアレントはアメリカ・キリスト教倫理協会で行った発言[12]の草稿で、

「古代以来初めて」われわれの生きる現代という時代が、権威という安定性を欠いた時代であり、道徳的な活動に関してはとくに教会という権威が失われた時代であると語っている(13)。何世紀もの間、教会の権威が、人々の揺れ動く意志を服従させてきたのであり、永遠の断罪の脅威によって、活動に制約を与えてきた。しかし現代ではほとんど誰も、そしてとくに大衆は、もはや教会の権威を信じてはいない。アレントにとって活動と始まりは同じものであるから、すべての始まりには「完全な恣意性」という要素があることに注意を促す。そしてこの恣意性を、人間の生誕の偶然的な条件としての誕生《ナタリティ》と関連づけてみせるのである。

アレントが言いたいのは、われわれの両親が、祖父母が、われわれの先祖がたがいに出会ったことは、いまふりかえってみれば偶然的なものであり、必然的な原因をもたない偶然の出来事だということである。そしてまたわれわれの始まりに偶然性があることは、自由であること、始まりとしての自由を経験する能力があることにたいして、われわれが支払う代価だということである。アレントは人間の自由の偶然性は、われわれが現在も生きている真の危機であると考える。この危機を回避することはできないのであり、提起するに値する有意義な問いは、われわれにはこの自由が気にいっているかどうか、その代価を支払う用意があるかどうかである。

この発言でアレントはさらに、ソクラテス的な思考、「助産婦としての機能」、「産婆」としての思考は、いわば将来からわれわれを訪れるもの、われわれに姿をみせるものに準備させる役割をはたすものであり、この危機に対処する助けになると語っている。ソクラテスは対話の相手の意見や偏見（先入観）を吟味しながら、「無精卵でない子供」をみつけることはできなかった。アレントはこうした思考によって対話の相手だけでなく、ソクラテスも「空虚なもの」であることが明らかになったと語っている。「自分が空虚なものであることが分かれば」、特定の事例を思考の嵐の中で消滅した規則や基準のもとに包摂することなく、「判断できるようになる」のである。つねに判断する必要があるわけではない。しかし判断が行使される場合には、さまざまな現象にはその偶然としてのリアリティにおいて「正面から」出会うことができる。これは善であり、あれは悪である、これは美であり、あれは醜である。アレントは、われわれがあの薔薇ではなく、自分の庭に生えてきたこの薔薇が美しいと判断するのと同じように、道徳的な現象や政治的な現象を判断することができると考えていた。

　ということとは、こうした事柄においてはわれわれの判断は自由に行使されるということである。アレントが「道徳哲学のいくつかの問題」において、判断が意志の自由な選択《リーベルム・アルビトリウム》と結びついていると考えたのはそのためである。この自由な選択という概念は、アウグスティヌスが意志の内的な矛盾を発見し、これに注目する前に、意志のうちに確認していた調停機能である。アレントは判断とはすべての始まりの「まったき恣意性」の調停者であり、判断力は意志とは別の能力であると考えていた。この能力はアウグスティヌスから何世紀もあとに、カントが美的判断の領域で発見したものだった。これらの問題が、アウグスティヌスが教会の権威を確立する上でどのような役割をはたしたかを考察すること、そしてカントが強い関心を抱いていた前例のない出来事であるフランス革命の際に、この判断力という能力を発見した事実について思いをめぐらせるのは興味深いことだろうが、ここはその場ではない。

アレントはこの発言において、生産的な芸術作品の「不滅性」について、数百年後あるいは数千年後になっても、われわれがこうした作品の美しさを判断することができ、実際に判断しているという事実によって、われわれは過去の耐久性と世界の安定性を経験することができると指摘している。

しかし世界の構造を強化する生産的な芸術作品とは異なり、活動はいかなる計画や手本ももたないのであり、世界を変えるのである。活動においては、意志の深淵の自由のうちにひそんでいる世界の脆さと柔順性があらわになるのであり、二〇世紀の経験はまさにこのことを証言している。それでもアレントによると、こうした「でたらめ」で「混沌とした」偶然性にもかかわらず、すべてが終わったあとでは活動の「意味を明らかにする」物語を語ることができるのである。

しかしこれはどのようにして可能になるのだろうか。歴史哲学においては、活動の結果に含まれる進歩または衰退に注目することが多いが、アレントが関心をもっているのは、実行されている間は、その結果が未知な自由な活動なのである。判断の能力は、物語で語られる行動とは別のものではあるが、行為者のうちで判断力が機能している必要があるのであり、アレントは行為者を演技者にたとえている。行為者の演技は、終わるとすぐに姿を消すものであるが、演技が行われている間は、演技の背景にある原則を「照らしだす」のである。行為者は、世界のうちに現れるにふさわしい原則を自主的に判断する。行為者にはその原則が気に入っているのであり、行為者の活動は他者にたいする訴えかけであり、他者にも気に入る訴えなのである。行為者は、活動している間は思考する暇はないが、心がないわけではない。そしてアレントによると、すべての心的な活動はみずからを顧みるものである。

しかし判断は思考や意志とは異なり、判断に対応する知覚、すなわち趣味と密接に結びついている。判断の顧みる営みは、「それが気に入る」または「それが気に入らない」という趣味の特性と結びつくのである。そして判断が他者の判断の趣味について顧みるとき、判断する者の趣味の直接性を超えることができるのである。判断という行為は、自分の知覚のもっとも主観的な営みである趣味というものを、人間に固有の共通感覚に変えるのであり、この共通感覚《コモンセンス》が世界で判断する人間に、その方向性を示すのである。

そうだとすると判断というのは、一種の均衡をとる活動だということになる。これは世界の安定性を秤量する正義の女神の秤の像において凍結されて示されている。この世界では、過去というものは、世界を新たなものとすること、活動に開かれていることに抗して、存在しているのである。そしてこの活動が世界の構造そのものを揺るがすこともあるのである。『精神の生活』の「判断」の巻はついに書かれないままだったが、この書物ではアレントが「道徳哲学のいくつかの問題」の最後で言及した事柄について、さらに立ちいった考察をするはずだった。

もちろんこの巻がどのようなものになっていたかは、誰も語ることができないものであり、本書の第一部「責任」に収録された文章でアレントが活動について提起した多数の問題が解決されていたかどうかは、分からない。それでもかなり確実なのは、アイヒマンに欠如していた思考する能力こそが、判断のための前提条件であること、そしてアイヒマンには判断することの拒否と判断能力の欠如がみられることである。判断の対象であり、判断に応じた行動を示すはずの他者を思い描くことを拒否し、思い描く能力が欠如していることは、悪を世界にもたらし、世界を悪で汚染するものだというのである。

判断の能力は意志とは異なり、みずからのうちで矛盾することはないし、判断する能力はその表現と分裂しておらず、実際には発言においても行為においても、ほとんど同じものであることを指摘することができよう。アレントの「ほかの適切な呼び名」という言い方にならえば、良心の現象は生ける者、かつて生きた者、これから生まれる者の声に耳を傾け、注意を払うことのうちで現に働いているのである。そしてこれらの者はたがいにとって好ましい持続的な世界を共有するのであり、こうした者の声に耳を傾ける可能性こそが判断を促し、判断の結果をもたらすものである。特定の現象が世界に現れることの適切さと不適切さについて、公正に判断しながら対処する能力、できるかぎり多くの異なる視点で配慮しながら考慮し、対応する能力こそ、活動の領域で政治と道徳がたがいに対立することなく出会うことのできる条件である。

本書の第二部「判断」に収録した文章は、アレントがこのように対応するためのすさまじいまでの能力をそなえていたことを、実例に基づいて明らかにしている。最後に、「思考と道徳の問題」の末尾のところで、判断は「そして少なくともわたしにとっては、思考は危機の稀な瞬間において、破滅的な結果を避けるために役立つものなのです」（本書三四三ページ）と語ったときに、アレントが考えていたのが、たんに道徳的な判断力にかぎられるものかどうかは、熟慮してみる価値があることだろう。

編注

（1）アレントの短いコメントは、後に雑誌『キリスト教と危機』に掲載された（*Christianity and Crisis, a Christian Journal of Opinion*, vol. 26, no. 9, May 30, 1966, pp. 112-114)。

（2）この逸話を教えてくれたエリザベス・ヤング＝ブリュールに感謝する。

（3）アレントは一九三三年にベルリンでシオニズム組織のために働いて逮捕された物語を語るのが好きだった。アレントを担当した警官は、すぐに彼女が犯罪者ではないこと、監獄にいるべき人間ではないことを見抜き、釈放の手続きをしてくれたのだった。アレントはその直後にドイツから亡命する。

（4）アレントの未発表で未収録の文章をまとめたこのシリーズの続巻では、シオニズムについての見解やイスラエル国家の建国を含めて、ほとんど理解されていないアレントのユダヤ人としての経験の重要性が明らかにされるはずである〔2〕。

（5）本書に収録した「道徳哲学のいくつかの問題」でアレントは、プラトンの政治哲学にとってはソクラテスの死がきわめて重要な意味をもったとしても、ソクラテスの生涯は「政治的な」ものではないと考えている。ソクラテスは求められた場合には、アテナイの市民としての義務をはたした。兵士として戦い、少なくとも一度はアテナイの公職についた。しかしソクラテスは「大衆」に語りかけるよりも、自分一人で、そして友人たちと思考するほうを好んだのだった。その意味では死刑を宣告された際のソクラテスの判断と行動は、政治的なものというよりは、道徳的なものだったのである。

（6）スーザン・ソンタグ、『ニューヨーク・ヘラルド・トリビューン』紙一九六四年三月一日号。

（7）『イェルサレムのアイヒマン』が出版された直後の数年間にまき起こった議論に寄与した多数の記事と書物についての詳しい説明はR・L・ブラハム『アイヒマン裁判　ソースブック』を参照されたい（R. L. Braham, *The Eichmann Case: A Source Book*, World Federation of Hungarian Jews, 1969）。一九六九年以降に発表されたアレントについての多数の著書は、ほとんど例外なく悪の凡庸さの概念について考察しているが、この概念の意味するものについては、まだコンセンサスはない。このことからも『イェルサレムのアイヒマン』は、これまで書かれた書物のうちでもっとも議論を呼ぶ書物の一冊といえよう。

（8）ただしアイヒマンの語る「原則」はヒトラーの意志であり、カントの実践理性ではない。

（9）ドイツのナチズムにとっての自然の「法則」は、主人となる人種を作りだすことだった。これは論理的には、「生きるにふさわしくない」と宣言されたすべての人種の絶滅をもたらすものだった。ソ連のボルシェヴィズムにとって歴史の「法則」とは、階級のない社会を作りだすことだった。これは論理的にはすべての「死につつある階級」、すなわち「死を運命づけられた」すべての階級を〈清算〉することだった。本書ではボルシェヴィズムについての言及は少ないが、ソ連では道徳の問題が偽善によって覆い隠されていたからである。社会的にではなく道徳的にみて、ナチズムははるかに革命的な運動だったのである。

(10) 二千年の時間を隔てて、ナザレのイエスとマキアヴェッリを同じ視点から眺めるという試みは、西洋の思想の伝統が崩壊した後のアレントの驚くべき思考方法を照らしだすものである。アレントの思想には偶像破壊的な特質があり、それに伴う危険性もあったのだった。

(11) これについてはハイデガーが一つの実例になったが、ハイデガーだけにみられる問題ではない。アレントは哲学者の職業的な偏見は、専制への好みを生むものだと考える傾向があった。

(12) この発言は、アレントの著作に関連して行われた発言への回答のようである。

(13) アレントが現代よりも古代を「好んでいる」かどうかについてはさまざまな議論があるが、ここでは古代と現代の類似性が提示されている。古代について考えることで、遠くから、すなわち公平な立場から現代のわれわれ自身を眺めることができるようになるのである。

訳注

〔1〕ジョージ・サンタヤナ（一八六三～一九五二）はスペイン生まれの哲学者で小説家。幼いときに渡米し、以後アメリカが生活し、執筆活動に入る。邦訳には『宗教哲学』『思想のアトムズ』などの著作がある。この言葉は『常識における理性』(George Santayana, *Reason in Common Sense*, Collier Books, 1962) からのもの。

〔2〕これらは二〇一三年にみすず書房から『反ユダヤ主義――ユダヤ論集1』と『アイヒマン論争――ユダヤ論集2』として完訳が刊行された。

テクストについて

本書『責任と判断』に収録したハンナ・アレントの講義、講演、エッセーのテクストは、英語で書かれたものである。アレントはナチスが支配するヨーロッパからの難民としてアメリカに亡命してきたとき、すでに三五歳になっていたが、それから英語を学び始めたのだった。一年後の一九四二年には、新たに習得したこの英語という言語で文章を発表するようになるが、生存中は英語の文章を発表する前に、「英語らしい文に手直しする」作業が行われていた。本書に収録した文章にも、そうした作業が行われている。

アレントは根っからの書き手だった。あるときアレントは、思考し終わると、タイプライターの前に腰かけて、指の動くかぎりの速さでタイプすると語ったことがある。母語のドイツ語の場合には、この方法はすばらしくうまくいったが、英語の原稿をみたことのある人なら、書く作業のすばやさがいくつかの困難をもたらしていることを知っているはずである。

アレントの語彙は巨大であり、古代のギリシア語とラテン語の知識でさらに深められていた。しかし英語で書くときには、声の直接性とその独特な特質のために、ときにあまりに長い文になることがあったし、単語の使い方や文のつなぎ方は一般に通用しているものと異なることも多かった。また原稿には多数の削除と切り貼りの跡があり（まだパソコン以前の時代である）、手書きによる書き込みは判読しにくく、どこに追加されるべきなのかが理解できないことも多かった。

編集者としてなすべきことは、アレントの言おうとした内容や、表現しようとした仕方を変えることなく、英語の文章を一貫性のあるものとすること、そして必要であれば構文を修正しながらも、アレントの心の襞を写しだす文体を変えないようにすることである。「プロローグ」の文章は、ヨーロッパ文明への貢献を称えてデンマーク政府からソニング賞を授賞された際に、アレントが一九七五年にコペンハーゲンで行った発言の原稿である。この賞を受賞したアメリカ人はアレントが初めてであり、また女性もアレントが初めてだった。過去にはこの賞にはニールス・ボーア、ウィンストン・チャーチル、バートランド・ラッセル、アルベルト・シュヴァイツァーなどが選ばれている。この受賞スピーチでアレントは、「公的な人物ではなく、公的な人物になることを望みもしなかったわたしのような人間に、公的な名誉」が授けられるのはなぜかという異例な問いかけを行っている（本書二一ページ）。思想家とは、できるかぎり公共性の光からは「隠れて生きる」存在だからである。これは謙遜ではない。謙遜とは謙虚さとは異なるものであり、つねに真実に反するものである。

アレントはその二五年前に夫宛ての手紙で、「公衆の目」の前に登場することは「不幸なこと」だったと語っている。それはアレントに「自分を探し歩かねばならなくなるような気持ちにさせる」ことだった。[1] このスピーチでアレントは公的な場において、自己を判断するという稀で困難な行為を演じてみせたのであり、これが正しく、あれが間違っていることを判断する能力は、何よりも判断についての自己了解に左右されるものであることを示したのである。

　アレントはみずからを判断しながら、〈汝自身を知れ〉という昔ながらの掟が、判断の条件であることを模範的な形で示している。アレントはラテン語の動詞「ペルソナーレ」から派生したペルソナという語を使っているが、この動詞は元来は、舞台で俳優がかぶる仮面から響く声をさしたものだった。ローマ時代にはこのペルソナという語は、「人類の一人」である生物学的な人間と異なる政治的な人格を示すために象徴的に使われていたが、アレントはこの意味ではなく、「定義できる」存在ではないが、「特定できる」誰かという象徴的な意味で、そして「世界という偉大な舞台」（本書二一五ページ）における役柄を演じるときに、俳優がかぶる仮面にあっては失われる独特のこのもの性という象徴的な意味で使っていたのである。この仮面は取り替え可能なものであり、アレントはこのスピーチをする際にも、一枚の仮面をかぶっていたのである。アレントはこの比喩を使うことで、判断が自己というもののない役者から分離できないものであること、役者の独特さは他者だけに、その内面が不可視でありながら聞きとることのできる他者だけに現れることができることを、ほかのいかなる方法よりも、透明な形で示すことができたのだった。

本書でもっとも巨大な課題に立ち向かっているのは、「道徳哲学のいくつかの問題」であろう。一九六五年と一九六六年に、アレントは二回の連続講義を行った。一九六五年にはニュースクール・フォー・ソーシャルリサーチ校において、「道徳哲学のいくつかの問題」というタイトルで講義し、翌年にはシカゴ大学で「基本的な道徳命題」というタイトルで講義した。一九六五年の連続講義は四回の長い講義であり、翌年の講義は一七回に及ぶ連続講義だった（内容は前年とほぼ同じである）。本書では一九六五年の講義の原稿を収録し、シカゴ大学の講義で異なる考察が行われているところは、異稿として補足した。この文章を読むと、教師としてのアレントの声を聞くことができるだろうし、おそらく教師として講義しているアレントの姿を思い浮かべることができるだろう。「道徳哲学のいくつかの問題」の原稿の作成にあたっては、エリザベス・M・ミードの援助に感謝したい。もちろん最終稿に手落ちがあるとしたら、わたしの責任である。

「独裁体制のもとでの個人の責任」「集団責任」「思考と道徳の問題」「身からでたさび」はどれも、講演やスピーチとして聴衆に語りかける形で書いたものである。「プロローグ」と「身からでたさび」は、アレントの生涯の最後の年に行われた講演であるため、本書の最初と最後を飾るのは、アレントが公衆の前に姿を現した最後の二回の原稿だということになる。

「独裁体制のもとでの個人の責任」はもっと短い版でイギリスとアメリカで放送されたことがあり、一九六四年に『ザ・リスナー』誌に掲載された。全体の原稿は本書で初めて発表された。「集団責任」というタイトルはアレントがつけたものではなく、一九六八年一二月二七日に、アメリカ哲学会で開催されたシンポジウムのタイトルである。このシンポジウムでの発表に答える形で、アレントは政治的な責任を個人の責任と区別し、「責任」という語の使いかたにおける意味のニュアンスの違いを明らかにしようとした。三つの例外を除いて（これについては注で指摘してある）、アレントが回答したほかの人々の発言への言及は削除してある。本書の構成としては、これを完全に削除するか、ほかの人々の発言を含めるかのどちらかであるが、ほかの発言を本書に含めることが、望ましいとは思えなかったからである。

アレントは一九六八年一二月二一日に、メアリー・マッカーシー宛ての書簡で、「来週ワシントンで開かれる哲学会の〈集団責任〉に関する会議におけるある発表について、癇癪を起こさずに、あまりひどく無礼にならないように、パネリストの一人として何を話すべきかと思い惑っているところに、あなたのお手紙がとどきました。学者たちの言うことが的はずれなのは、なんとも予想を上回るほど、信じがたいほどです」と書いている。(2)

本書『責任と判断』に収録された残りの文章はエッセーである。「リトルロックについて考える」を収録したのは、アレントの判断の重要な実例となるからである。本章に収録された文章で、『イェルサレムのアイヒマン』以前に書かれたものはこれだけであり、説明の必要があろう。最初はこの文章は『コメンタリー』誌の依頼で書かれたものであり、当初は同誌に掲載されるはずだったが、長いあいだ掲載されなかったためにアレントはこれを『ディセント』誌に掲載することにした。ただし編集部の次の説明文が付記されていた。「本誌でこれを掲載するのは、この文章に同意するからではなく（とても同意しかねるのである）、まったく間違っていると判断される見解にも、表現の自由があると考えるからである」

この論文にはすさまじい悪評が集中したが、これは数年後に『イェルサレムのアイヒマン』が刊行された際に突発した議論の激しさを予感させるようなものだった。アレントのこの文章は、リベラル派の人々の逆鱗に触れたのであり、こうした反応は現在でもつづいている。アレントはリベラル派でも保守派でもなかったが、この文章では黒人の子供の教育という特殊な問題を、「平等」という一般的な政治的な規則のもとに包摂するリベラル派の傾向に疑問を呈したのだった。

アレントはあらゆる形の人種差別規制に反対していたが、一方では学校での白人と黒人の分離をなくす政策を法的に施行するという最高裁判所の判決にも反対していた。これは自分の子供を通わせる学校を選ぶという両親の私的な権利を損ねるものであり、社会的な領域の重要な特徴である差別的な性格に反するものだとアレントは指摘する。ここに採録された写真は、アレントが自分自身の視点から、黒人の母親のまなざしを思い描く能力が、公正なものであるべき判断を下す際に基本的なものとなっていることを模範的に示すものとなっている。

アレントの「リトルロックについて考える」の文章の「序」の部分は、本来はこの論文にたいする二人の論者の批判にたいする「回答」として掲載されたものである。しかしどちらの批判にも、アレントは実際には答えていない。一つの批判は、無知と偏見を無定見に結びつけたものであり、答えるに値するものではなかった。もう一つはアレントの主張を根本的に誤解したものであるため、アレントはこれに答える代わりに、自分の論文の原則を強調する議論の要約を作って、これを序として掲載したのである。

後に一九六五年に、アレントはラルフ・エリソン宛ての書簡で、黒人の両親が、自分の子供を人種差別の経験という現実に直面させるという「犠牲の理念」を見逃していたと認めることになる。この「犠牲の理念」というこの要素は、確実に証明できるという確かさを求めるのではなく、多様な意見の合意というコンセンサスを求める判断の要請においては、しかるべき役割をはたすものである。しかしこれは憲法に依拠しながら、学校での白人と黒人の分離撤廃の強制に反対するアレントの基本的な論拠を変えるものではないし、写真に黒人の父親が不在であることの説明にもならない。学校での白人と黒人の分離撤廃は意図した目的をなお実現していない。アレントの警告の多くが現実のものとなっており、この問題はまだその全体が判断を求めているのである(3)。

「『神の代理人』――沈黙による罪?」と「アウシュヴィッツ裁判」もまたアレントの判断の実例である。「『神の代理人』」は教皇ピウス一二世の「罪」に関するものであり、アレントはホーホフートの戯曲『神の代理人』を読みながら、この「罪」は何かをなさなかった罪、不作為の罪だと指摘する。教皇はヒトラーがヨーロッパのユダヤ人を絶滅させても非難声明を発表することはなかったが、この非難声明がどのような帰結をもたらすかは、教皇自身にも、ほかの誰にも予測できないことであった。教皇の罪についてのアレントの判断はさらに、地上におけるイエス・キリストの代理人と自称する人物が行動しなかったことについて、われわれが判断する責任をなぜ回避しているのかという問題を提起するものである。われわれは判断を行使するのではなく、二千年のキリスト教の歴史を投げ捨て、人間性という理想そのものを放棄することを選んでいるのではないだろうか。

「アウシュヴィッツ裁判」は、逆立ちした世界についてのアレントの判断を示したものである。これは、すべての現実感のみせかけすら喪失した不自然な世界であり、考えられるかぎりの恐怖が、正式に許されることはないとしても、可能であった世界である。このアウシュヴィッツ裁判に関する文章で、アレントは不可能と思えること、すなわち裁判で唯一まともな人物であった医者のフランツ・ルーカスに正義を与えることが可能であることを示した。アイヒマンとは異なり、ルーカスは自分がしたことについて考えたのであり、あからさまに犯罪的な国家の「市民」となることがどのような意味をもつかを、その根底から自覚したときに、言葉を失ったのである。

編注

（1）『アレントーブリュッヒャー往復書簡』（*Within Four Walls: The Correspondence between Hannah*

Arendt and Heinrich Blucher 1936–1968, ed. Lotte Kohler, Harcourt, 2000, p. 236)。

(2)『アレント―マッカーシー往復書簡』〔邦訳はキャロル・ブライトマン編、佐藤佐智子訳、法政大学出版局、四一二ページ。訳文は変えてある〕。

(3) アレントの「リトルロックについて考える」における判断についての重要な説明として、『ハンナ・アレントと政治の意味』に収録されたカースティ・M・マックリュア「判断の評判 模範性、所有、政治についてアレントとともに考える」(*Hannah Arendt and the Meaning of Politics*, eds., C. Calhoun and J. McGowan, University of Minnesota Press, 1997, pp. 53–84) を参照していただきたい。またブラウン対教育委員会の判決にたいするラーニッド・ハンド判事の反対意見は、ハーヴァード・ロー・スクールのホームズ講義を参照されたい。

謝辞

わたしが編集作業の最初から影響を受け、導かれてきた著作を著した多数の学者たちに個別に謝辞を述べようとするのは、まったく愚かな試みだろう。ここではこれらの方々にまとめて感謝の意を表明することにして、名前をあげるのは数名の友人だけにかぎらせていただく。友人たちには学者もいるが、どなたもアレントの未発表の文章や書物に収録されていない文章を刊行する今回のプロジェクトを、さまざまな形で支援してくださった。以下ではアルファベット順に名前をあげさせていただく。

ドア・アシュトン、ベサニア・アッシー、ジャック・バート、リチャード・J・バーンスタイン、ジョン・ブラック、エドナ・ブロック、マーガレット・カノヴァン、キース・デーヴィッド、バーナード・フリン、アントニア・グルーネンバーグ、ロシェル・ガーステイン、ジェラード・R・ホラハン、ジョージ・ケイティブ、ロッテ・コーラー、マリー・ラザルス、ロバート・ラザルス、ウルスラ・ルーズ、エーリアン・マック、マッティ・メーグド、ゲイル・パースキー、ジョナサン・シェル、レイ・ツァオ、ダナ・ヴィラ、ジュディス・ウォルツ、デーヴィッド・ウィクダー、エリザベス・ヤング＝ブルーエルの各氏である。

ショッケン・ブックス社から本書を出版できたのはとても嬉しいことだった。ハンナ・アレントが一九四六年から一九四八年まで、同社の編集者をつとめていたという経緯だけのためではなく、同社はその他の著作、とくにカフカのすばらしい作品集を刊行していたからでもある。また「リトルロックについて考える」の冒頭を飾る写真を特定してくださったラーエル・ラーナーに感謝したい。デニエル・フランクには、その辛抱強さばかりでなく、編集者としてのするどい判断には感謝しきれないほどである。アレントを研究したことのある方であれば、アレントの思想についての深い知識をそなえている編集者や、アレントの思想を心から愛する編集者をみつけることが、とくに最近ではいかに困難になっているか、よくお分かりだろうと思う。ダニエル・フランクは、アレントの思想への深い知識と愛の両方を兼ねそなえていたが、これはほとんど未曾有のことである。

最後に、多くの諸国の思慮深い男女の若者たちが、世界のうちで生きるためには、過去について新たに思考し、過去の遺産と災厄を、みずからの遺産と災厄として再構成する必要があることを理解し始めたことを指摘しておきたい。若者たちは、アレントの表現では「支えなしに考える」ことによってのみ、行動する意志がまだ意味をもちうることを認識しているのである。若者たちは、ハンナ（彼らはアレントをこう呼ぶ）を自分の信頼する〈ガイド〉として頼りにするようになっており、アレントの責任と判断に関するこれらの文章のうちに、自分たちが直面する問題の困難さと緊急性をみいだすことになるだろう。本書はこの意味で、「新たな到来者たち」（これもアレントの表現だ）に捧げる。まだ人間の世界に将来というものがあるのならば、世界の将来はこうした人々にかかっているのである。

訳者あとがき

中山　元

本書はHannah Arendt, *Responsibility and Judgment*, Schocken Books, 2003の全訳である。編者のジェローム・コーン氏は、アレントの遺稿集の管理人であり、アメリカの議会図書館で公表され始めたアレント遺稿集の編集者でもある。この書物に集められたのは、アレントが生前に発表していたさまざまな講演スピーチ、書評、論説などと、大学での講義の記録を集めたものである。なお議会図書館のアレント遺稿集サイト（http://memory.loc.gov/ammem/arendthtml/arendthome.html）でも、その原文の大部分が読める。

本書の「テクストについて」の項目でも説明されているが、ときに説明がごく簡略な場合もあるので、ここで本書の内容をごく簡単にまとめてご紹介したい。

まず冒頭の「プロローグ」（一九七五年）はデンマークの「ソニング賞」の受賞スピーチである。アレントは「ヨーロッパ文明に対する貢献」を認められたことを意外にうけとめながらも、公的な名誉を与えられることに両義的な姿勢を示していて興味深い。思想というものは外部からはみることのできない私的な営みであり、名誉とは無縁なところで行われるものだからだ。アレントは一九二〇年代のヨーロッパの「著名人の集まり」を例にとりながら、公的な名誉と注目を集めていた人々が、時代に押し流されるように道を誤り、時代の「災厄」にうまく対処できなかったことを指摘する。人々の注目を集めるほど、そして人々から「アウラ」を認められるほど、みずからの自己との対話を忘れてしまうという公的な名誉のもたらす〈罠〉のありかを暴くのだ。

『人間の条件』や『暴力について』のアレントほど、公的な生の重要性と、人々に語られる物語のうちにしかその場をもたない「活動」の意味について語ってきた人はいないだろう。ところがアレントはみずからが名誉ある賞の受賞者として、公的な場に登場することには、深い含羞の思いを抱いていた。

しかしこのような受賞スピーチにおいて、その名誉を拒むことは無意味なことであり、礼を失することでもある。そこでアレントが採用したのが、「ペルソナ」という概念によって、ただ一時《ひととき》の名誉の「仮面《ペルソナ》」をかぶることで、名誉というこの「神聖で幸ある生への侵入」に対処することだった。公的な名誉をうけいれながら、その名誉のもつ罠の所在を明かし、しかもその罠を逃れる巧みな手段を提示したアレントのこのスピーチは、きわめて巧みなものだと感心せざるをえない。

本書は「責任」と「判断」の二つの部分に分けられているが、第一部の「責任」においてはとくに道徳の問題が集中的に考察される。まず「独裁体制のもとでの個人の責任」(一九六四年)は、アレントの『イェルサレムのアイヒマン』がまきおこした嵐のような批判をうけて書かれた文章であり、さまざまなラジオ番組で放送された後に、同年八月六日号の『ザ・リスナー』誌に発表された。

この文章はほぼ、本書の全体の論調の要約の役割をはたすものであり、第三帝国統治下のドイツにおいて、それまで自明とみなされていた道徳的な前提と原則があっという間に崩壊したことの不思議さを問う。そしてアイヒマン裁判の議論で登場した「歯車理論」の虚偽をつき、「より小さな悪」という名目の空しさを暴露し、公的な地位につく者が、国家の命令で犯罪に手をそめざるをえないという第三帝国において、個人の責任はどのようなものであるかを問いかける。短い文章ながら、本質的な問題があらわになっていることに驚かされる。

第二の「道徳哲学のいくつかの問題」という長い講義は、一九六五年にアレントが教授職をつとめていたニュースクール・フォー・ソーシャルリサーチ校で開講された長い講義の記録であり、翌年の一九六六年にはシカゴ大学でもほぼ同じ内容の講義を行っている。この講義記録はドイツでは独立した書籍として翻訳刊行されているものであり（Hannah Arendt, *Über das Böse: Eine Vorlesung zu Fragen der Ethik*, Piper Verlag GmbH, 2006）、これだけで十分に一冊の書物として読める含蓄の深い文章である。講義としての性格のために語り口はやさしいが、この文章を読むことで、アレントの道徳論の全体像が理解できるほどの重要な遺稿である。

この文章の中心的なテーマは、アウシュヴィッツのあとでまだどのようにして倫理が可能であるかということにある。第二次世界大戦とその戦後の世界で、道徳原則が二回崩壊したのだった。第三帝国においては、人間は善悪を判断する道徳的な〈器官〉のようなものとしての良心という声を心のうちにそなえていて、何をなしてはならないかは、誰もが自明のこととして判断できるというそれまでの想定が、完全に覆されてしまったのだった。「ソニング賞」の受賞スピーチで語られていたように、名誉の高い人ほど、その切り替えは瞬時に行われたようにすらみえる。そしてナチス・ドイツが崩壊すると、それまで前提となっていた道徳的な原則は完全に崩壊し、また昔の原則が採用されたのだった。

この戦後の日本に生きるわたしたちにとっても決して他人事ではない二度の道徳原則の崩壊を目前にして、アレントはこのような二回にわたる道徳的な崩壊を避けることができた少数の人々に注目しながら、それがどのようにして可能だったのかを問いかける。

第一講ではカントの定言命法を例にとりながら、近代の道徳哲学では、人間に理性があること、実践理性が人間の行動を律し、善悪の判断が可能であることを素朴に想定していたことを指摘する。そして古代のアリストテレスやトマス・アクィナスの哲学を考察しながら、道徳というものがふつうに考えられるように、他者との関係であるよりも、「自己」との関係であることに注目する。カントの定言命法は、主観的な原則としてみずからに照らして吟味する性格のものであり、他者に対する影響や、他者に対する配慮などが入る余地はないのである。

第二講では、この道徳と自己の関係の特異な性格を考察しながら、第三帝国においてナチスの命令に逆らって、道徳的な無垢を維持することができた人々が採用したのは、「わたしにはどのような理由があろうとも、そんなことはできない」というものだったことに注目する。そのような行為をしたら、わたしは自己との間で仲違いをしてしまい、もはや自己を愛することも、自己とともに心穏やかに暮らすこともできなくなるというのが、こうした人々が悪をなすことを避けた根本的な理由だったのである。

　これは明らかに消極的な根拠である。善をなすことを選ぶのではなく、悪をなさないことだけが選べるのであり、そのためには死をもいとわないという明確な姿勢に貫かれていたのだった。アレントはこの根拠を哲学的に解明することで、それはソクラテスの示した命題だったことをつきとめる。プラトンの『ゴルギアス』では、ソクラテスがどうして不正をなすよりも、不正をなされるほうがましであるかを説明しながら、自己と、すなわちわたしという一人のうちにいるもう一人の人物と仲違いをするくらいなら、世界の全体と対立するほうがましだと宣言したのだった。この道徳律は、自己を根拠とするものであり、他者に配慮したものではないという意味で、西洋における道徳と自己との特殊な関係を象徴的に示すものだった。

　第三講ではアレントは、『人間の条件』でも提示された孤独と孤立と孤絶の概念を提示しながら、人間にとって本質的な条件である多数性の問題を考察する。ここで自己との対話というソクラテス的な掟ではなく、他者との関係としての道徳が初めて問題とされるわけである。まず孤独であるということは、人間が自己と沈黙の対話を交わす状態であり、

「沈黙のうちでみずからとともにある」というありかたである。孤独であるというのは、他者から離れてあることであるとともに、自己とともにあることである。思考という営みは、この孤独であることが重要な条件となる。もちろん他人が同じ部屋にいても、思考という営みができないわけではないし、他者との対話において思考が刺激されることもある。しかし思考のうちにはどこか非人間的な側面があり、ほんとうに思考に没頭している場合には、他者がそこにいないかのようにふるまわなければ、思考を続けることはできないものなのだ。

次に孤立しているというのは、孤独のうちで思考をすることもできず、内なる自己と同じような資格でふるまうことのできる〈友〉もないということである。孤立をまざまざと感じるのは、誰も知った人もいないし、ここは自分が今いるべきではないと感じるような群衆のただ中にいるときだ。

そして孤絶というのは、何か仕事をしているときのありかたであり、あるいは公的な場からなんらかの理由で、他者と接触を失ったときの状態である。孤絶した状態は、ラテン語のオティウム（閑暇）であり、それを生産的な仕事の場にすることも可能なのである。

アレントはこの人間の単独性の三つの様態を指摘しながら、人間の思考という営みと、行為という営みの違いを明確にする。思考するときは孤独の状態において人は自分のなかのもう一人の人間と沈黙のうちに対話を交わしているが、行為し始めた瞬間から、誰もが他者のうちで人間の複数性のうちでふるまわざるをえない。そして道徳があくまでも自己との関係にすぎないならば、ソクラテスの掟だけで十分であるが、他者との関係で罪の意識が生じる場合には、ソクラテスの掟はもはやその力を失ってしまう。この消極的な掟は、あくまでも極端な状況、危機の状況でしか機能しない性格のものなのである。

すると日常の生活において道徳性が意味をもつためには、ソクラテスの掟ではない原則が必要となる。そこでアレントが注目するのが、「汝の敵を愛せ」というイエスの言葉である。『旧約聖書』においても「汝の隣人を自己と同じように愛せ」という掟は定められており、イエスもこれをうけいれていた。しかし「汝の敵を愛せ」というのは、この掟と似ているが、それよりも積極的に善をなすことを求める掟なのである。ここでは自己ではなく、他者が道徳の基準として登場しているようにみえる。

しかしここで奇妙な逆説が登場する。善をなす者は、それが善行であることを他者に誇ってはならないだけでなく、みずから意識していてもならないのである。アレントは『人間の条件』において、これをキリスト教に固有の無世界性と呼んでいた。行為をなす者は単独で神と向かいあっていなければならないのであり、他者のまなざしのもとで善行をなしてはならないのである。ここでは人間は奇妙な分裂にみまわれる。まるで神経症の患者のように、善行をするものは、善なる行為をしながら、それが善でないかのようにふるまうことを求められるのである。そのとき人は善を意志しながら、みずから善を意志することを否定しなければならなくなる。

アレントはこの奇妙な分裂が登場したことに、キリスト教における意志の概念の誕生の重要な契機をみいだしている。古代哲学においては、意志の概念は、アリストテレスの選択意志（プロアイレシス）として考えられてきた。道徳的な人とは、つねに善き行為を選択するように習慣づけられた人なのである。ここでは意志は習慣との関係において考察されている。しかしパウロが最大の問題としたのは、人間が善を為すことと悪を為すことの選択を迫られたときに、奇妙な分裂に襲われること、すなわち霊なる自己は律法にしたがって善き行為を為すことを望んでいるのに、肉なる自己はそれを無視して、悪を選ぶということだった。アウグスティヌスが示したのは、この人間の分裂は霊と肉のあいだにあるのではなく、意志そのもののうちにあることだった。人間の意志は三つにも四つにも分裂することがあるのである。

アレントが指摘しているのは、このイエスの善の掟は、ソクラテス的な自己のみにかかわる消極的な掟ではなく、他者へと向かう積極的な掟のようにみえるが、実は人間の意志に固有の分裂に襲われているために、世界のうちで複数の他者と行動する際の人間のふるまいを律することのできる道徳性の原則とはなりえないということである。他者のまなざしを否定する原則は、カントの定言命法やソクラテスの掟と同じように、自己と神のうちで閉じてしまうのである。

それではこれとは異なるどんな道徳的な原則が可能だろうか。それを示すのが第四講であり、この講義でアレントは意志の概念をてがかりに、カントの判断の概念を展開する。判断力とは人間に固有の能力のうちでは、教えることのできない特別な性格の能力であり、とくに美的な判断と趣味の判断のうちに示されるものだった。アレントは、この判断力を支えているのは、一つの共同体の内部ですべての人にそなわっていることが期待できる共通感覚であることを指摘する。だからわたしたちがある物を美しいと判断するとき、その共同体の内部で共通感覚をそなえているすべての人に対して、同意を期待することができると想定してふるまっていることになるのである。

道徳的な行動の原則をソクラテスのような消極的な原則や、他者のまなざしを拒むイエスの原則でないところにみいだすことができるとすれば、それはカントが美的な判断のうちに想定した共通感覚を土台にするしかないのである。そして善と悪を判断するときに役立つのは、こうした共通感覚の歴史のうちで作りあげられたさまざまな「手本」を参考にするしかないのである。

アレントは文学や歴史のうちで、わたしたちになじみの善人や悪人の「手本」、リア王、マクベス、青髭などの人物像を思いうかべて、自分がその人物と同じような行為をなして、その人物と「ともに暮らす」ことができるかどうかを考えることによって、道徳的な判断が可能となると語っている。この「ともに暮らす」という判断基準はソクラテスが提示したものであるが、そこにカント的な共通感覚と手本の概念を導入することによって、アレントはアウシュヴィッツ以後にどのような倫理が可能であるかという問いに答えようとするのである。

この四つの講義の概要からも明らかなように、最初の講義と第二講では思考について、第三講では意志について、第四講では判断について語られている。アレントの『精神の生活』は第一部の思考、第二部の意志、第三部の判断の三部構成であり、第三部はアレントの死によって書かれないままだった。しかしわたしたちはアレントのこの道徳哲学についての講義と、『カントの政治哲学について』の講義から、書かれなかった第三部の内容を道徳哲学と政治哲学の両面から再構成することを試みることができるだろう。

なお編者はアレントがシカゴ大学で行った講義『基本的な道徳命題』から、内容の異なる部分を編注として文末に追加している。本書ではアレントの講義の別バージョンを編注にいれるのは忍びないので、異稿という形で、本文とは別の形で掲載した。ドイツ語版も同じように処理している。

次の「集団責任」(一九六八年)は、同年一二月二七日のアメリカ哲学学会の「集団責任」という会議において発表された文章である。訳注で指摘したジョエル・ファインバーグの「集団責任」の文章へのコメントとして発表されたものである。アレントは社会をはじめとしてさまざまな集団に所属する者は、つねにある責任を負わねばならないが、社会という集団は個人にとっては究極的なものであり、その社会が犯した行為の責任から無辜であるのは、難民のような人々だけであることを指摘する。そして政治的な集団責任と、個人の道徳的な責任を峻別する必要性を強調するのである。

戦後のドイツでは、ヤスパースの『戦争の罪を問う』をはじめとして、さまざまな責任論が展開された。アレントはヤスパースのこの書物は高く評価しているものの、安易な

「責任」の感じかたとひきうけかたには、陥穽があることを痛感していたのだった。アレントは責任をとるのであれば、さまざまな種類の収容所の廃止など、政治的な要求にまで徹底する必要があると指摘する。同時にナチスの犯罪は人間が「責任」などをとることのできないもの、語ることもできないものであり、その「途方もない恐ろしさ」(アーレントーヤスパース往復書簡集1』大島かおり訳、みすず書房、六二ページ)を問うことこそが求められていると感じたのだった。

第一部の最後の文章「思考と道徳の問題」は、ニュースクール・フォー・ソーシャルリサーチ校で開催された現象学・実存哲学学会の一九七〇年一〇月三〇日の会合で発表されたものであり、『ソーシャル・リサーチ』誌(一九七一年、三二号)に発表された。『精神の生活』の第一巻『思考』の第一七章「ソクラテスの答え」と一八章「一者の中の二者」に、その大部分が採用されている。

この講演では、アイヒマン裁判のときに、人間の思考する能力と、善悪を判断する道徳的な能力の間に深い関係があるのではないかと感じたことを指摘しながら、この二つの能力の関係を模索する。思考とは、外からはみえない不可視の活動であり、何も作りださないものであり、他者を必要としない営みである。他者は思考にとっては邪魔者となるのである。そしてときに思考は社会において危険なものとなる。社会の土台となる前提そのものにたいして疑念のまなざしを向けるからである。ソクラテス裁判が明かしたのはその危険性だった。

しかしアレントはこの思考のもつ嵐としての性格とその〈毒〉を認識しながらも、思考しないことには別の危険性があることを指摘する。第三帝国での道徳の崩壊が示したように、社会の土台とするものが一夜にして転覆したときに、思考する能力と習慣のない人々は、新しい規範を当然のようにうけいれるしかないからである。アイヒマンもまた、ヒトラーの原則をカントの定言命法のようにうけいれることで、第三帝国の有能な役人として、「歯車」として機能していたのである。アレントは、一人のうちで二人でいるというソクラテスの思考と批判の原則が、このような危機の場において善悪を判断させるための重要な手掛かりとなること、考える能力を喪失するということが、アイヒマンのような「悪の凡庸さ」をもたらすことを指摘する。アレントの『精神の生活』と、アイヒマン裁判のもたらした衝撃の結びつきを明かす重要な文章だといえるだろう。

第二部「判断」では、アレントがさまざまな現実の社会および政治的な事件に対して示した反応が語られる。最初の「リトルロックについて考える」は、リトルロック事件の直後にアレントが書いた文章であり、発表されるまでの経緯などは編注と訳注を参照していただきたい。リベラル派を刺激し、アイヒマン裁判のときにおとらぬ激しい批判にさらされた文章である。同時代の事件について書いていたアレントにはよくみえない事実などもあったようだが、アレントのスタンスは明確であり、黒人の生徒たちを人身御供のようにして、白人と黒人の教育の分離の問題を解決させるのは間違いだというものである。

この事件が公民権運動にもたらした影響はきわめて大きく、生徒たちは結局は「ヒーロー」となり、黒人の権利回復に貢献することになった。結果としてはアレントの見込み違いという側面もあるのはたしかだが、このアレントの判断の背後には、幼い頃のユダヤ人としての経験があることも見落とすべきではないだろう。エリザベス・ヤング゠ブルーエルの『ハンナ・アーレント伝』（荒川幾男ほか訳、晶文社、四三〜四五ページ）で詳しく紹介されているように、当時のドイツでは反ユダヤ主義的な傾向が強かったが、アレントの母親は学校において教師が反ユダヤ主義的な発言をした場合には、アレントに直ちに退席して帰宅して報告するように告げていた。そして母親は校長に抗議の手紙を送るのだった。しかし仲間の生徒たちから反ユダヤ主義的なからかいをうけても、ただひたすら耐えるようにと告げていたのだった。

アレントはこの母親の教えの背後にある基本的な考え方を、この論文では明確な原則として作りあげている。学校という領域は政治的な原則と社会的な原則が交錯する場である。教師は平等性を原則とする政治的な立場に立たされている。しかし仲間の生徒たちとアレントは、差別を原則とする社会的な領域で生きているのである。この原則の違いは明確なものであり、公民権運動にたいするアレントのスタンスを明確にする上で役立っているのである。

次の「『神の代理人』――沈黙による罪?」は、ホーホフートの『神の代理人』がアメリカで翻訳刊行された直後に起きた批判から、ホーホフートを弁護する形で発表された書評であり、『ニューヨーク・ヘラルド・トリビューン』紙（一九六四年二月二三日号）に発表された。『イェルサレムのアイヒマン』で批判されたアレントは、ローマ教皇の「沈黙による罪」を批判したホーホフートにたいして、世論が激しい攻撃を向けたことに黙ってはいられなかったのだろう。批判されるべき人物ではなく、批判した人物が攻撃されるという不思議さについては、本書の「独裁体制のもとでの個人の責任」の文章でも、詳しく検討されている。この書評では教皇の「罪」と、それを抑えた筆致で批判したホーホフートの論点が過不足なく提示されていて、アレントの書評者としての力をうかがわせる。

「裁かれるアウシュヴィッツ」は訳注に示したように、ベルント・ナウマンの『アウシュヴィッツ』の英訳版の序文として、訳書の冒頭に掲載された文章である。この書物は淡々とした文体で、裁判の経過を裁判の取り調べの対話としてたどったものであり、被告の尋問や証人の発言から、アウシュヴィッツの「日常の」残虐さがまざまざと描かれている。アレントは裁判そのものよりも、この裁判を忘却したがっているドイツの世論に大きな衝撃をうけているが、「独裁体制のもとでの個人の責任」を補うように、「小物《こもの》理論」や「歯車理論」を徹底的に批判している。この文章の最後のところで、アウシュヴィッツの残酷さを衝撃的にもの語るさまざまな逸話をあげながら、最後になぜこの裁判で裁かれなければならなかったのか疑問にすら思えるルーカス被告の描写で締めているのは巧みである。

　最後の「身からでたさび」は、アメリカ合衆国の建国二百年記念を祝うために、一九七五年五月二〇日にボストン・ビセンテニアル・フォーラムで発表されたものであり、このフォーラムの記録である『アメリカの実験　二百年の視点』（*The American Experiment:*

Perspectives on 200 Years, Houghton Mifflin, 1976）に、他の講演者の発言とともに初めて発表された。ベトナム戦争から敗退したアメリカ合衆国が直面したさまざまな問題点を、『国防総省秘密文書』やウォーターゲート問題などとからめながら、巧みに描写する。アレントの政治的な判断を集めた書物である『暴力について』に収められている「政治における嘘」（山田正行訳、みすず書房）とともに、アレントの現代政治批判の鋭さを味わうことができる文章である。

＊

なお、このあとがきの作成にあたっては、アレントの詳細な文献目録を掲載しているピーパー社の書物 Hannah Arendt, *Ich will verstehen*, Piper, 1996 を参考にした。訳者は議会図書館のサイトで、アレントの膨大な遺稿集が公表され始めたときから、そのいくつかを訳書として刊行することを計画していたが、アレントの重要な文章を集めた本書の翻訳を刊行できたことはうれしいことだった。企画、翻訳権取得、読み合わせにご尽力いただいた編集部の大山悦子さんには、心から感謝したい。

文庫版の訳者あとがき

中山　元

単行本の『責任と判断』が刊行された二〇〇七年から一〇年ほど経過して、文庫版が刊行されることになった。その間に二〇一二年に製作されたマルガレーテ・フォン・トロッタ監督の映画作品『ハンナ・アーレント』が、翌年には日本でも公開されて、大きな評判を呼んだ。ハンナ・アレントの波乱に満ちた生涯の全体ではなく、アイヒマン裁判についての傍聴記『イェルサレムのアイヒマン』と、そこに書き込んだ「悪の凡庸さ」という言葉が起こした大きな騒動に焦点をしぼったこの作品が、高い評価をうけたことは意外ではあったが、訳者としてはうれしいことだった。

この訳書『責任と判断』の中心を占める「道徳哲学のいくつかの問題」という長文の講義録は、まさにこの問題を軸にして展開されるからである。この講義では、ごくふつうのドイツ人が犯罪的なナチスの体制をどうして支持するようになったのか、そして多くの人が、ほとんど想像の域をこえた極悪非道の人道への犯罪に手を染めながら、どうして自分は組織の命令にしたがっただけだと言い逃れようとしたのかという重要な、そしてわたしたち日本人にとっても無関心ではありえない問題に焦点をあてている。

アレントは、これらの人々がいかにして自己の道徳的な規範を喪失し、あるいは他者の道徳規範にすり替えてみずから道徳的な判断を行うことを停止していたかを、詳細に検討する。そしてこうした犯罪に手を染めることを避けることができたのは、「そのようなことはできません」と、自分の信念から組織の命令を拒んだ人々だけだったことを確認したのである。

アレントの語る「悪の凡庸さ」という言葉は、ナチスの犯した犯罪の悪の巨大さを否定しようとするものではなく、ふつうの人々が自分で考え、自分で道徳的な判断を下すというあたりまえのことをすることを回避したことによって、そのような巨大な犯罪が犯されたことを告発する言葉である。わたしたちもまた、自分で考える責任を回避した瞬間から、こうした凡庸な悪に手を染めるかもしれないのである。

本書ではそのほかにも戦争犯罪のような集団の犯した犯罪の責任の所在など、わたしたち日本の読者にも深くかかわるテーマが考察されている。その多くが大学での講義や公開の講演であり、人々に語りかけるごくわかりやすい言い回しで、重要で深い問題について語られている。文庫化されることで、新たな読者にアレントの言葉が届くことを願っている。

この作品は二〇〇七年二月二五日、筑摩書房より刊行された。

ちくま学芸文庫

責任《せきにん》と判断《はんだん》

二〇一六年 八 月 十 日 第 一 刷発行
二〇二四年十一月十五日 第十三刷発行

著 者 ハンナ・アレント
編 者 ジェローム・コーン
訳 者 中山 元（なかやま・げん）
発行者 増田健史
発行所 株式会社 筑摩書房
東京都台東区蔵前二―五―三 〒一一一―八七五五
電話番号 〇三―五六八七―二六〇一（代表）
装幀者 安野光雅
印刷所 三松堂印刷株式会社
製本所 三松堂印刷株式会社

ISBN978-4-480-09745-3 C0110